"十三五"规划教材·会计精品系列

会计原理与实务

（第二版）

陈红 姚荣辉 康璇／主编
张云华 何仁玲 邓彤 冯婉蓉／副主编

立信会计出版社
LIXIN ACCOUNTING PUBLISHING HOUSE

图书在版编目(CIP)数据

会计原理与实务 / 陈红,姚荣辉,康璇主编. —2
版. —上海:立信会计出版社,2020.6
"十三五"规划教材. 会计精品系列
ISBN 978 - 7 - 5429 - 6511 - 0

Ⅰ. ①会… Ⅱ. ①陈… ②姚… ③康… Ⅲ. ①会计学
—高等学校—教材 Ⅳ. ①F230

中国版本图书馆 CIP 数据核字(2020)第 144028 号

责任编辑　方士华　孙　勇
封面设计　南房间

会计原理与实务(第二版)

Kuaiji Yuanli yu Shiwu

出版发行	立信会计出版社		
地　　址	上海市中山西路 2230 号	邮政编码	200235
电　　话	(021)64411389	传　真	(021)64411325
网　　址	www. lixinaph. com	电子邮箱	lixinaph2019@126.com
网上书店	http://lixin. jd. com		http://lxkjcbs. tmall. com
经　　销	各地新华书店		
印　　刷	上海万卷印刷股份有限公司		
开　　本	787 毫米×1092 毫米	1/16	
印　　张	19.5		
字　　数	487 千字		
版　　次	2020 年 6 月第 2 版		
印　　次	2020 年 6 月第 1 次		
印　　数	1—3 100		
书　　号	ISBN 978 - 7 - 5429 - 6511 - 0/F		
定　　价	42.00 元		

如有印订差错,请与本社联系调换

"十三五"规划教材·会计系列
编委会

总　序

　　早在 140 多年前,马克思就在《资本论》第二卷中明确地谈到会计对社会经济发展的重要价值:"过程越是按社会的规模进行,越是失去纯粹个人的性质,作为对过程的控制和观念总结的簿记就越是必要。"在现代信息社会中,经济的发展尤其离不开会计。会计是从事经济和管理工作的人员必须掌握的一门基础性学科,其所提供的信息是企业管理者进行决策时必不可少的。在经济全球化加速发展的今天,会计作为经济信息系统和国际通用的商业语言,在全球经贸往来核算中,扮演着越来越重要的角色。

　　伴随着经济的发展,国家对高等教育发展进行了战略调整,李克强总理提出要"引导一批本科高校向应用技术型高校转型",要大力发展现代职业教育,这就要求我们培养出来的会计人才要更多地体现出实践性、应用性的特点。这对我们的会计教学及教材建设提出了新的要求,也为会计教学改革提供了新的契机。同时,为做好会计人才培养的规划,也需要建设一套完整的会计系列教材并以此为依托引领未来一段时间的会计教育,特别是需要通过编写一套能够体现应用型人才培养特点的会计系列教材来推进应用型会计特色专业建设和人才培养模式的改革。近几年,我国新修订了一些会计准则和审计准则并补充了许多新的税收法规,也出台了新的内部控制规范指引,这都要求我们对原有的会计教材进行补充和调整。

　　"工欲善其事,必先利其器",编写一套能够满足绝大多数学校的需要、适应应用型会计本科教学特点的系列教材的任务已经摆在了我们的面前。为此,我们专门选择了一些在云南省高校长期从事会计、财务和审计教学,而且教学效果较好,得到大家普遍认可的专家、学者组成编委会,共同编写这套会计系列教材。在本套教材的编写过程中,我们力求体现以下特点。

　　一是前沿性。本套教材力争体现最新会计准则、审计准则和新出台的相关法律法规,吸收最新的教学和科研成果。

　　二是应用性。本套教材主要针对应用型本科的教学需要进行内容的安排和组织,特别注重对实践能力的训练,以增强学生的动手能力。本套教材在注重知识应用的同时还结合理论进行知识点的讲授,便于加深学生对理论的理解。

　　三是系统性。无论是单本教材还是整套教材,都突出知识的系统性和全面性。学生通过学习教材可以掌握会计、财务管理和审计的各种知识。我们在编写时注重各种教材间的衔接,从而体现本套教材的特点。

　　本套教材由《会计原理与实务》《中级财务会计(第二版)》《成本会计(第二版)》《管理

会计(第三版)》《财务管理》《资产评估》《会计信息系统》《会计综合模拟实训(第三版)》《审计学》《会计伦理与会计道德》《税务会计》《政府与非营利组织会计》等组成。

感谢云南省高等学校会计专业教学指导委员会的各位专家和参与编写本套教材的各位老师,他们对本套教材从编写方案的提出,到教材大纲的论证,直至初稿的撰写和审阅都付出了辛勤的劳动,同时感谢立信会计出版社对本套教材出版的大力支持。

由于是系列教材,编写任务较重,书中不足和疏漏之处在所难免,恳请读者和各位同仁不吝指正,以便再版时进一步补充和修订。

陈　红

2020 年 6 月

前　言

随着社会经济的不断发展,会计原理与实务也在不断变化。自 2017 年以来,财政部陆续发布了多项新增或修订的企业会计准则、企业会计准则解释及会计处理规定,会计准则的更新对会计实务造成了较大的影响。与此同时,在国家"减税降负"的大背景下,不仅国税与地税进行了合并,增值税税率在近几年中也有多次变动。为适应最新的准则及政策变化,我们根据最新颁布的《会计法》《企业会计准则》《企业会计准则解释》及相关法规和政策规定,结合多年的教学实践,编写了《会计原理与实务(第二版)》。

本教材延续第一版的编写思想,力求保持如下特点:

第一,理实一体、理实并重。在体系结构和内容安排上,本教材在系统介绍会计的基本理论、基本方法与基本技能的同时,力求将会计理论教学与实践教学相结合。

第二,鉴于初学者普遍感到会计学抽象、难懂,本教材中的证、账、表多采用最新版仿真件。同时,在教材最后几章设计了会计实务仿真实训模块,以帮助初学者建立对会计业务的感性认识。

第三,本教材与时俱进,根据各项新准则、法规和相关政策变化对内容进行了更新,学生学到的知识不会与现行的实务脱节。

本教材是云南财经大学会计学院和中华职业学院多名主讲教师精诚合作的结果。教材的具体编写和修改分工为:陈红、姚荣辉、康璇任主编。姚荣辉老师负责修改第一、第二、第三章,张云华老师负责修改第四、第五、第六、第十二章,康璇老师负责修改第七、第八章,何仁玲老师负责修改第九、第十、第十一章,邓彤、冯婉蓉老师负责修改第十三、第十四章。最后,由陈红、姚荣辉教授负责总纂、修改定稿。

虽然我们对本教材第二版部分内容先后进行了多次调整,但由于水平有限,书中难免有疏漏或不当之处,欢迎读者多提宝贵意见,批评指正。

希望这本教材能为初学者开启会计学习之门!

编　者
2020 年 6 月

目　　录

第一章　总论 ……………………………………………………… 1

第一节　会计概述 ………………………………………………… 1

第二节　会计对象与财务报告目标 ……………………………… 4

第三节　会计的职能与方法 ……………………………………… 6

第四节　会计基本假设与会计基础 ……………………………… 9

第二章　会计信息 ………………………………………………… 18

第一节　会计信息的含义及内容 ………………………………… 18

第二节　会计信息使用者 ………………………………………… 20

第三节　会计信息质量要求 ……………………………………… 21

第三章　会计要素 ………………………………………………… 29

第一节　会计要素概述 …………………………………………… 29

第二节　会计要素的内容 ………………………………………… 29

第三节　会计计量属性 …………………………………………… 35

第四节　会计要素之间的关系 …………………………………… 36

第五节　经济业务与会计等式 …………………………………… 37

第四章　会计科目与账户 ………………………………………… 44

第一节　会计科目 ………………………………………………… 44

第二节　会计账户及其基本结构 ………………………………… 47

第五章　借贷记账法 ……………………………………………… 52

第一节　复式记账原理 …………………………………………… 52

第二节　总分类账户与明细分类账户的平行登记 ……………… 58

第六章　账户与借贷记账法的运用 ……………………………… 65

第一节　资金筹集业务的核算 …………………………………… 65

第二节　生产准备业务的核算 …………………………………… 69

第三节　生产业务的核算 ………………………………………… 75

第四节　销售业务的核算 ………………………………………… 81

第五节　利润形成和分配业务的核算 …………………………… 86

第七章　会计凭证 ………………………………………………… 102

第一节　会计凭证概述 …………………………………………… 102

　　第二节　原始凭证 ………………………………………………………… 103

　　第三节　记账凭证 ………………………………………………………… 110

　　第四节　会计凭证的传递与保管 ………………………………………… 115

第八章　会计账簿 ……………………………………………………………… 123

　　第一节　会计账簿概述 …………………………………………………… 123

　　第二节　会计账簿的设置、使用与登记 ………………………………… 126

　　第三节　对账与结账 ……………………………………………………… 134

　　第四节　错账更正方法 …………………………………………………… 136

　　第五节　会计账簿的更换与保管 ………………………………………… 139

第九章　财产清查 ……………………………………………………………… 145

　　第一节　财产清查概述 …………………………………………………… 145

　　第二节　财产清查的种类和方法 ………………………………………… 148

　　第三节　财产清查结果的处理 …………………………………………… 152

第十章　财务报告 ……………………………………………………………… 160

　　第一节　财务报告概述 …………………………………………………… 160

　　第二节　资产负债表 ……………………………………………………… 162

　　第三节　利润表 …………………………………………………………… 169

第十一章　账务处理程序 ……………………………………………………… 180

　　第一节　账务处理程序的意义和种类 …………………………………… 180

　　第二节　记账凭证账务处理程序 ………………………………………… 181

　　第三节　科目汇总表账务处理程序 ……………………………………… 183

第十二章　会计基础工作 ……………………………………………………… 192

　　第一节　会计机构与会计人员 …………………………………………… 192

　　第二节　会计核算和会计监督 …………………………………………… 196

　　第三节　内部会计管理 …………………………………………………… 200

　　第四节　会计职业道德 …………………………………………………… 201

　　第五节　会计档案 ………………………………………………………… 203

第十三章　会计基本技能实训 ………………………………………………… 210

　　第一节　会计技能基础 …………………………………………………… 210

　　第二节　常见原始票据及其填制 ………………………………………… 228

第十四章　会计基础业务处理模拟实训 ……………………………………… 254

　　第一节　实训企业基本资料 ……………………………………………… 254

　　第二节　实训原始凭证 …………………………………………………… 261

参考文献 ………………………………………………………………………… 300

第一章　总　　论

学习目的和要求　通过本章的学习,在了解会计产生与发展历史的基础上,理解会计的定义、会计的特点以及会计的作用;重点理解会计的基本职能;掌握财务报告目标、会计基本假设与会计基础;熟悉会计核算方法。

学习重点和难点　本章学习的重点在于理解会计的特点,掌握会计的基本职能及两者的关系;学习的难点在于掌握会计基本假设与会计基础,区别权责发生制和收付实现制。

第一节　会计概述

一、会计的产生与发展

会计是人类社会生产发展到一定阶段的产物,不仅适应了生产活动发展的需要,还随着人类社会生产活动的发展而发展。

（一）会计产生的基础

社会生产活动是人类最基本的活动,会计活动产生的基础即是人类社会生产活动。

物质资料的生产是社会生产活动的重要组成部分,在生产力水平极为低下的时期,人类要生存,社会要发展,就必须进行物质资料的生产,通过一定的劳动消耗取得一定的劳动成果,从而创造出物质财富。随着生产力水平的提高,生产出现剩余。一方面,人类开始关注劳动耗费与劳动成果之间的关系,开始思考如何以最少的劳动耗费获得尽可能多的劳动成果;另一方面,生产的剩余促使人类开始从事交换、分配和消费的活动。要满足这两方面的要求,人们就必须对劳动耗费、劳动成果以及交换、分配等活动进行计量和记录,这就为会计的产生提供了可能。

（二）会计发展的动因

任何一个社会阶段的进步都离不开经济活动的发展。最初的会计只是由生产者来把生产活动中的收支、结余通过“结绳”“刻板”“刻石”等方式记录下来,当社会生产力发展到一定阶段之后,会计开始由专人负责,形成生产职能中的一个独立职能。商品经济的出现极大地推动了社会的进步,人们越来越关注经济收益的核算,简单的收支、结余计算已经不能满足经济活动发展的需要,迫切需要完善会计理论与会计方法,建立会计制度。因此,经济活动的发展成为会计发展的动因,并促进会计的发展。

（三）会计的产生与发展经历了三个阶段

会计是经济管理的重要组成部分,对企业和整个国家的宏观经济都有重要的作用。但是,会计不是历来就有的,其产生与发展经历了三个主要阶段,一般分为古代会计、近代会计和现代会计。

1. 古代会计

15 世纪末以前产生的会计都称之为古代会计,其显著特征是"会计"命名的出现、会计专职人员的出现以及会计机构的设置。

古代会计阶段是会计历史的起点,其产生经历了一个漫长的历史过程。古代会计并不是随着人类的诞生就产生的,它是社会经济发展到一定阶段的产物。古代会计采用的核算方法是单式簿记,在这个阶段,单式簿记经历了一个由简单到复杂、由低级到高级、由不完善到逐步形成单式簿记的方法体系的历史发展过程。

有观点认为,中国古代会计是奴隶社会到封建社会这一时期的会计。西周时期的奴隶制政权中,已经单独设置司会职官系统。根据《周礼》记载,司会是西周中央政权中负责财计管理工作的行政长官。西周时期会计的核算主要采用:三柱核算法(收－出＝余)、入出记账法与单式收付记账法。"会计"这一词也是产生于这个时期。

2. 近代会计

近代会计一般是指 15 世纪以后至 20 世纪 30 年代的会计,其显著标志是复式簿记的产生与传播。

近代会计的时间跨度标志一般认为应从 1494 年意大利数学家、会计学家卢卡·帕乔利所著《数学大全》一书公开出版开始,直至 20 世纪 30 年代末。卢卡·帕乔利在其著作中不仅介绍了复式簿记的技术方法,还提出会计中心理论、会计主体和会计分期、会计要素等观点,被后人誉为"近代会计之父"。复式簿记是对某一项交易或事项在两个或两个以上相互联系的账户加以记录,对交易或事项的内容反映得更加全面完整,比单式簿记更具优势。复式簿记的创建是会计发展过程中的一个历史性变革。随着《数学大全》一书的出版,复式簿记在欧洲乃至全世界得到了迅速、广泛的传播。

我国唐宋时期采用的"四柱结算法"以及明末清初创立的"龙门账"等,都充分体现了复式记账原理的应用。在宋代,我国会计核算中还出现了专用性质的经济凭证,对会计账簿的称呼已改为"账",采用"中式三账"的账簿体系。宋代对会计文书的上报也有相应的规定,从报告反映的时期来看,分为月报、季报和年报。

3. 现代会计

现代会计一般是指 20 世纪 30 年代以后的会计,其显著特征是管理会计的诞生、计算机应用及会计理论体系的形成和完善。

随着人类生产和经营活动的进一步发展,市场竞争日益激烈,会计工作的内容也由最初的计量、记录、核算,逐步拓展到经济预测、参与决策、规划未来、控制与评价经济活动等方面。1952 年,国际会计师联合会正式通过"管理会计"这一专业术语,标志着会计正式划分为"财务会计"和"管理会计"两大领域。

财务会计是传统会计的继续和发展,已由简单的记录和计算逐渐发展成为一项具有专门的程序和方法并以货币为主要计量单位的经济管理活动。现如今,人们利用计算机、互联网等现代信息手段进行会计工作,对经济活动进行核算和监督。管理会计则主要是为企业内部管理服务,利用会计提供的信息,分析经济效果,预测经济前景,确定经营投资方案和参与经济决策,通过分析差异原因、控制经营成本、对经济活动业绩进行考核和评价等。

二、会计的定义及其作用

(一)会计的定义

会计是指以货币为主要计量单位,以凭证为依据,借助于专门的技术方法对特定单位的经济活动进行完整、连续、系统、综合的反映,并进行核算和监督的一种经济管理活动。它既是经济管理的重要组成部分,又是经济管理的重要工具。会计具有如下几个特征。

(1)会计以货币作为主要计量单位。会计核算过程中,通常使用三种量度:劳动量度、实物量度和货币量度。在商品货币经济条件下,很难将劳动量度换算成时间量度,不同质的财产物资又不能用相同的实务量度单位进行汇总和比较,只有采取货币量度才便于将活劳动和不同质的物化劳动消耗进行衡量比较。

(2)以真实、合法的会计凭证为依据。会计所收集的经济信息必须真实可靠,原始凭证是对经济业务的最原始记录,只有以合法的原始凭证为依据,才能取得真实可靠的经济信息。

(3)会计核算和监督具有连续性、系统性、全面性和综合性。连续性是指对各种经济活动能按其发生的时间先后顺序不间断地进行记录;系统性是指既要根据经济活动的内在关系进行相互联系的记录,又要根据管理的需要进行科学的分类归集;全面性是指对各项经济活动的来龙去脉都必须进行全面记录、计量,不能有所遗漏;综合性是指由于主要以货币计量,所以能够提供总括反映各项经济活动情况的价值指标。

(二)会计的作用

会计是现代企业的一项重要的基础性工作,通过一系列会计程序和方法,提供决策有用的信息,并积极参与经营管理决策,提高经济效益,促进市场经济的健康有序发展。会计在经济管理中的作用主要体现在以下几个方面。

1. 有助于提供决策有用的信息

企业通过其反映职能,提供有关企业财务状况、经营成果和现金流量方面的信息。一方面,可以提高企业透明度,规范企业行为;另一方面,这些信息是包括投资者和债权人在内的各个方面进行决策的依据。对于作为企业所有者的投资者来说,他们为了作出投资决策,不仅需要了解企业毛利率、收益率等盈利能力指标和发展趋势方面的信息,还需要了解企业经营情况方面的信息及其所处行业的信息;对于债权人来说,他们为了作出贷款决策,不仅需要了解企业流动比率、速动比率等短期偿债能力指标和长期偿债能力指标,也需要了解企业所处行业的基本情况及其在同行业中所处的地位;对于政府部门来说,他们为了制定宏观经济政策、有效配置社会资源,需要从总体上来掌握企业的资产负债结构、损益状况和现金流量情况,整体把握经济运行的状况和发展信息。以上这些决策都需要会计来提供有助于他们决策的信息,通过提高会计信息透明度来规范企业会计行为。

2. 有助于企业加强经营管理,提高经济效益

企业管理人员也要利用企业的会计信息对企业的生产经营进行管理,其管理水平的高低直接影响着企业的经济效益、竞争能力和发展前景。通过分析和利用有关企业财务状况、经营成果和现金流量方面的信息,可以发现企业在生产经营中存在的问题,找出存在的差距及原因,并采取措施,改进经营;可以通过预算的分解和落实,建立内部经济责任

制,做到目标明确、责任清晰。总之,会计通过真实地分析和反映企业的财务信息,能有效地满足企业内部经营管理对会计信息的需要,有助于处理企业与各利益相关者方面的关系,从而加强企业管理,提高经济效益。

3. 有助于考评企业管理层的经济责任和绩效

投资者及债权人向企业提供经营所需的经济资源,委托企业经营者保管和经营,从而投资者和经营者之间就形成一种委托—代理关系。企业经营者有责任按照预定的发展目标和要求,合理、有效地配置企业资源,加强经营管理,提高经济效益,接受考核和评价。投资者及债权人也应该随时了解、掌握企业的经营情况,判断投资方向的正确性。这就要求会计提供这方面的信息,反映企业经营者利用经济资源的情况,以便考核、评价企业管理层的经济责任和绩效。

第二节　会计对象与财务报告目标

一、会计对象

(一) 会计对象的含义

会计对象也称会计的客体,是指会计所应核算和监督的基本内容,即特定主体能够以货币表现的经济活动。一般认为,凡是特定主体能够以货币表现的资金运动,都是会计核算和会计监督的内容,也就是会计对象。但是,并非所有的经济运动都是会计对象,只有以货币表现的经济活动才是会计对象。

从资金运动表现形式来看,一般表现为相对静止和显著变动两种状态。相对静止状态是从某一时刻来看资金的表现形态。如企业经营活动的进行都需要一定的财产物资,包括房屋、机械设备、材料、现金、银行存款等,这些都是资金的具体表现形式。从某一具体时刻来看,它们的状态是静止不动的,过了这个时刻,其价值和形态会发生相应的变化,所以说资金运动是相对静止的;显著变动状态是从某一时期来看资金的运动,一般表现为资金的循环和周转。随着企业生产经营活动的开展,资金形态会不断地发生变化,如用筹集来的资金购买材料、投入生产、产品销售收回货款等,都会使资金形态发生显著的变化。

企业在进行生产经营活动时,会消耗资金,如企业用银行存款购买原材料、机械设备等来生产产品,会引起企业资金的减少;企业生产的产品对外销售收回现金,会引起资金的增加。事实上,只要企业一直经营下去,资金就在不断地运动和变化。在会计上,资金运动一般是指交易或事项发生以后所引起的资金的增减变动。

(二) 会计对象在企业中的具体表现

对企业而言,会计对象具体表现为其经营资金的运动。从资金运动的程序来看,可将其分为资金筹集、资金运用和资金退出三个不同阶段。这三个不同的阶段与企业联系起来就表现为企业的具体业务活动。不同的企业因其经营活动内容不同,资金运动的具体表现形式也不完全相同。产品制造企业是以产品生产和销售为主的营利性组织,其资金运动的特点最具代表性,因此,以下内容是以产品制造企业的资金运动为例来说明会计对象在企业中的具体表现。

1. 资金筹集

资金筹集是指企业通过吸收投资、银行借入、发行股票或债券来筹集经营所需资金。产品制造企业要开展生产经营活动,必须要投入一定的资金以形成一定的生产能力或经营能力,为生产产品创造条件。资金筹集引起产品制造企业的资金增加,这部分资金最初是以货币资金形态进入企业的,具体表现为现金、银行存款等。

2. 资金运用

资金运用是指资金在企业中的周转。资金以货币形态为出发点,依次转换,最终又回到货币形态的这一过程,称为资金循环。只要企业持续生产经营,资金的循环过程就将周而复始地进行下去。这种不断重复的资金循环就称为资金周转。

为尽可能多地赚取利润,产品制造企业要不断地运用资金,开展生产经营活动。按照业务内容,产品制造企业的经营活动可分为采购、生产和销售三个过程。在采购过程,产品制造企业用货币资金购买材料,形成储备资金;工人利用自己的生产技术,借助于机器设备对材料进行加工,发生的耗费形成生产资金;产品完工后形成成品资金;将产品销售,收回货款,得到新的货币资金。企业获得的收入,还应按国家税法的有关规定计算缴纳各种税费。企业的收入扣除相关成本费用后,形成企业的利润,利润一部分按规定进行分配,一部分重新投入生产经营过程,即资金的分配和再投入。整个周转过程表现为:货币资金→储备资金→生产资金→成品资金→新的货币资金。

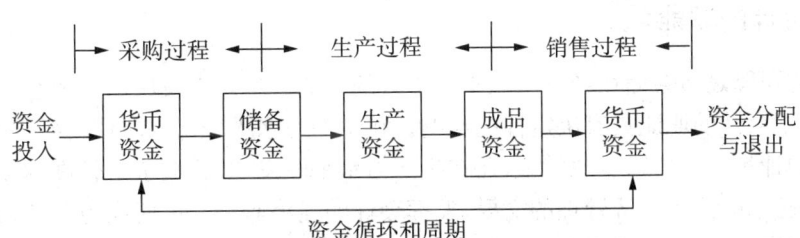

图 1-1 产品制造企业的资金运动和生产经营过程

3. 资金退出

资金退出是指企业偿还各项债务、上缴各项税金和分派利润或股利。退出企业资金周转的这一部分,同时减少了企业的资源、负债和所有者权益。

综上所述,资金筹集、资金运用和资金退出,构成了企业资金运动的主要内容。产品制造企业的资金运动和生产经营过程如图 1-1 所示。

二、财务报告目标

财务报告目标是要求会计工作完成的任务或达到的标准,即向财务会计报告使用者提供与企业财务状况、经营成果和现金流量等有关的会计信息,反映企业管理层受托责任履行情况,有助于财务报告使用者作出经济决策。

1. 向财务报告使用者提供决策有关的信息

财务报告使用者主要包括投资者、债权人、政府部门及有关部门、社会公众等。

满足投资者的信息需要是企业编制财务报告的首要出发点,如果企业在财务报告中提供的会计信息与投资者的决策无关,那么财务报告就失去了其编制的意义。根据投资者决策有用目标,财务报告所提供的信息应当如实反映企业所拥有或者控制的经济资源、对经济资源的要求权以及其要求权的变化情况。除了投资者以外,企业债权人通常十分关心企业的偿债能力和财务风险,他们需要信息来评估企业能否如期支付贷款本金和利息;政府部门作为经济管理和监督部门,通常关心经济资源分配的公平、合理,市场经济秩序的公正、有序,宏观决策所依据信息的真实、可靠等,它们需要信息来监管企业的生产经营活动、制定各项经济政策。

2. 反映企业管理层受托经济责任履行情况

现代企业制度强调企业所有权和经营权的分离,企业管理层和投资者及债权人之间形成一种委托—代理关系。投资者及债权人是委托人,向企业投入资本形成企业的经济资源,委托企业管理层合理、有效运用这些经济资源;管理层是受托人,负责经营管理企业及其各项资产,负有受托责任。财务报告应当反映企业管理层受托责任的履行情况,以帮助外部投资者和债权人等评价企业的经营管理责任和资源使用的有效性。

第三节　会计的职能与方法

一、会计的职能

会计的职能是指会计在经济管理中所具有的功能。生产力发展水平和经济管理水平的高低,对于会计的职能具有决定性的影响。在生产力水平较低的时代,会计的主要功能在于简单的计量、记录,以反映为主,而在生产力水平较发达、管理水平较高的今天,记账、算账、报账已不能满足经济管理的需要,发挥会计的经济监督作用便成为会计的一项主要功能。一般而言,会计的基本职能包括进行会计核算和实施会计监督两个。

会计除了基本职能外,还具有预测经济前景、参与经济决策、评价经营业绩等拓展职能。

（一）基本职能

1. 核算职能

会计核算职能,又称会计反映职能,是指会计以货币为主要计量单位,对特定主体的经济活动进行确认、计量和报告。

确认是指运用特定会计方法,以文字和金额同时描述某一交易或事项,使其金额反映在特定主体财务报表中的会计程序。

计量是指确定会计确认中用以描述某一交易或事项的金额的会计程序。

报告是指在确认和计量的基础上,将特定主体的财务状况、经营成果和现金流量信息以财务报表等形式向有关各方报告。

会计核算贯穿于经济活动全过程,其主要内容包括:① 款项和有价证券的收付;② 财物的收发、增减和使用;③ 债权、债务的发生和结算;④ 资本、基金的增减;⑤ 收入、支出、费用、成本的计算;⑥ 财务成果的计算和处理;⑦ 需要办理会计手续、进行会计核算的其他事项。

会计的核算职能具有以下特点：

（1）会计以货币为主要计量单位，从价值量方面反映各单位的经济活动状况。会计是从数量方面反映经济活动情况，数量的计量尺度主要有三种，即实物量度、劳动量度和货币量度。会计在进行核算时，主要采用的是能进行综合计算的货币量度，必要时再辅之以实物量度和劳动量度。会计以货币为综合计量尺度，通过会计记录就可以全面、系统地反映和监督各单位的财产物资、财务收支、生产过程的劳动消耗和成果，并计算出最终的财务成果。

（2）会计对经济活动事项的核算具有连续性、完整性和系统性。所谓连续性，是指会计在反映经济活动事项时，能够按经济事项发生时间的先后顺序依次不间断地进行登记；所谓完整性，是指会计对经济活动事项的反映，既不遗漏也不能任意取舍，要将经济事项引起的资金运动过程和结果全面反映出来；所谓系统性，是指会计对经济活动事项的反映，既要从总体上相互联系地进行，提供总括性指标，还要通过科学的分类，提供详细具体的指标，使之形成系统化的指标体系，以便信息使用者的有效利用。

（3）会计核算要以凭证为依据，并严格遵守会计规范。会计记录和会计信息讲求真实性和可验证性，这就要求各单位发生的一切经济业务，都必须取得或填制合法的凭证，以凭证为依据进行核算。在会计核算的各个阶段都必须严格遵守会计规范，包括会计准则和会计制度，以保证会计记录和会计信息的真实性、可靠性和一致性。

2. 监督职能

会计监督职能，又称会计控制职能，是指对特定主体经济活动和相关会计核算的真实性、合法性和合理性进行监督检查。

会计监督具有以下几个方面的特点：

（1）合法性。会计监督是法律赋予会计的权力。它要求会计在法律法规范围内，监督各项经济活动严格按照国家的财经制度进行，每一步骤、每一重大决策必须符合法律规范。

（2）合理性。所谓合理，就是要符合客观经济规律的要求。会计人员必须保证会计资料真实、准确、完整，对不符合规定的凭证不予受理，对不符合规定的支出也有权予以拒绝。

（3）综合性。会计监督始终贯穿于经济活动的全过程，从经济活动的计划到实施，从资金的使用到经营成果的分配，即事前、事中和事后都需要实施会计监督。

（4）及时性。会计人员直接参与经济活动，进行核算、控制、预测和决策。实行有效的会计监督，能及时地发现并解决问题。

（5）双重性。会计工作是经济管理的重要组成部分，会计人员以参与者的身份直接进入经济活动之中，进行核算、反映、控制和监督，这是其他经济监督所办不到的。因此，会计人员具有双重身份，既是参与者，又是监督者。

会计核算和会计监督的关系是：会计核算是会计监督的基础，没有核算所提供的各种信息，监督就失去了依据；会计监督是会计核算的质量保障，只有核算没有监督，就难以保证核算所提供信息的质量。两者相辅相成，辩证统一的。

（二）拓展职能

1. 预测经济前景

现代会计能够预测企业经营活动的前景,从财务会计来看,具有预测价值的历史信息就能预测企业的经营前景。在我国,所披露的财务情况资料和信息会对整个企业未来的发展情景作出描述。从管理会计来看,由于它以企业未来的资金运动为对象,运用科学的方法对未来的经营活动进行预测并加以规划。

2. 参与经济决策

现代会计的职能是提供有助于决策的信息,决策是一个过程,会计人员从收集数据、提供信息、讨论各种备选方案,直到最后选择最优方案。在这个过程中,会计部门和会计人员则是决策的参与者和支持者。

3. 评价经营业绩

现代企业的全部经济活动包括经营活动、投资活动和理财活动等。在财务会计方面,业绩评价是通过财务报表的分析来完成的;在管理会计方面,业绩评估是通过在企业内部建立各种责任中心,通过推行责任会计来实现的。

二、会计核算方法

会计方法是用来核算和监督会计对象,完成会计任务的手段。科学的会计方法是从会计实践中总结出来的,并随着社会实践发展、科学技术的进步以及管理要求的提高而不断地发展和完善。会计方法是用来反映和监督会计对象的,会计对象的多种多样、错综复杂决定了预测、反映、监督、检查和分析会计对象的手段不是单一的方法,而是由一个方法体系构成的。

会计的方法体系主要由会计核算方法、会计分析方法以及会计检查与监督方法、会计预测与决策方法等组成。

会计核算方法是指对各单位已经发生的经济业务和事项进行确认、计量、记录、报告并反映财务状况、经营成果和现金流量所采用的专门方法。

会计分析方法是指以会计核算资料为主要依据,对单位一定时期的经济活动过程及其结果进行剖析与评价,及时发现经营管理中存在的问题及缺陷,总结经验教训,以便在今后的经营活动中进一步加强管理、提高经济效益所采用的专门方法。

会计检查与监督方法。会计检查方法是以会计核算资料为基础,依据会计法律、法规、准则,对会计核算资料的真实性、完整性、准确性、合法性进行检查。会计监督方法则是对会计检查结果予以确认或对检查中发现的问题予以纠正判断和处置,从而达到控制和监督的目的。

会计预测与决策方法。会计预测方法是以会计核算和会计分析资料为依据,结合市场等其他相关的信息,对未来经营活动作出科学判断和推测所采用的方法。会计决策方法是依据会计核算、会计分析、会计预测等所提供的资料,针对将要开展的某项经营活动确定可能存在的各种备选方案,进行可行性分析和择优判断,以供有关决策者进行决策所采用的方法。

上述各种会计方法紧密联系,相互依存,相辅相成,形成了一个完整的会计方法体系。其中,会计核算方法是基础。本教材主要阐述会计核算方法,至于会计分析方法、会计检查与监督方法、会计预测与决策方法将在以后的专业课中陆续学习。

会计核算方法由填制和审核会计凭证、设置会计科目和账户、复式记账、登记会计账簿、成本计算、财产清查、编制财务报告等专门方法构成。它们相互联系、紧密结合,确保会计工作有序进行。

（1）填制和审核会计凭证。记账必须有根有据,这种根据就是会计凭证。会计凭证是用来记录经济业务,明确经济责任的书面证明。每发生一笔经济业务,都应取得或填制原始凭证,并经过审核无误后,作为登记账簿的依据。填制和审核会计凭证是保证会计记录完整、真实和可靠,审查经济活动是否合理、合法的一种专门方法,也是会计核算工作的起点,正确填制和审核会计凭证,是进行核算和监督的基础。

（2）设置会计科目和账户。会计科目是对会计要素的具体内容进行分类核算的项目。账户是根据会计科目设置的,具有一定格式和结构,用于分类反映会计要素增减变动情况及其结果的载体。由于会计核算对象十分复杂,为了系统地、连续地、分类地进行核算与监督,企业除了通过设置会计科目对其进行分类以外,还必须根据设置的会计科目开设账户,分别登记各项经济业务,以便取得各种核算指标,并随时加以分析、检查和监督。

（3）复式记账。复式记账是以资产与权益平衡关系作为记账基础,对每一笔经济业务,都要在两个或两个以上相互联系的账户中以相等的金额进行登记的一种记账方法。这是一种具有科学原理的记账方法,通过复式记账,可以了解每笔经济业务的来龙去脉及其相互关系,核对账簿记录是否正确。

（4）登记会计账簿。登记会计账簿简称记账。会计账簿是由一定格式的账页组成的,以会计凭证为依据,全面、系统、连续地记录各项经济业务的簿籍。按照记账的方法和程序登记账簿并定期进行对账、结账,可以提供完整的、系统的会计资料,账簿记录所提供的各种核算资料,是编制会计报表的直接依据。

（5）成本计算。成本计算是按一定的成本对象,对生产、经营过程中所发生的成本、费用进行归集,以确定各该对象的总成本和单位成本的一种专门方法。通过准确计算成本,可以掌握成本构成情况,考核成本计划的完成情况,了解生产经营活动的成果,促使企业加强核算,节约支出,提高经济效益。

（6）财产清查。财产清查是指通过对货币资金、实物资产和往来款项的盘点或核对,确定其实存数,查明账存数与实存数是否相符的一种专门方法。通过财产清查,可以查明各项财产、物资、债权债务、所有者权益情况,监督各项财产物资的安全与合理使用,并为核算损益提供正确的资料。

（7）编制财务报告。财务报告是企业对外提供的反映企业某一特定日期的财务状况和某一会计期间的经营成果、现金流量等会计信息的文件。编制财务报告可以为信息使用者提供有关企业财务状况、经营成果和现金流量等方面的会计信息,作为他们进行经济决策的依据。

第四节　会计基本假设与会计基础

一、会计基本假设

会计基本假设是会计确认、计量和报告前提,是对会计核算所处的时间和空间环境所作的合理设定。会计基本假设包括会计主体、持续经营、会计分期和货币计量。

（一）会计主体

会计主体，是指会计所服务的特定单位。会计主体假设是指会计所反映的是一个特定企业或行政事业单位的经济活动，而不包括投资者本人的经济业务和其他经营单位的经营活动。它明确了会计工作的空间范围。

会计主体这一基本假设包含三个方面的内容。

（1）会计只能为一个特定单位（企业）服务，而不能为两个或两个以上的企业服务。这是因为会计计量资产、负债和所有者权益是以这个特定企业的权利和义务为界限的，收入和费用也是以该特定企业为界限，按实现和配比原则来确认的。

（2）会计核算的对象在经济上是独立的。在进行会计核算时，不仅要把各不同企业之间的经济关系划分清楚，而且还应把企业的经营活动与企业所有者及企业职工个人的经济活动区分开来。当企业的经营者与所有者为同一个人时，由于会计服务的对象是作为经济实体的企业，这就需要把所有者的个人的消费与企业的开支分开。

（3）作为会计主体的企业与作为法人的企业是有区别的。会计主体是会计信息反映的特定单位或者组织。法律主体是法律上承认的可以独立承担义务和享受权利的个体，也可以称为法人。法律主体往往是会计主体，任何一个法人都要按规定开展会计核算。会计主体不一定是法律主体，比如，企业集团、内部销售部门和生产车间均可以作为一个会计主体核算，但它们不是法人。

（二）持续经营

持续经营假设是指会计核算应以持续、正常的生产经营活动为前提，而不考虑企业是否将破产清算。它明确了会计工作的时间范围。

持续经营假设作为会计核算前提的作用表现在以下两个方面。

（1）由于假定企业是持续不断地经营下去，企业的资产价值将以历史成本计价，而不是采取现行市价或其他计价标准。例如，当会计人员为一个持续经营的企业编制会计报表时，其厂房、建筑物以及生产设备等固定资产都是按历史成本入账的，而不是按企业如果解散时的清算价值入账的。

（2）持续经营这一基本假设为采用权责发生制奠定了基础。正是由于企业作为一个独立的经营实体，以持续经营为前提，企业才能以是否取得收款的权利或支付款项的责任作为收入或费用的标志，而不是以是否收到或支付货币资金为依据。

（三）会计分期

《企业会计准则——基本准则》规定，会计期间分为年度和中期。这里的会计年度采用的是公历年度，即从每年的1月1日至12月31日为一个会计年度。所谓中期是短于一个完整会计年度的报告期间，又可以分为月度、季度、半年度。

会计分期假设的作用主要表现在如下三个方面。

（1）会计分期是正确计算期间损益的基础。收入的实现是针对特定会计期间而言的，费用的确认也是与特定期间的收入相配合的。

（2）会计分期假设强化了会计信息的预计性质。由于将企业的经营活动划分为各个相等的期间，需要对某些收入与费用在本期和将来各期之间进行分配，如固定资产折旧、无形资产摊销等,都需要会计人员运用以往的经验采用判断的方法进行处理,这就强化了会计信息的预计性质。

(3) 会计分期假设还在很大程度上制约着会计信息的质量要求。例如,可比与一致是会计信息的重要特征,不仅不同企业的会计信息能够比较,而且还要求不同期间的会计处理方法、程序或会计政策、原则应建立在一致或可比的基础上,以保证各期财务状况和经营成果数据的有用性。

(四) 货币计量

货币计量假设是指企业的生产经营活动及经营成果,都通过价值稳定的货币予以综合反映,其他计量单位虽然使用,但不占主要地位。这个假设一般都含有币值不变假设,它明确了会计核算的计量尺度。

货币计量假设包括两层含义。

一是会计核算要以货币作为主要的计量尺度,会计法规定会计核算以人民币为记账本位币,业务收支以人民币以外的货币为主的单位,可以选定其中一种作为记账本位币,但是编报的财务报告应当折算为人民币。在以货币作为主要计量单位的同时,有必要也应当以实物量度和劳动量度作为补充。

二是假定币值稳定,因为只有在币值稳定或相对稳定的情况下,不同时点上的资产的价值才有可比性,不同期间的收入和费用才能进行比较,并计算确定其经营成果,会计核算提供的会计信息才能真实反映会计主体的经济活动情况。

二、会计基础

会计确认、计量、报告的基础,称为会计基础。由于会计分期假设,产生了本期与非本期的区别,从而出现了权责发生制和收付实现制。企业在一定期间,为进行生产经营活动而发生的费用,可能在本期已经付出货币资金,也可能在本期尚未付出货币资金;所形成的收入,可能在本期已经收到货币资金,也可能在本期尚未收到货币资金。同时,本期发生的费用可能与本期收入的取得有关,也可能与本期收入的取得无关。在会计核算中,为了正确确定收入和费用的归属期间,在会计上形成了两种核算基础,即权责发生制和收付实现制。

(一) 权责发生制

权责发生制又称为应计制或应收应付制,它以应收应付为标准确定收入和费用的归属期间。凡本期应获得的收入,不论其款项是否收到,都应作为本期收入处理;凡本期应负担的费用,不管款项是否支付,都应作为本期的费用处理。反之,凡不应归属本期的收入,即使款项已经收到,也不能作为本期的收入处理;凡不应归属本期的费用,即使款项已经支付,也不能作为本期的费用处理。

例如,A 企业 2019 年 10 月售出一批商品给 B 企业,合同规定 B 企业应于当年 11 月支付货款。B 企业信用良好,财务情况没有明显问题。则 A 企业在 2019 年 10 月虽然没有收到现金,但商品已经售出,已经具备了收取货款的权利,这笔收入实际已经在 10 月份赚到,收入实现了,不必等到 11 月实际收到现金时才确认收入。反之,如果 A 企业 10 月份不确认该收入,而是 11 月份实际收到现金时确认收入,就不能真实地反映 A 企业 10 月份的经营成果。同样道理,假设甲企业 7 月份支付临时租入设备的两个月租金 10 000 元,由于此项费用的发生使甲企业 7 月和 8 月均会受益,所以 7 月份支付此项费用时,并不全部作为当月费用,当月只计费用 5 000 元,从当月收入中得到补偿;8 月再计费用 5 000 元,从 8 月份收入中取得补偿。

（二）收付实现制

收付实现制又称现金制或实收实付制,它以款项的实际收付为标准确定收入和费用的归属期间。凡属本期收到的收入和支出的费用,不管其是否应归属本期,都作为本期的收入和费用处理;反之,凡本期尚未收到的收入和尚未支付的费用,即使应当归属本期,也不能作为本期的收入和费用处理。

仍以上述 A 企业为例,A 企业 10 月份售出商品,11 月份才能收到货款。则 A 企业 10 月份没有收到现金,就不能确认收入,要等到 11 月份实际收到现金时才能确认为 11 月份的收入。例如,上述甲企业,7 月份支付两个月租金 10 000 元,则所付 10 000 元全部作为 7 月份费用。

根据我国基本会计准则规定,企业应当以权责发生制为基础进行会计确认、计量和报告。

本 章 小 结

本章对会计的发展历程、基本假设、会计核算基础、基本职能、会计目标、作用等内容进行了概述。

会计是指以货币为主要计量单位,以凭证为依据,借助于专门的技术方法对特定单位的经济活动进行完整、连续、系统、综合的反映,并进行核算和监督的一种经济管理活动。会计的对象是指会计所核算和监督的内容,即特定主体能够以货币表现的资金运动。会计的核算职能就是为经济管理搜集、处理、存储和输送各种会计信息。会计的监督职能是指对特定主体经济活动和相关会计核算的合法性、合理性进行审查。会计核算的基本前提,也称会计假设,包括:会计主体、持续经营、会计分期和货币计量。会计核算基础有两种:收付实现制和权责发生制。会计核算的主要方法有:填制和审核凭证、设置账户、复式记账、登记会计账簿、成本计算、财产清查和编制财务报告。

关键概念 会计　会计对象　会计核算　会计监督　财务报告目标　会计基本假设 权责发生制　收付实现制

一、思 考 题

1. 简述会计的含义,并说明其是怎样产生和发展的。
2. 怎样描述会计的对象?
3. 会计的基本职能是什么?
4. 会计核算有哪些基本假设? 它们的具体内容分别是什么?
5. 会计的目标是什么?
6. 权责发生制和收付实现制有何区别?
7. 我国的会计方法体系由哪几部分构成?
8. 会计核算方法有哪些? 简述它们之间的关系。

二、练 习 题

（一）单项选择题

1. 持续经营假设的确立明确了会计核算的（　　）。
   A. 空间范围　　　　B. 业务范围　　　　C. 职能范围　　　　D. 时间范围

2. 下列各种方法中，归集一定计算对象所发生的全部费用的专门方法是（　　）。
   A. 设置账户　　　　B. 成本计算　　　　C. 财产清查　　　　D. 登记账簿

3. 会计主体假设的确立明确了会计核算的（　　）。
   A. 时间范围　　　　B. 空间范围　　　　C. 业务范围　　　　D. 职能范围

4. 权责发生制下确认本期收入和费用的标准是（　　）。
   A. 实收实付　　　　B. 实付应收　　　　C. 应收应付　　　　D. 实收应付

5. 会计分期假设明确了会计核算的（　　）。
   A. 时间范围　　　　B. 空间范围　　　　C. 基本程序　　　　D. 基本方法

6. 会计的基本职能是（　　）。
   A. 记录和计算　　　B. 考核收支　　　　C. 核算和监督　　　D. 分析和考核

7. 会计的对象可概括为（　　）。
   A. 行政事业单位的经济活动
   B. 企业生产过程中发生的经济活动
   C. 再生产过程中的全部经济活动
   D. 再生产过程中能够以货币表现的资金运动

8. 会计监督主要是通过（　　）来进行的。
   A. 实物量指标　　　B. 劳动量指标　　　C. 价值量指标　　　D. 数量指标

9. 企业的会计核算应当以（　　）为基础。
   A. 实质重于形式　　B. 收付实现制　　　C. 权责发生制　　　D. 可比性

10. 根据权责发生制原则，以下属于本期的收入和费用的是（　　）。
    A. 支付明年的房屋租金　　　　　　　B. 本期已经收款，但商品尚未制造完成
    C. 当期按照税法规定预缴的水费　　　D. 商品在本期销售，但货款尚未收到

11. 会计人员在进行会计核算的同时，对特定主体经济活动的合法性和合理性进行审查称为（　　）。
    A. 会计分析　　　　B. 会计核算　　　　C. 会计监督　　　　D. 会计反映

12. 会计是以（　　）作为主要计量单位。
    A. 实物计量单位　　B. 劳动计量单位　　C. 货币计量单位　　D. 时间计量单位

13. 强调经营成果计算的企业适合采用（　　）。
    A. 收付实现制　　　B. 权责发生制　　　C. 永续盘存制　　　D. 实地盘存制

14. 会计主体是指会计所服务的（　　）。
    A. 企业法人主体　　　　　　　　　　B. 债权人和债务人
    C. 投资者　　　　　　　　　　　　　D. 一个特定的单位或组织

15. 下面关于会计主体说法正确的是（　　）。

A. 会计主体和法律主体对等 B. 会计主体不一定是法律主体

C. 法律主体就是会计主体 D. 法律主体不一定是会计主体

16. 会计的首要职能是( )。

A. 会计监督 B. 会计核算 C. 预测决策 D. 控制评价

17. 对经济业务是否符合经济运行的客观规律和单位内部管理要求,是否执行了单位的财务收支计划,是指( )。

A. 合理性审查 B. 合法性审查 C. 合规性审查 D. 有效性审查

18. 在过程中对计划、预算执行等所作的控制是指( )。

A. 事前监督 B. 事后监督 C. 内部监督 D. 事中监督

19. 意大利数学家、会计学家卢卡·帕乔利的《数学大全》一书( )年在威尼斯出版发行,对借贷复式记账作了系统的介绍。

A. 1949 B. 1494 C. 1459 D. 1549

20. 各单位必须根据( )经济业务事项进行会计核算,编制财务会计报告。

A. 以前发生的 B. 实际发生的 C. 完整的 D. 正确的

21. 202×年3月29日销售产品20 000元,5月15日收到货款存入银行,按收付实现制核算时,该项收入应归属于( )。

A. 3月 B. 5月 C. 本年 D. 视情况而定

(二) 多项选择题

1. 在下列各种职能中,被称为会计基本职能的有( )。

A. 核算职能 B. 预测职能 C. 监督职能 D. 决策职能

E. 分析职能

2. 下列说法中,关于会计主体假设的准确说法有( )。

A. 明确了会计核算的空间范围 B. 明确了会计所服务的对象

C. 便于汇总和综合 D. 便于分期结算账目和编制财务会计报告

E. 以一定经济组织发生的各项交易或事项为对象

3. 进行会计分期的主要目的有( )。

A. 进行账户设置 B. 分期结算账目

C. 确定会计核算空间范围 D. 编制财务会计报告

E. 确定会计核算时间范围

4. 在下列各项中,属于会计基本假设的内容有( )。

A. 会计主体 B. 持续经营 C. 会计对象 D. 会计分期

E. 货币计量

5. 根据权责发生制基础,应计入本期收入和费用的有( )。

A. 本期实现的收入,并已收款 B. 本期实现的收入,尚未收款

C. 属于本期的费用,尚未支付 D. 属于以后各期的费用,但已支付

E. 属于本期的费用,并已支付

6. 会计核算方法包括( )。

A. 设置会计账户 B. 复式记账 C. 编制会计报表 D. 财产清查

E. 填制和审核凭证

7. 会计的方法包括会计核算的方法( )。

    A. 会计审计的方法   B. 会计分析的方法

    C. 会计实践的方法   D. 会计检查的方法

    E. 会计处理的方法

8. 根据我国《企业会计准则》,企业的会计期间划分为( )。

    A. 年度   B. 季度   C. 月度   D. 旬

    E. 半年度

9. 会计的基本特点是( )。

    A. 会计以货币为主要计量单位

    B. 会计对经济活动事项的核算具有连续性、完整性和系统性

    C. 会计具有核算和监督的基本职能

    D. 会计的本质就是管理活动

    E. 会计为提高经济效益服务

10. 会计量度通常使用( )。

    A. 劳动量度   B. 实物量度   C. 货币量度   D. 时间量度

    E. 工作量度

11. 会计监督的特点包括( )。

    A. 主要通过价值指标进行

    B. 对企业的经济活动的全过程进行监督

    C. 监督内容包括合法性与合理性两方面

    D. 具有完整性、连续性和系统性

    E. 会计监督只是事后监督,不包括事前监督

12. 按权责发生制原则要求,下列应归属于本期的有( )。

    A. 预付明年的保险费   B. 本月收回上月销售产品的货款

    C. 尚未付款的本月借款利息   D. 摊销以前会计期间已付款的报纸杂志费

    E. 本月销售产品,立即收到款项

13. 会计的两项基本职能是相辅相成、辩证统一的关系,下列说法正确的有( )。

    A. 会计监督是会计核算的基础

    B. 没有核算所提供的信息,监督就失去依据

    C. 会计监督是会计核算的质量保证

    D. 会计还具有预测经济前景、参与经济决策、评价经营业绩等功能

    E. 没有会计监督,会计核算便失去了存在的意义

14. 下列哪些属于会计中期的有( )。

    A. 年度   B. 月份   C. 半年度   D. 季度

    E. 旬

15. 会计的方法体系主要由( )组成。

    A. 会计核算方法   B. 会计分析方法

    C. 会计检查与监督方法   D. 预测与决策方法

    E. 会计评估方法

（三）判断题

1. 明确会计主体可确定会计核算的空间范围。 （　　）
2. 会计主体和法律主体是统一的，因此，会计主体只能是独立的法人，不能是非法人。

　（　　）
3. 会计对于经济活动过程和结果的数量反映，可采用的量度只有一种，即货币计量。（　　）
4. 会计主体是法律主体，而法律主体不一定是会计主体。 （　　）
5. 按照权责发生制的要求，凡是本期实际收到款项的收入和支付款项的费用，不论是否归属于本期，都应当作为本期的收入和费用处理。 （　　）
6. 会计的监督只能是会计人员在进行会计核算的同时，对特定会计主体经济活动的真实性、合法性、合理性进行审查。 （　　）
7. 由于有了持续经营这个会计核算的基本前提，才产生了当期与其他期间的区别，从而出现了权责发生制和收付实现制的区别。 （　　）
8. 持续经营假设是假设企业不断地经营下去，即使进入破产清算，也不应该改变会计核算方法。 （　　）
9. 企业集团不是一个独立的法人，但是可以作一个会计主体。 （　　）
10. 我国会计准则规定，企业应当以权责发生制为基础进行会计确认、计量和报告。

　（　　）
11. 我国会计年度自公历 1 月 1 日起至 12 月 31 日止。 （　　）
12. 一般来说，会计期间划分得越短，反映经济活动的会计信息质量就越可靠。（　　）
13. 会计核算所提供的信息是制定决策唯一有效的信息。 （　　）
14. 会计主体假设为会计核算确定了空间范围，会计分期假设为会计核算确定了时间范围。 （　　）
15. 没有会计监督，就难以保证会计核算所提供信息的真实性。 （　　）
16. 会计是一种管理活动，以货币作为唯一计量单位进行核算。 （　　）
17. 核算是监督的前提，监督是核算的保证。 （　　）
18. 在会计的确认、计量和报告过程中，之所以选择货币为基础进行计量，是由货币本身的属性决定的。 （　　）
19. 衡量不同单位的经营业绩，最直接、最有效的方法是选取货币进行计量。 （　　）
20. 会计是经济管理的重要组成部分，它是适应社会生产的发展和经济管理的需要而产生和发展的。 （　　）

（四）案例题

（一）关于权责发生制与收付实现制的比较

某企业 202× 年 9 月发生以下经济业务：

（1）支付上月电费 5 000 元；

（2）收回上月的应收账款 10 000 元；

（3）收到本月的营业收入款 8 000 元；

（4）支付本月应负担的办公费 900 元；

（5）支付下季度保险费 1 800 元；

（6）应收营业收入 25 000 元，款项尚未收到；

（7）预收客户货款 5 000 元；

（8）负担上季度已经预付的保险费 600 元。

思考与讨论：

（1）比较上述业务在权责发生制与收付实现制下的异同；

（2）通过计算说明它们对收入、费用和盈亏的影响；

（3）说明各有何优缺点。

（二）小张是大学一年级的新生，刚入学就看到学校有会计博物馆，小张去参观，发现原来会计的起源可以追溯到结绳记事。参观完博物馆后，小张对馆里收藏的各种会计计量工具以及历史记载的一些会计核算方法很感兴趣，同时也有一些疑惑。于是，他找到了学校里研究会计史的老师请教相关的问题。老师告诉他，我国的会计起始于 170 万年以前的旧石器时代，最早是采用绘画、结绳、刻契等方式来记录平常的活动。到了唐宋时期，我国会计核算采用"四柱清算法"，明末清初建立了"龙门账"，整个会计发展经历了一个由单式簿记到复式记账的过程……

思考与讨论：

你是否与小张有同样的疑惑？会计经历了一个怎样的发展过程？现在及未来的会计又会怎样发展？

第二章 会 计 信 息

学习目的和要求　通过本章的学习,了解会计信息的含义和功能;熟悉会计信息的分类标准和内容;理解并判别反映财务状况、经营成果与现金流量的会计信息;掌握和运用会计信息质量要求及其具体内容;学会区分内部会计信息使用者与外部会计信息使用者,及其对会计信息的使用。

教学重点和难点　本章学习的重点在于会计信息的内涵及其决策功能,会计信息的分类及其内容,会计信息质量的具体要求及其判断,会计信息使用者的类型及其信息使用;学习的难点在于会计信息质量的具体要求及其判断。

第一节　会计信息的含义及内容

信息是企业管理层为了进行经营管理、投融资决策、利润分配等所收集、筛选、加工、整理、存储和输出的各种资料的总称。

一、会计信息的含义

会计信息即为会计人员通过财务报表、财务报表附注等形式向各类投资者、债权人、客户、政府、供应商、员工和社区等利益相关者揭示单位财务状况、经营成果、现金流量及所有者权益变动情况的各类资料的总称。除此之外,通过证券、银行、税务等监管机构公布的关于上市公司监管状况报告(或说明书等),都属于企业会计信息的范畴。

真实的会计信息,是企业财务状况、经营成果、现金流量和所有者权益变动情况的真实反映,即通过各种形式和媒介向内外部传递的企业价值运动的全过程,由此揭示各利益相关者的内在关联,由此可见,会计信息对于利益相关者的决策而言,具有重要的参考意义。随着我国改革开放的深化以及金融创新步伐的加快,会计信息的经济社会功能进一步凸显,已成为国家宏观调控和企业微观管理的重要依据。

（一）会计信息是国家进行宏观调控的重要支撑

国家财政部门、税务部门、工商部门、社保部门、银行等金融机构等,可以根据企业编报披露的财务报表及其附注,及时了解企业财务状况、经营成果、现金流量等情况,监督检查企业纳税义务、环境卫生义务、员工社保义务等的履行情况,以及评估企业投融资渠道、投融资规模、资金流向等信息。借此为国家产业政策、税收政策、收入政策、社保政策、货币政策等的制定和实施提供客观依据,从而形成国家宏观调控的重要支撑。

（二）会计信息是利益相关者进行决策的重要依据

市场经济需要多类型的主体参与和维系,除了国家宏观调控者的角色之外,还有投资者、债权人、客户、供应商、员工等市场主体,通过企业这一纽带形成利益相关者,利益相关者的决策体现了其利益诉求。为确保决策的科学性、正确性,他们必须借助于企业会计信息,据此了解企业的真实状况,从而作出利己的决策。由此可见,会计信息是利益相关者进行决策的重要依据。

（三）会计信息是企业实现系统化管理的重要媒介

除了企业外部利益相关者,企业需要构建系统化的管理体系,如何进行人员配置、业务分工、流程管理、成本控制等,离不开会计信息的决策支撑作用,会计信息能够为企业内部管理层所采用,成为其决策的依据,是实现系统化管理的重要媒介。

（四）会计信息是企业未来发展的重要导向

企业会计信息更多地是反映企业过去和现在的财务、经营状况,从而成为受托责任考核的重要依据。同时,企业管理层根据已经发生的各项经济业务,纠正经营偏差、提高管理效率、调整战略目标,因此,会计信息成为企业未来发展的重要导向。

二、会计信息的分类

从广义层面来说,会计信息是有关企业采购、生产、销售以及管理中产生的各种经济信息的总和,是用于反映企业价值运动的会计数据,按照规定的会计法规、准则、制度、程序、方法等,经过加工、筛选、处理、保存的结果,包括反映企业产供销环节的所有财务信息、内部管理所需要的信息、未来预测与决策的信息以及外部监管的各类信息等。

会计信息根据经济性质与用途、来源渠道与形式、价值媒介、时间跨度等,具有多种不同的划分范畴,从而形成不同的会计信息内容。根据会计信息的来源渠道与产生程序,可将会计信息划分为输入信息、输出信息、存储信息三类;根据会计信息所反映的内容与决策功能,可将会计信息划分为反映财务状况的信息、反映经营成果的信息、反映现金流量的信息三类。

（一）按会计信息的来源渠道与产生程序分类

根据会计信息的来源渠道与产生程序,可将会计信息划分为输入信息、输出信息、存储信息三类。

（1）输入信息是输入会计账务处理系统的各类会计资料,即为待处理的原始信息,主要包括反映经济业务的原始凭证等。

（2）输出信息是通过会计账务处理系统得到的最终会计信息,即可以作为决策依据的信息,主要包括财务报表、财务报表附注及其说明等。

（3）存储信息是处于账务处理系统信息处理过程中的会计信息,即输入信息的转化形式,主要包括记账凭证、账簿、会计文件、会计记录等。

（二）按会计信息所反映的内容与决策功能分类

根据会计信息所反映的内容与决策功能,可将会计信息划分为反映财务状况的信息、反映经营成果的信息、反映现金流量的信息三类。

（1）反映财务状况的信息。反映企业特定时间点的资产、负债及权益情况的信息,即资产负债表所反映的信息,属于静态信息。

（2）反映经营成果的信息。反映企业特定时间段内收入、费用、利润及其分配的信息,即利润表所反映的信息,属于动态信息。

（3）反映现金流量的信息。反映企业特定时间段内融资、投资、经营和分配活动产生的现金流入、流出与净现金流量的信息，即现金流量表所反映的信息，属于动态信息。

第二节　会计信息使用者

会计信息是对企业财务活动、经营活动、管理活动的系统反映，是决策的重要依据，利用会计信息作出决策的主体，即为会计信息使用者（利益相关者）。一般而言，会计信息使用者主要包括两类：会计信息外部使用者和会计信息内部使用者，会计信息外部使用者主要是企业的所有者（股东）、债权人、政府、供应商、客户等；会计信息内部使用者主要是企业管理层。

一、会计信息外部使用者

会计信息外部使用者主要是企业的所有者（股东）、债权人、政府、供应商、客户等主体。

（一）所有者（股东）

所有者即为企业的所有权人，企业财务、经营和现金流量状况，直接关乎所有者的利益。会计信息有利于所有者解读企业财务安全和盈利能力，以此保证投资的安全性和盈利性。因此，会计信息便成为所有者考核管理层业绩的重要依据，也成为潜在投资者作出投资决策的重要参考。

（二）债权人

债权人资金是企业资金的重要来源，债权人为了保障资金安全和债权完整，必须依靠企业会计信息，对企业的财务状况、经营成果、偿债能力、坏账风险等作出科学的评估，进而作出是否向企业借贷资金以及是否提前收回借贷资金等决策。

（三）政府

政府履行受托责任，在市场经济发展中发挥着宏观调控的职能，必须有效引导和监管企业微观行为，确保企业健康发展。因此，政府可以根据企业对外披露的会计信息，判断企业的投融资状况、盈利状况、税收负担、社会责任的履行等情况，进而制定一系列的宏观调控和企业发展政策，从而推动企业的发展。

（四）供应商

供应商是企业的上游企业，为企业提供生产经营所需的原材料、产成品等，供应商可以根据企业会计信息，判断企业的生产经营状况及其有效需求，评估企业的购买能力、偿债能力和信用状况，进而作出是否向企业提供原材料以及是否赊销等决策，从而确保销售的安全性和盈利性。

（五）客户

客户是企业进行商品销售的下游企业，是实现利润的关键。客户可根据企业的会计信息，判断企业的生产规模、销售渠道和盈利状况，评估其对企业利润的贡献度及其讨价还价的能力，以及可获得的优惠，从而制定更为有利的购买决策和价格决策。

二、会计信息内部使用者

一个企业组织的各级管理部门未来完成职责都需要信息,不论是高级管理部门还是具体经营管理部门,都是如此。会计信息系统根据收集到的全部数据进行加工,将信息报送给企业管理部门,管理部门收到并利用这些信息作出有关决策,管理部门的决策又反过来影响企业组织内部的经营管理,包括独会计信息系统的影响,同时也影响着企业组织与其外部环境的关系。

与外部信息需要相比,向内部报送的会计信息显然具有较多的"自由性"。由于报告的类型以及产生的会计信息种类并没有什么规则,在设计满足企业经营管理需要的会计信息系统比设计外部报表面临着较多的困难,所产生和使用的会计信息往往是多样性的。

会计信息内部使用者包括董事会、首席执行官、首席财务官、副董事长、经营部门经理、分厂经理、分部经理、生产线主管等。

以上各种信息使用者需要什么样的会计信息呢?各种信息使用者对会计信息的侧重点要求是不同的,但在以下方面是他们共同关注的。即:

(1)关于一个企业特定时点的财务状况的信息。

(2)关于一个企业特定会计期间的经营成果的信息。

(3)关于一个企业现金流入、流出的时间及概率分布的信息以及一个企业特定会计期间现金净流量的信息。

(4)关于一个企业所有者权益构成及变动方面的信息。

会计如何提供这些信息?财务会计为了提供这些信息,要通过一系列程序与专门的方法,如设置账户、复式记账、填制凭证、登记账簿、货币计价、成本计算、财产清查和编制和会计报表等基本会计方法进行确认、计量、记录和报告。

第三节　会计信息质量要求

会计信息是对企业财务活动、经营活动、管理活动的反映,是受托责任考核和进行决策的重要依据,失真的会计信息不能客观反映企业的状况,低质量的会计信息会降低会计信息的作用,因此,只有高质量的会计信息,才能满足信息使用者的需要。2006年2月15日,财政部颁布了《企业会计准则——基本准则》,明确了会计信息的质量要求,满足可靠性、相关性、可理解性、可比性、实质重于形式、重要性、谨慎性、及时性要求的会计信息,才是高质量的会计信息,从而成为会计确认、会计计量和会计报告的质量保证。

一、可靠性

可靠性也称真实性,指企业应当以实际发生的交易(事项)以及反映该经济业务实质内容的合法凭证为依据,如实地进行会计确认、计量和报告,客观地披露企业的财务状况、经营成果、现金流量以及所有者权益变动等情况。会计人员必须保证会计信息真实可靠、内容完整、披露准确,体现历史成本计量的属性,是受托责任考核的重要依据。

可靠性包括两点内容:一是会计工作必须依据审核无误的原始凭证或其他类似资

料,依据会计准则的规定进行记账,从而保证所提供的会计信息真实、准确、完整,能够客观地反映企业的经营状况。如果会计信息的生成不是以真实的交易或事项为基础,则提供给信息使用者的会计信息就可能是错误、虚假的,进而误导信息使用者的决策,降低会计信息的决策功能。二是会计人员进行会计工作时,必须遵循会计准则和相关制度的要求,保持应有的客观、公正,运用正确的会计原则和方法,生成具有可检验性、可比较性的会计信息。如果会计人员缺少准则意识和客观态度,不仅不能为信息使用者提供决策有用的信息,还可能由于低质量,甚至错误的信息而误导信息使用者的决策。

二、相关性

会计信息的重要功能是为信息使用者提供决策有用的信息,在保证会计信息真实可靠的基础上,还必须符合相关性的要求。相关性指企业提供的会计信息应与财务报告使用者的经济决策相关,有助于信息使用者对过去、现在的状况作出评价,并据此预测未来状况。相关即要与决策有关,有助于信息使用者作出正确的决策。如果信息提供后,不能帮助信息使用者作出经济决策,则说明会计信息不具有相关性,即使这些信息是可靠的,也无助于经济决策。

根据相关性的要求,会计人员在进行会计工作时,尽可能考虑不同信息使用者的需要,收集、筛选、记录、处理、生成和输出会计的信息,能够满足不同使用者的共性要求。而对于特定的、非公开的会计信息,可通过财务报告之外的媒介来提供。

三、可理解性

可理解性也称明晰性,指企业提供的会计信息应当清晰明了,便于财务报告使用者理解和使用。可理解性要求会计信息的生成和输出,应当充分考虑信息使用者的信息用途、专业背景,尽可能简明、易懂,能够简洁地说明企业的财务状况、经营业绩、现金流量以及所有者权益变动情况,以便信息使用者正确理解和使用会计信息。

根据可理解性的要求,会计记录应当准确、清晰、简明,填制会计凭证、登记会计账簿必须做到依据合法、账户对应关系清楚、文字摘要完整;编制会计报表时,确保项目完整、内容真实、金额准确、项目勾稽关系清楚。

四、可比性

可比性是指企业提供的会计信息应当可比,根据信息可比的性质,本原则包含两方面的质量要求。

一是信息纵向可比,即信息的一贯性,指同一企业不同时期发生的相同或相似的经济业务、事项,应当采用一致的会计政策,不得随意改变,确保企业不同时期的各项会计指标可以进行纵向比较。纵向可比有利于检验会计信息的正确性,评估企业从过去到现在时间段内的经营状况,据此预测未来发展状况。不得随意改变不等同于不得变更,随着会计准则规定的调整、经营环境的改变等,如确有必要变更,必须将变更情况、变更原因及其经济后果等详细情况,记录于财务报告附注中。

二是信息横向可比,指不同企业发生的相同或者相似的交易、事项,应当采用规定的、统一的会计政策,确保会计信息口径一致,相互可比。由于企业所处的行业、地区存在差异,经济业务发生在不同的时点,为了保证会计信息能够满足信息使用者决策的需要,便于比较不同企业的财务状况和经营成果,评估行业地位和地区差异等,针对不同企业所发生的相同或相似的交易、事项,应当采用国家统一规定的相关会计方法和程序。

五、实质重于形式

实质重于形式指企业应当按照交易或者事项的经济实质进行会计确认、计量和报告,不应仅以交易或者事项的法律形式为依据,即经济实质重于法律形式。在会计工作中,会遇到交易或事项的法律形式与经济实质相背离的情况,交易或事项的外在法律形式并不能真实地反映其经济实质,诸如融资租赁业务,租赁物的法定所有权并未发生转让,依然属于出租人,但是与租赁物相关的收益和风险已经转移给承租人。在此情况下,如果仅以法律形式判断租赁物的归属,就不能真实地反映出租人、承租人基于租赁物的未来收益与风险情况,从而误导了与出租人、承租人相关的信息使用者的决策。因此,为了真实地反映企业的财务状况、经营成果和现金流量,就必须以交易或事项的经济实质来进行会计核算,而不能仅仅依靠法律形式作出判断。

六、重要性

重要性指企业提供的会计信息应当反映与企业财务状况、经营成果、现金流量与所有者权益变动等有关的所有重要交易或者事项。基于此原则,会计人员应该根据经济业务或事项的性质和规模,充分考虑成本效益,以此确定会计程序和选择会计方法。基于决策有用性,如果一笔经济业务性质特殊,不单独给予充分披露会影响信息使用者的决策,则说明该经济业务具有重要性,能反映重要事实,应该单独披露和进行必要的说明;如果一笔经济业务不具有特殊性,是否单独反映并不影响信息使用者的相关决策,则说明该经济业务不具有重要性,无需进行特定的单独披露或说明。经济业务的重要性,可根据经济业务发生的频率和金额来判断,如果经济业务发生较为频繁,对企业影响较大,则认为该经济业务能反映重要信息,必须单独披露;如果一笔经济业务的金额在资产、负债、收入或费用总额中所占的比重很大(尚无统一标准,需进行职业判断),则可认为该经济业务是重要的,应当严格按照会计准则规定的会计程序和方法进行披露和说明;如果金额在资产、负债、收入或费用总额中所占的比重很小,则可认为该经济业务所提供的信息不具有重要性,可简化披露或者不披露。

重要性的判断往往需要会计人员的职业判断,从性质和数量两个层面确定重要性,同时,充分考虑成本和收益等因素。当经济业务或事项能够影响决策时,可认为该经济业务或事项具有重要性;如果经济业务或事项不能影响决策,则可认为该经济业务或事项不具有重要性。

七、谨慎性

谨慎性是指企业对交易或者事项进行会计确认、计量和报告应当保持应有的谨慎,在会计要素确认标准不完全满足时,不应高估资产或者收益、低估负债或者费用。对于未来期间具有不确定性的负债或费用,应当给予科学的估计。谨慎性的要求源于企业经营的不确定性,遵循谨慎性要求,合理评估企业经营过程中的风险,有利于企业及时发现、评估和处理风险,提高风险管理的效率,作出科学的经营决策。

遵循谨慎性要求,有利于科学地反映企业在未来期间的收益能力和现金流量,从而评估其市场竞争力,进行科学的市场预测,从而保证投资者、债权人等利益相关者的利益。比如,针对企业重要的固定资产、存货、长期股权投资等资产,根据市场情况合理评估其价值,当市价低于成本时,反映的是资产在未来期间收益能力和现金流量的降低,此时应根据市场价值减计资产账面价值,同时将减记金额计入当期损益,这就是谨慎性的要求,是采用公允价值等计量属性对历史成本的修正。然而,谨慎性不等于保守,而是在会计准则规定下作出的科学判断,任意提取减值准备的行为,则是对谨慎性的误解和滥用。

八、及时性

及时性指企业对于已经发生的交易或者事项,应当及时进行会计确认、计量和报告,不得提前或者延后。决策所需会计信息具有时效性,过去或未来的会计信息,其决策的功能都会有所下降,及时披露与决策相关的信息,才能提升会计信息的决策价值,实现决策目标。

根据及时性要求,会计人员在进行会计工作时,应该及时取得会计凭证、及时进行账务处理、及时编制会计报表并向有关主体报送,即遵循及时收集、整理、分析、披露各类会计信息的要求。

本 章 小 结

本章对会计信息进行了详尽解释,将会计信息定义为会计人员通过财务报表、财务报表附注等形式向各类投资者、债权、商、员工、政府和社区等利益相关者揭示单位财务状况、经营成果、现金流量及所有者权益变动情况的各类资料的总称。除此之外,通过证券、银行、税务等监管机构公布的关于上市公司监管状况报告(或说明书等),都属于企业会计信息的范畴。

会计信息是国家进行宏观调控的重要支撑,是利益相关者进行决策的重要依据,是企业实现系统化管理的重要媒介,是企业未来发展的重要导向。

根据会计信息的来源渠道与产生程序,将会计信息划分为输入信息、输出信息、存储信息三类;根据会计信息所反映的内容与决策功能,将会计信息划分为反映财务状况的信息、反映经营成果的信息、反映现金流量的信息三类。

会计信息是对企业财务活动、经营活动、管理活动的系统反映,是决策的重要依据,利用会计信息作出决策的主体,即为会计信息使用者(利益相关者)。一般而言,会计信息使用者主要包括两类:会计信息外部使用者和会计信息内部使用者,会计信息外部使用者主要是企业所有者(股东)、债权人、政府、供应商、客户等;会计信息内部使用者主要是企业管理层。

会计信息质量要求包括可靠性、相关性、可理解性、可比性、实质重于形式、重要性、谨慎性、及时性,只有满足上述要求的会计信息,才是高质量的会计信息,从而成为会计确认、会计计量和会计报告的质量保证。

关键概念　会计信息　信息使用者　会计信息质量要求

一、思 考 题

1. 简述会计信息的功能。
2. 简述可靠性要求的内涵及其内容。
3. 简述实质重于形式要求的内涵及其内容。
4. 简述会计信息使用者的类型及其具体内容。

二、练 习 题

(一) 单项选择题

1. 企业管理层为了进行经营管理、投融资决策、利润分配等所收集、筛选、加工、整理、存储和输出的各种资料的总称是指(　　)。
   A. 信息　　　　　　B. 数据　　　　　　C. 系统　　　　　　D. 知识

2. 处于账务处理系统信息处理过程中的会计信息,是输入信息的转化形式,包括记账凭证、账簿、会计文件、会计记录等的是指(　　)。
   A. 输入信息　　　B. 输出信息　　　　C. 存储信息　　　D. 财务信息

3. 违背了会计信息可靠性的要求,不能客观、真实地反映会计主体的财务状况、经营成果、现金流量的行为是(　　)。
   A. 会计信息失真　　B. 会计信息错误　　C. 会计造假　　　　D. 会计舞弊

4. 会计人员在会计核算过程中,有目的、有预谋、有针对性地财务造假和欺诈,会计人员据此获得不当利益的舞弊行为,即通常意义上的会计舞弊是指(　　)。
   A. 无意失真　　　　B. 故意失真　　　　C. 会计造假　　　　D. 会计错误

5. 企业应当以实际发生的交易(事项)以及反映该经济业务实质内容的合法凭证为依据,如实地进行会计确认、计量和报告,客观地披露企业的财务状况、经营成果、现金流量以及所有者权益变动等情况,体现了(　　)的会计信息质量要求。
   A. 可靠性　　　　　B. 相关性　　　　　C. 重要性　　　　　D. 实质重于形式

6. 属于动态信息,反映企业特定时间段内收入、费用、利润及其分配信息的是(　　)。
   A. 财务状况信息　　　　　　　　　　B. 经营成果信息
   C. 现金流量信息　　　　　　　　　　D. 所有者权益信息

7. 企业提供的会计信息应当清晰明了,便于财务报告使用者理解和使用,体现了(　　)的会计信息质量要求。
   A. 可靠性　　　　　B. 相关性　　　　　C. 可理解性　　　　D. 重要性

8. 企业应当按照交易或者事项的经济实质进行会计确认、计量和报告,不应仅以交易或者事项的法律形式为依据,体现了(　　)的会计信息质量要求。
   A. 重要性　　　　　B. 实质重于形式　　C. 可靠性　　　　　D. 相关性

9. 企业提供的会计信息应当反映与企业财务状况、经营成果、现金流量和所有者权益变动等有关的所有重要交易或者事项,体现了(　　)的会计信息质量要求。
   A. 可靠性　　　　　B. 相关性　　　　　C. 重要性　　　　　D. 实质重于形式

10. 企业对交易或者事项进行会计确认、计量和报告应当保持应有的谨慎,在会计要素确认标准不完全满足时,不应高估资产或者收益、低估负债或者费用,体现了(　　)的会计信息质量要求。

　　A. 可靠性　　　　B. 重要性　　　　C. 实质重于形式　　D. 谨慎性

11. 企业对于已经发生的交易或者事项,应当及时进行会计确认、计量和报告,不得提前或者延后,体现了(　　)的会计信息质量要求。

　　A. 可靠性　　　　B. 重要性　　　　C. 谨慎性　　　　D. 及时性

12. 以下选项中,属于内部信息使用者的是(　　)。

　　A. 管理层　　　　B. 债权人　　　　C. 供应商　　　　D. 政府

(二) 多项选择题

1. 会计信息的内容包括(　　)。

　　A. 反映企业产供销环节的所有财务信息　　B. 内部管理所需要的信息
　　C. 未来预测与决策的信息　　　　　　　　D. 外部监管的信息
　　E. 反映现金流量信息

2. 根据来源渠道与产生程序,会计信息可分为(　　)。

　　A. 输入信息　　　　B. 输出信息　　　　C. 存储信息　　　　D. 财务信息
　　E. 管理信息

3. 会计信息的作用包括(　　)。

　　A. 国家进行宏观调控的重要支撑　　　　B. 利益相关者进行决策的重要依据
　　C. 企业实现系统化管理的重要媒介　　　D. 企业未来发展的重要导向
　　E. 会计信息对外部和内部信息使用者都有重要的影响

4. 以下选项中,属于会计信息提供媒介的有(　　)。

　　A. 会计凭证　　　　B. 会计账簿　　　　C. 会计报表　　　　D. 财务公告
　　E. 纳税申报表

5. 以下属于会计信息使用者的是(　　)。

　　A. 管理者　　　　B. 股东　　　　C. 债权人　　　　D. 政府
　　E. 供应商

6. 下列关于会计信息质量要求的表述正确的有(　　)。

　　A. 及时性对相关性和可靠性起着制约作用
　　B. 根据相关性要求,企业提供的会计信息应当与企业管理当局的意图相关,满足企业管理当局的管理要求
　　C. 可靠性是会计信息首要的质量特征
　　D. 计提坏账准备体现了谨慎性要求
　　E. 及时性要求报送信息不得提前也不得延后

7. 按照企业会计准则的规定,上市公司的下列行为中,体现会计信息质量可靠性要求的有(　　)。

　　A. 根据审核无误的原始凭证填制记账凭证
　　B. 未对原始凭证进行审核就填制记账凭证
　　C. 依据未审核的记账凭证登记账簿

D. 遵循相关会计准则进行会计核算

E. 会计人员进行舞弊行为

8. 以下体现会计信息质量实质重于形式要求的有( )。

A. 企业购入资产

B. 实质重于形式要求企业不仅以交易或事项的法律形式为依据

C. 融资租入固定资产

D. 经营租入固定资产

E. 计提坏账准备

9. 以下体现会计信息质量谨慎性要求的有( )。

A. 采用双倍余额递减法计提固定资产折旧

B. 对应收账款计提坏账准备

C. 到期不能收回的应收票据转入应收账款

D. 融资租入固定资产作为自有固定资产核算

E. 采用成本与可变现净值执低法对存货进行期末计价

10. 按照企业会计准则的规定,企业下列行为符合会计信息质量重要性要求的有( )。

A. 对于金额较少的支出,可一次性计入当期损益

B. 对于可能对经济决策产生重大影响的事项,单独反映,重点说明

C. 依据职业判断,从事项性质和金额两方面判断其重要性

D. 不随意变更固定资产折旧的方法

E. 若某会计事项不能影响决策,则该事项不具有重要性

(三) 判断题

1. 会计信息是企业内外部利益相关者进行决策的重要依据。 ( )

2. 企业提供的会计信息应当有助于会计信息使用者对企业过去、现在或者未来的情况作出评价或者预测。 ( )

3. 会计信息质量要求是互补的,各个质量特征之间不存在矛盾。 ( )

4. 可靠性强调的是会计信息的真实性,即要求会计信息必须百分之百符合客观实际。 ( )

5. 在我国会计准则规范下,可靠性是会计信息首要的质量特征。 ( )

6. 企业将融资租入固定资产视同自有固定资产予以确认、计量和报告,主要体现了会计信息质量的实质重于形式要求。 ( )

7. 可比性要求不同企业之间发生的所有交易或者事项,应当采用一致的会计政策,以确保会计信息口径一致、互相可比。 ( )

8. 重要性要求会计人员从经济业务或会计事项的性质上判断其重要程度,对于经济业务或会计事项的金额则无需考虑。 ( )

9. 谨慎性要求说明企业在进行会计工作时应保持保守,可以自行确定减值准备的计提。 ( )

10. 会计信息使用者的利益具有一致性,因此,会计信息对于各使用主体而言,其决策作用是无异的。 ( )

(四) 业务题

1. 假设有甲、乙两人同时投资一个相同的商店,1 个月以来甲取得了 20 000 元的收入,乙取得了 17 500 元的收入,两人都购进了 10 000 元的货物,都发生了 5 000 元的广告费,此外,均没有其他收支。月末计算收益时,甲将 5 000 元广告费全部作为本月费用,本月收益为 5 000 元;而乙认为 5 000 元广告费在下月还将继续起作用,因而将它分两个月分摊,本月承担一半即 2 500 元,因而,乙本月收益也为 5 000 元。

　　思考与讨论:

　　什么是会计信息的可比性要求,请依据此要求对案例中甲、乙两人的收益进行分析。

2. 甲上市公司拥有乙公司 45% 的股份,另一投资者丙拥有乙公司 10% 的股份。甲上市公司和丙公司经磋商达成委托协议:甲上市公司代为管理丙公司股份,从而获得丙公司股份表决权,加上原有的 45% 的股份,甲上市公司实质上已拥有乙公司 50% 以上的股份。这种情况下,甲上市公司对乙公司的经营管理拥有了控制权,使乙公司成为事实上的子公司。因此,会计处理上,甲上市公司在编制合并财务报表时,应将乙公司纳入合并的范围。

　　思考与讨论:

　　什么是会计信息的实质重于形式要求,请依据此要求对案例中甲上市公司编制合并财务报表的合理性进行分析。

3. 2019 年 9 月 15 日,雷曼兄弟公司向美国联邦申请破产保护,拥有 158 年悠久历史的神话终结。其实早在 2019 年年初,雷曼兄弟就爆出财务丑闻,该公司存在严重的会计造假、粉饰报表等行为。在此之后,雷曼兄弟股价就大幅下跌,市值瞬间蒸发,投资者损失惨重。为何投资者没有及时发现雷曼兄弟的造假行为,进行了错误的投资,究其原因,在于会计造假影响了会计信息质量,进而制约了会计信息的决策功能。由此可见,高质量的会计信息,对投资者而言,具有重要的决策支撑,提高会计信息的质量,是投资者进行正确决策的基础。

　　思考与讨论:

　　会计信息质量的好坏会对决策的选择和判断带来什么影响?

第三章 会计要素

学习目的和要求 通过本章的学习,了解会计要素的含义和内容,熟悉会计计量属性的含义和运用;理解会计要素增减变动的相关性;掌握会计恒等式的内涵及等式之间的相互关系,学会运用会计恒等式分析经济业务。

教学重点和难点 本章学习的重点在于会计要素的内涵与具体内容,会计计量属性的判断及其运用,静态会计等式与动态会计等式的内涵及其相关性;学习的难点在于经济业务对会计等式变动的影响。

第一节 会计要素概述

会计要素是将会计核算的对象按其经济特征进行具体化的项目,是对会计对象的基本划分,是会计报表的基本构成要素,是会计理论研究的基础。我国《企业会计准则——基本准则》明确规定了会计要素及其内容,会计要素包括:资产、负债、所有者权益、收入、费用和利润六大项内容。按经济性质而言,资产、负债和所有者权益是组成资产负债表的会计要素,用于反映企业的财务状况,称为资产负债表要素;收入、费用和利润是组成利润表的会计要素,用于反映企业的经营成果,称为利润表要素。

除此之外,由于资产、负债和所有者权益静态地反应企业特定时点上的财务状况,也称为静态会计要素;收入、费用和利润动态地反映企业特定时期内的经营成果,也称为动态会计要素。

第二节 会计要素的内容

一、资产

(一)资产的定义和特征

按照《企业会计准则——基本准则》的规定:资产是指企业过去的交易或者事项形成的,由企业拥有或者控制的,预期会给企业带来经济利益的资源。根据资产的定义,资产具有以下三个方面的特征:

1. 资产预期会给企业带来经济利益的流入

资产预期会给企业带来经济利益的流入,是指资产直接或者间接导致现金或现金等价物流入企业的潜力,是资产的重要特征。经济利益流入可能来源于企业的日常经营活动,也可能来源于非日常活动。资产带来的经济利益可以是现金或者现金等价物,也可以是能转化为现金或者现金等价物的形式,或者是可以减少现金或者现金等价物流出的形式。如果已经确认的资产不能再给企业带来经济利益的流入,则不能再将其确认为资产。

2. 资产是由企业拥有或者控制的资源

资产作为一项经济资源,应当是由企业拥有或者控制的,即企业享有某项资源的所有权或者虽然不享有某项资源的所有权,但该资源实质上已被企业所控制。企业享有资产的所有权,通常表明企业能够排他性地从资产中获取经济利益。这是考虑资产是否存在的首要因素。但在特殊情况下,企业虽不拥有资产的所有权,但实质上已经控制这些资产,也可表明企业能够从资产中获取经济利益,符合会计上对资产的定义。如融资租入的固定资产。如果企业既不拥有也不控制资产所能带来的经济利益,就不能将其作为企业的资产予以确认。

3. 资产是由企业过去的交易或者事项形成的

资产应当由企业过去的交易或者事项形成,过去的交易或者事项包括购买、生产、建造行为或者其他已经发生的交易或事项。即只有过去的交易或者事项才能产生资产,企业预期在未来发生的交易或者事项不形成资产。

（二）资产的分类

按照资产的流动性,可将全部资产划分为流动资产和非流动资产。流动资产是指1年或超过1年的一个经营周期之内变现或耗用的资产,主要包括货币资金、交易性金融资产、应收及预付款项、存货等。非流动资产是指1年或超过1年的一个经营周期以上变现或耗用的资产,主要包括固定资产、无形资产、长期股权投资及其他资产等。

货币资金是指在企业生产经营管理过程中处于货币形态的那部分资金,包括库存现金、银行存款和其他货币资金。

交易性金融资产是指企业为了近期内出售而持有的债券、股票和基金等投资。

应收及预付款项是指企业在日常活动中发生的各项债权,包括应收款项和预付款项。应收款项包括应收票据、应收账款和其他应收款等,预付款项是指企业按照合同规定预付的款项,如预付账款。

存货是指企业在日常生产经营过程中持有以备出售的产成品或商品、处在生产过程中的在产品、在生产过程或提供劳务过程中耗用的材料和物料等。

固定资产是指同时具备下列特征的有形资产：① 为生产商品、提供劳务、出租或经营管理而持有的；② 使用寿命超过一个会计年度。

无形资产是指企业拥有或者控制的没有实物形态的可辨认非货币性资产,通常包括专利权、非专利技术、商标权、著作权、特许权、土地使用权等。

长期股权投资是指投资方能对被投资单位实施控制、共同控制、重大影响的权益性投资以及对其合营企业的权益性投资。

（三）资产的确认条件

1. 与该资源有关的经济利益很可能流入企业

与资源有关的经济利益能否流入企业或者能够流入多少实际上是具有不确定性,资产的确认应与经济利益流入的确定性程度的判断结合起来,如果根据编制财务报表时所取得的证据,与资源有关的经济利益很可能流入企业,那么就应当将其作为资产予以确认；反之,则不能确认为资产。

2. 该资源的成本或者价值能够可靠地计量

资产的确认还应满足经济资源的成本或者价值能够可靠计量的要求,如果经济资源的成本或者价值不能可靠计量,即使经济资源很可能流入企业,也不能将该经济资源确认为资产。在实务中,企业取得许多资产都需要付出成本。

二、负债

(一)负债的定义和特征

按照《企业会计准则——基本准则》的规定:负债是指企业过去的交易或者事项形成的,预期会导致经济利益流出企业的现时义务。根据负债的定义,负债具有以下三个方面的特征。

1. 负债是企业承担的现时义务

现时义务是指企业在现行条件下已承担的义务,未来发生的交易或者事项形成的义务,不属于现时义务,不应当确认为负债,这是负债的基本特征。

2. 负债预期会导致经济利益流出企业

预期导致经济利益的流出是负债的本质特征,只有企业在履行义务时会导致经济利益流出企业的,才符合负债的定义,如果不会导致企业经济利益流出的,就不符合负债的定义。同时,企业在履行现时义务时,导致经济利益流出的形式具有多样性。

3. 负债是由企业过去的交易事项形成的

只有过去的交易或事项才能形成负债,企业将在未来发生的承诺、签订的合同等交易或者事项,不会形成负债。

(二)负债的分类

负债按其流动性,可以划分为流动负债和非流动负债。流动负债是指偿还期在1年或超过1年的一个营业周期内的债务,主要包括短期借款、应交税费、应付票据等;长期负债是指偿还期1年或超过1年的一个营业周期以上的债务,主要包括长期借款、应付债券、长期应付款等。

短期借款是指企业从银行或其他金融机构借入的期限在1年以内(含1年)的借款。

应交税费是指企业根据一定时期内取得的营业收入、实现的利润等,按照现行税法规定,采用一定的计税方法计提的应缴纳的各种税费。

应付票据是指企业购买商品、原材料或接受劳务等结算需要而开出、承兑的商业汇票,包括商业承兑汇票和银行承兑汇票。

长期借款是指企业从银行或其他金融机构借入的期限在1年以上(不含1年)的借款。

应付债券是指企业基于融资需要,依照法定程序发行,约定在一定期限内还本付息的具有一定价值的债券。

长期应付款是指企业对其他单位发生的付款期限在1年以上的长期负债,如应付融资租入固定资产的租赁费、分期付款方式购入固定资产的应付账款等。

(三)负债的确认条件

1. 与该义务有关的经济利益很可能流出企业

在实务中,履行义务所需流出的经济利益具有不确定性,负债的确认应当与经济利益流出的确定性程度结合起来,如果有确凿证据表明,与现时义务有关的经济利益很可能流出企业,就应当将其作为负债予以确认;反之,如果企业承担了现时义务,但是会导致企业经济利益流出的可能性很小,就不符合负债的确认条件,不应将其作为负债予以确认。

2. 未来流出的经济利益的金额能够可靠地计量

负债的确认在考虑经济利益流出企业的同时,对于未来流出的经济利益的金额应当能可靠计量。

三、所有者权益

(一)所有者权益的定义

按照《企业会计准则——基本准则》的规定:所有者权益是指企业资产扣除负债后,由所有者享有的剩余权益。公司的所有者权益又称为股东权益。所有者权益是所有者对企业资产的剩余索取权,它是企业资产中扣除债权人权益后应由所有者享有的部分,既可反映所有者投入资本的保值增值情况,又体现了保护债权人权益的理念。

(二)所有者权益的来源

所有者权益的来源包括所有者投入的资本、直接计入所有者权益的利得和损失、留存收益等,通常由股本(或实收资本)、资本公积(含股本溢价或资本溢价、其他资本公积)、盈余公积和未分配利润等构成。

所有者投入的资本既包括构成企业注册资本或者股本部分的金额,也包括投入资本超过注册资本或者股本部分的金额,即资本溢价或者股本溢价,这部分投入资本在我国企业会计准则体系中被计入了资本公积,并在资产负债表中的资本公积项目下反映。

直接计入所有者权益的利得和损失,是指不应计入当期损益、会导致所有者权益发生增减变动的、与所有者投入资本或者向所有者分配利润无关的利得或者损失。其中,利得是指由企业非日常活动所形成的、会导致所有者权益增加的、与所有者投入资本无关的经济利益的流入。损失是指由企业非日常活动所发生的、会导致所有者权益减少的、与向所有者分配利润无关的经济利益的流出。

留存收益是企业历年实现的净利润留存于企业的部分,主要包括累计计提的盈余公积和未分配利润。

(三)所有者权益的确认条件

所有者权益体现的是所有者在企业中的剩余权益,因此,所有者权益的确认方式依赖于其他会计要素,尤其是资产和负债的确认;所有者权益金额的确认也主要取决于资产和负债的计量。

四、收入

(一)收入的定义和特征

按照《企业会计准则——基本准则》的规定:收入是指企业在日常活动中形成的、会导致所有者权益增加的、与所有者投入资本无关的经济利益的总流入。根据收入的定义,收入具有以下几方面的特征。

1. 收入是企业在日常活动中形成的

日常活动是指企业为完成其经营目标所从事的经营性活动以及与之相关的活动。明确界定日常活动是为了将收入与利得相区分,因为企业非日常活动所形成的经济利益的流入不能确认为收入,而应当计入利得。

2. 收入是与所有者投入资本无关的经济利益的流入

收入带来经济利益的流入,进而导致资产的增加,反映企业经济资源和经济价值的增加,由于该资产的增加不是投资者投入资本引起的,故收入所带来的经济利益的流入,与投资者投入资本无关。

3. 收入最终导致所有者权益的增加

收入是形成企业利润的基础,而通过对利润进行分配,会形成资本公积、盈余公积和未分配收益,进而增加所有者权益,不会导致所有者权益增加的经济利益的流入不符合收入的确认条件。

（二）收入的分类

1. 按照收入来源的性质

按照收入来源的性质,可将收入划分为：销售商品的收入、提供劳务的收入和让渡资产使用权的收入。

销售商品的收入是指企业通过销售商品而实现的收入,如制造业企业生产并销售商品、商业企业销售商品实现的收入等。

提供劳务的收入是指企业通过提供劳务实现的收入,如安装公司提供安装服务、软件开发公司为客户开发软件等的收入。

让渡资产使用权的收入是指企业转让资产使用权取得的收入,主要包括利息收入和使用费收入。

2. 按照经营业务的主次

按照经营业务的主次,可将收入划分为：主营业务收入和其他业务收入。

主营业务收入是指企业通过主要经营活动所取得的收入,包括销售商品、提供劳务等主营业务获取的收入。

其他业务收入是指企业确认的除主营业务活动以外的其他经营活动实现的收入,包括出租固定资产、出租无形资产、出售材料等实现的收入。

（三）收入的确认条件

收入在确认时除了应当符合收定义外,还应当满足严格的确认条件,按收入准则规定,收入满足下列条件的,才能予以确认。

（1）合同各方已批准该合同并承诺将履行各自义务。

（2）该合同明确了合同各方与所转让商品或提供劳务(简称"转让商品")相关的权利和义务。

（3）该合同有明确的与所转让商品相关的支付条款。

（4）该合同具有商业实质,即履行该合同将改变企业未来现金流量的风险、时间分布或金额。

（5）企业因向客户转让商品而有权取得的对价很可能收回。

客户,是指与企业订立合同以向该企业购买其日常活动产出的商品或服务(简称"商品")并支付对价的一方。

收入按交易价格进行计量。企业应当按照分摊至各单项履约义务的交易价格计量收入。交易价格,是指企业因向客户转让商品而预期有权收取的对价金额。企业代第三方收取的款项以及企业预期将退还给客户的款项,应当作为负债进行会计处理,不计入交易价格。

五、费用

（一）费用的定义和特征

按照《企业会计准则——基本准则》的规定:费用是指企业在日常活动中发生的、会导致所有者权益减少的、与向所有者分配利润无关的经济利益的总流出。根据费用的定义,费用具有以下三个特征。

1. 费用是企业在日常活动中形成的

费用必须是企业在其日常活动中所形成的,日常活动的界定与收入定义中涉及的日常活动的界定相一致。因日常活动所产生的费用通常包括销售成本(营业成本)、职工薪酬、折旧费、无形资产摊销费等。将费用界定为日常活动所形成的,目的是为了将其与损失相区分,因企业非日常活动所形成的经济利益的流出不能确认为费用,而应计入损失。

2. 费用是与向所有者分配利润无关的经济利益的总流出

费用的发生应当会导致经济利益的流出,从而导致资产的减少或者负债的增加(负债增加最终也会导致资产的减少)。其表现形式包括:现金或者现金等价物的流出,存货、固定资产和无形资产等的流出或者消耗等。

3. 费用会导致所有者权益的减少

与费用相关的经济利益的流出应当导致所有者权益的减少,不会导致所有者权益减少的经济利益的流出不符合费用的定义,不应确认为费用。

（二）费用的分类

按照经济用途,可将费用划分为成本费用和期间费用两类。成本费用是指企业在生产经营中所发生的各种资源耗费,是按产品分摊的、与生产产品直接相关的费用,包括直接费用和间接费用。期间费用是指不能直接归属于某个特定产品成本的费用,它是随着时间推移而发生的与当期产品的管理和产品销售直接相关,而与产品的产量、产品的制造过程无直接关系的费用。

（三）费用的确认条件

费用的确认除了应当符合定义外,也应当满足严格的条件,费用的确认至少应当符合以下三个条件:

(1)与费用相关的经济利益很可能流出企业;

(2)经济利益流出企业的结果会导致资产的减少或者负债的增加;

(3)经济利益的流出额能够可靠计量。

六、利润

（一）利润的定义

按照《企业会计准则》的规定:利润是指企业在一定会计期间的经营成果。通常情况下,如果企业实现了利润,表明企业的所有者权益增加,业绩得到了提升;反之,如果企业发生了亏损（即利润为负数），表明企业的所有者权益将减少，业绩下滑。因此，利润往往是评价企业管理层业绩的一项重要指标，也是投资者等财务报告使用者进行决策时的重要参考指标。

（二）利润的构成

利润包括收入减去费用后的净额、直接计入当期利润的利得和损失等。其中收入减去费用后的净额反映的是企业日常活动的业绩，直接计入当期利润的利得和损失反映的是企业非日常活动的业绩。直接计入当期利润的利得和损失，是指应当计入当期损益、最终会引起所有者权益发生增减变动的、与所有者投入资本或者向所有者分配利润无关的利得或者损失。企业应当严格区分收入和利得、费用和损失之间的区别，以更加全面地反映企业的经营业绩。

（三）利润的确认条件

利润反映的是收入减去费用、利得减去损失后的净额，因此，利润的确认主要依赖于收入和费用以及利得和损失的确认。其金额的确定也主要取决于收入、费用、利得和损失金额的计量。

第三节　会计计量属性

会计计量是为了将符合确认条件的会计要素登记入账，并列报于财务报表而确定其金额的过程。企业应当按照规定的会计计量属性进行计量，确定相关金额。

一、会计计量属性及其构成

计量属性是指所予计量的某一要素的特定性方面，如桌子的长度、铁矿的重量、楼房的高度等。从会计角度，计量属性反映的是会计要素金额的确定基础，《企业会计准则》规定：会计计量属性主要包括历史成本、重置成本、可变现净值、现值和公允价值五种。

（一）历史成本

历史成本即实际成本，是指取得或制造某项财产物资时所实际支付的现金或者其他等价物。在历史成本计量下，资产按照购置时支付的现金或者现金等价物的金额，或者按照购置资产时付出的对价的公允价值计量。负债按照其因承担现时义务的合同金额，或者按照日常活动中未偿还负债预期需要支付的现金或者现金等价物的金额计量。

（二）重置成本

重置成本即现行成本，是指按照当前市场条件，重新取得同样一项资产所需支付的现金或现金等价物金额。在重置成本计量下，资产按照现在购买相同或者相似资产所需支付的现金或者现金等价物的金额计量。负债按照现在偿付该项债务所需支付的现金或者现金等价物的金额计量。

（三）可变现净值

可变现净值是指在正常生产经营过程中以预计售价减去进一步加工成本和销售所必须的预计税金、费用后的净值。在可变现净值计量下，资产按照其正常对外销售所能收到现金或者现金等价物的金额扣减该资产至完工时估计将要发生的成本、估计的销售费用以及相关税金后的金额计量。

（四）现值

现值是指对未来现金流量以恰当的折现率进行折现后的价值，是考虑货币时间价值因素等的一种计量属性。在现值计量下，资产按照预计从其持续使用和最终处置中所产生的未来净现金流入量的折现金额计量。负债按照预计期限内需要偿还的未来净现金流出的折现金额计量。

（五）公允价值

公允价值是指在公平交易中，熟悉情况的交易双方自愿进行资产交换或者债务清偿的金额。在公允价值计量下，资产和负债按照在公平交易中，熟悉情况的交易双方自愿进行资产交换或者债务清偿的金额计量。

二、会计计量属性的应用原则

企业在对会计要素进行计量时，一般应当采用历史成本。在某些情况下，为了提高会计信息质量，实现财务报告目标，企业会计准则允许采用重置成本、可变现净值、现值、公允价值计量的，应当保证所确定的会计要素金额能够取得并可靠计量，如果这些金额无法取得或者不能可靠地计量的，则不允许采用其他计量属性。

第四节　会计要素之间的关系

一、会计要素之间的静态关系

企业的总资产来源于两部分：一是投资人投入的资产（即所有者权益），二是债权资产，如银行借贷或未付供应商的材料款等（即负债）。根据资产、负债和所有者权益之间的关系，得出会计等式为：

$$资产＝负债＋所有者权益$$

该等式表明企业的财务状况与特定会计时点的资产、负债相关，企业在特定时间点上的资产与权益必然保持恒等。由于该等式是会计等式中最基础和最一般的形态，所以通常称为会计基本等式，是编制资产负债表的基础。

二、会计要素之间的动态关系

企业的利润，来源于收入减去费用后的净额，以及直接计入当期利润的利得和损失等。根据收入、费用和利润之间的关系，得出会计等式为：

$$利润＝收入－费用$$

该等式表明企业的经营成果与相应会计期间的收入和费用相关，企业在特定时间段内的收入与费用保持配比，是编制利润表的基础。

三、扩展的会计等式

收入会引起资产的增加,与所有者投入资本无关,以收入为纽带,结合静态会计等式和动态会计等式,综合反映企业的财务状况和经营成果,得出会计恒等式为:

$$资产 = 负债 + 所有者权益 + (收入 - 费用)$$

该等式反映了企业财务状况和经营成果之间的相互关系,揭示了资金运动的内在规律,是资产负债表和利润表联系的纽带。

四、会计等式之间的区别和联系

（一）区别

(1)反映财务状况的会计等式反映的是资金运动的静态方面,反映的是某一特定时刻的财务状况,是编制资产负债表的依据。

(2)反映经营成果的会计等式反映的是资金运动的动态方面,反映的是某一会计期间的经营成果,反映一个过程,是编制利润表的依据。

（二）联系

收入的实现和费用的发生会导致资产、负债发生变化,收入和费用引起的资产增加额和负债增加额的差额就是利润,利润等于收入和费用引起的所有者权益增加额。

第五节 经济业务与会计等式

一、经济业务与会计等式的含义

经济业务又称会计事项,是指在经济活动中使会计要素发生增减变动的交易或者事项,可分为对外经济业务和内部经济业务两类。对外经济业务是指企业与其他企业或单位发生交易行为而产生的经济事项。例如,向投资者筹集资金、向供货方购货、向银行归还借款、向购货方销货等;对内经济业务是指企业内部成本、费用的耗用,以及因各会计要素之间的调整而产生的经济事项。例如,生产经营过程中耗用的材料、机器设备的折旧、工资的分配及收入与费用的结转等。

随着经济活动的不断进行和经济业务的不断发生,必然会引起各项会计要素发生增减变动。企业在一定时期内发生的全部经济业务,按其对会计要素的影响不同,分为两大类:一类经济业务只涉及资产、负债和所有者权益数量上的增减变化;另一类经济业务涉及收入、费用和利润的增减变化。但无论企业的经济业务的数额如何变动,任何时候都不会改变会计等式的数量平衡关系,从经济业务的发生对会计等式的影响看:

(1)任何一项经济业务发生,都一定会引起资产和权益的至少两个项目发生增减变动,变动额是相等的。有时是资产与权益同增或同减,有时是资产或权益一方此增彼减。

(2)任何一项经济业务发生,对会计等式的影响都符合数学原理。

二、经济业务对会计等式影响的类型

具体而言,经济业务对会计等式的影响包含以下四类情况:

第一类:一项资产增加,另一项资产减少,增减金额相等。

第二类:一项权益增加,另一种权益减少,增减金额相等。

(1)一项负债增加,另一项负债减少;

(2)一项所有者权益增加,另一项所有者权益减少;

(3)一项负债增加,一项所有者权益减少;

(4)一项所有者权益增加,一项负债减少。

第三类:资产与权益同时增加,增加金额相等。

(1)一项资产增加,一项负债增加;

(2)一项资产增加,一项所有者权益增加。

第四类:资产与权益同时减少,减少金额相等。

(1)一项资产减少,一项负债减少;

(2)一项资产减少,一项所有者权益减少。

任何一项经济业务的发生,无论引起各项会计要素发生什么样的增减变动,不会影响会计等式的平衡关系,如[例 3-1]所示:

【例 3-1】 海天公司 202×年发生如下业务:

(1)海天公司收到客户前欠货款 20 000 元,货款由客户直接支付到海天公司的银行账户;

(2)海天公司开出并承兑面值为 10 000 元的商业汇票一份,抵付前欠某单位货款;

(3)海天公司按规定提取盈余公积 30 000 元;

(4)海天公司按规定分配给投资者红利 60 000 元,款项尚未支付;

(5)红星公司将对海天公司的长期债权 200 000 元转作投资;

(6)海天公司从银行取得 6 个月期借款 100 000 元,存入公司存款账户;

(7)海天公司收到股东投入的现金资本 200 000 元;

(8)海天公司以银行存款 500 000 元偿还前欠银行短期借款;

(9)海天公司按规定办妥减资手续,退还某投资方的投资 50 000 元,以银行存款支付。

(1)~(9)项业务对会计等式的影响:

(1)该经济业务的发生,使海天公司的一项资产(银行存款)增加 20 000 元,而另一项资产(应收账款)减少 20 000 元,增减金额相等。属于一项资产增加,另一项资产减少,增减金额相等的情况。

(2)该经济业务的发生使海天公司的一项负债(应付票据)增加 10 000 元,而另一项负债(应付账款)减少 10 000 元,增减金额相等,属于一项负债增加,另一项负债减少的情况。

(3)该经济业务的发生使海天公司的一项所有者权益(盈余公积)增加 30 000 元,而另一项所有者权益(未分配利润)减少 30 000 元,增减金额相等,属于一项所有者权益增加,另一项所有者权益减少的情况。

(4)该经济业务的发生,使海天公司的负债(应付股利)增加 60 000 元,使所有者权益(未分配利润)减少 60 000 元,增减金额相等,属于一项负债增加,一项所有者权益减少的情况。

(5)该经济业务的发生,使海天公司的所有者权益(实收资本)增加 200 000 元,使负债(长期借款)减少 200 000 元,增减金额相等,属于一项所有者权益增加,一项负债减少的情况。

(6) 该经济业务的发生,使海天公司的资产(银行存款)增加 100 000 元,使负债(短期借款)增加 100 000 元,增减金额相等,属于一项资产增加,一项负债增加的情况。

(7) 该经济业务的发生,使海天公司的资产(银行存款)增加 200 000 元,使所有者权益(实收资本)增加 200 000 元,增减金额相等,属于一项资产增加,一项所有者权益增加的情况。

(8) 该经济业务的发生,使海天公司的资产(银行存款)减少 500 000 元,使负债(短期借款)减少 500 000 元,增减金额相等,属于一项资产减少,一项负债减少的情况。

(9) 该经济业务的发生,使海天公司的资产(银行存款)减少 50 000 元,使所有者权益(实收资本)减少 50 000 元,增减金额相等,属于一项资产减少,一项所有者权益减少的情况。

本 章 小 结

会计要素是将会计核算的对象按其经济特征进行具体化的项目,是对会计对象的基本划分,是会计报表的基本构成要素,是会计理论研究的基础。会计要素包括:资产、负债、所有者权益、收入、费用和利润六项内容。

资产、负债、所有者权益、收入、费用和利润的定义、特征、确认条件以及具体内容。

历史成本、重置成本、可变现净值、现值和公允价值五种计量属性的内涵和运用原则。

静态会计等式、动态会计等式、扩展会计等式,以及等式之间的相互关系。

经济业务对会计等式的影响及其类型。

关键概念 会计要素 会计等式 会计计量属性 经济业务类型

一、思 考 题

1. 简述资产的定义及其特征。
2. 简述负债的定义及其特征。
3. 简述收入的定义及其确认条件。
4. 简述会计等式之间的区别和联系。

二、练 习 题

(一) 单项选择题

1. 将会计核算的对象按其经济特征进行具体化后的项目,是对会计对象的基本划分,是会计报表的基本构成要素,是会计理论研究的基础,是指( )。

 A. 会计要素 B. 会计科目 C. 会计对象 D. 会计项目

2. 企业过去的交易或者事项形成的,由企业拥有或者控制的,预期会给企业带来经济利益的资源是指( )。

 A. 所有者权益 B. 资产 C. 收入 D. 利润

3. 资产按其流动性,可以划分为( )。

　　A. 有形资产和无形资产　　　　　　　B. 单项资产和整体资产

　　C. 流动资产和长期资产　　　　　　　D. 货币资产和非货币资产

4. 企业过去的交易或者事项形成的,预期会导致经济利益流出企业的现时义务是指( )。

　　A. 资产　　　　　B. 负债　　　　　C. 所有者权益　　　　　D. 费用

5. 偿还期在1年或超过1年的1个营业周期内的债务是( )。

　　A. 流动负债　　　　B. 长期负债　　　　C. 短期借款　　　　D. 应付债券

6. 以下选项中,不属于长期负债的是( )。

　　A. 应付债券　　　　B. 长期借款　　　　C. 应付票据　　　　D. 长期应付款

7. 企业资产扣除负债后,由所有者享有的剩余权益是( )。

　　A. 资产　　　　　B. 负债　　　　　C. 所有者权益　　　　　D. 收入

8. 以下选项中,不属于所有者权益的是( )。

　　A. 实收资本　　　　B. 资本公积　　　　C. 留存收益　　　　D. 投资收益

9. 企业在日常活动中形成的、会导致所有者权益增加的、与所有者投入资本无关的经济利益的总流入是指( )。

　　A. 资产　　　　　B. 负债　　　　　C. 所有者权益　　　　　D. 收入

10. 不能直接归属于某个特定产品成本的费用,它是随着时间推移而发生的与当期产品的管理和产品销售直接相关,而与产品的产量、产品的制造过程无直接关系的费用是( )。

　　A. 成本费用　　　　B. 期间费用　　　　C. 直接费用　　　　D. 间接费用

11. 反映会计信息质量可靠性要求的计量属性是( )。

　　A. 历史成本　　　　B. 公允价值　　　　C. 重置成本　　　　D. 可变现净值

12. 收回应收账款存入银行,这一业务引起的会计要素的变动是( )。

　　A. 资产总额不变　　　　　　　　　　　B. 资产增加,负债增加

　　C. 资产增加,负债减少　　　　　　　　D. 资产减少,负债增加

13. 引起资产和负债同时增加的交易或事项是( )。

　　A. 以银行存款购入固定资产一台　　　　B. 以银行存款支付赊欠材料款

　　C. 收回应收账款存入银行　　　　　　　D. 赊购一批原材料

14. 会引起一项负债减少,而另一项负债增加的经济业务是( )。

　　A. 用银行存款购买原材料　　　　　　　B. 用银行存款缴纳税收

　　C. 用短期借款偿付欠款　　　　　　　　D. 用银行存款偿付欠款

15. 既反映了会计对象要素间的基本数量关系,也是复式记账法的理论依据的是( )。

　　A. 会计恒等式　　　　B. 会计科目　　　　C. 会计要素　　　　D. 会计账户

(二) 多项选择题

1. 组成资产负债表的会计要素包括( )。

　　A. 资产　　　　　B. 负债　　　　　C. 所有者权益　　　　D. 收入

　　E. 利润

2. 动态地反映企业特定时期内的经营成果,也称为动态会计要素包括( )。

A. 资产　　　　　B. 负债　　　　　C. 收入　　　　　D. 费用

E. 利润

3. 资产确认的条件包括(　　　)。

　A. 与该资源有关的经济利益很可能流入企业

　B. 该资源的成本或者价值能够可靠地计量

　C. 能为企业提供未来经济利益的流入

　D. 企业拥有或者控制

　E. 可用货币计量

4. 收入确认的条件包括(　　　)。

　A. 合同各方已批准该合同并承诺将履行各自义务

　B. 该合同明确了合同各方与所转让商品或提供劳务(简称"转让商品")相关的权利和义务

　C. 该合同有明确的与所转让商品相关的支付条款

　D. 该合同具有商业实质,即履行该合同将改变企业未来现金流量的风险、时间分布或金额

　E. 企业因向客户转让商品而有权取得的对价很可能收回

5. 下列选项中,属于无形资产的有(　　　)。

　A. 专利权　　　　B. 土地使用权　　　C. 商标权　　　　D. 非专利技术

　E. 商誉

6. 按照《企业会计准则》的规定,会计计量属性包括(　　　)。

　A. 历史成本　　　B. 公允价值　　　　C. 重置成本　　　　D. 现值

　E. 可变现净值

7. 下列选项中,属于流动资产的有(　　　)。

　A. 库存现金　　　B. 银行存款　　　　C. 预收账款　　　　D. 应收票据

　E. 存货

8. 一项经济业务发生以后,企业的银行存款增加了10 000元,相应地可能引起(　　　)。

　A. 无形资产减少10 000元　　　　　B. 短期借款增加10 000元

　C. 应付账款增加8 000元　　　　　　D. 固定资产减少10 000元

　E. 应收账款减少10 000元

9. 以会计恒等式"资产＝负债＋所有者权益"为理论基础或理论依据的有(　　　)。

　A. 编制资产负债表　　　　　　　　　B. 编制利润表

　C. 复式记账法　　　　　　　　　　　D. 试算平衡

　E. 编制现金流量表

10. 经济业务对会计等式的影响包括(　　　)。

　　A. 一项资产增加,另一项资产减少,增减金额相等

　　B. 一项权益增加,另一种权益减少,增减金额相等

　　C. 资产与权益同时增加,增加金额相等

　　D. 资产与权益同时减少,减少金额相等

　　E. 资产与权益同时增(减),增(减)金额不相等

(三) 判断题

1. 资产、负债和所有者权益是组成资产负债表的会计要素,用于反映企业的财务状况,称为资产负债表要素。　　　　　　　　　　　　　　　　　　　　　　　(　)

2. 收入、费用和利润动态地反映企业特定时期内的经营成果,也称为动态会计要素。(　)

3. 资产带来的经济利益即指增加现金或者现金等价物的流入。　　　　　　　　(　)

4. 流动负债是指偿还期在 1 年以内的债务,主要包括短期借款、应交税费、应付票据等。
　　　　　　　　　　　　　　　　　　　　　　　　　　　　　　　　　　　(　)

5. 留存收益是企业历年实现的净利润留存于企业的部分,主要包括累计计提的盈余公积和未分配利润。　　　　　　　　　　　　　　　　　　　　　　　　　　　　　(　)

6. 企业的资产主要来源于所有者投入与债权人提供两个渠道。　　　　　　　　(　)

7. 按照《企业会计准则》规定,会计计量属性主要包括历史成本、重置成本、可变现净值、现值和公允价值五种。　　　　　　　　　　　　　　　　　　　　　　　　　(　)

8. 企业的利润,来源于收入减去费用后的净额,以及直接计入当期利润的利得和损失等。
　　　　　　　　　　　　　　　　　　　　　　　　　　　　　　　　　　　(　)

9. 任何经济业务的发生,都会引起会计恒等式两边同时发生变化。　　　　　　(　)

10. 企业从银行借入短期借款引起资产和负债同时发生变化,但会计基本等式保持平衡。
　　　　　　　　　　　　　　　　　　　　　　　　　　　　　　　　　　　(　)

(四) 业务题

　1. 资料:202×年企业 1 月份发生如下业务:

(1) 购进并入库原材料 10 000 元,货款尚未支付;

(2) 赊购无需安装固定资产一台,合同价款 10 000 元;

(3) 取得短期借款 20 000 元,存入银行;

(4) 以银行存款偿还前欠原材料价款 5 000 元;

(5) 从银行取现金 10 000 元;

(6) 接受投资者投入资本 20 000 元,存入银行;

(7) 用库存现金 500 元购买办公用品。

要求:根据资料完成表 3-1。

表 3-1

资 料 表

项　目	期初余额	本期增加额	本期增加额	期末余额
库存现金	10 000			
银行存款	30 000			
原材料	5 000			
固定资产	20 000			
应付账款	0			
短期借款	3 000			
实收资本	10 000			
管理费用	0			

2. 资料：红星公司202×年11月30日的资产负债表显示：资产总计600 000元，负债总计350 000元，所有者权益总计250 000元，该公司于202×年12月发生如下经济业务：

(1) 投资者投入资本10 000元，存入银行；

(2) 用银行存款购入无需安装固定资产，价值50 000元；

(3) 购进并入库原材料20 000元，货款用银行存款支付；

(4) 用银行存款偿还所欠供应单位账款10 000元；

(5) 债权人将一笔长期负债20 000元转为对企业的投资；

(6) 收到货物销售款10 000元，存入银行。

要求：

(1) 根据12月份发生的经济业务，说明经济业务对会计要素的影响；

(2) 计算12月份末红星公司的资产总额、负债总额和所有者权益总额。

3. 甲公司202×年6月初资产总额260 000元，负债总额100 000元，所有者权益总额160 000元。202×年6月发生以下经济业务：

(1) 收回应收货款20 000元，款项已存入银行；

(2) 销售商品50 000元，并收到相应货款50 000元，货款已存入银行，该商品为免税商品，相应的商品销售成本30 000元；

(3) 获得2年期银行贷款200 000元；

(4) 支付前欠货款10 000元，以银行存款支付；

(5) 支付6月份管理人员工资5 000元，以银行存款支付。

要求：分析以上经济业务的发生对会计要素的影响，并分别计算该公司6月末资产、负债、所有者权益总额。

4. 2008年9月15日，雷曼兄弟公司申请破产保护。然而，雷曼兄弟公司破产前，拥有的资产竟高达6 390亿美元，那么，是什么因素导致这样一个大型企业突然破产呢？究其原因，在于其资本结构不合理，资产风险过高，虽然雷曼兄弟公司拥有的资产高达6 390亿美元，但总债务超过6 100亿美元，总股东权益不足290亿美元。资产、负债与所有者权益的相互规模决定了资本结构，从而影响公司的经营运作与风险管理。

思考与讨论：

如何构建最佳资本结构，资本结构是怎样影响公司的经营运作与风险管理的？

第四章 会计科目与账户

学习目的和要求 通过本章的学习,了解会计科目的作用;熟悉会计科目的设置原则;理解账户设置的必要性;掌握会计科目和账户的概念及账户基本结构。

学习重点和难点 本章学习的重点在于会计科目与账户的概念;会计科目与账户之间的区别和联系;会计科目的级次;学习的难点在于账户的基本结构;账户能提供的四个金额要素及它们之间的数量关系。

第一节 会 计 科 目

一、会计科目的概念

会计科目是对会计对象的具体内容在按照会计要素分类的基础上进一步分类的项目。

由于经济业务的错综复杂,即使涉及同类会计要素,但它们的业务性质、经济内容和作用都存在着很大的差别,所以应按其差异分为不同的会计科目。例如,应付账款与短期借款同属于负债类,但由于它们的形成原因和偿付对象各不相同,所以必须分别设置"应付账款"和"短期借款"两个会计科目。又如,库存现金和银行存款虽同属于资产类,但因为它们的存放地点、管理方法和作用的不同,需要分别设置"库存现金"和"银行存款"两个科目。对于企业的其他各项会计要素,也应按其经济内容的差异,设置不同的会计科目。

通过设置会计科目可以把复杂多样、性质不同的经济业务进行科学的分类,是设置账户的依据,也是进行会计核算和加强会计监督的重要手段,并能提供全面、统一的会计信息,便于国家宏观经济管理部门、企业管理者、投资者、信贷者及各有关方面掌握和分析企业的财务状况和经营成果。

二、设置会计科目的原则

会计科目的设置应符合会计核算工作的基本要求,以保证会计信息质量。因此,设置会计科目时应遵循以下原则。

1. 全面反映会计对象的具体内容

会计科目作为对会计要素进行分类核算的项目,其设置应保证全面系统地反映会计要素的全部内容,既不能有任何遗漏,也不能有重复交叉。

2. 统一性和灵活性相结合

所谓统一性,是指企业在设置会计科目时,应遵从会计准则中对会计科目设置及其核算内容的统一规定,以便于会计信息在一个部门乃至全国范围内的综合汇总、分析利用。所谓灵活性,是指在保证提供统一核算指标的前提下,各单位根据外部信息使用者的要求和企业经济管理的需要,对统一规定的会计科目进行必要的增补、分拆或合并。例如,如果企业从未有委托其他单位加工材料的经济业务,可以不设置"委托加工物资"会计科目。

3. 适应性与稳定性相结合

适应性是指会计科目的设置要随着社会经济环境和本单位经营活动内容的变化而变化。稳定性是指为便于会计资料的汇总以及在不同时期的对比分析,应保持会计科目在较长时期内相对稳定,不能经常变动会计科目的名称、内容和数量。因此,在设置会计科目时,既要有一定的前瞻性,以此保证会计科目的稳定,又要根据企业内外环境的变化,及时予以修改和完善。

4. 会计科目名称要简明适用,并适当分类和编号

每一会计科目所涵盖的范围和内容要有明确的界定,其名称要名副其实并具有高度的概括性。此外,为了满足会计信息化核算的需要,应当对会计科目按其经济内容进行适当分类和编号。通过分类和编号使会计科目形成一个完整的体系。会计科目的编号是根据会计科目的分类和排序确定的。一般采用四位数字编号,第一位数字表示科目的大类;第二位数字表示科目的小类;第三、第四位数字表示各小类之下科目的序号。例如,1002号科目,从左至右第一位数字"1"代表资产大类;第二位数字"0"代表货币资金小类;第三、第四位数字"02"代表货币资金类的银行存款科目的序号。

三、会计科目的分类

1. 按其所反映的会计要素不同分类

会计科目按其所反映的会计要素不同,可分为:资产类、负债类、共同类、所有者权益类、成本类和损益类六大类。

(1) 资产类科目包括库存现金、银行存款、其他货币资金、交易性金融资产、应收票据、长期股权投资、债权投资、原材料、固定资产、无形资产等。

(2) 负债类科目包括短期借款、应付账款、应付职工薪酬、应交税费、应付股利、长期借款、应付债券等。

(3) 共同类科目包括衍生工具、套期工具、被套期项目等。

(4) 所有者权益类科目包括实收资本、资本公积、盈余公积、本年利润、利润分配等。

(5) 成本类科目包括生产成本、制造费用、劳务成本和研发支出等。

(6) 损益类科目包括主营业务收入、其他业务收入、营业外收入、主营业务成本、其他业务成本、营业外支出、财务费用、管理费用、销售费用等。

为了便于会计核算工作的顺利进行,尤其是适应会计信息化核算的要求,通常要编制会计科目表,将所使用的全部会计科目列于其中。根据我国《企业会计准则》的规定,制造业企业的主要会计科目及编号如表4-1所示。

表 4-1

企业常用会计科目名称和编码

序号	编码	会计科目名称	序号	编码	会计科目名称
		一、资产类	38	2203	预收账款
1	1001	库存现金	39	2211	应付职工薪酬
2	1002	银行存款	40	2221	应交税费
3	1012	其他货币资金	41	2231	应付利息
4	1101	交易性金融资产	42	2232	应付股利
5	1121	应收票据	43	2241	其他应付款
6	1122	应收账款	44	2501	长期借款
7	1123	预付账款	45	2502	应付债券
8	1131	应收股利	46	2701	长期应付款
9	1132	应收利息			三、共同类
10	1221	其他应收款	47	3101	衍生工具
11	1231	坏账准备	48	3201	套期工具
12	1401	材料采购	49	3202	被套期项目
13	1402	在途物资			四、所有者权益类
14	1403	原材料	50	4001	实收资本
15	1404	材料成本差异	51	4002	资本公积
16	1405	库存商品	52	4101	盈余公积
17	1408	委托加工物资	53	4103	本年利润
18	1411	周转材料	54	4104	利润分配
19	1471	存货跌价准备			五、成本类
20	1501	债权投资	55	5001	生产成本
21	1511	长期股权投资	56	5101	制造费用
22	1531	长期应收款	57	5201	劳务成本
23	1601	固定资产	58	5301	研发支出
24	1602	累计折旧			六、损益类
25	1603	固定资产减值准备	59	6001	主营业务收入
26	1604	在建工程	60	6051	其他业务收入
27	1605	工程物资	61	6111	投资收益
28	1606	固定资产清理	62	6301	营业外收入
29	1701	无形资产	63	6401	主营业务成本
30	1702	累计摊销	64	6402	其他业务成本
31	1703	无形资产减值准备	65	6403	税金及附加
32	1801	长期待摊费用	66	6601	销售费用
33	1901	待处理财产损溢	67	6602	管理费用
		二、负债类	68	6603	财务费用
34	2001	短期借款	69	6711	营业外支出
35	2101	交易性金融负债	70	6801	所得税费用
36	2201	应付票据	71	6901	以前年度损益调整
37	2202	应付账款			

2. 按其所提供信息的详细程度不同分类

会计科目按其所提供信息的详细程度不同,可分为总分类科目和明细分类科目。总分类科目又称一级科目,是对各会计要素进行总括分类,提供总括的信息的会计科目。明细分类科目是对总分类科目作进一步分类、提供更详细、更具体会计信息的科目。对于明细分类科目较多的总分类科目,可在总分类科目和明细分类科目之间增设二级科目(也称子目)。二级科目所提供信息的详细程度介于总分类科目和明细分类科目之间。例如,制造企业中的"原材料"科目是属于总分类科目,在该科目下可以设置"原料及主要材料""辅助材料""燃料"等子目,在子目下再根据原材料的品种分设细目。会计科目按其提供信息详细程度的分类,如表4-2所示。

表4-2

会计科目按提供信息的详细程度分类

总分类科目	明细分类科目	
(一级科目)	子目(二级科目)	明细科目(细目、三级科目)
原材料	原料及主要材料	圆钢 生铁
	辅助材料	润滑油 防锈剂
	燃料	汽油 柴油

第二节　会计账户及其基本结构

一、账户的概念

账户是根据会计科目开设的,具有一定格式和结构,用于分类反映会计要素增减变动及其结果的一种工具。

会计科目的设置,对会计对象的具体内容进行了科学分类,为组织会计核算奠定了基础。但要对经济业务发生而引起的会计要素增减变动进行连续、系统、序时地记录和计算,就需要根据会计科目设置账户。

二、账户的结构

经济业务发生所引起的各项会计要素的变动,虽然多种多样、错综复杂,但从其数量方面来看,不外乎是增加和减少两种情况。因此,用来记录经济业务的账户,在结构上也相应地分为两个基本部分,即分成左右两方,一方记增加,一方记减少。同时,增减变动之后,必然有一个结果,即增减相抵后的差额,称为账户的余额。因此,账户还必须有反映增减变动后的结余数的部分。反映各项会计要素的增加数、减少数和余额的这三个部分就构成账户的基本结构。除此之外,为了反映经济业务发生的时间、记账的依据以及经济业务的主要内容,还需分别设置"日期""凭证种类和号数""摘要"等栏次。因此,一个账户应当包括下列基本内容:

(1)账户名称(即会计科目);

(2)日期(说明经济业务发生的时间);

（3）凭证种类和号数（说明账户记录的依据）；

（4）摘要（概括说明经济业务的内容）；

（5）增加和减少的金额；

（6）余额（资金变动的结果）。

账户的一般格式如表 4-3 所示。

表 4-3

账户名称（会计科目）

年		凭证号数	摘要	增加	减少	余额
月	日					

账户中的"增加""减少"和"余额"三栏，分别用来登记经济业务发生引起会计要素增加、减少的金额和结余金额。由于会计上要求定期结账，所以账户所记录的金额可分为期初余额、本期增加额、本期减少额和期末余额。在账户中登记本期各项经济业务之前，如果这个账户有期初余额，应先登记期初余额，然后再登记本期增加和减少的金额。在一定时期（月份、季度、年度）内，账户增加栏和减少栏所登记的金额合计数，称为本期发生额。增加栏的合计数称为本期增加发生额；减少栏的合计数称为本期减少发生额。在一定时期的期末（月末、季末、年末）结出的账户余额，称为期末余额。本期的期末余额转入下期，即为下期期初余额。

上述四项金额的关系，可用下列等式表示：

本期期末余额＝本期期初余额＋本期增加发生额－本期减少发生额

为了便于教学，将账户格式的有关栏次略去，简化为"T"形账户，如图 4-1 所示。

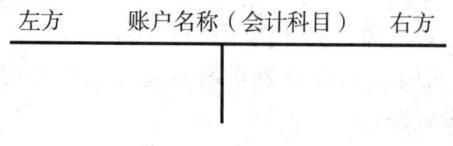

图 4-1　"T"形账户

在账户的左右两方中，哪一方登记增加金额，哪一方登记减少金额，取决于所采用的记账方法和该账户所记录的经济内容。关于不同记账方法下账户的结构及其各账户所记录的经济内容将在下一节进行阐述。

三、会计科目与账户的关系

会计科目与账户都是对会计对象具体内容的科学分类，两者口径一致，性质相同，会计科目是账户的名称，也是设置账户的依据，账户是会计科目的具体运用。没有会计科目，账户便失去了设置的依据；没有账户，会计科目就无法发挥作用。两者的区别是：会计科目仅仅是账户的名称，不存在结构；而账户则具有一定的格式和结构。会计科目仅说明反映的经济内容是什么，而账户不仅说明反映的经济内容是什么，而且是系统反映和控制该经济内容增减变化及结余情况的工具。在实际工作中，对会计科目和账户不加严格区分，相互通用。

本 章 小 结

本章阐述会计核算的基本方法之———设置会计科目与账户。会计科目是指对会计要素的具体内容进行分类核算的项目。会计科目按其所归属的会计要素不同,分为资产类、负债类、共同类、所有者权益类、成本类、损益类六大类。会计科目按其所提供信息的详细程度不同分类,又分为总分类科目和明细分类科目。账户是根据会计科目开设的,具有一定格式和结构,用于分类反映会计要素增减变动及其结果的一种工具。会计科目与账户的关系是:账户是根据会计科目设置的,账户的名称就是会计科目。它们所反映的经济内容也是相同的。两者的区别是:会计科目只表明某项经济内容,而账户不仅表明相同的经济内容,而且还具有一定的结构、格式,并通过这些结构具体反映某项经济内容的增减变动情况。

关键概念 会计科目 账户 账户结构 期初余额 本期增加额 本期减少额 期末余额

一、思 考 题

1. 什么是会计科目? 什么是账户? 两者关系如何?
2. 会计科目按经济内容分为哪几类? 按提供核算信息的详细程度不同分为哪几类?
3. 设置会计科目的意义和原则是什么?
4. 说明账户的基本结构。

二、练 习 题

(一) 单项选择题

1. 会计科目是( )的名称。
   A. 会计等式　　　　B. 会计账户　　　　C. 会计要素　　　　D. 会计对象
2. 会计科目必须全面反映( )的内容。
   A. 会计对象　　　　B. 会计职能　　　　C. 会计本质　　　　D. 会计概念
3. 设置会计科目既要适应交易或事项发展的需要,又要保持( )。
   A. 永久性　　　　　B. 独立性　　　　　C. 相对稳定性　　　D. 固定性
4. 总分类科目是对会计对象的具体内容进行( )分类的科目。
   A. 一般　　　　　　B. 分别　　　　　　C. 详细　　　　　　D. 总括
5. 总分类科目和明细分类科目是按照反映经济信息的( )进行分类的。
   A. 内容　　　　　　B. 用途　　　　　　C. 结构　　　　　　D. 详细程度
6. 下列会计科目中,属于成本类科目的是( )。
   A. 原材料　　　　　B. 库存商品　　　　C. 财务费用　　　　D. 生产成本
7. 会计账户是根据( )开设的。
   A. 会计对象　　　　B. 会计科目　　　　C. 会计要素　　　　D. 会计等式
8. 总分类账户一般只用( )。

　　A. 实物量度　　　　B. 货币量度　　　　C. 实物、货币量度　　D. 劳动量度

9. 会计科目与账户的根本区别是（　　　）。

　　A. 名称不同　　　　　　　　　　　　B. 反映经济内容不同

　　C. 有无结构　　　　　　　　　　　　D. 有无格式

10. 某账户的期初余额为 30 000 元,本期增加额为 120 000 元,期末余额为 60 000 元,则
　　该账户本期减少额为（　　　）元。

　　A. 50 000　　　　　　B. 30 000　　　　　　C. 90 000　　　　　　D. 150 000

（二）多项选择题

1. 下列项目中属于会计科目的有（　　　）。

　　A. 流动资产　　　　B. 固定资产　　　　C. 库存材料　　　　D. 应付账款

　　E. 未完工产品

2. 会计科目按其所归属的会计要素不同,可分为（　　　）。

　　A. 总分类科目　　　B. 明细分类科目　　C. 资产类　　　　　D. 成本类

　　E. 损益类

3. "原材料——钢材"属于（　　　）科目。

　　A. 资产类　　　　　B. 所有者权益类　　C. 成本类　　　　　D. 总分类科目

　　E. 明细分类科目

4. "预收账款——××工厂"属于（　　　）科目。

　　A. 资产类　　　　　B. 负债类　　　　　C. 损益类　　　　　D. 总分类科目

　　E. 明细分类科目

5. 账户一般包括下列内容（　　　）。

　　A. 账户名称　　　　B. 日期和摘要　　　C. 增加额、减少额　　D. 凭证字号

　　E. 余额

6. 下列会计科目中,属于资产类科目的有（　　　）。

　　A. 预付账款　　　　B. 应收账款　　　　C. 预收账款　　　　D. 应付账款

　　E. 应收票据

7. 下列账户中,属于所有者权益类账户的有（　　　）。

　　A. 长期股权投资　　B. 实收资本　　　　C. 资本公积　　　　D. 盈余公积

　　E. 固定资产

8. 会计科目与账户的相同点有（　　　）。

　　A. 结构相同　　　　　　　　　　　　B. 名称相同

　　C. 作用相同　　　　　　　　　　　　D. 反映的经济内容相同

　　E. 设置原则相同

9. 下列会计科目中,属于损益类科目的有（　　　）。

　　A. 盈余公积　　　　B. 投资收益　　　　C. 本年利润　　　　D. 主营业务收入

　　E. 其他业务成本

10. 下列正确说明账户中各项金额关系的有（　　　）。

　　A. 本期期末余额＝期初余额＋本期增加发生额－本期减少发生额

　　B. 本期期末余额＝期初余额

C. 本期期末余额＝本期增加发生额－本期减少发生额

D. 本期期末余额＋本期减少发生额＝期初余额＋本期增加发生额

E. 本期期末余额＝期初余额－本期减少发生额

(三) 判断题

1. 会计科目是按照会计要素的具体内容进行进一步科学分类而确定的会计核算项目。( )

2. 统一性与灵活性相结合是设置会计科目应遵循的原则之一。 ( )

3. 会计科目表中的顺序号和科目编码的意义完全相同,可只保留其一。 ( )

4. 会计科目表中的会计科目均相互独立,毫无联系。 ( )

5. 会计账户的设置与会计科目的分类密切相关,即根据总分类科目和明细分类科目分别设置总分类账户和明细分类账户。 ( )

6. 总分类科目统驭下的二级科目和三级科目均称为明细分类科目。 ( )

7. 会计账户是用来分类、连续地记录交易或事项,反映会计要素增减变化情况和结果的一种工具。 ( )

8. 总分类账户提供总括的核算指标,因此,不仅要用货币量度,还要辅以实物量度。 ( )

9. 会计科目是由国家统一的会计制度规定的,各单位必须严格执行,不能增设、删除和合并。 ( )

10. 为了保证核算资料完整和便于利用,各总分类账户下面都必须设置明细分类账户。 ( )

(四) 计算题

目的:熟悉账户的基本结构和期末余额的计算方法。

资料:某企业 2×20 年 3 月 31 日有关账户期初余额和本期发生额的情况见表 4-4。

表 4-4

期初余额和本期发生额情况表

金额单位:元

账户名称	初期余额	本期增加发生额	本期减少发生额	期末余额
银行存款	200 000	(2) 30 000	(1) 10 000 (3) 1 000 (5) 20 000 (6) 80 000	( )
应付账款	40 000	(4) 50 000 (8) 60 000	(6) 80 000	( )
原材料	25 000	(1) 10 000 (4) 50 000		( )
短期借款	10 000	(2) 30 000	(5) 20 000	( )
销售费用		(3) 1 000	(7) 1 000	( )
本年利润	50 000		(7) 1 000	( )
固定资产	300 000	(8) 60 000		( )

要求:根据账户期初余额、本期发生额与期末余额之间的关系,计算并填列表中括号内的数字。

(备注:表中数字前面的序号为经济业务发生的顺序号)

第五章　借贷记账法

学习目的和要求　通过本章的学习，了解记账方法的含义及类型；熟悉复式记账的原理和特点；掌握借贷记账法的记账符号、记账规则和试算平衡；学会会计分录的编制方法及总分类账与明细分类账平行登记的要点。

学习重点和难点　本章学习重点在于借贷记账法的基本内容及简单应用，包括会计分录编制、过账、结账及试算平衡；总分类账与明细分类账平行登记的要点。学习的难点在于复式记账的原理和特点。

第一节　复式记账原理

一、记账方法概述

设置会计科目与账户，只是对会计要素进行了进一步的分类。为了全面、真实地反映企业经营活动的过程和结果，提供系统、全面的会计信息，还需要借助一定的记账方法，将经济业务发生所引起的会计要素的增减变动在相应的账户中进行登记。这种在账户中登记经济业务的方法叫做记账方法。按照登记经济业务方式的不同，记账方法分为单式记账法和复式记账法。

（一）单式记账法

单式记账法是指对发生的每一项经济业务，一般只在一个账户中进行单方面登记的方法。在单式记账法下，通常只登记货币资金和债权、债务账户，不核算实物资产，也不核算收入和费用。例如，企业以银行存款 2 000 元购买原材料。对于这项业务，采用单式记账法，就只在"银行存款"账户中做减少 2 000 元的登记，对于原材料的增加则不予反映。可见，单式记账法记账手续简便，但不能全面地、系统地反映经济业务的来龙去脉，不能提供完整的会计信息，账户之间的记录没有直接的联系，不便于检查账户记录的正确性。因此，单式记账法是一种不完整、不科学的记账方法，只能在商品经济不发达、经济业务十分简单的情况下使用，不适用于现代企业的会计核算。

（二）复式记账法

复式记账法是指对发生的每一项经济业务，都以相等的金额，在两个或两个以上相互联系的账户中进行登记的记账方法。如上述企业用银行存款购入原材料的业务。采用复式记账法，企业一方面要在"银行存款"账户中记录减少 2 000 元，同时还要在"原材料"账户中记录增加 2 000 元。复式记账法使每项经济业务都在所涉及的两个或两个以上相互联系的账户之间发生对应关系，且对应账户上登记的金额相等，因此它可以全面地、系统地反映各项经济业务的来龙去脉，也便于检查账户记录的正确性。因此，复式记账法是一种科学的记账方法。

1. 复式记账法的理论基础

复式记账法的理论基础是会计等式，即：资产＝负债＋所有者权益。如前所述，任何一项经济业务的发生，都不会破坏会计等式的平衡关系。复式记账法正是建立在这一理论基础之上，把发生的每一项经济业务都在两个或者两个以上账户中以同等金额加以记录，完整地反映资金的来源和运用，反映出经济业务的全貌。

2. 复式记账法的优点

（1）复式记账法可以全面地、系统地反映企业经济活动的全过程和结果。采用复式记账法，每一项经济业务都必须在两个或两个以上相互联系的账户中进行登记。这样，不仅可以全面地、清晰地了解每一项经济业务的来龙去脉，而且在全部经济业务都登记入账以后，可以通过账户记录全面地、系统地反映经济活动的全过程及结果。

（2）复式记账法可以进行账户发生额和余额试算平衡，检查账户记录的正确性。复式记账法要求每项经济业务都以相等的金额在两个或两个以上相互联系的账户中进行记录，这就使得相关账户的记录在数字上形成了一种相互平衡的关系。当一定会计期间的全部经济业务登记入账后，可以通过编制"试算平衡表"检查账户记录的正确性。

3. 复式记账法的种类

在实际工作中，由于各国的习惯不同，人们在采用复式记账法时又结合自己的实际情况创立了各具特色的复式记账法。我国在会计实务中曾经采用的复式记账法有三种，即借贷记账法、增减记账法和收付记账法。改革开放后，为了适应经济发展的需要，与国际趋同，我国进行了会计改革，对记账方法进行了统一。目前，我国企业和行政、事业单位一律采用借贷记账法。

二、借贷记账法及其内容

（一）借贷记账法的概念

借贷记账法是指以"借"和"贷"作为记账符号，以"有借必有贷，借贷必相等"作为记账规则的一种复式记账法。

借贷记账法起源于公元 13 世纪的意大利。这个时期，西方资本主义国家的商品经济有了发展，在商品交换中，为了适应商业和借贷资本经营者管理的需要，逐步形成了这种记账方法。"借""贷"两字的含义，最初是从借贷资本家的角度来解释的。借贷资本家以经营货币资金为主要业务，对于收进来的存款，记在贷主的名下，表示自身的债务增加；对于付出去的放款，则记在借主名下，表示自身债权增加。这样，"借""贷"两字分别表示债权（应收款）债务（应付款）的变化。随着商品经济的发展，经济活动的内容日趋复杂化，记录的经济业务也不再仅限于货币资金的借贷业务，而逐渐扩展到财产物资、经营损益和经营成本等的增减变化。这时为了求得记账一致，对于非货币资金借贷业务，也利用"借""贷"两字说明经济业务的变化情况，因此"借""贷"两字逐渐失去了原来的字面含义，转化为记账符号，变成会计上的专门术语。到 15 世纪，借贷记账法逐渐完备。

（二）借贷记账法的特点

1. 以"借"和"贷"作为记账符号

这里的"借"和"贷"只是作为记账符号，用以表示记账的方向。在借贷记账法下，用

"借"表示资产和成本、费用类账户的增加,负债、所有者权益和利润、收入类账户的减少;以"贷"表示负债、所有者权益和收入类账户的增加,资产和成本、费用类账户的减少。

2. 以"有借必有贷,借贷必相等"作为记账规则

采用借贷记账法,对于每项经济业务,都要在记入账户借方的同时记入另一个或几个账户的贷方;或者在记入账户贷方的同时记入另一个或几个账户的借方。而且记入账户借方的金额必须等于记入贷方的金额。

3. 以"借方金额合计等于贷方金额合计"作为试算平衡公式

借贷记账法对每项经济业务都以相等的金额在相互对应账户的借方和贷方进行登记,这就保证了每一笔经济业务借、贷双方的平衡。因此,在一个会计期间内发生的经济业务全部登记入账后,所有账户的本期借方发生额合计数与所有账户的本期贷方发生额合计数必然相等;所有账户的借方期末余额合计数与所有账户贷方期末余额合计数也必然相等。用等式表示为:

全部账户本期借方发生额合计＝全部账户本期贷方发生额合计

全部账户期末借方余额合计＝全部账户期末贷方余额合计

(三)借贷记账法下的账户结构

借贷记账法账户的基本结构是:每一个账户都分为"借方"和"贷方",一般来说规定账户的左方为"借方",账户的右方为"贷方"。对每一个账户来说,如果规定借方用来登记增加额,则贷方就用来登记减少额;反之亦然。究竟账户的哪一方登记增加金额,哪一方登记减少金额,取决于账户反映的经济业务内容。

1. 资产类账户

资产类账户的结构是:账户的借方登记资产的增加额,贷方登记资产的减少额。资产类账户的期末余额一般在借方。用公式可以表示如下:

期末余额＝期初余额＋本期借方发生额－本期贷方发生额

账户结构如图 5-1 所示。

资产类账户

期初余额	×××		
(1) 本期增加额	×××	(1) 本期减少额	×××
(2) 本期增加额	×××	(2) 本期减少额	×××
本期发生额	×××	本期发生额	×××
期末余额	×××		

图 5-1　资产类账户结构

2. 负债及所有者权益类账户

由会计恒等式(资产＝负债＋所有者权益)决定,负债及所有者权益类账户的结构与资产类账户正好相反,其贷方登记负债及所有者权益的增加额;借方登记负债及所有者权益的减少额,期末余额一般应在贷方。用公式可以表示如下:

期末余额＝期初余额＋本期贷方发生额－本期借方发生额

账户结构如图 5-2 所示。

负债及所有者权益类账户

		期初余额	×××
（1）本期减少额	×××	（1）本期增加额	×××
（2）本期减少额	×××	（2）本期增加额	×××
本期发生额	×××	本期发生额	×××
		期末余额	×××

图 5-2　负债及所有者权益类账户结构

3. 共同类账户

共同类账户是指具有资产和负债双重性质的账户。这类账户或者只有借方余额，或者只有贷方余额，但不可能同时出现借方余额和贷方余额。根据共同类账户期末余额的方向，可以确定账户的性质。如果余额在借方，就是资产类账户；如果余额在贷方，就是负债类账户。共同类账户主要用于衍生工具、套期工具、被套期项目的会计核算。有关共同类账户的具体内容将在后续的专业课程中讲述。

账户结构如图 5-3 所示。

共同类账户

期初余额	×××（表示资产）	期初余额	×××（表示负债）
本期资产增加额	×××	本期负债增加额	×××
本期负债减少额	×××	本期资产减少额	×××
本期发生额	×××	本期发生额	×××
期末余额	×××（表示资产）	期末余额	×××（表示负债）

图 5-3　共同类账户结构

4. 损益类账户

损益类账户可以分为收入类账户和费用类账户。收入类账户结构与负债类账户相似，贷方登记收入的增加，借方登记收入的减少（转销），由于期末所有收入转入"本年利润"账户，所以收入类账户无期末余额。费用类账户与资产类账户相似，借方登记费用的增加，贷方登记费用的减少（转销），由于期末所有费用转入"本年利润"账户，所以费用类账户无期末余额。如图 5-4 和图 5-5 所示。

收 入 类 账 户

（1）本期减少额	×××	（1）本期增加额	×××
（2）本期减少额或转销额	×××	（2）本期增加额	×××
本期发生额	×××	本期发生额	×××

图 5-4　收入类账户结构

费 用 类 账 户

（1）本期增加额	×××	（1）本期减少额	×××
（2）本期增加额	×××	（2）本期减少额或转销额	×××
本期发生额	×××	本期发生额	×××

图 5-5　费用类账户结构

5. 成本类账户

成本类账户的结构与资产类账户相似,账户的借方登记成本的增加额,贷方登记成本的减少额(转销),期末经转销后一般无余额。在期末如有尚未完工的在产品,则有借方余额,表示在产品成本。其结构如图 5-6 所示。

成 本 类 账 户

期初余额	×××		
(1) 本期增加额	×××	(1) 本期减少额	×××
(2) 本期增加额	×××	(2) 本期减少额或转销额	×××
本期发生额	×××	本期发生额	×××
期末余额	×××		

图 5-6　成本类账户结构

三、借贷记账法的运用

采用借贷记账法记录经济业务包括编制会计分录、过账、结账和试算平衡等基本步骤。

(一)编制会计分录

会计分录简称分录,是指标明某项经济业务应借、应贷账户的名称和金额的记录。会计分录应具备三项基本内容:记账符号、账户名称和应记金额。

会计上需要设置的账户很多,发生的经济业务又十分频繁,为了准确地反映账户的对应关系与登记金额,在每项经济业务发生后、正式记入账户之前,必须编制会计分录。在日常会计工作中,对所有经济业务进行会计处理,就是从编制会计分录开始的。

现举例说明会计分录的编制方法。

【例 5-1】　某制造业企业 202×年 6 月份发生如下经济业务,根据经济业务编制会计分录。

1. 甲公司向该企业投资 60 000 元,已转入企业存款户。编制会计分录如下:

借:银行存款　　　　　　　　　　　　　　　　　　　　　　　60 000
　　贷:实收资本　　　　　　　　　　　　　　　　　　　　　　　60 000

2. 企业购进机器设备一台,价值 50 000 元,以银行存款支付。编制会计分录如下:

借:固定资产　　　　　　　　　　　　　　　　　　　　　　　50 000
　　贷:银行存款　　　　　　　　　　　　　　　　　　　　　　　50 000

3. 企业用银行存款归还所欠外单位材料款 40 000 元。编制会计分录如下:

借:应付账款　　　　　　　　　　　　　　　　　　　　　　　40 000
　　贷:银行存款　　　　　　　　　　　　　　　　　　　　　　　40 000

4. 企业购买原材料一批,价值 80 000 元,以银行存款 70 000 元支付材料款,余款未付(暂不考虑增值税)。编制会计分录如下:

借:原材料　　　　　　　　　　　　　　　　　　　　　　　　80 000
　　贷:银行存款　　　　　　　　　　　　　　　　　　　　　　　70 000
　　　　应付账款　　　　　　　　　　　　　　　　　　　　　　　10 000

　　会计分录按照一笔经济业务涉及账户的多少分为简单分录和复合分录。简单分录是指一借一贷的分录。复合分录是指"一借多贷""多借一贷"或"多借多贷"的分录。上述分录中的前三笔为简单分录,第四笔为复合分录。一般而言,复合分录可以分解为若干简单分录。如第四笔复合分录可以分解为:

　　(1) 借:原材料　　　　　　　　　　　　　　　　　　　　　70 000

　　　　　　贷:银行存款　　　　　　　　　　　　　　　　　　　　　　70 000

　　(2) 借:原材料　　　　　　　　　　　　　　　　　　　　　10 000

　　　　　　贷:应付账款　　　　　　　　　　　　　　　　　　　　　　10 000

(二)过账、结账

　　各项经济业务编制会计分录以后,即应记入有关账户,这个记账步骤称"过账"。过账以后,一般要在月终结算出各账户的本期发生额与期末余额,即"结账"。

　　【例5-2】　接上例,该制造业企业202×年5月31日总账各账户余额如表5-1所示。

表5-1

202×年5月31日总账账户余额表

账户名称	借方余额	贷方余额
银行存款	130 000	
原材料	30 000	
固定资产	90 000	
应付账款		50 000
实收资本		200 000
合计	250 000	250 000

　　现将上例经济业务的会计分录记入图5-7中的各账户(过账),同时计算出各账户的账户的期末余额(结账)。

银　行　存　款

期初余额	130 000		
①	60 000	②	50 000
		③	40 000
		④	70 000
本期发生额	60 000	本期发生额	160 000
本期余额	30 000		

原　材　料

期初余额	30 000		
④	80 000		
本期发生额	80 000	本期发生额	
期末余额	110 000		

固　定　资　产

期初余额	90 000		
②	50 000		
本期发生额	50 000	本期发生额	
期末余额	140 000		

应　付　账　款

		期初余额	50 000
③	40 000	④	10 000
本期发生额	40 000	本期发生额	10 000
		期末余额	20 000

实 收 资 本

	期初余额　　200 000
	① 60 000
本期发生额	本期发生额　　60 000
	期末余额　　260 000

图 5-7　各项经济业务记录

(三)试算平衡

为了保证一定时期内发生的经济业务在账户中登记的正确性,需要在一定时期终了时,根据试算平衡公式对账户记录进行试算平衡。在实际工作中,试算平衡通常是通过编制总分类账户试算平衡表进行的。

【例 5-3】　接上例,该企业在 2×20 年 6 月 30 日,进行试算平衡,并编制试算平衡表,如表 5-2 所示。

表 5-2

总分类账户本期发生额及余额试算平衡表

2×20 年 6 月 30 日　　　　　　　　　　金额单位:元

会计科目	期初余额		本期发生额		期末余额	
	借方	贷方	借方	贷方	借方	贷方
银行存款	130 000		60 000	160 000	30 000	
原材料	30 000		80 000		110 000	
固定资产	90 000		50 000		140 000	
应付账款		50 000	40 000	10 000		20 000
实收资本		200 000		60 000		260 000
合计	250 000	250 000	230 000	230 000	280 000	280 000

编制试算平衡表后,如果试算不平衡,肯定记账有错误,应进一步查找原因;如果试算平衡,一般说来记账是正确的,除非记账时重记、漏记、错用科目、借贷方向颠倒等,这些错误是不能通过试算平衡表发现的。因此,在编制试算平衡表之前,应认真核对所有账户记录,以消除上述错误。此外,还应保证所有账户的发生额和余额均已记入试算平衡表中。

第二节　总分类账户与明细分类账户的平行登记

一、总分类账户与明细分类账户的关系

为了满足企业内部经营管理和外部有关方面对会计信息的不同需要,会计不仅要提

供总括信息,而且在很多情况下还要提供详细信息。因此,应当根据会计科目开设总分类账户和明细分类账户。

总分类账户简称总账账户,是指根据总分类科目设置的,用于对会计要素进行总括分类核算的账户。总分类账户只用货币计量单位来反映总括的信息。明细分类账户简称明细账户,是根据明细科目设置,用来对会计要素进行明细分类核算的账户。明细分类账户除用货币计量单位来反映详细信息外,有些账户还要用实物计量单位来计量。

总分类账户与明细分类账户是分别用来反映同一项目总括和详细信息的,这就决定了总分类账户与明细分类账户之间必然有着密切关系。总分类账户提供总括信息,是明细账户提供信息的综合,对所属明细账户起着统驭控制作用;明细分类账户提供详细信息,对其总分类账户起着辅助和补充作用。两者记账的原始依据相同,总金额应该相等。

二、总分类账户与明细分类账户的平行登记

由于总分类账户与明细分类账户存在上述联系,因此在会计核算中,对总分类账户与明细分类账户的登记应当采用平行登记的方法。所谓平行登记,是指对所发生的每项经济业务都要以会计凭证为依据,一方面记入有关总分类账户,另一方面记入有关总分类账户所属明细分类账户的方法。平行登记的要点如下。

(1) 依据相同。对于发生的经济业务事项,要依据相同的会计凭证,一方面要在有关的总分类账户中登记,另一方面要在该总分类账户所属明细分类账户中登记。

(2) 借贷方向相同。对于发生的每项经济业务,记入总分类账户和其所属明细分类账户的方向必须相同。如果总分类账户登记在借方,那么所属的明细分类账户也应该登记在借方;相反,如果总分类账户登记在贷方,那么其所属明细分类账户也应该登记在贷方。

(3) 会计期间相同。对于发生的每项经济业务,在记入总分类账户和明细分类账户过程中,可以有先有后,但必须在同一会计期间全部登记入账。

(4) 金额相等。对于发生的每项经济业务,记入总分类账户的金额必须与记入所属明细分类账户金额之和相等。

现以资产类账户"应收账款"为例,说明平行登记的方法。

某工业企业 1 月初"应收账款"账户的借方余额是 9 000 元,其中: 应收 A 工厂 3 000元,应收 B 工厂 6 000 元。本月发生下列经济业务。

(1) 25 日向 A 工厂销售产品一批,价款 4 000 元,款项尚未收到(暂不考虑增值税)。

编制会计分录如下:

借: 应收账款——A 工厂　　　　　　　　　　　　　　4 000
　　贷: 主营业务收入　　　　　　　　　　　　　　　　　　4 000

(2) 29 日收到 A 工厂支付的货款 5 000 元,收到 B 工厂支付的货款 2 000 元,存入银行。

编制会计分录如下:

借：银行存款   7 000
  贷：应收账款——A工厂   5 000
        ——B工厂   2 000

根据以上资料，采用平行登记法登记后的结果如表5-3、表5-4、表5-5所示。

表5-3

应收账款（总分类账户）

单位：元

年		凭证号	摘　要	借方	贷方	借或贷	余额
月	日						
1	1		期初余额			借	9 000
	25	转1	销售产品	4 000		借	13 000
	29	收1	收到货款		7 000	借	6 000
	31		本期发生额及期末余额	4 000	7 000	借	6 000

表5-4

"应收账款"明细账户

户名：A工厂

单位：元

年		凭证号	摘　要	借方	贷方	借或贷	余额
月	日						
1	1		期初余额			借	3 000
	25	转1	销售产品	4 000		借	7 000
	29	收1	收到货款		5 000	借	2 000
	31		本期发生额及期末余额	4 000	5 000	借	2 000

表5-5

"应收账款"明细账户

户名：B工厂

单位：元

年		凭证号	摘　要	借方	贷方	借或贷	余额
月	日						
1	1		期初余额			借	6 000
	29	收1	收到货款		2 000	借	4 000
	31		本期发生额及期末余额		2 000	借	4 000

总分类账户与所属明细分类账户采取了平行登记的方法，登记的结果是否正确，需要通过编制"明细分类账户发生额及余额汇总表"与所属总分类账户进行核对。如表5-6所示。

表5-6

"应收账款"明细分类账户发生额及余额汇总表

单位：元

明细账户	期初余额		本期发生额		期末余额	
	借方	贷方	借方	贷方	借方	贷方
A工厂	3 000		4 000	5 000	2 000	
B工厂	6 000			2 000	4 000	
合计（总账）	9 000		4 000	7 000	6 000	

采用平行登记法登记以后，总分类账户与其所属明细分类账户本期发生额及余额的关系如下：

（1）总分类账户期初借（或贷）方余额＝所属明细分类账户期初借（或贷）方余额之和；

（2）总分类账户本期借（或贷）方发生额＝所属明细分类账户本期借（或贷）方发生额之和；

（3）总分类账户期末借（或贷）方余额＝所属明细分类账户期末借（或贷）方余额之和。

本 章 小 结

记账方法是指在账户中登记经济业务的方法，可以分为单式记账法和复式记账法。复式记账法对于每一笔经济业务，都要在两个或两个以上相互联系的账户中进行登记，系统地反映资金运动变化结果。借贷记账法是指以"借"和"贷"为记账符号，以"有借必有贷，借贷必相等"作为记账规则，反映会计要素的增减变动情况的一种复式记账方法。

总分类账户与明细分类账户的平行登记是指对所发生的每一项经济业务都要以会计凭证为依据，一方面要记入有关总分类账户，另一方面也要记入有关总分类账户所属明细分类账户。平行登记的要点是依据相同、借贷方向相同、会计期间相同、金额相等。

关键概念　复式记账　借贷记账法　会计分录　过账　结账　试算平衡　平行登记

一、思 考 题

1. 什么是单式记账？什么是复式记账？

2. 什么是借贷记账法？试述借贷记账法的账户结构和记账规则。

3. 什么是会计分录？

4. 什么是试算平衡？借贷记账法下如何进行试算平衡？

5. 为什么要进行总分类账户与明细分类账户的平行登记？平行登记的要点有哪些？

二、练 习 题

（一）单项选择题

1. 单式记账法对每项经济业务都只在（　　）账户中进行登记。

　　A. 一个　　　　　　B. 两个或两个以上　C. 两个　　　　　　D. 有关

2. 复式记账法对每项经济业务都以相等的金额在(　　)账户中进行登记。

    A. 一个　　　　　　　　B. 两个或两个以上　　C. 两个　　　　　　　　D. 有关

3. 借贷记账法的记账符号中的"借"字表示(　　)。

    A. 增加　　　　　　　　B. 减少　　　　　　　　C. 账户方向　　　　　　D. 借款

4. 对每一个账户来说,期末余额(　　)。

    A. 只能在借方　　　　　　　　　　　　B. 只能在账户的一方

    C. 只能在贷方　　　　　　　　　　　　D. 可能在借方或贷方

5. 负债类账户的借方登记(　　)。

    A. 收入的增加　　　　B. 负债的增加　　　　C. 费用的增加　　　　D. 负债的减少

6. 资产类账户的期末余额应在(　　)。

    A. 账户的借方　　　　　　　　　　　　B. 账户的贷方

    C. 有时在借方,有时在贷方　　　　　　D. 以上答案都对

7. 应当登记在账户贷方的是(　　)。

    A. 资产的增加　　　　B. 负债的减少　　　　C. 收入的转销　　　　D. 费用的转销

8. 下列会计分录中,属于简单会计分录的是(　　)的会计分录。

    A. 一借多贷　　　　　　B. 一贷多借　　　　　　C. 一借一贷　　　　　　D. 多借多贷

9. 不得将不同类型的经济业务合并编制成为(　　)的会计分录。

    A. 一借一贷　　　　　　B. 一贷多借　　　　　　C. 一借多贷　　　　　　D. 多借多贷

10. 某企业"应付账款"总分类账户期末贷方余额为 30 000 元。该账户下设三个明细分类账户,其中:甲明细分类账户期末贷方余额为 20 000 元,乙明细分类账户期末借方余额为 8 000 元,则丙明细分类账户期末(　　)元。

    A. 贷方余额为 18 000　　　　　　　　B. 贷方余额为 2 000

    C. 借方余额为 18 000　　　　　　　　D. 贷方余额为 20 000

(二) 多项选择题

1. 复式记账法的特点有(　　)。

    A. 能全面、清晰地反映经济业务的来龙去脉

    B. 便于试算平衡,以检查账户记录是否正确

    C. 能全面系统地反映经济活动的过程和结果

    D. 比单式记账法简单而完整

    E. 所记账户之间形成相互对应的关系

2. 在借贷记账法下,账户的借方登记(　　)。

    A. 收入的减少　　　　　　　　　　　　B. 成本、费用的减少

    C. 资产的减少　　　　　　　　　　　　D. 所有者权益的减少

    E. 负债的减少

3. 在借贷记账法下,复合会计分录表现为(　　)。

    A. 一借一贷　　　　　　B. 一贷多借　　　　　　C. 一借多贷　　　　　　D. 多借多贷

    E. 以上都对

4. 对于负债类账户,下列说法正确的有(　　)。

    A. 借方登记增加额,贷方登记减少额

B. 期末贷方余额表示期末负债余额

C. 借方登记减少额,贷方登记增加额

D. 本期贷方发生额一定大于本期借方发生额

E. 本期贷方发生额一定小于本期借方发生额

5. 下列各项记账差错中运用试算平衡法可查出错误的有(　　　)。

A. 过账时误将借方数额过入贷方

B. 一笔业务的记录全部漏记

C. 一笔业务的记录借贷双方金额发生同样的错误

D. 某一账户借方本期发生额计算有误

E. 一笔业务的记录全部重记

(三) 判断题

1. 日常生活中所称的"流水账"属于单式记账法。　　　　　　　　　(　　)

2. 复式记账由于是以相等的金额在相互关联的两个或两个以上账户中进行登记,所以能检查账簿记录是否正确。　　　　　　　　　　　　　　　　(　　)

3. 借贷记账法下账户的基本结构,左方为借方,登记资产费用的增加,权益的减少和收入的结转。　　　　　　　　　　　　　　　　　　　　(　　)

4. 账户期末余额的方向(借方或贷方),与本期增加额登记的方向肯定是一致的。(　　)

5. 所有经济业务的发生,都会引起等式两边发生变化。　　　　　　　(　　)

6. 不管是"一贷多借","一借多贷",还是"多借多贷",借贷方的金额肯定是相等的。(　　)

7. 通过试算平衡表检查账户记录是否正确,如果借贷平衡,就说明记账没有错误。(　　)

8. 账户本期借方发生额合计和贷方发生额合计一定相等。　　　　　(　　)

9. 在借贷记账法下,反映企业管理费用的账户与所有者权益类账户的结构相同。(　　)

10. 在借贷记账法下,账户哪一方记增加,哪一方记减少,是根据账户反映的经济业务内容决定的。　　　　　　　　　　　　　　　　　　　　(　　)

(四) 计算题

目的:熟悉掌握借贷记账法下的账户结构及账户金额的计算方法。

资料:某企业202×年12月31日有关账户的部分资料见表5-7。

表5-7

账 户 资 料

金额单位:元

账户名称	期初余额		本期发生额		期末余额	
	借方	贷方	借方	贷方	借方	贷方
固定资产	800 000		440 000	20 000	(　　)	
银行存款	120 000		(　　)	160 000	180 000	
应付账款		160 000	140 000	120 000		(　　)
短期借款		90 000	(　　)	20 000		60 000
应收账款	(　　)		60 000	100 000	40 000	
实收资本		700 000		(　　)		1 240 000
其他应付款		50 000	50 000			(　　)

要求：根据账户期初余额、本期发生额和期末余额之间的关系,计算并填列表中括号内的数字。

(五) 业务题

目的：练习借贷记账法下会计分录的编制和试算平衡。

资料1　某企业2×20年1月份有关账户的期初余额如下：

库存现金　　1 400 元　　　应付账款　10 000 元

银行存款　24 000 元　　　短期借款　14 000 元

应收账款　　5 000 元　　　实收资本　60 000 元

原材料　　12 000 元　　　盈余公积　　7 000 元

固定资产　48 600 元

资料2　该企业2×20年1月份该企业发生下列经济业务(以下经济业务均不考虑税金)：

(1) 从银行提取现金2 000元,以备零用。

(2) 用银行存款购买材料一批,货款5 500元。

(3) 用银行存款归还前欠货款3 000元。

(4) 国家投入不需要安装的新机器一台,价值25 000元。

(5) 收到购货单位归还货款4 400元,存入银行。

(6) 按规定将多余现金500元,存入银行。

(7) 生产车间生产产品领用材料,价值14 500元。

(8) 向银行贷款70 000元,期限6个月,存入银行。

要求：

(1) 根据资料1开设"T"字账户,并登记期初余额。

(2) 根据资料2编制会计分录。

(3) 结算各账户的本期发生额和期末余额。

(4) 根据期初余额、本期发生额和期末余额编制试算平衡表,并进行试算平衡。

第六章　账户与借贷记账法的运用

学习目的和要求　通过本章的学习,了解制造业的主要经济业务,熟悉企业在筹集资金、生产准备、产品制造、销售和财务成果核算业务中应设置哪些账户,理解这些账户之间的对应关系,掌握运用账户及借贷记账法对企业的经济业务进行会计处理;学会正确计算产品成本和利润。

学习重点和难点　本章的重点在于经济业务与账户设置之间的匹配性以及这些账户之间的对应关系;学习的难点在于正确运用借贷记账法对企业常见经济业务进行账务处理的方法和对产品成本、利润形成进行正确计算。

第一节　资金筹集业务的核算

一、资金筹集过程中的主要核算业务

企业从事经营活动,首先必须解决通过什么方式筹集到企业购买物资和支付费用所需要的资金。资金是企业生存和发展的前提。企业筹集资金的方式主要有两种:一是从投资者手中获得;二是企业向债权人借入。因此,企业在资金筹集过程中主要包括投入资本和借入资金两方面的业务核算。

二、投入资本的核算

投入资本是企业的投资人(所有者)按照企业的章程、合同或协议投入企业的资本金。在我国,投入资本按照投资主体的不同可分为国家投入资本、法人投入资本、个人投入资本和外商投入资本四种;他们向企业投入资金可以采用现金、银行存款、实物资产和无形资产等形式。投入资本在一般情况下不需要企业偿还,可以长期周转使用。由于我国实行注册资本金制,要求企业的实收资本与企业的注册资本必须一致。因此,在会计核算中通常将投入资本进一步划分为实收资本和资本公积。投资者投入的作为注册资金的部分称为实收资本,记入"实收资本"账户(在股份有限公司称为"股本");投资者投入超出注册资金的部分称为资本公积,记入"资本公积"账户。

(一)主要账户设置

在投入资本核算中主要应设置"银行存款""无形资产""实收资本"和"资本公积"等账户。

"银行存款"账户。该账户属于资产类账户,用来核算企业存入银行或其他金融机构的各种存款。其结构为:借方登记企业存入银行的款项;贷方登记企业从银行提取或支付的款项;期末余额在借方,反映企业银行存款的结余数额。该账户可以按开户银行或其他金融机构、存款种类等设置"银行存款日记账",进行明细分类核算。

"无形资产"账户。该账户属于资产类账户,用来核算企业持有的无形资产的成本。其结构为:借方登记企业取得无形资产等所引起的无形资产的增加数,贷方登记企业对无形资产进行处置等所引起的无形资产的减少数;期末余额在借方,反映企业所拥有的无形资产的成本。该账户可以按无形资产的种类设置明细分类账户,进行明细分类核算。

"实收资本"账户。该账户属于所有者权益类账户,用来核算企业实际收到投资者投入资本中作为注册资本部分金额的增减变动情况及结果。其结构为:借方登记投入资本的减少额或归还数额;贷方登记企业实际收到投资者投入的资本及企业将资本公积、盈余公积转增的资本;期末余额在贷方,反映企业期末资本数额的实有数。该账户可以按投资者名称设置明细分类账户,进行明细分类核算。

"资本公积"账户。该账户属于所有者权益类账户,用来核算企业收到投资者投入的出资额超过其企业注册资本或股本中所占份额的增减变动情况及结果。其结构为:借方登记按法定程序以资本公积转增资本等减少的资本公积数额;贷方登记企业从各种来源取得的资本公积数额;期末余额在贷方,反映企业期末资本公积的实有数额。该账户可以按资本公积的形成类别设置明细分类账户,进行明细分类核算。

（二）主要账务处理

企业收到投资者投入的资本可以按实际收到的投资额入账。具体来说,以货币资金投资的,可以按实际收到的款项中作为注册资本的部分,记入"实收资本"账户,超过部分记入"资本公积"账户;以实物资产或无形资产作为投资的,应当进行合理估价,按双方认可的估价金额中作为注册资本的部分,记入"实收资本"账户,超过部分记入"资本公积"账户。

下面以 ABC 食品加工企业为例,说明在核算投入资本业务中,账户与借贷记账法是如何运用的。

ABC 食品加工企业是一家集面点研发、生产、销售、服务为一体的专业烘焙企业。公司生产经营的产品涉及面包、蛋糕、中式点心等多个品种。公司创建时发生了收到投资者投入资本的业务如[例 6-1][例 6-2]。

【例 6-1】 202×年 1 月 1 日,ABC 食品加工企业收到国家投入资金 2 000 000 元,款项存入银行。

这项经济业务的发生,一方面使企业的银行存款增加了 2 000 000 元,银行存款的增加,属于资产增加,应记入"银行存款"账户的借方;另一方面使国家对企业的投资增加了 2 000 000 元,投入资本的增加属于所有者权益的增加,应记入"实收资本"账户的贷方。因此,这项经济业务的会计分录为:

借:银行存款　　　　　　　　　　　　　　　　　　　　　　　2 000 000
　　贷:实收资本——国家投资　　　　　　　　　　　　　　　　　　2 000 000

【例 6-2】 202×年 2 月 14 日,ABC 食品加工企业收到乙公司投入的一项专利技术,双方确定的价值为 70 000 元。

这项经济业务的发生,一方面企业因收到一项专利技术使无形资产增加 70 000 元,无形资产的增加属于资产的增加,应记入"无形资产"账户借方;另一方面会引起实收资本增加 70 000 元,实收资本增加属于所有者权益增加应记入"实收资本"账户的贷方。因此,这项经济业务的会计分录为:

借：无形资产——专利权　　　　　　　　　　　　70 000
　　贷：实收资本——乙公司　　　　　　　　　　　　　　70 000

三、借入资金的核算

企业在筹集资金的过程中，常常会因为所有者投入资金仍然不能满足其资金的需要量，此时，企业还需要向银行等金融机构借款或向社会公开发行债券借入资金，形成企业的负债。负债按偿还期限的长短，划分为流动负债和长期负债。企业向银行等金融机构借入的归还期限在 1 年以内（含 1 年）的借款是短期借款，属于流动负债；向银行等金融机构借入的归还期限在 1 年以上（不含 1 年）的借款以及通过向社会公开发行债券取得的资金，是长期借款或应付债券，属于长期负债。在本教材中我们主要介绍短期借款的会计核算方法，有关长期借款和应付债券的会计核算方法需要通过继续学习财务会计来掌握。

（一）主要账户设置

短期借款是企业筹集短期资金的主要方式之一。当企业因生产经营中的周转资金不足，向银行或其他金融机构提出短期借款申请，银行接到企业借款申请后认真审查，如果经审查同意企业的借款申请，那么与企业签订借款合同，借款合同中明确规定借款的金额，还款期限，利息支付方式及利息率等主要内容。借款合中所确定的借款金额称为借款的本金。为了核算企业在银行短期借款业务中本金的借入与归还，利息的计算与支付，企业在对短期借款进行核算时需要设置"短期借款""应付利息"和"财务费用"三个账户。

"短期借款"账户。该账户属于负债类账户，用来核算企业向银行或其他金融机构借入的期限在 1 年或一个营业周期以内的各种借款的取得、归还和结欠情况。其结构为：借方登记企业偿还的借款本金；贷方登记企业从银行借入本金的增加金额；期末余额在贷方，反映企业期末尚未偿还的短期借款本金数额。该账户可以按债权人或借款种类设置明细分类账户，进行明细分类核算。

"应付利息"账户。该账户属于负债类账户，用来核算企业按照借款合同约定应支付的利息。其结构为：借方登记企业实际支付的利息金额；贷方登记企业按照借款合同规定的利率计算的应付尚未支付的利息金额；期末余额在贷方，反映企业应付尚未支付的利息。该账户可以按债权人设置明细分类账户，进行明细分类核算。

"财务费用"账户。该账户属于损益类账户，用来核算企业因筹集资金等所发生的筹资费用，如贷款利息支出、支付给银行的结算手续费等。其结构为：借方登记当期发生的财务费用；贷方登记本期发生的冲减财务费用的利息收入和期末结转"本年利润"账户的财务费用数额；期末结转后该账户一般无余额。该账户可以按费用项目设置明细分类账户，进行明细分类核算。

（二）主要账务处理

与短期借款有关的业务主要包括借入款项、计算（支付）利息和到期归还借款三项。

当企业依据与银行签订的借款合同从银行取得期限为 1 年或短于 1 年的借款时，一方面获得了的企业生产经营所需要的资金，银行存款增加；另一方面增加了企业对银行的债务，短期借款增加。取得短期借款所引起的资产及负债的增减变动情况，依据借贷记账法的记账规则应借记"银行存款"账户，贷记"短期借款"账户。

归还短期借款时，企业所承担的对银行的借款债务减少，借记"短期借款"账户；同时企业的银行存款也减少,贷记"银行存款"账户。

由于企业并不是无偿使用从银行借入的资金,而是必须根据借款合同中的利息率按期向银行支付借款的利息。短期借款的利息一般按季结算并于季末一次支付。因此,按照权责发生制的要求,应当在未实际支付的月份按期预提。预提时,按预计当月应负担的借款利息金额,借记"财务费用"账户,贷记"应付利息"账户;实际支付利息的月份,按照已经预提的利息金额,借记"应付利息"账户,按实际支付的利息金额与预提数的差额(没有预提的部分)借记"财务费用"账户,按实际支付的借款利息金额,贷记"银行存款"账户。

下面以 ABC 食品加工企业通过银行借款筹集生产经营中所需要的短期资金的业务为例说明短期借款业务的账务处理方法。

【例 6-3】　202×年 1 月 1 日 ABC 食品加工企业向中国工商银行借入金额为 100 000元,期限为 3 个月,年利率为 4.8%的借款。

(1) 202×年 1 月 1 日取得借款时,其会计分录为:

借:银行存款　　　　　　　　　　　　　　　　　　　　　　100 000
　　贷:短期借款——工行　　　　　　　　　　　　　　　　　　　100 000

(2) 1 月 30 日,计提当月的利息费用=100 000×4.8%÷12=400(元),其会计分录为:

借:财务费用　　　　　　　　　　　　　　　　　　　　　　　400
　　贷:应付利息——工行　　　　　　　　　　　　　　　　　　　　400

2 月末计提当月利息的账务处理与 1 月末的相同。(会计分录略)

(3) 3 月 30 日,支付 3 个月的借款利息时,其会计分录为:

借:应付利息——工行　　　　　　　　　　　　　　　　　　800
　　财务费用——利息费用　　　　　　　　　　　　　　　　　400
　　　贷:银行存款　　　　　　　　　　　　　　　　　　　　　　1 200

(4) 3 月 30 日,归还短期借款本金,其会计分录为:

借:短期借款——工行　　　　　　　　　　　　　　　　　100 000
　　贷:银行存款　　　　　　　　　　　　　　　　　　　　　　100 000

以上经济业务的核算,在账户中的登记情况可用图 6-1 表示(图中省略借、贷)。

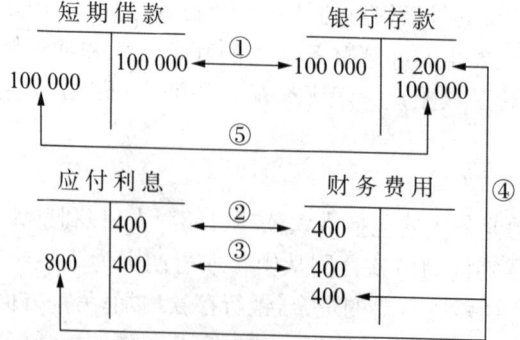

业务说明:①借入款项;②计提 1 月份的短期借款利息;
③计提 2 月份的短期借款利息;④实际支付 3 个月的利息;⑤归还本金。

图 6-1　短期借款业务的记账过程

第二节　生产准备业务的核算

一、生产准备过程的主要核算业务

对于制造企业来说,在完成筹资后,紧接着就是修建和购入企业从事产品生产加工所需要厂房、机器设备和各种材料物资等。厂房、机器设备属于固定资产;各种材料物资大部分属于原材料。因此,在生产准备过程中的主要核算业务包括购入固定资产和购入原材料两部分核算内容。

二、购入固定资产的核算

我国《企业会计准则 4 号——固定资产》规定,固定资产是指同时具有以下两个特征的有形资产:一是为生产产品、提供劳务、出租或经营管理而持有;二是使用寿命超过一个会计期间。例如,汽车制造厂商生产的汽车,通常情况下是用于销售,而不是用于企业的生产经营管理,所以列为库存商品,而不能列为固定资产。但是如果该汽车制造厂商将其所生产的汽车用作企业职工上下班乘坐的交通车,那么这辆汽车就应作为固定资产来核算。

企业取得固定资产的方式有很多,主要有外购,自行建造、投资者投入、融资租入等。本教材主要介绍如何运用借贷记账法对通过外购方式取得的固定资产进行会计核算,其他取得方式的会计核算方法需要通过学习财务会计来掌握。

(一)主要账户设置

企业购入的固定资产包括购入不需要安装的固定资产和购入需要安装的固定资产。在运用借贷记账法进行会计核算时,主要需要设置"固定资产""在建工程"两个账户。根据 2017 年 11 月国务院公布的《中华人民共和国增值税暂行条例》第八条规定,企业购置固定资产时,增值税专用发票上注明的增值税额为进项税额,准予从销项税额中抵扣,所以还应设置"应交税费——应交增值税(进项税额)"账户。

"固定资产"账户。该账户属于资产类账户,用来核算企业所有固定资产原值的增减变动情况。其结构为:借方登记企业通过购入、自建等方式取得固定资产而增加的固定资产的原值;贷方登记企业因出售、报废固定资产而减少的固定资产的原值;期末余额在借方,反映企业现有固定资产的原值。该账户按固定资产项目设置明细分类账户,进行明细分类核算。

"在建工程"账户。该账户属于资产类账户,用来归集企业购入需要安装的固定资产所发生的支出。其结构为:借方登记企业购入需要安装的固定资产在安装完毕交付使用前所发生的各项支出;贷方登记固定资产安装完毕达到预定可使用状态时转出的固定资产的实际成本;期末余额在借方,反映企业安装完毕前达到预定可使用状态前所归集的、购入需要安装的固定资产所发生的支出。该账户可以按所需要安装的固定资产的名称设置明细分类账户,进行明细分类核算。

"应交税费——应交增值税"账户。该账户属于负债类账户,用来核算企业按照税法规定应缴纳的增值税。其结构为：贷方登记企业计算出应交未交的增值税（销项税额）等，借方登记企业在物资采购中所发生的增值税（进项税额）或已经缴纳的本月应缴纳的增值税税额；期末余额一般在贷方，反映企业尚未缴纳的增值税；期末如为借方余额，反映企业多交或尚未抵扣的税额。该账户除了设置应交增值税作为明细分类账户外，还应在应交增值税明细分类账户下分别设置"进项税额""销项税额"和"已交税金"等专栏，进行更加详细的明细分类核算。

（二）主要账务处理

企业通过外购方式取得固定资产时，应当按照取得时的实际成本作为入账价值。取得时的实际成本包括购买价款、相关税费、使固定资产达到预定可使用状态前所发生的可归属于该项资产的运输费、装卸费、安装费和专业人员服务费等。一般纳税人企业购入机器设备等固定资产时发生的增值税应作为进项税额进行抵扣，不计入固定资产成本；购入用于集体福利或者个人消费的固定资产，产生的进项税额不可以抵扣，应计入固定资产成本。其他企业购入固定资产时支付的增值税是否作为进项税抵扣应遵从税法的相关规定。

ABC 食品加工企业属于一般纳税人企业，适用 13% 的增值税税率。[例 6-4][例 6-5]以其购入固定资产的业务具体说明企业运用借贷记账法对以外购方式取得固定资产的经济业务进行账务处理方法。

【例 6-4】　202×年 3 月 1 日，ABC 食品加工企业购入一台不需要安装的生产用设备，增值税专用发票上列明价款 50 000 元，增值税 6 500 元。另支付运输及装卸费为 200元，所有款项已经用银行存款付清。设备已经运达企业，并交付使用。

这项经济业务属于外购不需要安装的固定资产业务。这项经济业务的发生，一方面引起企业的设备（固定资产）增加，另一方面企业用银行存款付清全部款项，引起银行存款减少。此外，因为 ABC 食品加工企业是一家一般纳税人企业，按我国税法规定，其购入设备所支付的增值税应作为进项税额进行抵扣，从而形成一项负债的减少，即应交税费——应交增值税（进项税额）的减少。因此，这项经济业务的会计分录为：

借：固定资产　　　　　　　　　　　　　　　　　　　50 200
　　应交税费——应交增值税（进项税额）　　　　　　6 500
　　贷：银行存款　　　　　　　　　　　　　　　　　　56 700

【例 6-5】　202×年 3 月 8 日，ABC 食品加工企业购入一台需要安装后才能使用的生产用设备。增值税专用发票上列明价款 20 000 元，增值税 2 600 元。购入后进行安装，发生安装费 500 元。所有款项已经用银行存款付清。12 月 5 日，设备安装完毕交付使用。

这项经济业务属于购入需要安装的固定资产业务。对于购入需要安装的固定资产，虽然最终也是引起企业固定资产的增加，但是，我们不是直接增加固定资产，而是先将设备安装前所发生的各项支出通过登记入"在建工程"账户的借方进行归集，即"在建工程"账户增加，然后，在设备安装完毕交付使用时，加总"在建工程"账户借方所归集的全部固定资产支出，作为该固定资产的实际成本从"在建工程"账户的贷方转出，登记到"固定资产"账户借方。因此，这项经济业务的会计分录如下。

（1）购入设备，支付价税款时。

借：在建工程　　　　　　　　　　　　　　　　　　　20 000

　　应交税费——应交增值税（进项税额）　　　　　　　2 600

　　　贷：银行存款　　　　　　　　　　　　　　　　　　　　22 600

（2）支付安装费时。

借：在建工程　　　　　　　　　　　　　　　　　　　　500

　　　贷：银行存款　　　　　　　　　　　　　　　　　　　　500

（3）安装完毕交付使用时。

加总"在建工程"账户借方所归集的全部固定资产支出：20 000＋500＝20 500（元）

借：固定资产　　　　　　　　　　　　　　　　　　20 500

　　　贷：在建工程　　　　　　　　　　　　　　　　　　　20 500

三、购入原材料的核算

俗话说，巧妇难为无米之炊。公司筹集到了企业生产经营所需要的资金，也用所筹集到的资金购买了加工产品所需要的生产设备（固定资产），但是要进行产品的生产加工，还需要采购和储备一定数量的原材料。我国《企业会计准则第1号——存货》中对于哪些财产物资应归为原材料给出了明确的定义，原材料是指企业在生产过程中经过加工改变其形态或性质并构成产品主要实体的各种原料、主要材料和外购半成品，以及不构成产品实体但有助于产品形成的辅助材料、修理用备件、包装材料、燃料等。

在购入原材料的过程中，企业需要按规定与供货方办理结算，支付材料价税款，并支付运输费、装卸费等。除此，企业还需要计算所购入原材料的采购成本。因此，购入原材料过程中的主要经济业务核算包括采购与结算业务和材料采购成本的计算。

对于制造企业来说，原材料的采购成本可以按实际成本计价，也可以按计划成本计价。计价方法不同，其会计核算也有所不同。在本教材中，我们主要介绍原材料按实际成本计价的核算，对于原材料按计划成本计价下的核算方法，需要通过学习财务会计课程来掌握。

（一）主要账户设置

在实际成本计价下，核算购入原材料业务所应设置的账户主要有"在途物资""原材料""应付账款""应付票据"和"预付账款"账户。

"在途物资"账户。该账户属于资产类账户，当企业采用实际成本法对材料、产品等物资进行计价时，用来核算企业购入尚未运达企业或尚未验收入库的各种材料物资的实际成本。其结构为：借方登记企业购入材料物资的实际成本；贷方登记验收入库材料物资的实际成本；期末余额在借方，反映企业在途物资的实际成本。该账户可以按照供货单位名称、材料类别和品种等设置明细分类账户，进行明细分类核算。

"原材料"账户。该账户属于资产类账户，用来核算企业已经验收入库的原材料的收入、发出和结存的实际成本。其结构为：借方登记企业已经验收入库原材料的实际成本；贷方登记企业发出材料的实际成本；期末余额在借方，反映企业库存原材料的实际成本。该账户可按材料的保管地点（仓库）、材料的类别、品种和规格等设置明细分类账户，进行明细分类核算。

"应付账款"账户。该账户属于负债类账户,用来核算企业因购买材料、产品和接受劳务等经营活动应支付的款项。其结构为:借方登记企业支付的应付账款;贷方登记企业因购买材料、产品等经营活动中所发生的应付未付款项;期末余额一般在贷方,反映企业尚未支付的应付款余额。该账户可以按供货单位名称设置明细分类账户。

"应付票据"账户。该账户属于负债类账户,用来核算企业购买材料、产品和接受劳务供应等开出、承兑的商业汇票,包括银行承兑汇票和商业承兑汇票。其结构为:贷方登记企业开出、承兑的商业汇票;借方登记到期付款或转出的商业汇票;期末余额在贷方,反映企业尚未到期的商业汇票的票面金额。该账户可以按债权人设置明细分类账户,进行明细分类核算。

"预付账款"账户。该账户属于资产类账户,用来核算企业按照合同规定预付的款项。其结构为:借方登记在采购业务发生之前向供货企业预付的货款或采购业务发生之后补付的货款;贷方登记所购货物或接受劳务的金额及退回多付的款项;期末余额一般在借方,反映企业预付的款项;期末余额如在贷方,反映企业尚未补付的款项。该账户可以按供货单位设置明细分类账户,进行明细分类核算。

应注意,预付账款不多的企业,也可以不设置该账户,将预付的款项直接记入"应付账款"账户。

(二) 原材料采购成本的计算

根据我国会计准则规定,企业外购原材料的采购成本应包括以下项目:

(1) 买价,即购货发票上列示的价款(一般纳税人企业不包括增值税进项税额)。

(2) 运杂费,包括运输费、装卸费和保险费等。

(3) 运输途中的合理损耗。

(4) 入库前的挑选整理费用。

(5) 所购材料应负担的其他费用。

企业在购入原材料时,有时同时购入两种或两种以上的材料,为此发生的共同采购费用应采用一定的标准,在所购入的几种材料之间分配,计入各种材料成本。

(三) 主要账务处理

按货款结算方式的不同,外购原材料主要有现结交易、赊购交易和预付货款交易三种基本业务形式,下面我们以 ABC 食品加工企业购入原材料业务为例分别进行介绍。

1. 现结交易

【例 6-6】 202×年 4 月 1 日,ABC 食品加工企业购入甲材料 1 000 千克,增值税专用发票上列明,单价 30 元,价款 30 000 元,增值税 3 900 元,全部款项当即用银行存款付清。甲材料已经运达企业并验收入库。

这项经济业务属于现结交易。一方面购入材料的同时用银行存款付清采购原材料的全部款项,引起银行存款减少,银行存款的减少,属于资产的减少,应记"银行存款"账户的贷方;另一方面企业已经付款的原材料也已经到达企业,验收入库,引起原材料增加,原材料的增加属于资产的增加,应记"原材料"账户的借方。此外,因购入甲材料而支付的增值税属于增值税的进项税额,按照我国税法的规定,可以抵扣增值税的销项税额,属于应交税费的抵减项,引起应交增值税的减少,应记入"应交税费——应交增值税(进项税额)"账户的借方,因此,这项经济业务的会计分录为:

```
借：原材料——甲材料                                          30 000
    应交税费  —应交增值税（进项税额）                          3 900
    贷：银行存款                                                    33 900
```

【例6-7】　202×年4月5日，ABC食品加工企业购入乙材料500千克，增值税专用发票上列明单价20元，价款10 000元，增值税1 300元，全部款项已经用银行存款付清。乙材料尚在运输途中。4月8日，乙材料运达ABC食品加工企业，验收入库。

这项经济业务也是一笔现结交易，但与［例6-6］所不同的是，［例6-7］中所购入的乙材料，在付清材料的采购款项时，材料还在运输途中，要3天后才运达企业，因此在运用借贷记账法记录这笔交易时，为了区别已经入库的材料和尚在运输途中的材料，对于已经付款尚在运输途中的乙材料应先记入"在途物资"账户的借方，即先登记在途物资的增加，然后待乙材料验收入库后，再按所购材料的采购成本登记"在途物资"的减少，"原材料"的增加，即借记"原材料"账户，贷记"在途物资"账户。因此，这项经济业务的会计分录为：

4月5日，采购付款时：

```
借：在途物资——乙材料                                       10 000
    应交税费——应交增值税（进项税额）                          1 300
    贷：银行存款                                                    11 300
```

4月8日，乙材料运达企业，验收入库时：

```
借：原材料——乙材料                                         10 000
    贷：在途物资——乙材料                                          10 000
```

2. 赊购交易

当企业以赊购方式采购原材料时，其业务流程是先购入材料，然后按合同、协议延期付款或者先签发商业汇票支付款项，待票据到期后再以银行存款支付款项。在赊购交易实现时，一方面会引起材料物资的增加，另一方面会引起企业负债的增加。因此，用借贷记账法进行记录时，应借记"原材料""应交税费——应交增值税"等账户，贷记"应付账款""应付票据"等账户。企业实际付款时再冲销"应付账款""应付票据"等账户。

【例6-8】　202×年4月5日，ABC食品加工企业从大华公司购入丙材料200件，购货发票上列明单价40元，价款8 000元，增值税1 040元。包装费300元。丙材料已经验收入库，应支付的所有款项暂欠。

编制会计分录为：

```
借：原材料——丙材料                                          8 300
    应交税费——应交增值税（进项税额）                          1 040
    贷：应付账款——大华公司                                        9 340
```

【例6-9】　202×年4月6日，ABC食品加工企业从龙润公司购入丁材料一批，总价款为30 000元，增值税3 900元。丁材料已经验收入库。ABC食品加工企业开出一张面值为33 900元，2个月到期的银行承兑汇票支付采购丁材料的价税款。

编制会计分录为：

```
借：原材料——丁材料                                         30 000
    应交税费——应交增值税（进项税额）                          3 900
    贷：应付票据——银行承兑汇票（龙润公司）                        33 900
```

【例 6-10】　202×年 5 月 1 日,ABC 食品加工企业用银行存款支付前欠大华公司的采购丙材料的价税款。

编制会计分录为:

借:应付账款——大华公司　　　　　　　　　　　　　　　　　　　　　9 340
　　贷:银行存款　　　　　　　　　　　　　　　　　　　　　　　　　　　　9 340

【例 6-11】　202×年 6 月 6 日,ABC 食品加工企业于 4 月 6 日为采购丁材料所开出的银行承兑汇票到期,ABC 公司用银行存款支付到期银行承兑汇票。

编制会计分录为:

借:应付票据——银行承兑汇票(龙润公司)　　　　　　　　　　　　　33 900
　　贷:银行存款　　　　　　　　　　　　　　　　　　　　　　　　　　　33 900

3. 预付货款交易

对于一些紧俏原材料的采购,企业会采用预付货款的方式。其相关业务主要包括预付货款、收到材料和补付货款(或退回余款)。

【例 6-12】　202×年 7 月 1 日,ABC 食品加工企业为了采购一批市场热销、企业急需的原材料通过银行向龙泉公司预付购货款 45 000 元。

7 月 14 日,ABC 食品加工企业收到所购原材料,增值税专用发票列明价款 40 000元,增值税 5 200 元。材料验收入库。

7 月 15 日,ABC 食品加工企业用银行存款补付所欠货款 200 元。

ABC 食品加工企业所发生的此项经济业务是以预付货款形式采购原材料。

(1) 7 月 1 日,ABC 食品加工企业预付货款时,一方面会引起企业银行存款的减少,应记入“银行存款”账户的贷方;另一方面会引起债权资产(预付账款)的增加,应记入“预付账款”账户的借方,因此这项经济业务的会计分录为:

借:预付账款——龙泉公司　　　　　　　　　　　　　　　　　　　　　45 000
　　贷:银行存款　　　　　　　　　　　　　　　　　　　　　　　　　　　45 000

(2) 7 月 14 日,ABC 食品加工企业收到所购的原材料,确认采购业务成立。所引起的资金增加变化表现是一项货物资产(原材料)增加,应记入“原材料”账户的借方;一项债权资产(预付账款)减少,应记入“预付账款”的贷方。同时按税法规定,产生一项可以抵减应交增值税税额的进项税额,应记入“应交税费——应交增值税(进项税额)”账户的借方。因此,这项经济业务的会计分录为:

借:原材料　　　　　　　　　　　　　　　　　　　　　　　　　　　　40 000
　　应交税费——应交增值税(进项税额)　　　　　　　　　　　　　　　5 200
　　贷:预付账款——龙泉公司　　　　　　　　　　　　　　　　　　　　45 200

(3) 7 月 15 日,ABC 食品加工企业用银行存款补付货款时,所引起的资金变动一方面是银行存款减少,应记入“银行存款”账户的贷;另一方面补记入“预付账款”账户,作为预付款项的增加记入“预付账款”账户的借方。因此,这项经济业务的会计分录为:

借:预付账款——龙泉公司　　　　　　　　　　　　　　　　　　　　　200
　　贷:银行存款　　　　　　　　　　　　　　　　　　　　　　　　　　　200

　　通过对上述业务的分析,我们会发现这里的"预付账款"账户实际上是起到结算账户的作用。当企业预付货款时,将预付金额记入账户的借方,表示企业一项债权资产的增加;当企业收到材料时,将企业所购材料实际应付金额记入账户的贷方,表示先前预付货款产生的债权资产因收到材料而减少;然后,将"预付账款"账户借方登记的预付金额与贷方登记的实际应付金额进行对比,如果预付金额小于实际应付金额,按差额补付货款,并将补付的金额记入"预付账款"账户借方;反之,要求供货单位退回多预付的货款。最终,结平"预付账款"账户。

　　以上经济业务的核算,在账户中的登记情况可用图6-2表示(图中省略借、贷)。

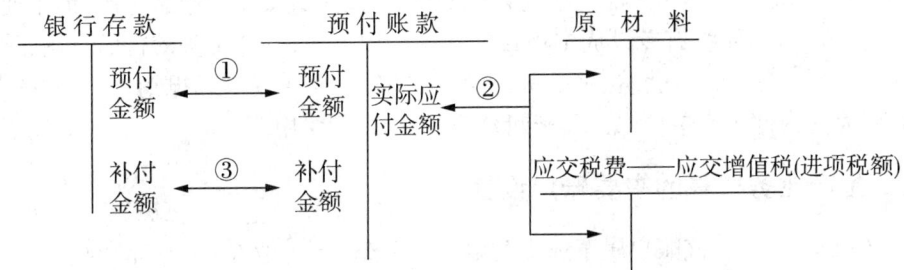

业务说明：①预付货款;②收到材料;③补付货款。

图6-2　预付款方式采购原材料的记账过程

第三节　生产业务的核算

一、生产过程中的主要核算业务

　　产品的生产过程是企业的劳动者借助于劳动资料对劳动对象进行加工,生产出产品的过程。企业在生产产品的过程中不仅需要消耗各种原材料、向职工支付薪酬、将厂房和机器设备等固定资产的成本按照配比原则以折旧费的形式分期计入产品成本等,而且,为了组织和管理生产还要发生各种耗费。这些在生产过程中所发生的各种耗费统称为费用。费用按是否计入产品生产成本划分为生产费用和期间费用。生产费用要按成本计算对象进行归集和分配,以计算产品的生产成本;期间费用包括管理费用、销售费用和财务费用。所以,生产过程业务核算的主要内容是,一方面要反映企业生产过程中实际发生的各种费用,另一方面要按成本计算对象归集和分配生产过程的发生费用,计算完工产品的生产成本。

二、产品生产成本的构成项目

　　企业在生产过程中所发生的费用,并不都计入产品的生产成本,只有那些能按成本对象归集和分配的项目才能构成产品的生产成本。按照我国成本核算制度的规定,产品生产成本项目主要包括直接材料费用、直接燃料和动力、直接人工费用和制造费用。

　　1. 直接材料费用
　　直接材料费用是指企业在生产产品和提供劳务过程中所消耗的直接用于产品生产并

构成产品实体的原料、主要材料、外购半成品以及有助于产品形成的辅助材料费用。

2. 直接燃料和动力

直接燃料和动力是指企业在生产产品和提供劳务过程中所耗用的直接用于产品生产的各种自制和外购的燃料和动力费用。

3. 直接人工费用

直接人工费用是指企业在生产产品和提供劳务过程中,直接参加产品生产的工人的薪酬费用。

4. 制造费用

制造费用是指间接用于产品生产的各项费用,以及虽直接用于产品生产,但不便于直接计入产品成本,因而没有专设成本项目的费用。如厂房、机器设备的折旧费用、季节性或修理期间的停工损失、办公费、水电费、机物料消耗费、低值易耗品摊销、设计制图费、试验检验费、企业内部生产单位(分厂、车间)管理人员薪酬费用等。

三、生产业务核算的主要账户设置

"生产成本"账户。该账户属于成本类账户,用来核算企业在生产产品的过程中所发生的应计入产品生产成本的各项生产费用,并据以确定产品的生产成本。其结构为:借方登记产品在生产过程中发生的全部生产费用,包括直接材料费用、直接燃料和动力、直接人工费用和制造费用;贷方登记生产完工应结转的完工产品的生产成本。期末如果有借方余额,反映企业尚未加工完成的在产品的生产成本。为了具体核算每一种产品的实际生产成本,该账户可以按成本计算对象(产品的品种、类别、订单或批别等)设置明细分类账户,并按照规定的成本项目设置专栏进行核算。

"制造费用"账户。该账户属于成本类账户,用来核算企业为生产产品和提供劳务而发生的各项制造费用。其结构为:借方登记实际发生的制造费用;贷方登记期末应分配结转入"生产成本"账户,由各种产品负担的制造费用。除季节性生产企业外,该账户月末一般无余额。为了考核不同生产单位(分厂、车间)的经费开支情况,以及不同产品的制造费用的分配标准和数额,该账户可以按不同生产单位设置明细分类账户,账内按费用项目设置专栏进行核算。

"管理费用"账户。该账户属于损益类账户,用来核算企业组织和管理生产经营所发生的各项费用,包括企业的董事会和行政管理部门在企业的经营管理中发生的,或者由企业统一负担的公司经费(行政管理部门职工薪酬费用、办公费、差旅费和业务招待费等)、固定资产的折旧费和修理费、无形资产摊销、技术转让费、研究与开发费用、矿产资源补偿费、物料消耗、低值易耗品摊销、不计入营业外支出的存货盘亏损失、排污费、诉讼费和聘请中介机构费用等。其结构为:借方登记当月企业发生的各项管理费用,贷方登记期末应转入"本年利润"账户的管理费用;结转后该账户无余额。该账户一般按费用项目进行明细核算。

"应付职工薪酬"账户。该账户属于负债类账户,用来核算企业为获得职工提供的服务或解除劳动关系而给予的各种形式的报酬或补偿。主要包括职工工资、奖金、津贴和补贴、职工福利费用、医疗保险费、养老保险费和失业保险费等社会保险费、住房公积金、工会经费、职工教育经费、带薪缺勤、非货币性福利、离职后福利和辞退福利等。其结构为:

贷方登记分配计入有关成本费用项目,应付给职工的薪酬数额,借方登记实际发放或支付给职工的薪酬数额;期末贷方余额,反映企业应付未付的职工薪酬的数额。该账户可以按职工薪酬的构成项目如短期薪酬、带薪缺勤、离职后福利和辞退福利等,设置明细分类账户,进行明细分类核算。

"累计折旧"账户。该账户属于资产类账户,是固定资产的备抵账户,用来核算企业所计提的固定资产折旧金额的累计数。其结构为:借方登记因为固定资产处置、盘亏而应转销的该固定资产已经计提折旧金额的累计数;贷方登记因为计提折旧而使固定资产价值减少的金额,即本期应计折旧额。期末贷方余额,反映现有固定资产已经提取折旧金额的累计数。该账户可按固定资产的类别或项目进行明细核算。

"库存商品"账户。该账户属于资产类账户,用来核算企业生产完工等验收入库的完工产品的增减变动及结存情况。其结构为:借方登记企业已经生产完工并验收入库的完工产品的实际成本;贷方登记企业因销售等发出完工产品的实际成本;期末借方余额反映企业库存商品的成本。该账户可按库存商品的种类、品种和规格进行明细分类核算。

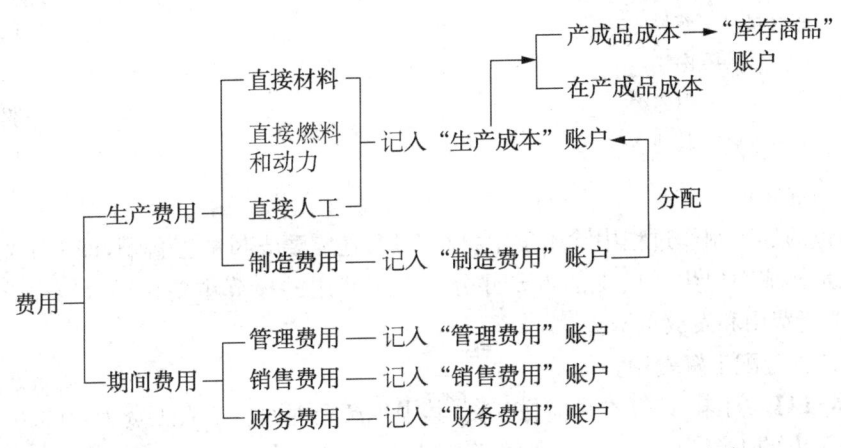

图6-3　生产过程中发生的各种耗费在账户之间的归集与分配

四、生产业务核算的主要账务处理

下面我们就来看看会计是如何运用借贷记账法对ABC食品加工企业的主要生产业务进行核算,并根据会计核算的数据计算出ABC食品加工企业所生产的产品的生产成本。

为了能让问题显得简洁些,我们假设202×年9月ABC食品加工企业的面包生产车间只生产全麦面包和肉松面包两种产品。

1. 材料费用

【例6-13】 202×年9月,ABC食品加工企业的面包生产车间从仓库领用生产面包所需要的原材料。如果企业在生产经营过程中领用材料非常频繁,且每次领用材料的数量不大,为简化手续,企业可以在月末,首先将本月的"领料单"按材料的用途进行归类汇总,编制成"发料凭证汇总表",然后根据"发料凭证汇总表"进行会计核算。

月末根据"领料单"汇总,本月生产全麦面包和肉松面包原材料耗费情况见表6-1。

表 6-1

发出材料汇总表

数量单位：千克　金额单位：元

项目	面粉		肉松		白砂糖		其他		金额合计
	数量	金额	数量	金额	数量	金额	数量	金额	
全麦面包	25 000	250 000			3 000	15 000	800	12 000	277 000
肉松面包	30 000	260 900	1 500	90 000	3 500	17 500	500	7 500	375 900
合计	55 000	510 900	1 500	90 000	6 500	32 500	1 300	19 500	652 900

面包生产车间为制作面包领用材料，一方面会引起原材料减少，原材料属于企业的资产，应记入"原材料"账户的贷方，另一方面领用的材料属于生产面包的直接材料，会增加面包的生产成本，应记入"生产成本"账户的借方。因此，这项经济业务的会计分录为：

借：生产成本——全麦面包　　　　　　　　　　　　　　　　　277 000
　　　　　　——肉松面包　　　　　　　　　　　　　　　　　375 900
　贷：原材料——面粉　　　　　　　　　　　　　　　　　　　　510 900
　　　　　——肉松　　　　　　　　　　　　　　　　　　　　　90 000
　　　　　——白砂糖　　　　　　　　　　　　　　　　　　　　32 500
　　　　　——其他　　　　　　　　　　　　　　　　　　　　　19 500

2. 人工费用

在面包的加工制作过程中除了发生材料费用，还需要支付员工薪酬，即人工费用。人工费用也是构成面包生产成本的重要部分。人工费用的核算主要包括计算分配工资费用、计提工资费用和发放工资。

（1）计算分配工资费用。

【例 6-14】　月末，计算本月应付工资，其中生产全麦面包工人工资为 40 000 元，生产肉松面包工人的工资为 15 000 元，面包车间管理人员工资为 6 000 元，销售人员工资为 5 000 元。

这笔经济业务的发生，一方面会形成一笔应付债务，也就是"应付职工薪酬"，另一方面工资费用属于企业生产经营过程中所发生的成本费用，具体地来说就是"生产成本""制造费用""销售费用"账户。因此，根据借贷记账法的记账规则，这项经济业务的会计分录为：

借：生产成本——全麦面包　　　　　　　　　　　　　　　　　40 000
　　　　　　——肉松面包　　　　　　　　　　　　　　　　　15 000
　　制造费用　　　　　　　　　　　　　　　　　　　　　　　6 000
　　销售费用　　　　　　　　　　　　　　　　　　　　　　　5 000
　贷：应付职工薪酬——短期薪酬（工资）　　　　　　　　　　　66 000

（2）计提职工福利费。

我国《企业会计准则第 9 号——职工薪酬》应用指南规定，企业应当根据历史经验数据和实际情况，合理预计职工福利费。计提的职工福利费主要用于职工的医药费、生活困难补助以及集体福利等职工福利费用的支出。

【例6-15】　月末,公司根据以往的职工福利费用数据和职工福利计划合理预计本月应提取的职工福利费用,其中生产全麦面包工人职工福利费为5 600元,生产肉松面包工人职工福利费为2 100元,面包工坊的管理人员职工福利费840元,销售人员职工福利费700元。

这笔经济业务的发生,一方面形成一笔应付债务,也就是"应付职工薪酬",负债增加,应记入"应付职工薪酬"账户的贷方,另一方面职工福利费属于企业在生产经营过程中所发生的成本费用,会使企业的"生产成本""制造费用"和"销售费用"成本费用增加,应记入对应的"生产成本""制造费用"和"销售费用"账户的借方。因此,这项经济业务的会计分录为:

借:生产成本——全麦面包	5 600
——肉松面包	2 100
制造费用	840
销售费用	700
贷:应付职工薪酬——短期薪酬(职工福利费)	9 240

(3) 发放工资。

【例6-16】　通过银行代发本月员工工资66 000元。

这项经济业务,一方面引起企业的银行存款减少,银行存款的减少属于资产的减少,应记入"银行存款"账户的贷方,另一方面企业的应付职工薪酬也因为工资的实际发放而减少,应付职工薪酬属于负债,负债的减少应记入"应付职工薪酬"账户的借方。因此,这项经济业务的会计分录为:

借:应付职工薪酬——短期薪酬(工资)	66 000
贷:银行存款	66 000

有关人工费用业务的核算,这里只是作了些简单的介绍,详细的内容,需要学习本课程的后续课程"财务会计"。

3. 其他费用

在企业生产经营过程中,除了会发生上述的原材料费用、人工费用以外,还会发生一些其他费用,如固定资产折旧费、设备修理费、水电费、财产保险费等,对这些经济业务也应进行相应的账务处理。

【例6-17】　月末,计提固定资产折旧2 000元,其中制作面包所用烤箱、打蛋机等设备的折旧费用为1 500元,销售面包所用展示柜等设备的折旧费用为500元。

固定资产折旧,是指固定资产使用寿命内,按照确定的方法对应计折旧额进行系统分摊。应计折旧额是指应当计提折旧的固定资产的原价扣除其预计净残值后的金额。预计净残值是指假定固定资产预计使用寿命已满并处于使用寿命终了时的预期状态,企业可以从该项固定资产处置中获得的扣除预计处置费用后的金额。

企业计算的固定折旧费一方面属于企业生产经营过程中所发生的成本费用,可以按固定资产的使用地点和用途,分别记入"制造费用""销售费用"等账户借方,另一方面折旧费作为固定资产应计折旧额的系统分摊额,应记入固定资产的备抵账户"累计折旧"的贷方。因此,这项经济业务的会计分录为:

借：制造费用　　　　　　　　　　　　　　　　　　　　　　　　　1 500
　　销售费用　　　　　　　　　　　　　　　　　　　　　　　　　　500
　　贷：累计折旧　　　　　　　　　　　　　　　　　　　　　　　　　2 000

【例 6-18】　用银行存款支付面包制作车间的照明电费 1 000 元。

这项经济业务，一方面引起银行存款减少，应记入"银行存款"账户的贷方，另一方面车间照明电费属于制造费用，应记入"制造费用"账户的借方。因此，这项经济业务的会计分录为：

借：制造费用　　　　　　　　　　　　　　　　　　　　　　　　　1 000
　　贷：银行存款　　　　　　　　　　　　　　　　　　　　　　　　　1 000

【例 6-19】　用现金支付本月的财产保险费 50 元。

这项经济业务，一方面引起库存现金减少，应记入"库存现金"账户的贷方，另一方财产保险费属于管理费用，应记入"管理费用"账户的借方。因此，这项经济业务的会计分录为：

借：管理费用　　　　　　　　　　　　　　　　　　　　　　　　　　50
　　贷：库存现金　　　　　　　　　　　　　　　　　　　　　　　　　50

4. 制造费用的分配与结转

制造费用是生产单位（车间、分厂）为组织和管理生产而发生的各项间接费用，平时发生时，通过"制造费用"账户逐笔归集，记入"制造费用"账户借方，月末从"制造费用"账户贷方结转到"生产成本"账户。月末转入各产品生产成本时，可以按一定的分配标准在各产品之间进行分配。分配标准应能够比较准确地表明各种产品对生产共同耗费受益的比例关系。即受益多的产品多分摊，受益少的产品少分摊。分配制造费用的标准有多种选择，如生产工人工资、生产工时，机器工时等。

分配时，首先计算分配率，然后根据分配率计算各产品应分摊的制造费用。

$$制造费用分配率 = \frac{制造费用总额}{分配标准总额}$$

某产品应分摊的制造费用 = 该产品的分配标准数额 × 制造费用分配率

【例 6-20】　月末，将本月"制造费用"账户汇集的制造费用 44 000 元，按生产工人工资比例分配转入所制作的两种面包的生产成本。其中，生产全麦面包工人的工资为40 000 元，生产肉松面包工人的工资为 15 000 元。

$$分配率 = \frac{44\ 000}{40\ 000 + 15\ 000} = 0.8$$

全麦面包应分摊的制造费用 = 40 000 × 0.8 = 32 000（元）
肉松面包应分摊的制造费用 = 15 000 × 0.8 = 12 000（元）

这项经济业务，一方面引起所生产的产品成本增加，应记入"生产成本"账户的借方，另一方面会引起制造费用的减少，应记入"制造费用"账户的贷方，因此，这项经济业务的会计分录为：

借：生产成本——全麦面包　　　　　　　　　　　　　　　　　　32 000
　　　　　　　——肉松面包　　　　　　　　　　　　　　　　　　12 000
　　贷：制造费用　　　　　　　　　　　　　　　　　　　　　　　44 000

5. 产品完工结转制造成本

经过以上生产费用的归集和分配,企业生产过程中发生的生产费用中应由产品承担的费用已经记入"生产成本"总账和明细账中,期末,需要将包括期初在产品成本在内的生产费用在完工产品和在产品之间进行分配,然后将完工产品成本从"生产成本"账户结转入"库存商品"账户。

【例6-21】　月末,结转本月完工入库产品的生产成本。全麦面包和肉松面包本月均投产90 000个,本月全部完工。全麦面包的单位实际生产成本为3.94元,肉松面包的单位实际生产成本为4.5元。因此,这项经济业务的会计分录为:

借:库存商品——全麦面包　　　　　　　　　　　　　　　　　354 600
　　　　　　——肉松面包　　　　　　　　　　　　　　　　　405 000
　　贷:生产成本——全麦面包　　　　　　　　　　　　　　　　354 600
　　　　　　——肉松面包　　　　　　　　　　　　　　　　　405 000

第四节　销售业务的核算

一、销售过程中的主要核算业务

产品销售过程是产品价值的实现过程。在销售过程中,企业一方面售出产品取得销货款或收取货款的权利,实现主营业务收入;另一方面产品发出后确认并结转已售产品的生产成本。同时,为了促进产品的销售,企业还要支付诸如广告费、展览费、运输费等销售费用;按照国家税法规定要计算缴纳销售活动中应负担的税金。因此,销售过程的主要核算业务包括结算货款并确认销售收入、产品发出并确认已售产品成本、支付销售费用并确认销售费用和计算缴纳销售税金。

二、销售成本的概念及计算

销售成本是指已销售产品的生产成本或已提供劳务的劳务成本以及其他销售的业务成本。

销售成本包括主营业务成本和其他业务成本两部分,其中,主营业务成本是企业销售产品、半成品以及提供工业性劳务等业务所形成的成本;其他业务成本是企业销售材料、出租包装物、出租固定资产等业务所形成的成本。

对于制造业企业而言,主营业务成本应以产品的销售数量和产品的单位生产成本为基础进行确认,其计算公式为:

$$主营业务成本＝产品销售数量×发出产品单位生产成本$$

其中,产品的销售数量可直接在"库存商品明细账"上取得;发出产品的单位生产成本可采用多种方法进行计算确定,如先进先出法、加权平均法等,但是,企业一经选定某一种方法后,不得随意变动,这是会计核算一贯性原则的要求。(有关发出产品成本的计价方法将在财务会计中作详细介绍)。

三、销售业务核算的主要账户设置

"主营业务收入"账户。该账户属于损益类账户,用来核算企业在销售产品、提供劳务等日常活动中所产生的收入。其结构为:贷方登记企业所实现的主营业务收入,借方登记销售退回等冲减主营业务收入的金额和期末结转入"本年利润"账户的主营业务收入金额,期末结转后该账户无余额。该账户可以按照主营业务的种类设置明细分类账户,进行明细分类核算。

"主营业务成本"账户。该账户属于损益类账户,用来核算企业因销售产品、提供劳务等日常活动而发生的实际成本。其结构为:借方登记已销售产品、提供劳务的实际销售成本,贷方登记应冲减的销售成本和期末转入"本年利润"账户的已售商品成本的结转数,期末结转后该账户无余额。该账户可以按照主营业务的种类设置明细分类账户,进行明细分类核算。

"税金及附加"账户。该账户属于损益类账户,用来核算从事经营活动应负担的消费税、城市维护建设税、教育费附加、资源税、城镇土地使用税、房产税、车船税和印花税等相关税费。其结构为:借方登记企业按规定计算的应缴纳的消费税、城市维护建设税等相关税费,贷方登记期末转入"本年利润"账户的税费数额,期末结转后该账户无余额。

"其他业务收入"账户。该账户属于损益类账户,用来核算企业除主营业务活动以外的其他经营活动实现的收入,如销售材料、出租固定资产、出租无形资产、出租包装物等实现的收入。其结构为:借方登记期末转入"本年利润"账户的其他业务收入数额,贷方登记其他业务活动实现的收入数额,期末结转后该账户无余额。该账户可以按其他业务的种类设置明细分类账户,进行明细分类核算。

"其他业务成本"账户。该账户属于损益类账户,用来核算企业确认的除主营业务活动以外的其他经营活动所发生的支出,包括销售材料的成本、出租固定资产的折旧额、出租无形资产的摊销额、出租包装物的成本或摊销额等。其结构为:借方登记确认的其他业务成本,贷方登记期末转入"本年利润"账户的其他业务成本,期末结转后该账户无余额。该账户可以按其他业务的种类设置明细分类账户,进行明细分类核算。

"销售费用"账户。该账户属于损益类账户,用来核算企业在销售过程中所发生的各项费用,如展览费、广告费用、专设销售机构的经费等。其结构为:借方登记销售商品过程中发生的各项费用,贷方登记期末结转到"本年利润"账户的销售费用的数额,期末结账后该账户无余额。该账户一般按费用项目进行明细分类核算。

"应收账款"账户。该账户属于资产类账户,用来核算企业因销售商品、提供劳务等业务,应向购货单位或接受劳务单位收取的款项,主要包括企业出售商品、提供劳务应向有关债务人收取的价款、税款以及代购货方垫付的各种款项。其结构为:借方登记企业应向购货单位收取的款项,贷方登记实际收回的应收款项,期末借方余额表示应收尚未收的账款。该账户可以按购货单位或接受劳务单位设置明细分类账户,进行明细分类核算。

"应收票据"账户。该账户属于资产类账户,用来核算企业因销售商品、提供劳务等而收到的商业汇票,包括银行承兑汇票和商业承兑汇票。其结构为:借方登记企业收到的商业汇票,贷方登记商业汇票到期收回的应收票据账面余额,期末借方余额反映企业持有的尚未到期的商业汇票的应收金额。企业应设置"应收票据备查簿",逐笔登记每一应收票据的详细资料,待应收票据到期结清票款或退票后,在备查簿内逐笔注销。

"预收账款"账户。该账户属于负债类账户,用来核算企业按照合同规定向购货单位预收的款项。其结构为:贷方登记企业向购货单位预收的款项,借方登记销售实现时向购货单位收取的货款和增值税销项税额等。如有购货单位补付的款项,登记在贷方。退回购货单位多付的款项,登记在借方。期末贷方余额反映企业向购货单位预收的款项,如为借方余额,反映应由购货单位补付的款项。该账户可以按购货单位设置明细账,进行明细分类核算。

应注意,对于预收账款业务不多的企业,可以不设置该账户,而将预收的款项直接记入"应收账款"账户的贷方,此时,"应收账款"账户就成为双重性质的账户。

四、销售业务核算的主要账务处理

下面以 ABC 食品加工企业 202×年 9 月份所发生的销售业务为例,说明在销售业务中是如何运用借贷记账法进行会计核算的。

1. 主营业务

主营业务是指企业为完成其经营目标在日常经营活动中主要从事的业务,可根据企业营业执照上规定的主要业务范围确定,例如,制造业、商品流通企业的主营业务是销售商品,银行的主营业务是贷款和为企业办理结算等。

(1) 现收业务。现收业务是指在销售货物的同时向客户收取货币资金的交易行为。

【例 6-22】　9 月 10 日,ABC 食品加工企业向甲公司销售全麦面包 50 件,每件售价 100 元,价款 5 000 元,增值税 650 元,以上款项均已经通过银行转账收讫。

这笔现收销售业务,一方面引起企业银行存款的增加 5 650 元,银行存款的增加是资产的增加,应记入"银行存款"账户的借方;另一方面企业实现了销售,应确认主营业务收入 5 000 元,主营业务收入的增加为收入的增加,应记入"主营业务收入"账户的贷方;按照我国税法规定,企业销售商品向购货单位收取增值税,形成的是应付债务,应付债务的增加为负债的增加,应记入"应交税费——应交增值税(销项税额)"账户的贷方。因此,这项经济业务的会计分录为:

```
借:银行存款                                    5 650
    贷:主营业务收入                                 5 000
        应交税费——应交增值税(销项税额)                   650
```

(2) 赊销业务。赊销是信用销售的俗称。这种销售方式是以信用为基础,卖方与买方签订购货协议后,卖方先将货物交付给买方,然后按照协议在规定收款日期向买方延期收款。赊销使商品的让渡和商品价值的实现在时间上分离开来,是企业常常采用的一种促销手段。

【例 6-23】　9 月 12 日,ABC 食品加工企业向乙公司销售肉松面包 30 件,每件售价 500 元,价款 15 000 元,增值税 1 950 元,但价税款尚未收到。

这笔赊销业务,一方面让企业获得了一项收款的权利,引起债权资产(应收账款)的增加 16 950 元,应记入"应收账款"账户的借方;另一方面企业实现的销售,应确认收入的实现 15 000 元,记入"主营业务收入"账户的贷方。同时,按照我国税法规定,企业销售商品应缴纳增值税,形成的是应付债务,应付债务的增加为负债的增加,应记入"应交税费——

应交增值税(销项税额)"账户的贷方。因此,这项经济业务的会计分录为:

借:应收账款——乙公司　　　　　　　　　　　　　　　　　　　16 950
　　贷:主营业务收入　　　　　　　　　　　　　　　　　　　　　　15 000
　　　　应交税费——应交增值税(销项税额)　　　　　　　　　　　　1 950

(3)预收款销售业务。预收款是企业按照合同的规定向购货单位预收的款项。

【例 6-24】　9 月 14 日,ABC 食品加工企业按照合同规定预收银河超市订购 84 件全麦面包的货款 7 000 元,存入银行。

这项经济业务的发生,一方面使得企业的银行存款增加 7 000 元;另一方面使得公司的预收款增加 7 000 元。涉及"银行存款"和"预收账款"两个账户。银行存款的增加是资产的增加,应记入"银行存款"账户的借方,预收账款的增加是负债的增加,应记入"预收账款"账户的贷方。因此,这项经济业务的会计分录为:

借:银行存款　　　　　　　　　　　　　　　　　　　　　　　　　7 000
　　贷:预收账款——银河超市　　　　　　　　　　　　　　　　　　　7 000

【例 6-25】　9 月 25 日,ABC 食品加工企业向银河超市发出已经于 9 月 14 日预收货的 70 件全麦面包,增值税专用发票上注明的价款 8 400 元,增值税额 1 092 元。商品已经发出,银河超市补付的款项已经收存银行。

这项经济业务的发生,一方面使得公司的预收账款减少 9 492 元;另一方面使得公司的商品销售收入增加 8 400 元,增值税销项税额增加 1 092 元。涉及"预收账款""主营业务收入"和"应交税费——应交增值税(销项税额)"三个账户。预收账款的减少是负债的减少,应记入"预收账款"账户的借方,商品销售收入的增加是收入的增加,应记入"主营业务收入"账户的贷方,增值税销项税额的增加是负债的增加,应记入"应交税费——应交增值税(销项税额)"账户的贷方。因此,这项经济业务的会计分录为:

借:预收账款——银河超市　　　　　　　　　　　　　　　　　　　9 492
　　贷:主营业务收入——全麦面包　　　　　　　　　　　　　　　　　8 400
　　　　应交税费——应交增值税(销项税额)　　　　　　　　　　　　1 092

此外,由于 ABC 食品加工企业原来已经预收银河超市的货款 7 000 元,而现在发货的价税款为 9 492 元,不足款项的差额为＝9 492－7 000＝2 492(元)。ABC 食品加工企业已经收到银河超市补付的款项存入银行。

收到银河超市的补付款所引起的资金变动一方面是银行存款增加 2 492 元,应记入"银行存款"账户的借方;另一方面补记入"预收账款"账户,作为预收款项的增加记入"预收账款"账户的贷方。因此,这项经济业务的会计分录为:

借:银行存款　　　　　　　　　　　　　　　　　　　　　　　　　2 492
　　贷:预收账款——银河超市　　　　　　　　　　　　　　　　　　　2 492

(4)销售费用。销售费用是企业在销售商品和材料,提供劳务的过程中发生的应由企业负担各种费用,包括保险费、包装费、展览费、广告费、预计商品质量保证损失、运输费、装卸费等以及为销售本企业商品而专设销售机构的职工薪酬、业务费、折旧费等。

【例 6-26】　ABC 食品加工企业以银行存款支付销售商品的展览费 2 000 元。

这项经济业务,一方面引起企业银行存款减少2 000元,银行存款的减少是资产的减少,应记入"银行存款"账户的贷方;另一方面引起企业的销售费用增加2 000元,销售费用增加是费用的增加,应记入"销售费用"账户的借方。因此,这项经济业务的会计分录为:

借:销售费用　　　　　　　　　　　　　　　　　　　　　　　2 000
　　贷:银行存款　　　　　　　　　　　　　　　　　　　　　　　　2 000

(5)销售成本结转。

【例6-27】　期末,企业结转本月已售全麦面包和肉松面包的成本,其中全麦面包的销售成本为215 840元,肉松面包的销售成本100 300元。

这项经济业务,一方面引起库存商品的减少,库存商品的减少是资产的减少,应记入"库存商品"账户的贷方;另一方面引起商品销售成本的增加,销售成本的增加是成本费用的增加,应记入"主营业务成本"账户的借方。因此,这项经济业务的会计分录为:

借:主营业务成本——全麦面包　　　　　　　　　　　　　　215 840
　　　　　　　　——肉松面包　　　　　　　　　　　　　　100 300
　　贷:库存商品——全麦面包　　　　　　　　　　　　　　　215 840
　　　　　　　　——肉松面包　　　　　　　　　　　　　　　100 300

(6)税金及附加。企业在销售商品过程中,按税法的规定除了要交纳增值税外,还需要交纳城市维护建设税、教育费附加等价内税。这些税金一般作为企业的税金及附加进行核算

【例6-28】　期末,ABC食品加工企业计算出企业应交城市建设维护建设税7 500元,应交教育费附加2 000元。

这笔经济业务,一方面引起税金及附加的增加,税金及附加的增加属于费用的增加,应记入"税金及附加"账户的借方;另一方面引起企业应负担的税金增加,应负担的税金属于企业的负债,应记入"应交税费"账户的贷方。因此,这项经济业务的会计分录为:

借:税金及附加　　　　　　　　　　　　　　　　　　　　　　9 500
　　贷:应交税费——城市维护建设税　　　　　　　　　　　　　7 500
　　　　　　　　——教育费附加　　　　　　　　　　　　　　　2 000

2. 其他业务

其他业务对于制造业企业来说是指企业发生除销售商品、提供工业性劳务以外的一些销售或出租业务,如出售多余原材料、出租固定资产、出租无形资产、出租包装物等。

【例6-29】　ABC食品加工企业出售多余原材料一批,增值税专用发票上注明价款1 000元,增值税130元,款项已经收存银行。

这笔经济业务,一方面引起银行存款的增加,银行存款的增加是资产增加,应记入"银行存款"账户的借方;另一方面材料销售实现,应确认其他业务收入增加,应记入"其他业务收入"账户的贷方。另外,按税法的规定销售材料应交纳增值税,形成应交税费,应交税费增加是负债增加,应记入"应交税费——应交增值税(销项税额)"贷方。因此,这项经济业务的会计分录为:

借:银行存款　　　　　　　　　　　　　　　　　　　　　　　1 130
　　贷:其他业务收入　　　　　　　　　　　　　　　　　　　　　1 000
　　　　应交税费——应交增值税(销项税额)　　　　　　　　　　130

【例 6-30】 结转所销售多余原材料的成本 900 元。

原材料售出一方面是收到价款,确认收入,这项内容已经在[例 6-29]中作了会计核算;原材料售出另一方面会引起原材料的减少,原材料的减少是资产的减少,应记入"原材料"账户的贷方,同时,减少的原材料成本是原材料的销售成本,应记入"其他业务成本"账户的借方。此项处理在会计中被称为"结转原材料的销售成本",会计分录如下:

借:其他业务成本　　　　　　　　　　　　　　　　　　　　　　　　　　900
　　贷:原材料　　　　　　　　　　　　　　　　　　　　　　　　　　　　　900

第五节　利润形成和分配业务的核算

一、利润的形成和分配

(一)利润的形成及计算

利润是企业在一定期间所取得的经营成果,它是将一定期间的各项收入与各项费用支出相抵后形成的最终经营成果。就其形成来看,利润既有通过日常生产经营活动而获得的,也有通过投资活动而获得的,还包括那些与生产经营活动没有直接关系的各项利得和损失等。根据《企业会计准则第 30 号——财务报表列报》应用指南的规定,利润总额的计算公式如下:

利润总额＝营业利润＋营业外收入－营业外支出

1. 营业利润

营业利润是企业利润的主要来源,它主要由主营业务活动、其他业务活动和投资活动三个方面实现的利润共同构成。其计算公式为:

营业利润＝营业收入－营业成本－税金及附加－销售费用－管理费用－财务费用＋投资收益(或－投资损失)＋公允价值变动收益(或－公允价值变动损失)－资产减值损失＋资产处置收益

其中,营业收入是指企业经营业务所确认的收入总额,包括主营业务收入和其他业务收入。营业成本是指企业经营业务所发生的实际成本总额,包括主营业务成本和其他业务成本。投资收益(或损失)是指企业以各种方式对外投资所取得的收益(或发生的损失)。公允价值变动收益(或损失)是指按规定采用公允价值计量的有关资产(如,交易性金额资产),由于公允价值变动形成的应计入当期损益的利得或损失。资产减值损失是指企业计提各项资产减值准备所形成的损失。资产处置收益反映企业出售划分为持有待售的非流动资产(金融工具、长期股权投资和投资性房地产除外)或处置时确认的处置利得或损失,以及处置未划分为持有待售的固定资产、在建工程、生产性生物资产及无形资产而产生的处置利得或损失。

2. 营业外收入

营业外收入是指企业发生的与其日常活动无直接关系的各项利得,包括罚款收入、捐赠利得、盘盈利得、收到政府与生产经营无关的补助等。

3. 营业外支出

营业外支出是指企业发生的与其日常活动无直接关系的各项损失,包括处置因自然灾害发生毁损、已丧失使用功能等原因而报废清理的固定资产产生的损失、罚款支出、捐赠支出、盘亏损失、非常损失等。

(二)净利润

按税法规定,企业取得利润后,应该按一定比例缴纳所得税,在不考虑纳税调整的情况下所得税计算公式如下:

$$所得税费用＝利润总额×所得税税率$$

所得税是国家依据税法对企业的生产经营所得课征的税收,具有强制性、无偿性等特征,无论国家对企业是否拥有所有权,只要企业有所得,就必须向国家缴纳所得税,因此所得税在性质上属于企业的一项费用,应从企业取得的利润中扣除。利润总额扣除所得税费用后的余额,为企业的净利润,其计算公式如下:

$$净利润＝利润总额－所得税费用$$

(三)利润的分配

利润分配是指企业按照国家法律规定和企业章程、投资协议等,对企业当年可供分配的利润所进行的分配。根据我国《公司法》的有关规定,企业对实现的净利润分配(或亏损弥补),可以按下列顺序进行:

(1)弥补以前年度亏损。

(2)提取法定盈余公积。按当年实现净利润的一定比例提取,股份制企业按10%的比例提取;其他企业可根据需要确定提取比例,但这一比例不得低于10%。企业的法定盈余公积累计余额超过注册资本的50%以上时,可以不再提取。

(3)提取任意盈余公积。股份制企业提取法定盈余公积后,经股东大会决议,可以提取任意盈余公积。

(4)向投资者分配利润。经过分配后仍有余额,属于未分配利润,是企业留存收益的重要内容。

二、营业外收入和营业外支出的核算

(一)主要账户设置

"营业外收入"账户。该账户属于损益类账户,用来核算企业非日常活动产生的,应计入当期损益的利得。其结构为:贷方登记营业外收入的增加数,借方登记期末转入"本年利润"账户的营业外收入减少数,期末结转后该账户无余额。该账户可以按营业外收入项目设置明细分类账户,进行明细分类核算。

"营业外支出"账户。该账户属于损益类账户,用来核算企业非日常活动产生的,应计入当期损益的损失。其结构为:借方登记营业外支出的增加数,贷方登记期末转入"本年利润"账户的营业外支出数,期末结转后该账户无余额。该账户可以按营业外支出项目设置明细分类账户,进行明细分类核算。

(二)主要账务处理

下面以 ABC 食品加工企业为例,说明发生营业外收入和营业外支出业务时是如何运用借贷记账法进行会计核算的。

【例 6-31】 ABC 食品加工企业收到政府与生产经营无关的补助款 10 000 元,存入开户银行。

企业获得与生产经营无关政府补助款收入属于企业的营业外收入。这项经济业务的发生,一方面增加营业外收入,应记入"营业外收入"账户的贷方;另一方面会引起银行存款的增加,银行存款的增加属于资产的增加,应记入"银行存款"账户的借方。因此,这项经济业务的会计分录为:

借:银行存款　　　　　　　　　　　　　　　　　　　　　　　10 000
　　贷:营业外收入　　　　　　　　　　　　　　　　　　　　　　10 000

【例 6-32】 ABC 食品加工企业通过公益组织用银行存款向地震灾区捐款 50 000 元。

企业向地震灾区捐款属于企业的营业外支出。这项经济业务的发生,一方面会增加营业外支出,应记入"营业外支出"账户的借方;另一方面会引起银行存款的减少,银行存款的减少属于资产的减少,应记入"银行存款"账户的贷方。因此,这项经济业务的会计分录为:

借:营业外支出　　　　　　　　　　　　　　　　　　　　　　　50 000
　　贷:银行存款　　　　　　　　　　　　　　　　　　　　　　　50 000

三、所得税费用的核算

(一)主要账户设置

"所得税费用"账户属于损益类账户,用来核算企业按规定从本期损益中减去的所得税。其结构为:借方登记所得税费用的发生额,贷方登记期末转入"本年利润"账户的所得税费用,期末结转后该账户应无余额。

(二)主要账务处理

【例 6-33】 年末,ABC 食品加工企业全年实现利润总额为 2 646 000 元,企业适用的所得税税率为 25%,假定不存在纳税调整项目。

$$企业应交所得税＝2\ 646\ 000×25\%＝661\ 500(元)$$

根据企业实现的利润计算出企业本年应交所得税,一方面会增加企业的所得税费用,应记入"所得税费用"账户的借方;另一方面形成一项负债(应交税费),应记入"应交税费——应交所得税"账户的贷方。因此,这项经济业务的会计分录为:

借:所得税费用　　　　　　　　　　　　　　　　　　　　　　　661 500
　　贷:应交税费——应交所得税　　　　　　　　　　　　　　　　661 500

【例 6-34】 用银行存款缴纳本期的所得税 661 500 元。

这项经济业务的发生,一方面会减少企业应交税费,应交税费属于企业的负债,应记入"应交税费——应交所得税"的借方;另一方面会引起银行存款的减少,银行存款的减少属于资产的减少,应记入"银行存款"账户的贷方。因此,这项经济业务的会计分录为:

借:应交税费——应交所得税　　　　　　　　　　　　　　　　　661 500
　　贷:银行存款　　　　　　　　　　　　　　　　　　　　　　　661 500

【例6-35】　年末,将本期所得税费用661 500元结转入"本年利润"账户。

借: 本年利润 661 500
　　贷: 所得税费用 661 500

以上经济业务的核算,在账户中的登记情况可用图6-4表示(图中省略借、贷)。

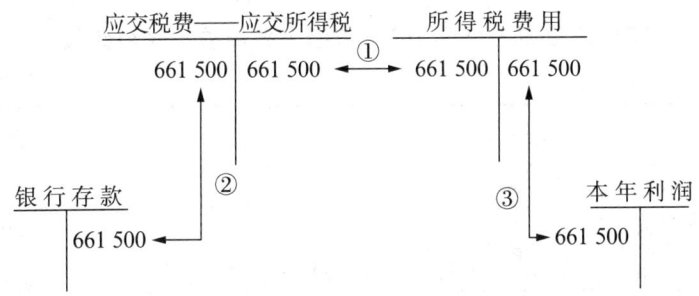

业务说明:①计算应交所得税;②用银行存款缴纳所得税;③结转本期所得税费用。

图6-4　所得税费用会计核算的记账过程

四、利润形成的核算

(一)主要账户设置

"本年利润"账户。该账户属于所有者权益类账户,用来核算企业在年度内实现的净利润(或发生的净亏损)。其结构为:贷方登记从各收入账户转入的本期发生的各种收入,借方登记从费用账户转入的本期发生的各种费用。将收入与费用相抵后,如果收入大于费用,即为贷方余额,表示本期实现的净利润;如果费用大于收入,即为借方余额,表示本期发生的净亏损。在年度中间,该账户的余额可以保留在该账户、不予转账,表示截至本期本年度累计实现的净利润或发生的净亏损。年末,应将该账户余额转入"利润分配——未分配利润"账户,结转后该账户无余额。

"本年利润"账户的借、贷方登记的内容如图6-5所示。

本 年 利 润

从费用账户转入的数额,包括以下内容:	从收入账户转入的数额,包括以下内容:
主营业务成本	主营业务收入
其他业务成本	其他业务收入
税金及附加	投资收益
销售费用	营业外收入等
管理费用	
财务费用	
投资损失	
营业外支出	
所得税费用等	
当年发生的净亏损	当年实现的净利润

图6-5　"本年利润"账户记录的内容

（二）主要账务处理

下面以 ABC 食品加工企业为例，说明在利润形成业务中是如何运用借贷记账法进行会计核算的。

【例 6-36】 ABC 食品加工企业，202×年期末各损益类账户余额见表 6-2。

表 6-2

ABC 食品加工企业 202×年期末各损益类账户余额

金额单位：元

账户名称	借方	贷方
主营业务收入		3 560 000
其他业务收入		450 000
主营业务成本	185 000	
其他业务成本	280 000	
税金及附加	130 000	
管理费用	430 000	
销售费用	360 000	
财务费用	250 000	
投资收益		254 000
营业外收入		52 000
营业外支出	35 000	

根据上述资料，在期末通过以下会计分录核算 ABC 食品加工企业的利润的形成数：

（1）将 ABC 食品加工企业本期实现的各项收入及应计入当期利润的利得结转入"本年利润"账户的贷方。

借：主营业务收入	3 560 000
其他业务收入	450 000
投资收益	254 000
营业外收入	52 000
贷：本年利润	4 316 000

（2）将 ABC 食品加工企业本期实现的各项成本费用及应计入当期利润的损失结转入"本年利润"账户的借方。

借：本年利润	1 670 000
贷：主营业务成本	185 000
其他业务成本	280 000
税金及附加	130 000
管理费用	430 000
销售费用	360 000
财务费用	250 000
营业外支出	35 000

将"本年利润"账户贷方登记的全部收入与借方登记的全部费用相配比,收入总额大于费用总额,其差额就是 ABC 食品加工企业实现的利润,即:

ABC 食品加工企业的利润总额＝4 316 000－1 670 000＝2 646 000(元)

如果不存在纳税调整项目,ABC 食品加工企业适用的所得税税率为 25％,则:

ABC 食品加工企业应交所得税＝2 646 000×25％＝661 500(元)

ABC 食品加工企业的净利润＝2 646 000－661 500＝1 984 500(元)

(3) 将本年实现的净利润 1 984 500 元,转入"利润分配——未分配利润"账户。

借:本年利润　　　　　　　　　　　　　　　　　　　　　　　　　1 984 500
　　贷:利润分配——未分配利润　　　　　　　　　　　　　　　　　　　1 984 500

注:有关所得税费用的账务处理见[例 6-33][例 6-34]和[例 6-35]。

五、利润分配的核算

(一) 主要账户设置

"利润分配"账户。该账户属于所有者权益类账户,用来核算企业利润的分配情况。其结构为:借方登记利润的分配数及年末从"本年利润"账户转入的本年净亏损,贷方登记年末从"本年利润"账户转入的全年实现的净利润。该账户按利润分配的去向分别开设"提取法定盈余公积""提取任意盈余公积""应付现金股利或利润""盈余公积补亏""未分配利润"等明细分类账户,进行明细分类核算。

年度终了,企业应将全年实现的净利润或发生的净亏损,自"本年利润"账户转入"利润分配——未分配利润"账户,并将"利润分配"账户所属其他明细账户的余额转入"未分配利润"明细账户。结转后,"利润分配——未分配利润"账户如为贷方余额,表示累积未分配的利润数;如为借方余额,则表示累积未弥补的亏损数额。

"盈余公积"账户。该账户属于所有者权益类账户,用来核算企业从净利润中提取的盈余公积金。其结构为:贷方登记盈余公积金的提取数,借方登记盈余公积金的使用数,如转增资本金、弥补亏损等,期末余额在贷方反映盈余公积金的结存数。该账户按盈余公积的种类设置明细分类账户,进行明细分类核算。

"应付股利(应付利润)"账户。该账户属于负债类账户,用来核算企业经董事会、股东大会或类似机构决议确定分配的现金股利或利润。其结构为:贷方登记应付现金股利或利润的增加数,借方登记企业实际的支付现金股利或利润数,期末贷方余额反映企业尚未支付的现金股利或利润。该账户可以按被投资单位设置明细分类账户,进行明细分类核算。

(二) 主要账务处理

【例 6-37】　ABC 食品加工企业 202×年实现净利润 1 984 500 元,按 10％比例提取法定盈余公积。经批准,提取任意盈余公积 20 000 元。

这项经济业务的发生,一方面使企业利润分配数额增加,利润分配数的增加为所有者权益减少,应记入"利润分配"账户的借方;另一方面引起企业盈余公积增加,盈余公积的增加,为所有者权益的增加,应记入"盈余公积"账户的贷方。因此,这项经济业务的会计分录为:

借：利润分配——提取法定盈余公积　　　　　　　　　　　　198 450

　　　　　　——提取任意盈余公积　　　　　　　　　　　　20 000

　　贷：盈余公积　　　　　　　　　　　　　　　　　　　　　218 450

【例 6-38】　经股东大会决定，ABC 食品加工企业将净利润的 20% 分配给投资者。

　　　　　应分配给投资者的利润金额＝1 984 500×20%＝396 900(元)

这项经济业务的发生，一方面使利润分配数额增加，利润分配数的增加，属于所有者权益的减少，应记入"利润分配"账户的借方；另一方面使企业应付投资者的利润增加，应付利润的增加属于负债的增加，应记入"应付股利(应付利润)"账户的贷方。因此，这项经济业务的会计分录为：

借：利润分配——应付股利(应付利润)　　　　　　　　　　396 900

　　贷：应付股利(应付利润)　　　　　　　　　　　　　　　396 900

【例 6-39】　年度终了，将 ABC 食品加工企业"利润分配"账户的其他明细账户结转入"利润分配——未分配利润"账户。

借：利润分配——未分配利润　　　　　　　　　　　　　　615 350

　　贷：利润分配——提取法定盈余公积　　　　　　　　　　198 450

　　　　　　——提取任意盈余公积　　　　　　　　　　　　20 000

　　　　　　——应付股利(应付利润)　　　　　　　　　　　396 900

结转后"利润分配"账户仅在"利润分配——未分配利润"明细账户中保留有余额，金额＝1 984 500－198 450－20 000－396 900＝1 369 150(元)，该金额就是 ABC 食品加工企业本年实现的净利润中未分配的部分。

本 章 小 结

对于制造业企业来说，企业的生产经营活动是以产品生产和销售为中心。为了进行生产经营活动，企业都必须拥有一定数量的经营资金，用于建造厂房、购买机器设备、购买材料、支付职工工资以及支付经营管理中必要的开支等。因此，筹集资金是企业资金运动的起点。在筹资过程中，一方面企业获得自己所需要的资金，表现为资产增加，另一方面由于筹资引起企业负债或所有者权益的增加。

在生产准备过程中主要涉及购入固定资产和采购原材料的经济业务。固定资产是企业生产经营过程中的重要劳动资料，其价值由于损耗而逐渐减少并以折旧的形式分期转移到产品成本或费用中去，并在销售收入中得到补偿。所采购的原材料在生产过程中被领用，成为产品成本的主要构成内容。

商品销售过程是商品价值的实现过程。在这一过程中主要涉及的经济业务是确认销售收入的实现，办理货款结算；结转销售商品的成本；支付为销售商品所发生的广告费等销售费用；计算和缴纳因为销售商品所应缴纳的税金。

企业最终的经营成果是利润，其包括收入减去费用后的净额、直接计入当期利润的利得和损失等。企业实现利润后，应根据法律规定、企业章程和投资者协议等，对企业当年可供分配的利润进行分配。利润分配的顺序依次是：提取法定盈余公积,提取任意盈余公积,向投资者分配利润。

关键概念　资金筹集　在途物资　采购成本　生产成本　销售成本　利润分配

一、思 考 题

1. 记录筹资业务应设置哪些账户?
2. 企业外购材料的采购成本构成项目是哪些?
3. 材料购进业务会涉及哪些账户? 你如何理解"在途物资"账户?
4. "生产成本"账户的结构是怎样的?
5. 按照我国成本核算制度的规定,产品生产成本项目主要包括哪些项目?
6. 销售业务会涉及哪些账户?
7. 什么是产品销售成本? 对于制造业企业如何计算主营业务成本?
8. 利润构成的公式是如何表示的?
9. 利润分配会涉及哪些业务?

二、练 习 题

(一) 单项选择题

1. 实收资本是企业实际收到的投资者投入的资本,它是企业(　　)中的重要组成部分。
   A. 资产　　　　　　B. 负债　　　　　　C. 收入　　　　　　D. 所有者权益

2. 短期借款的利息应当按月预提,计入(　　)。
   A. 投资收益　　　　　　　　　　　B. 管理费用
   C. 根据短期借款的具体情况而定　　　D. 财务费用

3. 企业设置"固定资产"账户,是用来反映固定资产的(　　)。
   A. 磨损价值　　　B. 累计折旧　　　C. 原价　　　D. 净值

4. 企业购进材料,款项未支付,应通过的账户是(　　)。
   A. "应付票据"　　B. "应收票据"　　C. "应收账款"　　D. "应付账款"

5. 企业无论从何种途径取得的材料,都要通过(　　)账户核算。
   A. "在途物资"　　B. "应付票据"　　C. "原材料"　　D. "应付账款"

6. 企业各期间发生的期间费用应(　　)。
   A. 计入当期生产成本　　　　　B. 计入当期损益
   C. 冲减当期销售收入　　　　　D. 等待以后各期分摊

7. 由生产产品或提供劳务而负担的职工薪酬,应当(　　)。
   A. 计入管理费用　　　　　　　B. 计入存货成本或劳务成本
   C. 确认为当期费用　　　　　　D. 计入销售费用

8. 下列费用应计入产品成本的是(　　)。
   A. 车间办公费　　　　　　　　B. 行政管理部门办公费
   C. 销售部门办公费　　　　　　D. 离退休管理部门办公费

9. 下列各项目中,应记入"制造费用"账户的是(　　)。

　　A. 生产产品耗用的材料　　　　　　　　B. 机器设备的折旧费

　　C. 生产工人的工资　　　　　　　　　　D. 行政管理人员的工资

10. "生产成本"账户的期末借方余额表示(　　)。

　　A. 完工产品成本　　　　　　　　　　　B. 半成品成本

　　C. 本月生产成本合计　　　　　　　　　D. 期末在产品成本

11. 下列各项中,不属于"销售费用"账户核算内容的是(　　)。

　　A. 预计产品质量保证损失　　　　　　　B. 广告费

　　C. 业务招待费　　　　　　　　　　　　D. 专设销售机构的固定资产修理费用

12. "应收账款"明细账开设的方法是(　　)。

　　A. 按供货单位或供货人的名称开设　　　B. 按购买单位或购买人开设

　　C. 按产品名称开设　　　　　　　　　　D. 按产品种类开设

13. 已售产品制造成本的结转,从(　　)账户转入"主营业务成本"账户。

　　A. "制造费用"　　　　　　　　　　　　B. "生产成本"

　　C. "在途物资"　　　　　　　　　　　　D. "库存商品"

14. 不影响本期营业利润的项目是(　　)。

　　A. 主营业务成本　　　　　　　　　　　B. 管理费用

　　C. 所得税费用　　　　　　　　　　　　D. 主营业务收入

15. "本年利润"账户的期末贷方余额表示(　　)。

　　A. 本年实现的利润总额　　　　　　　　B. 本年实现的净利润

　　C. 历年累计实现的利润总额　　　　　　D. 历年累计实现的净利润

16. 净利润是指(　　)。

　　A. 税前会计利润减去所得税　　　　　　B. 税前会计利润加上所得税

　　C. 营业利润加上营业外收支净额　　　　D. 营业利润加上投资净收益

17. 企业计算应交所得税时,应借记的账户是(　　)。

　　A. "利润分配"　　　　　　　　　　　　B. "所得税费用"

　　C. "应交税费"　　　　　　　　　　　　D. "税金及附加"

18. 某企业年初未分配利润为 200 万元,本年实现的净利润为 400 万元,按 10% 和 5% 分别提取法定盈余公积和任意盈余公积。该企业可供投资者分配的利润为(　　)万元。

　　A. 400　　　　　　B. 540　　　　　　C. 510　　　　　　D. 600

19. 从净利润中提取任意盈余公积和法定盈余公积时,借方应记的账户是(　　)。

　　A. "资本公积"　　　　　　　　　　　　B. "利润分配"

　　C. "盈余公积"　　　　　　　　　　　　D. "应付股利"

20. 关于"利润分配"账户,下列叙述中正确的是(　　)。

　　A. 年终"本年利润"账户余额转入后,该账户有余额,平时各月末该账户没有余额

　　B. 该账户只需要设置"未分配利润"一个明细账户进行核算

　　C. 该账户在各个月末都可能有余额,余额一定在借方

　　D. 该账户各月末和年末都可能有余额,余额可能在借方、可能在贷方,也可能为零

(二) 多项选择题

1. 下列应计入材料采购成本的有(　　)。
   A. 材料买价
   B. 运输途中的合理损耗
   C. 材料入库前的挑选整理费
   D. 市内采购材料的运杂费
   E. 采购人员的工资

2. 企业在进行材料发出业务核算时,可能涉及的账户有(　　)。
   A. "原材料"
   B. "生产成本"
   C. "制造费用"
   D. "管理费用"
   E. "在建工程"

3. 购进材料时,借记"在途物资"账户,可能贷记(　　)账户。
   A. "银行存款"
   B. "应付账款"
   C. "应付票据"
   D. "应交税费"
   E. "应收账款"

4. 下列费用中,属于生产过程中发生的费用有(　　)。
   A. 车间机器设备折旧费
   B. 材料采购费用
   C. 生产工人工资
   D. 生产产品耗用的材料
   E. 行政管理部门发生的办公费

5. 制造业企业的供、产、销三个阶段,应计算的成本有(　　)。
   A. 工资费用成本
   B. 材料采购成本
   C. 采购费用成本
   D. 产品生产成本
   E. 产品销售成本

6. 生产成本账户借方登记的有(　　)。
   A. 直接材料费用
   B. 直接人工费用
   C. 制造费用
   D. 管理费用
   E. 期间费用

7. 下列各项中,属于制造费用的有(　　)。
   A. 生产车间机器设备的修理费用
   B. 生产车间的照明费用
   C. 行政管理部门房屋的折旧费
   D. 生产车间为组织和管理生产所发生的办公费
   E. 生产车间离退休人员的工资

8. 下列属于期间费用的有(　　)。
   A. 管理费用
   B. 财务费用
   C. 销售费用
   D. 制造费用
   E. 所得税费用

9. 管理费用的内容包括(　　)。
   A. 行政管理部门的办公费
   B. 行政管理部门固定资产折旧费
   C. 利息支出
   D. 职工报销医药费
   E. 招待费用

10. 销售费用的内容包括(　　　)。

　　A. 销售广告费　　　　　　　　　　B. 销售过程中的运杂费

　　C. 销售包装费　　　　　　　　　　D. 销售机构经费

　　E. 销售税金

11. 与"主营业务收入"账户有对应关系的账户有(　　　)。

　　A. "应收账款"　　　B. "银行存款"　　　C. "预收账款"　　　D. "应收票据"

　　E. "库存商品"

12. 企业核算城市维护建设税和教育费附加,应通过(　　　)账户进行。

　　A. "税金及附加"　　　　　　　　　B. "主营业务收入"

　　C. "应交税费"　　　　　　　　　　D. "其他应付款"

　　E. "营业外支出"

13. 下列项目中,属于其他业务收入的有(　　　)。

　　A. 材料销售收入　　　　　　　　　B. 商品销售收入

　　C. 转让无形资产使用权收入　　　　D. 出租固定资产收入

　　E. 出售机器设备收入

14. 下列账户可能会与"本年利润"账户发生对应关系的账户有(　　　)。

　　A. "主营业务成本"　　　　　　　　B. "库存商品"

　　C. "管理费用"　　　　　　　　　　D. "营业外支出"

　　E. "财务费用"

15. 下列项目应记入"利润分配"账户借方的有(　　　)。

　　A. 提取的法定盈余公积金　　　　　B. 所得税费用

　　C. 年末转入的亏损额　　　　　　　D. 分配给投资者的利润

　　E. 本年实现净利润的转入数额

(三) 判断题

1. 企业预提短期借款利息,应借记"财务费用"账户,贷记"短期借款"账户。　　　　(　　)

2. "在途物资"账户期末如果有借方余额,表示在途材料的实际成本。　　　　　　(　　)

3. 行政管理部门领用的原材料应记入"制造费用"账户的借方。　　　　　　　　　(　　)

4. "生产成本"账户期末如果有借方余额,表示尚未加工完成的各项在产品成本。　(　　)

5. "管理费用"账户的借方发生额应于期末时采用一定的方法分配计入产品成本。

　　　　　　　　　　　　　　　　　　　　　　　　　　　　　　　　　　　　(　　)

6. 期间费用按经济内容和用途可分为管理费用、财务费用和制造费用。　　　　　(　　)

7. "累计折旧"账户余额的方向总是同"固定资产"账户余额的方向相反。　　　　(　　)

8. 营业外收入是企业正常生产经营活动以外的收入,所以不需要缴纳所得税。　　(　　)

9. "利润分配——未分配利润"明细账户的借方余额为未弥补的亏损。　　　　　　(　　)

10. 所得税费是一种费用。　　　　　　　　　　　　　　　　　　　　　　　　　(　　)

11. 年终结算后"本年利润"账户与"利润分配"账户都没有余额。　　　　　　　　(　　)

(四) 计算题

　　习题一

　　1. 目的:练习并掌握材料采购成本的计算。

2. 资料：明瑞公司202×年1月3日发生如下经济业务：

从恒大工厂购入 A、B 两种材料。增值税专用发票上注明，A 材料数量 600 千克、买价 30 000 元、增值税税额 3 900 元；B 材料 400 千克，买价 8 000 元，增值税税额为 1 040 元。共发生运杂费 500 元，款项均已用银行存支付，材料已验收入库(运杂费按材料重量分配)。

3. 要求：计算 A 材料和 B 材料的采购成本。

习题二

1. 目的：练习并掌握产品生产成本的计算。

2. 资料：明瑞公司202×年3月产品生产的有关资料如下：

(1) 生产 M 产品 80 件，月末全部完工；N 产品 100 件，均在月末全部完工。有关生产费用的资料如表 6-3 所示。

表6-3

3 月生产费用表

金额单位：元

产品名称	期初在产品成本	本月发生的生产费用				
		直接材料	直接人工		制造费用	合计
			工资	福利费		
M		50 000	25 000			
N	7 000	40 000	20 000			
合计	7 000	90 000	45 000			

(2) 公司生产工人福利费根据历史经验数据按工资总额的 14% 预计计算提取；

(3) 本月共发生制造费用 13 500 元，按生产工人工资比例分配。

3. 要求：

(1) 按历史经验数据计算提取生产工人的福利费，并将计算结果填入表中；

(2) 计算制造费用分配率，分配 M、N 两种产品本月应分摊的制造费用，并将计算结果填入表中；

(3) 计算 M、N 两种产品的总成本和单位成本。

(五) 业务题

习题一

1. 目的：练习资金筹集业务的核算。

2. 资料：彩云公司发生下列经济业务。

(1) 接收到甲企业投入一批原材料，总成本 300 000 元，原材料已经验收入库。

(2) 向银行借入期限为 3 个月的借款 200 000 元存入银行。

(3) 用银行存款支付 1 季度短期借款利息 35 000 元，所支付的 35 000 元利息中有 20 000 元是已经计提的短期借款利息。

(4) 以银行存款偿还短期借款 40 000 元。

3. 要求：根据上述资料编制会计分录。

习题二

1. 目的：练习生产准备业务中购入固定资产的核算。

2. 资料：彩云公司为增值税一般纳税人，适用的增值税率为13%。

202×年9月发生以下经济业务：

(1) 9月5日，购入不需要安装的设备一台，取得增值税专用发票上注明设备价款35 000元，增值税4 550元。另支付运杂费1 820元和包装费680元。未取得增值税专用发票。所有款项已经用银行存款支付。

(2) 9月15日，购入一台需要安装的生产设备，取得的增值税专用发票上注明价款为100 000元，增值税税额为13 000元，款项已经通过银行支付。安装设备时，公司领用一批原材料，成本为3 000元(不含增值税)；应负担安装人员工资为2 000元；用银行存款支付其他安装费用5 000元。9月30日，该设备安装完毕达到预定可使用状态。

3. 要求：

(1) 根据上述资料编制会计分录。

(2) 登记"固定资产"与"在建工程"的"T"形账户。

习题三

1. 目的：练习生产准备业务中材料采购的核算。

2. 资料：彩云公司为增值税一般纳税人，适用的增值税率为13%。原材料采用实际成本核算，原材料发出时采用月末一次加权平均法计价，运输费不考虑增值税。

202×年9月，发生下列材料采购业务：

(1) 9月8日，购入A材料3 000千克，发票账单已经收到。增值税专用发票上注明价款36 000元，增值税4 680元；运费发票上注明运输费用1 200元。材料尚未到达。所有款项已用银行款支付。

(2) 9月13日，收到9月8日采购的A材料并验收入库。

(3) 9月18日，持银行汇票80 000元购入A材料5 000千克。增值税专用发票上注明的价款为65 000元、增值税为8 450元；运输发票上注明运输费用2 000元。A材料已经验收入库。剩余票款退回并存入银行。

(4) 9月21日，基本生产车间自制A材料50千克验收入库，总成本为600元。

(5) 9月30日，根据"发料凭证汇总表"的记录，9月份基本生产车间为生产产品领用A材料6 000千克，车间管理部门领用A材料1 000千克，企业在建工程项目领用A材料1 000千克(假定A材料期初没有库存余额)。

3. 要求：

(1) 根据上述经济业务编制会计分录。

(2) 根据有关会计分录，登记"在途物资"总账和明细账。

习题四

1. 目的：练习产品生产业务的核算。

2. 资料：彩云公司202×年10月1日"生产成本——甲产品"明细账户的余额为20 000元，"生产成本——乙产品"明细账户的余额为9 000元。

该公司202×年10月份发生下列经济业务：

(1) 10月5日，车间和公司行政管理部门从仓库领用材料的数据汇总情况见表6-4。

表6-4

材料领用汇总表

用　途	A材料		B材料		金额合计
	数量（千克）	金额（元）	数量（千克）	金额（元）	
生产甲产品领用	50 000	40 000	30 000	60 000	100 000
生产乙产品领用	20 000	16 000	1 600	3 200	19 200
车间一般耗用	10 000	8 000			8 000
行政管理部门耗用			500	1 000	1 000
合计	80 000	64 000	32 100	64 200	128 200

（2）10月6日，公司采购部的陈明借支差旅费2 000元，以现金支付。

（3）10月10日，经批准公司从银行借入期限为6个月的借款200 000元，存入银行。

（4）10月12日银行代发工资60 000元。

（5）10月16日，用银行存款支付本月份水电费4 800元，其中：公司行政管理部门4 000元，基本生产车间800元。

（6）10月20日，用银行存款支付车间办公用品费用1 800元，公司行政管理部门办公费用1 200元。

（7）10月26日，采购部的陈明出差回来报销差旅费1 500元，退回现金500元，结清10月6日向公司借支的差旅费。

（8）10月27日，用银行存款支付承兑手续费260元。

（9）10月31日，用银行存款支付本月应负担的公司财产保险费用2 000元。

（10）10月31日，预提本月应负担的借款利息支出1 600元。

（11）10月31日，按照规定的折旧率计提本月份固定资产折旧费5 000元，其中：基本生产车间用固定资产应计折旧费为1 400元，公司行政管理部门用固定资产应计折旧费为3 600元。

（12）10月31日，分配本月应付职工薪酬60 000元，其中：

生产甲产品工人的工资25 000元

生产乙产品工人的工资15 000元

车间管理人员的工资9 000元

公司行政管理部门人员的工资11 000元

（13）10月31日，用银行存款支付应由本月负担的基本生产车间房屋租金3 000元。

（14）结转本月份发生的制造费用（按生产工时分配，甲产品16 000工时，乙产品14 000工时）。

（15）结转本月完工产品成本（甲产品200件，全部完工入库；乙产品全部尚未完工。假设直接人工费用只考虑工资费用）。

3. 要求：

（1）根据上述经济业务编制相关的会计分录。

（2）开设"制造费用"总分类账户并根据有关会计分录逐笔进行登记。

（3）开设"生产成本"明细分类账，并根据有关会计分录逐笔进行登记。

（4）编制成本计算单，计算甲、乙产品的总生产成本和单位生产成本。

习题五

1. 目的：练习销售业务的核算。

2. 资料：彩云公司202×年11月发生下列销售业务：

（1）11月2日，向光明商场销售甲产品400件，每件售价50元，共计价款20 000元，增值税2 600元。所有款项尚未收到。

（2）11月8日，根据合同规定，预收海岭工厂购货款25 000元存入银行。

（3）11月15日，向兴业工厂销售乙产品1 000件，每件售价15元，共计价款15 000元，增值税1 950元。收到一张面值16 950元的商业汇票。另以现金支付销售乙产品的装卸费200元。

（4）11月18日，收到11月2日向光明商场销售甲产品的全部款项22 600元，存入银行。

（5）11月26日，按合同规定向海岭工厂发出所销售甲产品600件，每件售价50元，共计价款30 000元，增值税3 900元，结清11月8日向海岭工厂预收的货款。然后将补收的款项存入银行。

（6）11月30日，用银行存款5 000元支付产品宣传广告费。

（7）11月31日，计算本月应交城市维护建设税600元。

（8）11月31日，计算结转本月已销产品销售成本，甲产品的单位生产成本为45元，乙产品的单位生产成本为13元。

（三）要求：根据上述资料，编制相关会计分录。

习题六

1. 目的：练习利润形成和分配业务的核算。

2. 资料：

（1）彩云公司202×年12月1日至12月30日损益类账户累计发生额如表6-5所示。

表6-5

损益类账户发生额

金额单位：元

账户名称	发生额	账户名称	发生额
主营业务收入	300 000	管理费用	15 000
其他业务收入	50 000	财务费用	6 000
主营业务成本	200 000	营业外收入	3 000
税金及附加	20 000	营业外支出	4 000
其他业务成本	35 000	投资收益	7 000
销售费用	9 000		

（2）除上述数据外，202×年12月，彩云公司还发生了下列经济业务：

① 用银行存款8 500元缴纳了上年所欠所得税税款。

② 向灾区捐款20 000元，已经通过银行转账付讫。

③ 将本月损益类账户发生额转入"本年利润"账户。

④ 计算并结转本月应交的所得税(所得税税率为25%，假设没有纳税调整项目)。

⑤ 根据规定，按净利润的10%提取法定盈余公积。

⑥ 经董事会批准，按净利润的30%向投资者分配利润。

3．要求：

（1）列式计算本月实现的营业利润、利润总额、所得税费用和净利润。

营业利润＝

利润总额＝

所得税费用＝

净利润＝

（2）根据上述资料，编制相关业务的会计分录。

练习七

1．目的：练习期末"本年利润"和"利润分配"账户结转的业务。

2．资料：彩云公司202×年年末结转"本年利润"和"利润分配"账户余额之前相关账户的余额如下：

"本年利润"账户贷方余额3 000 000元；

"利润分配——未分配利润"账户贷方余额2 000 000元；

"利润分配——提取法定盈余公积"账户借方余额300 000元；

"利润分配——提取任意盈余公积"账户借方余额100 000元；

"利润分配——应付利润"账户借方余额2 000 000元。

3．要求：

（1）将"本年利润"账户余额结转入"利润分配——未分配利润"账户。

（2）将"利润分配——提取法定盈余公积""利润分配——提取任意盈余公积""利润分配——应付利润"明细账余额结转入"利润分配——未分配利润"账户。

（3）开设"本年利润""利润分配——未分配利润"的"T"形账，登记结转前余额。

（4）将编制的会计分录登记入账，并结出"本年利润"和"利润分配——未分配利润"账户的本期发生额和余额。

第七章 会 计 凭 证

学习目的和要求 通过本章的学习,了解会计凭证的概念、意义、作用、分类及其传递和保管的基本内容;熟悉原始凭证和记账凭证的具体分类及其填制要求;掌握原始凭证和记账凭证两类凭证的基本要素和审核内容。

学习重点与难点 本章学习的重点在于会计凭证的种类、原始凭证和记账凭证的基本要素、原始凭证的审核、记账凭证的填制要求与审核、会计凭证的保管;学习的难点在于原始凭证和记账凭证的填制和审核。

第一节 会计凭证概述

会计凭证是记录经济业务的发生和完成、用以明确经济责任、按规定格式编制的、据以登记会计账簿的书面证明。

一、会计凭证的重要意义

在会计工作中,编制、填写和取得会计凭证是账簿记录得以进行的基础,账簿记录工作必须要以真实可靠的会计凭证为依据。任何会计主体在经济业务的发生和完成时,都要通过会计凭证详细记录该项经济业务的主要内容,并由相关经手人员在相应会计凭证上签字或盖章,用以明确各项经济业务的责任。同时,会计凭证还需经过有关人员对其进行审核查验,确认无误后,才可作为登记会计账簿的依据。因此,会计凭证具有以下三项重要意义。

(1)反映经济业务的发生和完成。每一项经济业务的发生和完成,都必须伴随会计凭证的产生和记录,会计凭证是反映经济业务的直接文件。会计主体在经济业务发生和完成的同时,将该业务的具体内容、发生时间、业务对象、经办人、审核人等信息,详细记录在会计凭证上,能够保证会计记录的真实性。

(2)记录和监督经济业务的合法性与合理性。在凭借会计凭证登记会计账簿之前,相关会计主管人员或其他会计人员需要对会计凭证进行严格的审核和查验,针对其所记录的经济业务的合法性、合理性进行会计监督,以确保该经济业务完全符合国家相关方针、政策、法律和法规,不允许存在任何违反法规、违背合理性的经济业务的发生。

(3)加强经济责任制,便于划分经济责任。会计凭证在填制完成后,需由相关经手人员在会计凭证上签字或盖章,再交由会计主管人员进行审核确认,审核无误后同样在会计凭证上签字或盖章,以对自己所负责工作进行责任划分。会计凭证的这种处理方式,有利于监督各个岗位的工作人员明确自身责任,加强经济责任制的实行,也在一定程度上促使各工作人员为避免问题出现,强化对会计凭证的记录和审核工作的负责态度。

二、会计凭证的分类

会计凭证按其编制程序和用途的不同,分为原始凭证和记账凭证两大类。前者又称为单据,是在经济业务最初发生之时填制的原始书面证明。后者又称为记账凭单,是以审核无误的原始凭证为依据,按照经济业务事项的内容加以归类,并据以确定会计分录后所填制的会计凭证。

第二节　原 始 凭 证

原始凭证是记录经济业务的发生、进行或完成情况,用以明确经济责任,作为记账依据的最初的书面证明文件。原始凭证是在经济业务发生的过程中直接产生的,是经济业务发生的最初证明,在法律上具有证明效力,所以也可称为"证明凭证"。

一、原始凭证的分类

原始凭证按其取得的来源不同,可以分为自制原始凭证和外来原始凭证两类。

(一)自制原始凭证

自制原始凭证是指在经济业务发生、进行或完成时,由本单位内部经办人员自行填制的、仅供内部使用的原始凭证,如购买原材料装入仓库时仓库管理人员填写的材料入库单、生产产品时生产部门开具的领料单、员工出差差旅费报销单等。如表7-1、表7-2所示。

表7-1

领 料 单

领料部门:

用　途:　　　　　　　　　　年　月　日　　　　　　　　第　号

材料			单位	数量		成本											业务联
						单价	总价										
编号	名称	规格		请领	实发		百	十	万	千	百	十	元	角	分		
合计																	

部门经理:　　　　　　会计:　　　　　　仓库:　　　　　　经办人:

表 7-2

差旅费报销单

年　　月　　日

所属部门			姓名		出差天数		自　月　日至　月　日共　　天					
出差事由					借旅 支费	日期			金额：¥			
						结算金额：¥						
出发		到达		起止地点	交通费	行李费	住宿费	途中伙食费				
月	日	月	日									
合计				拾　万　仟　佰　拾　元　角　分								
出纳			总经理		财务经理		部门经理			报销人		

　　自制原始凭证按其填制的手续和方法的不同,又可分为一次凭证、累计凭证、汇总原始凭证和记账编制凭证四种。

　　1. 一次凭证

　　一次凭证是指在反映一项或若干项同类性质的经济业务的发生时,一次性填制完成的会计凭证。如企业生产部门准备生产时根据工人需求和用料需求填制的派工单和领料单、产品进行出库销售时仓库管理人员填制的产品出库单,以及销售产品时开具的增值税专用发票等,都属于一次凭证。

　　2. 累计凭证

　　累计凭证是指在一定期间内,连续多次地在一张凭证上记录若干项不断重复发生的同类经济业务,定期据以期末累计数作为记账依据的原始凭证,如工业企业常用的限额领料单等。累计凭证主要用于具有连续性并且经常重复发生的经济业务的记录,在一定期间内在一张凭证上累计记录,不但可以避免不必要的多张凭证浪费,还可帮助企业预先掌握和了解相关经济业务的发生,便于进行计划管理。如表 7-3 所示。

　　3. 汇总原始凭证

　　汇总原始凭证是指在会计工作中,为了简化记账凭证的编制和核算工作,将一定时期内若干份记录同类经济业务的原始凭证按照一定的管理要求汇总编制成一张汇总凭证,用以集中反映某项经济业务总体发生情况的会计凭证,又可称为原始凭证汇总表,如发料凭证汇总表、收料凭证汇总表、汇总转账凭证等都是汇总原始凭证。如表 7-4 所示。

表7-3

限 额 领 料 单

领料部门：　　　　　　　　　　　　　　　　　　　　　　　　凭证编号：

用　途：　　　　　　　　　　　　　　年 月 日　　　　　　　发料仓库：

材料类别	材料编号	材料名称及规格	计量单位	领用限额	实际领用	单价	金额	备注

供应部门负责人：　　　　　　　　　生产计划部门负责人：

日期	数量		领料人签章	发料人签章	扣除代用数量	退料			限额结余
	请领	实发				数量	收料人	发料人	

表7-4

汇总转账凭证

贷方账户：　　　　　　　　　　　　年 月　　　　　　　　　第　号

借方账户	金额				总账页数	
	1～10 日	11～20 日	21～31 日	合计	借方	贷方

　　　　　　　　(1) 自　　日至　　日　凭证共　　张

附件　　　　(2) 自　　日至　　日　凭证共　　张

　　　　　　　　(3) 自　　日至　　日　凭证共　　张

需要注意的是,汇总原始凭证只能对同类经济业务进行汇总登记。在一张汇总凭证中,不能将两类或两类以上的经济业务汇总填列。

汇总原始凭证便于简化核算手续,提高核算工作效率;能够使核算资料更为系统化,使核算过程更为条理化,因此,汇总原始凭证在大中型企业中使用较为广泛。

4. 记账编制凭证

记账编制凭证是根据账簿记录,把某一项经济业务加以归类、整理而重新编制的一种会计凭证。例如,在计算职工应发福利费时编制的职工福利费分配表,就是根据职工福利费明细账记录的数额,将其按分配对象、成本费用或项目进行分类填制的。如表 7-5 所示。

表 7-5

职工福利费分配表

年　月　　　　　　　　　　　　　　　　　　　　　单位:元

分配对象		成本费用或项目	工资总额	职工福利费
合计				

（二）外来原始凭证

外来原始凭证,是指在同外单位发生经济业务往来时,从外单位取得的原始凭证。外来原始凭证都是一次凭证。如企业购买材料、商品时,从供货单位取得的发票、从银行取得的信汇凭证,都是外来原始凭证。如图 7-1、图 7-2 所示。

北京市交通运输业、建筑业、销售不动产和转让无形资产专用发票

记 账 联

发票代码：123456789012
发票号码：33029018
密码▌▌▌▌▌▌▌▌
信息码123456789546

税务登记号：
收款单位：

付款单位（个人）：

经 营 项 目	金　　　额

金额合计（人民币大写）
机打票号：　　　　　　　税控装置号：
税控装置防伪码：　　　　开票日期：

收款单位（盖章有效）　　　　　税控机打发票手开无效

图 7-1　北京市交通运输业、建筑业、销售不动产和转让无形资产专用发票

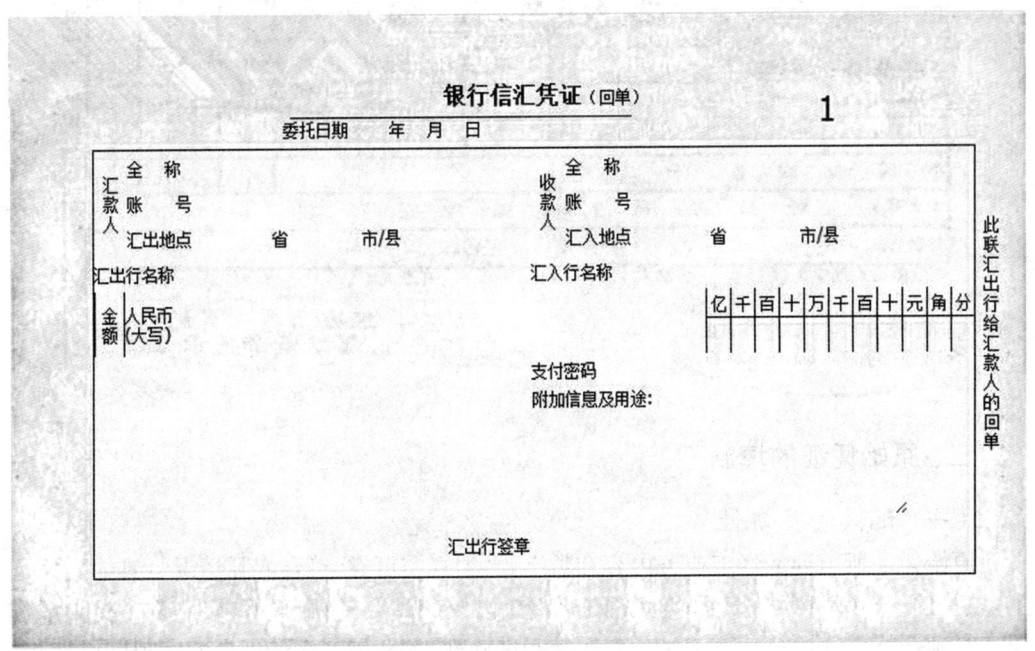

图 7-2　银行信汇凭证

二、原始凭证的基本要素

原始凭证据其所记录的经济业务不同而有多种格式和式样，但是，不论哪一种原始凭

证,都应该具备基本的要素,包括:

(1) 原始凭证的名称;

(2) 填制单位、部门名称或填制人姓名;

(3) 填制日期和凭证编号;

(4) 接收凭证单位的名称(对外凭证);

(5) 填制单位名称、公章或财务章(外来凭证);

(6) 经济业务的内容摘要;

(7) 经济业务所涉及的数量、计量单位、单价和金额;

(8) 经办部门或人员的签字或盖章。

任何单位在编制原始凭证时,都应该在保证上述 8 项基本要素完整齐全的基础之上进行编制和填写。如表 7-6 所示,为企业发票填写基本要素说明。

表 7-6

北京市商业发票

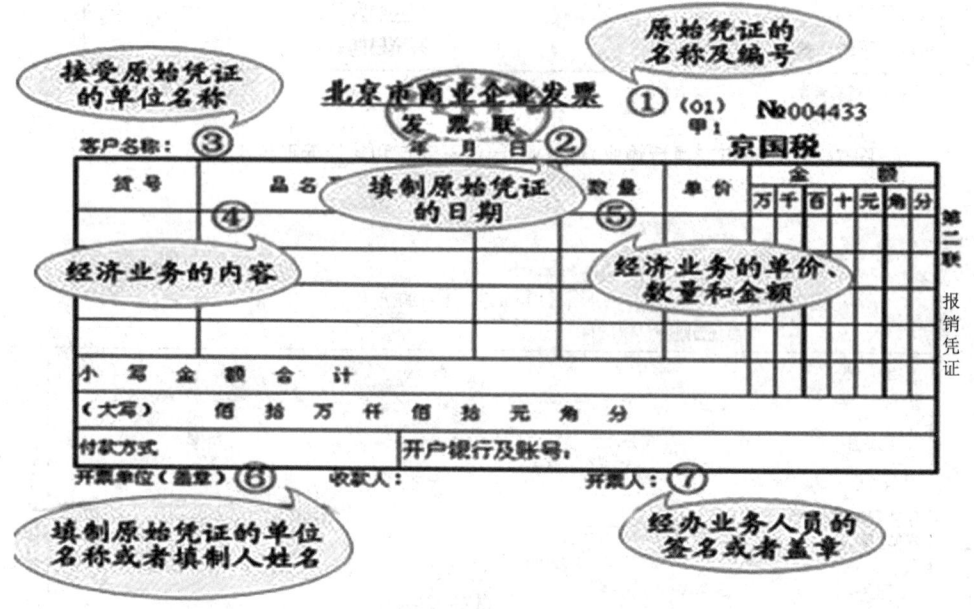

三、原始凭证的填制

(一)记录的真实性

原始凭证所填列的经济业务内容和数字,必须真实可靠,符合实际情况。具体到凭证上,填写的经济业务发生日期、经济业务内容、涉及产品数量、金额等项目,都不得弄虚作假。必须严格保证原始凭证记录的真实性和准确性,才能做到会计信息的客观可靠。

(二)内容的完整性

原始凭证所要求填列的项目必须逐项填列齐全,不得遗漏和省略。

(三)手续的完备性

一张合理的原始凭证,不仅仅要保证所填写内容的完整性,还要保证相关填制手续的完备性。例如,单位自制的原始凭证必须有经办单位领导人或者其他指定人员签字盖章;对外开出的原始凭证必须加盖本单位公章;从外部取得的原始凭证,必须盖有填制单位的公章;从个人取得的原始凭证,必须有填制人员的签字盖章。

另外,除了原始凭证本身手续的完备,还要保证凭证的其他附件及相关手续完备。例如,购买实物的原始凭证,必须有验收证明;一式几联的多联原始凭证,应当注明各联的用途,只能以一联作为报销凭证;发生销货退回时,除填制退货发票外,还必须有退货验收证明。

(四) 书写的规范性

使用文字要求。不得使用未经国务院公布的简化汉字。

金额书写要求。大小写金额数字要按规定的要求填写。具体地说,阿拉伯数字要逐个填写,不得连写;金额前面要冠以人民币符号"￥",若是用外币结算的凭证,数字前必须填写外币符号,且数字与货币符号之间不得留空位;元以后要写到角分,无角分的要以"0"补位;凡阿拉伯数字前写有币种符号的,数字后面不再写货币单位等。

编号要求。原始凭证要根据填制先后依次进行编号,并且编号务必要连续,如果原始凭证已预先印定编号,在写坏作废时,应加盖"作废戳记",妥善保管,不得撕毁。

错误更正要求。原始凭证有错误的,不得对原始凭证进行任意涂改、刮擦、挖补,应当由出具单位重开或更正,更正处应当加盖出具单位印章。原始凭证金额有错误的,应当由出具单位重开,不得在原始凭证上更正。

书写用墨颜色要求。墨水只能使用蓝、黑墨水填写,一式几联的发票和收据,必须使用双面复写纸套写,套写时可以使用圆珠笔填写。

四、原始凭证的审核

为了保证原始凭证所记录的会计信息客观、真实可靠,在据以填制记账凭证前,必须由会计主管人员或其他指定的审核人员对原始凭证的真实性、完整性、合法合规性进行审核,具体内容如下。

(一) 真实性审核

对原始凭证的真实性审核,主要是为了核实凭证所反映的经济业务是否完全与实际情况相符,审查原始凭证所反映的经济业务是否同实际情况相符合,如购进货物的数量、品种、规格等是否和验收单相一致,销售货物的数量、品种、规格等是否和出库单相一致等,有无歪曲、捏造、掩盖或篡改等情况出现。主要包括以下四个方面。

(1) 经济业务双方当事人资料必须是真实的。开出原始凭证的单位、接受原始凭证的单位、填制原始凭证的责任人、取得原始凭证的责任人都要据实填写,不得假冒他人、他单位之名,也不得填写假名。

(2) 经济业务发生的时间、地点、填制凭证的日期必须是真实的。不得改变经济业务发生的真实时间;不得把在 A 地发生的经济业务改变成在 B 地发生;也不得把填制原始凭证的真实日期改变为以前或以后的日期。

(3) 经济业务的内容必须是真实的。如果是购货业务,就必须标明货物的名称、规格、型号等;如果是住宿业务,就要标明住宿的日期等。

(4) 经济业务的"量"必须是真实的。购买货物业务,要根据货物性质标明货物的重量、长度、体积、数量等相关信息;其他经济业务也要标明计价所使用的量,如住宿1天、住院 5 天等。

（二）完整性审核

完整性审核，主要针对两个方面，一是原始凭证的填制是否具备了基本要素，二是原始凭证填制的相关手续是否齐全。复核原始凭证的手续是否齐全，包括双方经办人是否签字或盖章；需要旁证的原始凭证，旁证不齐也应视为手续不齐全。手续不齐全的原始凭证，应退回补办手续后再予以受理。在具体审核过程中，应注意如下几个方面。

（1）对于外来发票和收据，应注意凭证上单位名称、发票抬头、品名、计量单位、数量、单价、总金额等各项内容是否齐全，是否有单位财务专用章或发票专用章，是否有税务机关的发票监制章。

（2）对于外来的原始凭证，本单位办理手续是否齐备，比如发票、收据等是否经过有关人员复核，货物是否经过验收，报销时有关经办人员是否签章，是否经过领导批准等。

（3）对于自制的原始凭证，同样应审查填写项目是否齐全，有关人员是否签章，是否经有权批准人员批准等。

（三）合法、合规性审核

所谓合法，就是要按会计法规、企业会计准则和计划预算办事。合法、合规性审核主要原始凭证反映的经济业务内容是否符合现行财政、税收、经济、金融等有关的法令规定，是否符合本企业的财务会计制度等。例如，费用开支是否符合开支标准、范围的财务规定，付出现款是否符合现金管理规定，等等；同时，还要审核原始凭证本身是否合法凭证，任何企业、单位购进物品、材料，委外加工、运输、建筑安装以及其他服务，都必须取得对方开具税务局规定的统一发票；外地企业来本地承办本企业单位加工、运输、建筑安装、装饰等业务的，应开具业务发生地税务局规定的统一发票（包括临时经营发票），不得开出外地发票收款，更不得开出白条；对方是行政事业单位开具的收费、收款收据，要符合本地财政局的规定；等等。

（四）规范性审核

规范性审核，主要是指原始凭证的填写是否符合要求。例如，文字是否为国家规定通用文字、是否连续编号、错误更正方式是否正确、数字前是否填写货币符号等等。

第三节 记 账 凭 证

记账凭证是会计人员根据审核无误的原始凭证或汇总原始凭证，用来确定经济业务应借、应贷的会计科目和金额而填制的，作为登记账簿直接依据的会计凭证。在会计实务中，记账凭证又可称为传票。

一、记账凭证的分类

记账凭证按其适用的经济业务用途，分为专用记账凭证和通用记账凭证两类。

（一）专用记账凭证

专用记账凭证是专门用于记录某一类经济业务的发生、进行和完成情况的记账凭证。

专用凭证按其所记录的经济业务与现金和银行存款的收付关系，又分为收款凭证、付款凭证和转账凭证三种。

　　收款凭证。收款凭证是用来记录现金和银行存款等货币资金收款业务的凭证，它是根据现金和银行存款收款业务的原始凭证填制的。如表7-7所示。

表7-7

收　款　凭　证

字第　　号

借方科目：＿＿＿＿＿＿＿　　　　年　月　日

摘要	对方科目		借或贷	金额										✓	附单据
	总账科目	明细科目		千	百	十	万	千	百	十	元	角	分		
															张
	合计														

会计主管：　　　记账：　　　出纳：　　　复核：　　　制单：

　　付款凭证。付款凭证是用来记录现金和银行存款等货币资金付款业务的凭证，它是根据现金和银行存款付款业务的原始凭证填制的。如表7-8所示。

表7-8

付　款　凭　证

字第　　号

贷方科目：＿＿＿＿＿＿＿　　　　年　月　日

摘要	对方科目		借或贷	金额										✓	附单据
	总账科目	明细科目		千	百	十	万	千	百	十	元	角	分		
														☐	
														☐	
														☐	
														☐	张
														☐	
														☐	
	合计													☐	

会计主管：　　记账：　　出纳：　　复核：　　制单：　　收款人：

　　收款凭证和付款凭证是用来记录货币收付业务的凭证，既是登记现金日记账、银行存款日记账、明细分类账及总分类账等账簿的依据，也是出纳人员收、付款项的依据。出纳人员必须根据已经会计主管人员或指定人员审核批准的收款凭证和付款凭证收付款项，以加强对货币资金的管理,有效地监督货币资金的使用。

转账凭证。转账凭证是用来记录与现金、银行存款等货币资金收付款业务无关的转账业务(即在经济业务发生时不需要收付现金和银行存款的各项业务)的凭证,它是根据有关转账业务的原始凭证填制的。转账凭证是登记总分类账及有关明细分类账的依据。如表 7-9 所示。

表 7-9

转 账 凭 证

字第　　号

年　月　日

摘要	总账科目	明细科目	借方金额											贷方金额											√
			亿	千	百	十	万	千	百	十	元	角	分	亿	千	百	十	万	千	百	十	元	角	分	
																									□
																									□
																									□
																									□
																									□
																									□
合计																									□

附单据　　张

会计主管:　　　　记账:　　　　复核:　　　　制单:

(二)通用记账凭证

通用记账凭证的格式,不再分为收款凭证、付款凭证和转账凭证,而是以一种格式记录全部经济业务。在经济业务比较简单的经济单位,为了简化凭证可以使用通用记账凭证,记录所发生的各类经济业务。记账凭证按其包括的会计科目是否单一,分为复式记账凭证和单式记账凭证两类。如表 7-10 所示。

表 7-10

记 账 凭 证

字第　　号

年　月　日

摘要	总账科目	明细科目	借方金额											贷方金额											√
			亿	千	百	十	万	千	百	十	元	角	分	亿	千	百	十	万	千	百	十	元	角	分	
																									□
																									□
																									□
																									□
																									□
																									□
合计																									□

附单据　　张

会计主管:　　　　记账:　　　　出纳:　　　　复核:　　　　制单:

1. 复式记账凭证

复式记账凭证又叫做多科目记账凭证,要求将某项经济业务所涉及的全部会计科目集中填列在一张记账凭证上。复式记账凭证可以集中反映账户的对应关系,因而便于了解经济业务的全貌,了解资金的来龙去脉;在便于查账的同时还可以减少填制记账凭证的工作量,减少记账凭证的数量。但是,复式记账凭证不便于汇总计算每一会计科目的发生额,不便于分工记账。

2. 单式记账凭证

单式记账凭证又叫做单科目记账凭证,要求将某项经济业务所涉及的每个会计科目,分别填制记账凭证,每张记账凭证只填列一个会计科目,其对方科目只供参考,不据以记账。也就是把某一项经济业务的会计分录,按其所涉及的会计科目,分散填制两张或两张以上的记账凭证。

单式记账凭证便于汇总计算每一个会计科目的发生额,便于分工记账;但是填制记账凭证的工作量变大,而且出现差错不易查找。

另外,记账凭证按其是否经过汇总,还可以分为非汇总记账凭证和汇总记账凭证。

1. 非汇总记账凭证

非汇总记账凭证,是没有经过汇总的记账凭证,前面介绍的收款凭证、付款凭证和转账凭证以及通用记账凭证都是属于非汇总记账凭证。

2. 汇总记账凭证

汇总记账凭证是根据非汇总记账凭证按一定的方法汇总填制的记账凭证。汇总记账凭证按汇总方法不同,可分为分类汇总和全部汇总两种。

分类汇总凭证。分类汇总凭证是将一定期间内的记账凭证按其种类分别汇总填制的,如根据收款凭证汇总填制的现金汇总收款凭证和银行存款汇总付款凭证,填制的现金汇总付款凭证和银行存款汇总付款凭证,以及根据转账凭证汇总填制的汇总转账凭证,都是分类汇总凭证。

全部汇总凭证。全部汇总凭证是将一定期间内的记账凭证全部汇总填制的,如科目汇总表就是全部汇总凭证。

二、记账凭证的基本要素

取得经过审核的原始凭证或汇总原始凭证后,会计人员应按一定标准对原始凭证进行分类整理,据以编制记账凭证。与原始凭证相同,不论是哪一类记账凭证,都要保证具备以下基本要素:

(1) 记账凭证的名称;

(2) 填制日期和凭证编号;

(3) 经济业务的内容摘要;

(4) 应借、应贷的科目(包括总账科目和明细科目)及金额;

(5) 记账备注(用以记账备忘或过账对照);

(6) 所附原始凭证的张数;

(7) 出纳、记账、复核、制单、会计主管等有关人员的签字盖章。

如表 7-11 所示,为记账凭证中的付款凭证填写基本要素说明。

表 7-11

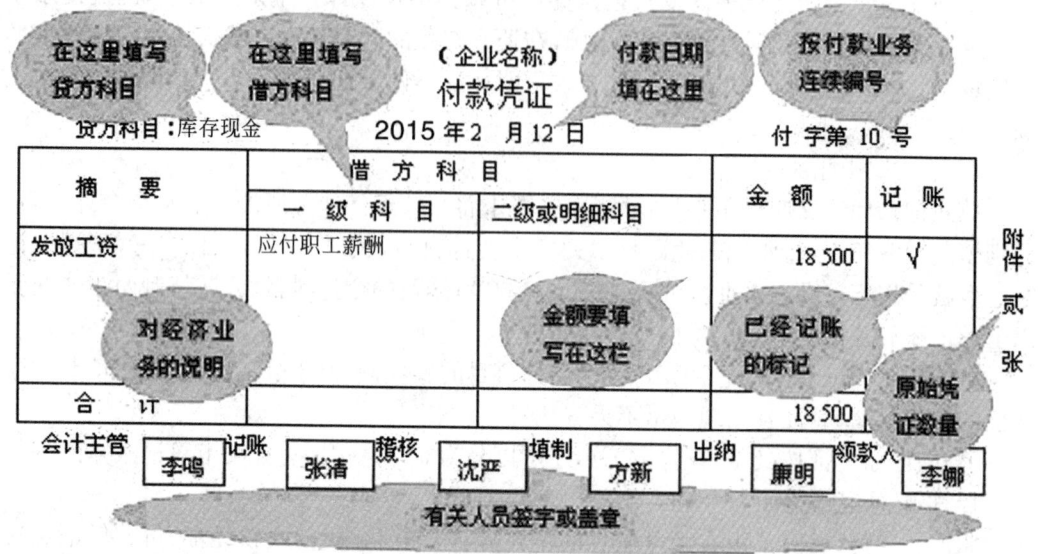

三、记账凭证的填制要求

根据原始凭证所记录的经济业务种类,会计人员需要确定使用哪种记账凭证进行记录,一旦确定了使用的记账凭证种类,就不可随意更换,以便于几张记账凭证的编号、装订、使用和保管。记账凭证的填制是会计核算中的基础环节之一,正确、及时、完整地填制记账凭证是正确、及时地提供会计信息的保证。对记账凭证的填制要求,主要有以下几个方面。

（一）必须根据审核无误的原始凭证填制记账凭证

每一笔记账凭证的编制,都应该基于相应的原始凭证,没有原始凭证,就不可以编制记账凭证,另外,记账凭证所依据的原始凭证,必须是已经经过相关会计人员审核无误的,未经审核或审核有问题的原始凭证都不能据以登记记账凭证。

（二）应合理填写"摘要"栏

记账凭证中的"摘要"栏是对该项经济业务的简要说明,要求文字简练、概括、能满足登记账簿的要求。

（三）应正确确定应使用的记账凭证类型

采用专用记账凭证的经济单位,会计人员在填制记账凭证时,应根据取得的原始凭证记录的经济业务性质,决定使用收款凭证、付款凭证和转账凭证中的哪一种。如一项经济业务,只涉及收款业务,就只需填写收款凭证,若同时涉及收款业务和转账业务,就需要同时编制收款凭证和转账凭证。

（四）应正确填写记账凭证日期

对于记账凭证日期的填写,一般有两种情况,对于收、付款凭证,一般按照其收、付款发生的实际发生日期填写,要与原始凭证记录日期一致;对于转账凭证,原则上一般按照其填制日期来填写。

（五）应正确使用会计科目

会计人员应根据原始凭证记录的经济业务，判断选择其涉及的会计科目，以及应在借方还是贷方，必须确保所使用的会计科目正确无误。

（六）应注明凭证附件张数

每一张记账凭证据以填制的原始凭证，都必须作为附件，完整齐全地附在相应记账凭证后面，以示证明。同时，相应原始凭证的具体张数，都应在记账凭证中注明。另外，只有两种类型的记账凭证可以不附原始凭证，分别是更正错账的记账凭证和期末结账的记账凭证。

（七）应连续编号

记账凭证应按照月份，对每月凭证根据经济业务发生顺序进行编号，并要保证其编号的连续性，不得重号、跳号。具体编号方法根据其选择的记账凭证类型也有所不同。对于通用记账凭证，可按照业务发生顺序对其全部统一编号；对于专用记账凭证，则要按照收款凭证、付款凭证、转账凭证三种类型分别进行编号，分为"收字第×号""付字第×号"和"转字第×号"。

四、记账凭证的审核

记账凭证填制后，必须经过审核无误，才能据以登记账簿。记账凭证审核的主要内容有以下几项。

（1）记账凭证是否附有原始凭证，所附原始凭证是否齐全，记账凭证的经济业务内容是否与所附的原始凭证的内容相符。

（2）记账凭证中载明的业务内容是否合法、正常。

（3）应借应贷的科目账户是否正确，是否符合会计科目的使用要求；记账凭证上的项目、总账科目和明细账科目是否填写清楚、完整；对应关系是否正确；记账凭证所填制金额是否与相应原始凭证所列金额一致。

（4）编号是否连续。

（5）记账凭证相关人员的签章是否齐全。

第四节　会计凭证的传递与保管

一、会计凭证的传递

会计凭证的传递，是指各种会计凭证从填制、取得到归档保管为止的全部过程，即在单位内部有关人员和部门之间传送、交接的过程。

为了能够利用会计凭证，及时反映各项经济业务，提供会计信息，发挥会计监督的作用，必须正确、及时地进行会计凭证的传递，不得积压。正确组织会计凭证的传递，对于及时处理和登记经济业务，明确经济责任，实行会计监督，具有重要作用。从一定意义上说，会计凭证的传递起着在单位内部经营管理各环节之间协调和组织的作用。会计凭证传递程序是企业管理规章制度重要的组成部分,传递程序的科学与否,说明该企业管理的科学程序。

在会计凭证的传递过程中,需要注意两点。

(1) 传递路线。各单位应根据经济业务的特点,结合内部机构和人员分工情况以及满足经营管理和会计核算的需要,规定会计凭证的传递程序,并据此规定会计凭证的份数,使经办业务的部门和人员能够及时办理各种凭证手续,既符合内部牵制原则,又能加速业务处理过程,提高工作效率。

(2) 传递时间。各单位要根据有关部门和人员办理经济业务的情况,恰当地规定凭证在各环节的停留时间和交接时间。

总之,会计凭证的传递既要能够满足内部控制制度的要求,使传递程序合理有效,同时又要尽量节约传递时间,减少传递的工作量。

二、会计凭证的保管

会计凭证的保管是指会计凭证记账后的整理、装订、归档和存查工作。

(一)会计凭证的保管要求

(1) 会计凭证应定期装订成册,防止散失。从外单位取得的原始凭证遗失时,应取得原签发单位盖有公章的证明,并注明原始凭证的号码、金额、内容等,由经办单位会计机构负责人、会计主管人员和单位负责人批准后,才能代作原始凭证。若确实无法取得证明的,如车票丢失,则应由当事人写明详细情况,由经办单位会计机构负责人、会计主管人员和单位负责人批准后,代作原始凭证。

(2) 会计凭证封面应注明单位名称、凭证种类、凭证张数、起止号数、年度、月份、会计主管人员、装订人员等有关事项,会计主管人员和保管人员应在封面上签章。

(3) 会计凭证应加贴封条,防止抽换凭证。根据财政部制定的规定:"原始凭证不得外借,如因特殊原因需要使用原始凭证时,经本单位领导批准可以复制。"

(4) 原始凭证较多时,可单独装订,但应在凭证封面注明所属记账凭证的日期、编号和种类,同时在所属的记账凭证上应注明"附件另订"及原始凭证的名称和编号,以便查阅。

(5) 每年装订成册的会计凭证,在年度终了时可暂由单位会计机构保管 1 年,期满后应当移交本单位档案机构统一保管;未设立档案机构的,应当在会计机构内部指定专人保管。出纳人员不得兼管会计档案。

(6) 严格遵守会计凭证的保管期限要求,期满前不得任意销毁。

(二)会计凭证的保管期限

会计档案的保管期限,根据其特点,分为永久、定期两类。永久档案即长期保管,不可以销毁的档案;定期档案根据保管期限分为 3 年、5 年、10 年、15 年、25 年五种。会计档案的保管期限,从会计年度终了后的第一天算起。会计凭证,包括原始凭证、记账凭证、汇总凭证,保管期限均为 15 年。其中,涉及外来和对私改造的会计凭证永久保管。

本 章 小 结

会计凭证的取得和填制是会计工作的起点和基础。会计凭证是记录经济业务的发生和完成、用以明确经济责任、按规定格式编制的、据以登记会计账簿的书面证明。会计凭证按其编制程序和用途的不同,分为原始凭证和记账凭证两大类。

原始凭证按其取得的来源不同,可以分为自制原始凭证和外来原始凭证两类。原始凭证的审核可分为真实性审核、完备性审核、合法合规性审核、规范性审核。

记账凭证按其适用的经济业务用途,分为专用记账凭证和通用记账凭证两类。记账凭证的审核要求主要有:记账凭证所附原始凭证是否齐全,记账凭证的经济业务内容是否与所附的原始凭证的内容相符;记账凭证中载明的业务内容是否合法、合规;应借应贷的科目账户是否正确;记账凭证上的项目、总账科目和明细账科目对应关系是否正确;记账凭证所填制金额是否正确;编号是否连续;记账凭证相关人员的签章是否齐全。

会计凭证是十分重要的会计档案,要保证会计凭证的传递和保管工作有序进行。

关键概念　会计凭证　原始凭证　记账凭证　会计凭证的传递和保管

一、思　考　题

1. 简述会计凭证的作用。
2. 简述原始凭证的基本内容和分类。
3. 简述记账凭证的基本内容和分类。
4. 简述记账凭证的填制要求和审核内容。
5. 简述会计凭证的保管应注意的主要问题。

二、练　习　题

(一) 单项选择题

1. 企业常用的收款凭证、付款凭证和转账凭证均属于(　　　)。
   A. 单式记账凭证　　　B. 复式记账凭证　　　C. 一次凭证　　　　　D. 通用记账凭证
2. 下列原始凭证中属于通用凭证的是(　　　)。
   A. 领料单　　　　　　　　　　　　　B. 差旅费报销单
   C. 折旧计算表　　　　　　　　　　　D. 银行转账结算凭证
3. 出纳人员在办理收款或付款后,应在(　　　)上加盖"收讫"或"付讫"的戳记,以避免重收重付。
   A. 记账凭证　　　　B. 原始凭证　　　　C. 收款凭证　　　　D. 付款凭证
4. 审核原始凭证所记录的经济业务是否符合企业生产经营活动的需要,是否符合有关的计划和预算,属于(　　　)审核。
   A. 合理性　　　　B. 合法性　　　　C. 真实性　　　　D. 完整性
5. 付款凭证左上角的"贷方科目"可能登记的科目是(　　　)。
   A. 预付账款　　　B. 银行存款　　　C. 预收账款　　　D. 其他应付款
6. 将库存现金送存银行,应填制的记账凭证是(　　　)。
   A. 现金收款凭证　　　　　　　　　　B. 现金付款凭证
   C. 银行存款收款凭证　　　　　　　　D. 银行存款付款凭证

7. 会计机构和会计人员对真实、合法、合理但内容不准确、不完整的原始凭证,应当( )。
    A. 不予受理   B. 予以受理
    C. 予以纠正   D. 予以退回,要求更正、补充

8. 下列不能作为会计核算的原始凭证的是( )。
    A. 发货票   B. 合同书   C. 入库单   D. 领料单

9. 已经登记入账的记账凭证,在当年内发现有误,可以用红字填写一张与原内容相同的记账凭证上,在摘要栏注明( ),以冲销原错误的记账凭证。
    A. 注销某月某日某号凭证   B. 订正某月某日某号凭证
    C. 经济业务的内容   D. 对方单位

10. 可以不附原始凭证的记账凭证是( )。
    A. 更正错误的记账凭证   B. 从银行提取现金的记账凭证
    C. 以现金发放工资的记账凭证   D. 职工临时性借款的记账凭证

11. 接收外单位投资的材料一批,应填制( )。
    A. 收款凭证   B. 付款凭证   C. 转账凭证   D. 汇总凭证

12. 企业购进原材料50 000元,款项未付。该笔经济业务应编制的记账凭证是( )。
    A. 收款凭证   B. 付款凭证   C. 转账凭证   D. 以上均可

13. 下列表示方法正确的是( )。
    A. ￥518.00   B. ￥72.00
    C. 人民币伍拾陆元捌角伍分整   D. 人民币柒拾陆元整

14. 下列不属于自制原始凭证的是( )。
    A. 领料单   B. 成本计算单   C. 入库单   D. 火车票

15. 根据连续反映某一时期内不断重复发生而分次进行的特定业务编制的原始凭证有( )。
    A. 一次凭证   B. 累计凭证
    C. 记账凭证   D. 汇总原始凭证

16. 下列业务中应该编制收款凭证的是( )。
    A. 购买原材料用银行存款支付   B. 收到销售商品的款项
    C. 购买固定资产,款项尚未支付   D. 销售商品,收到商业汇票一张

17. 填制记账凭证时,错误的做法是( )。
    A. 根据每一张原始凭证填制
    B. 根据若干张同类原始凭证汇总填制
    C. 将若干张不同内容和类别的原始凭证汇总填制在一张记账凭证上
    D. 根据原始凭证汇总表编制

18. 下列关于原始凭证的说法不正确的是( )。
    A. 按照来源的不同,分为外来原始凭证和自制原始凭证
    B. 按照格式的不同,分为通用原始凭证和专用原始凭证
    C. 按照填制手续及内容不同,分为一次原始凭证、累计原始凭证和汇总原始凭证
    D. 按照填制方法不同,分为外来原始凭证和自制原始凭证

19. 会计凭证的传递,是指(   ),在单位内部有关部门及人员之间的传递程序。

　　A. 会计凭证的填制或取得时起至归档保管过程中

　　B. 会计凭证的填制到登记账簿止

　　C. 会计凭证审核后到归档止

　　D. 会计凭证的填制或取得到汇总登记账簿止

20. 关于会计凭证的保管,下列说法不正确的是(   )。

　　A. 会计凭证应定期装订成册,防止散失

　　B. 会计主管人员和保管人员应在封面上签章

　　C. 原始凭证不得外借,其他单位如有特殊原因确实需要使用时,经本单位负责人批准,可以复制

　　D. 经单位领导批准,会计凭证在保管期满前可以销毁

(二) 多项选择题

1. 原始凭证的基本内容包括(   )。

　　A. 原始凭证名称　　　　　　　　　B. 接受原始凭证的单位名称

　　C. 经济业务的性质　　　　　　　　D. 凭证编号

　　E. 借贷科目

2. 其他单位因特殊原因需要使用本单位的原始凭证,正确的做法有(   )。

　　A. 可以全部外借

　　B. 可以部分外借

　　C. 将外借的会计凭证拆封抽出

　　D. 不得外借,经本单位会计机构负责人或会计主管人员批准,可以复制

　　E. 将向外单位提供的凭证复印件在专设的登记簿上登记

3. 在原始凭证上书写阿拉伯数字,正确的有(   )。

　　A. 金额数字一律填写到角、分

　　B. 无角分的,角位和分位可写"00"或者符号"—"

　　C. 无角分的,可以不写角位和分位

　　D. 有角无分的,分位应当写"0"

　　E. 有角无分的,分位也可以用符号"—"代替

4. 下列属于外来原始凭证的有(   )。

　　A. 本单位开具的销售发票

　　B. 供货单位开具的发票

　　C. 职工出差取得的飞机票和火车票

　　D. 银行收付款通知单

　　E. 本单位仓库开具给生产部门的出库单

5. 下列属于一次凭证的有(   )。

　　A. 收据　　　　　B. 发货票　　　　C. 工资结算单　　　D. 工资汇总表

　　E. 转账汇总凭证

6. 对原始凭证发生的错误,正确的更正方法有(   )。

　　A. 由出具单位重开或更正

　　B. 由本单位的会计人员代为更正

　　C. 本单位会计主管代为更正

　　D. 金额发生错误的,可由出具单位在原始凭证上更正

　　E. 金额发生错误的,应当由出具单位重开

7. 制定科学的会计凭证传递程序时,应着重考虑(　　　)。

　　A. 会计凭证的传递流程

　　B. 会计凭证在每个传递环节上停留的时间

　　C. 会计凭证交接的验收制度

　　D. 会计凭证的整理、归类和装订成册

　　E. 会计凭证的保管年限

8. 记账凭证审核的主要内容有(　　　)。

　　A. 内容是否真实　　　　　　　　　B. 项目是否齐全

　　C. 科目、金额、书写是否正确　　　　D. 科目是否正确

　　E. 填制是否及时

9. 王明出差回来,报销差旅费1 000元,原预借1 500元,交回剩余现金500元,这笔业务应该编制的记账凭证有(　　　)。

　　A. 付款凭证　　　　B. 收款凭证　　　　C. 转账凭证　　　　D. 原始凭证

　　E. 累计凭证

10. 从外单位取得的原始凭证遗失时应该作(　　　)处理后,才能代作原始凭证。

　　A. 应取得原签发单位盖有公章的证明

　　B. 注明原始凭证的号码金额内容等

　　C. 由经办单位会计机构负责人批准

　　D. 由经办单位负责人批准

　　E. 向外单位了解后自行补上

(三) 判断题

1. 一次凭证是指只反映一项经济业务的凭证,如"领料单"。　　　　　　　　　(　　)

2. 累计凭证是指在一定时期内连续记载若干项同类经济业务,其填制手续是随经济业务发生而分次完成的凭证,如"限额领料单"。　　　　　　　　　　　　　　　　　(　　)

3. 汇总原始凭证:是指在会计核算工作中,为简化记账凭证编制工作,将一定时期内若干份记录同类经济业务的记账凭证加以汇总,用以集中反映某项经济业务总括发生情况的会计凭证。　　　　　　　　　　　　　　　　　　　　　　　　　　　　　(　　)

4. 在一笔经济业务中,如果既涉及现金和银行存款的收付,又涉及转账业务时,应同时填制收(或付)款凭证和转账凭证。　　　　　　　　　　　　　　　　　　　　　(　　)

5. 原始凭证是登记日记账、明细账的根据。　　　　　　　　　　　　　　　　(　　)

6. 制造费用分配表是记账编制凭证。　　　　　　　　　　　　　　　　　　　(　　)

7. 将记账凭证分为收款凭证、付款凭证、转账凭证的依据是凭证填制的手续和凭证的来源。　　　　　　　　　　　　　　　　　　　　　　　　　　　　　　　　(　　)

8. 根据账簿记录和经济业务需要而编制的自制原始凭证是记账编制凭证。　　　(　　)

9. 会计凭证登账后的整理、装订和归档2年后可销毁。　　　　　　　　　　　(　　)

10. 根据一定期间的记账凭证全部汇总填制的凭证如"科目汇总表"是一种累计凭证。( )

(四) 案例题

资料：共创公司材料采购员王凤202×年7月25日拟去上海市纺织集团公司采购纺织品，经业务授权人(供应处处长)郑宁签章同意，预借差旅费现金2 000元。王杨填制一联借款单，出纳员金夏付给王杨现金2 000元。经财务稽核人员姜峰稽核，将审核后的借款单交会计李梅编制现金付款凭证。财务部门负责人为谢意。

7月28日，王杨完成采购业务回来，经审核，实际支出差旅费及补助1 960元，交回剩余现金。

要求：填制差旅费借款单、差旅费报销单，编制借款的现金付款凭证和报销的记账凭证。

借 款 单   №0049768

借款部门：   年 月 日   业务授权人：

人民币(大写)					¥ _____	
用途				财务部门	借款部门	
付款方式		票据号码		负责人	负责人	
收款单位		开户银行		审 核	借款人	
		账 号		记 账	经办人	

差旅费报销单
年 月 日

姓名			出差地点										所附凭单
出 发			到 达			途中伙食补助		住勤伙食补助		其 他		合 计	
月	日	时分	地点	月	日	时分	地点	日数	金额	日数	金额	交通费	宿费	其他		张

姓名			出差地点										所附凭单
出 发			到 达			途中伙食补助		住勤伙食补助		其 他			合 计
月	日	时分	地点	月	日	时分	地点	日数	金额	日数	金额	交通费	宿费	其他	
合 计														

报销 年 月 日借款   元。结余或超支   元

报销金额(大写)   ¥_____

会计主管   审核   制单   部门主管   出差人

付款记账凭证

贷方科目	

凭证编号　　　　　　　　　出纳编号

年　月　日

摘　要	结算方式	票号	借方科目		金　额											过账符号
			总账科目	明细科目	亿	千	百	十	万	千	百	十	元	角	分	
附单据　　　张			合计													

会计主管人员　　　记账　　　稽核　　　　制单　　　　出纳　　　　领款人

转账记账凭证

凭证编号＿＿＿＿＿＿　　　　　　　　年　月　日

摘　要	借方科目		贷方科目		金　额											过账符号
	总账科目	明细科目	总账科目	明细科目	亿	千	百	十	万	千	百	十	元	角	分	
附单据　　　张			合计													

会计主管人员　　　记账　　　　　稽核　　　　　制单

第八章 会计账簿

学习目的和要求 通过本章的学习,了解会计账簿的概念、会计账簿的启用及设置原则、会计账簿的分类;掌握账簿的格式和登记方法,账簿的登记规则;掌握错账的更正方法,以及结账和对账的方法。

教学重点和难点 本章学习的重点在于会计账簿的分类、会计账簿的登记规则及方法、差错更正的方法、对账和结账;学习的难点在于错账更正方法的具体使用,包括划线更正法、红字更正法、补充登记法。

第一节　会计账簿概述

填制会计凭证后还需要设置和登记账簿,虽然两者都是用来记录经济业务的,但其具有的作用各不同。在会计核算中,对每一项经济业务,都必须取得相关原始凭证并填制相应的记账凭证,因而会计凭证数量很多,又很分散,而且每张凭证只能记载个别经济业务的内容,所提供的资料是零星的,不能全面、连续、系统地反映和监督一个经济单位在一定时期内某一类和全部经济业务活动情况,且不便于日后查阅。因此,为了给经济管理提供系统的会计核算资料,各单位都必须在凭证的基础上设置和运用登记账簿的方法,把分散在会计凭证上的大量核算资料,加以集中和归类整理,生成有用的会计信息,从而为编制会计报表、进行会计分析以及审计提供主要依据。

一、会计账簿的概念

会计账簿简称账簿,是由具有一定格式、相互联系的账页所组成,用来序时、分类地全面记录一个企业、单位经济业务事项的会计簿籍。设置和登记会计账簿,是重要的会计核算基础工作,是连接会计凭证和会计报表的中间环节,做好这项工作,对于加强经济管理具有十分重要的意义。

(1) 通过账簿的设置和登记,记载、储存会计信息。将会计凭证所记录的经济业务记入有关账簿,可以全面反映会计主体在一定时期内所发生的各项资金运动,储存所需要的各项会计信息。

(2) 通过账簿的设置和登记,分类、汇总会计信息。账簿由不同的相互关联的账户所构成,通过账簿记录,一方面可以分门别类地反映各项会计信息,提供一定时期内经济活动的详细情况;另一方面可以通过发生额、余额的计算,提供各方面所需要的总括会计信息,反映财务状况及经营成果。

(3) 通过账簿的设置和登记,检查、校正会计信息。账簿记录是会计凭证信息的进一步整理。

（4）通过账簿的设置和登记，编表、输出会计信息。为了反映一定日期的财务状况及一定时期的经营成果，应定期进行结账工作，进行有关账簿之间的核对，计算出本期发生额和余额，据以编制会计报表，向有关各方提供所需要的会计信息。

二、会计账簿的分类

（一）按用途分类

（1）序时账簿。序时账簿又称日记账，是按照经济业务发生或完成时间的先后顺序逐日逐笔进行登记的账簿。序时账簿是会计部门按照收到会计凭证号码的先后顺序进行登记的。在会计工作发展的早期，就要求必须将每天发生的经济业务逐日登记，以便记录当天业务发生的金额。因而习惯地称序时账簿为日记账。序时账簿按其记录内容的不同，又分为普通日记账和特种日记账两种。普通日记账是将企业每天发生的所有经济业务，不论其性质如何，按其先后顺序，编成会计分录记入账簿；特种日记账是按经济业务性质单独设置的账簿，它只把特定项目按经济业务顺序记入账簿，反映其详细情况，如现金日记账和银行存款日记账。特种日记账的设置应根据业务特点和管理需要而定，特别是那些发生繁琐、须严加控制的项目，应予以设置。如普通日记账、现金日记账和银行存款日记账。

（2）分类账簿。分类账簿是对全部经济业务事项按照会计要素的具体类别而设置的分类账户进行登记的账簿。分类账簿按其提供核算指标的详细程度不同，又分为总分类账和明细分类账。总分类账，简称总账，是根据总分类科目设置账户，用来登记全部经济业务，进行总分类核算，提供总括核算资料的分类账簿。明细分类账，简称明细账，是根据明细分类科目设置账户，用来登记某类经济业务，进行明细分类核算，提供明细核算资料的分类账簿。

（3）备查账簿。备查账簿又称辅助账簿，是对某些在序时账簿和分类账簿等主要账簿中都不予登记或登记不够详细的经济业务事项进行补充登记时使用的账簿。它可以对某些经济业务的内容提供必要的参考资料。备查账簿的设置应视实际需要而定，并非一定要设置，而且没有固定格式。如设置租入固定资产登记簿、代销商品登记簿等。

（二）按账页格式分类

（1）两栏式账簿。两栏式账簿只有借方和贷方。普通日记账通常采用此种账簿。

（2）三栏式账簿（如图8-1所示）。设有借方、贷方和余额。适用于只进行金额核算的资本、债权、债务明细账。如"应收账款""应付账款""实收资本"等账户的明细分类核算。

（3）多栏式账簿（如图8-2所示）。多栏式账簿是在账簿的两个基本栏目借方和贷方按照需要分设若干个专栏的账簿。适用于收入、成本、费用、利润和利润分配明细账。如"生产成本""管理费用""营业外收入""本年利润"等账户的明细分类核算。

（4）数量金额式账簿（如图8-3所示）。数量金额式账簿的借方、贷方和余额三个栏目内，都分设数量、单价和金额三小栏，以反映财产物资的实物数量和价值量。如："原材料""库存商品""固定资产"等账户的明细分类核算。

（5）横线登记式账簿。横线登记式账簿在同一张账页的同一行，记录某一项经济业务从发生到结束的相关内容。

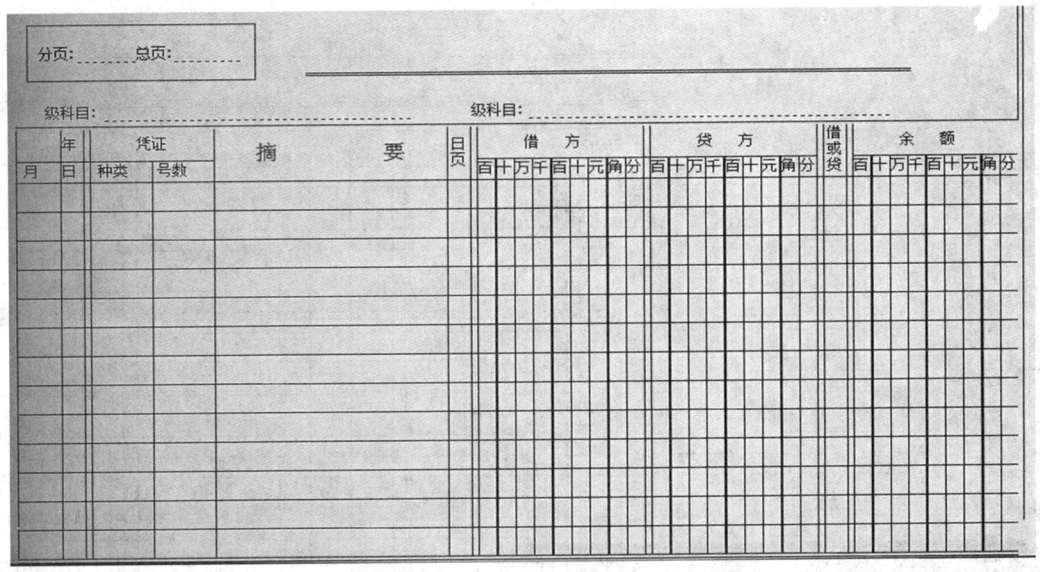

图 8-1 三栏式账簿

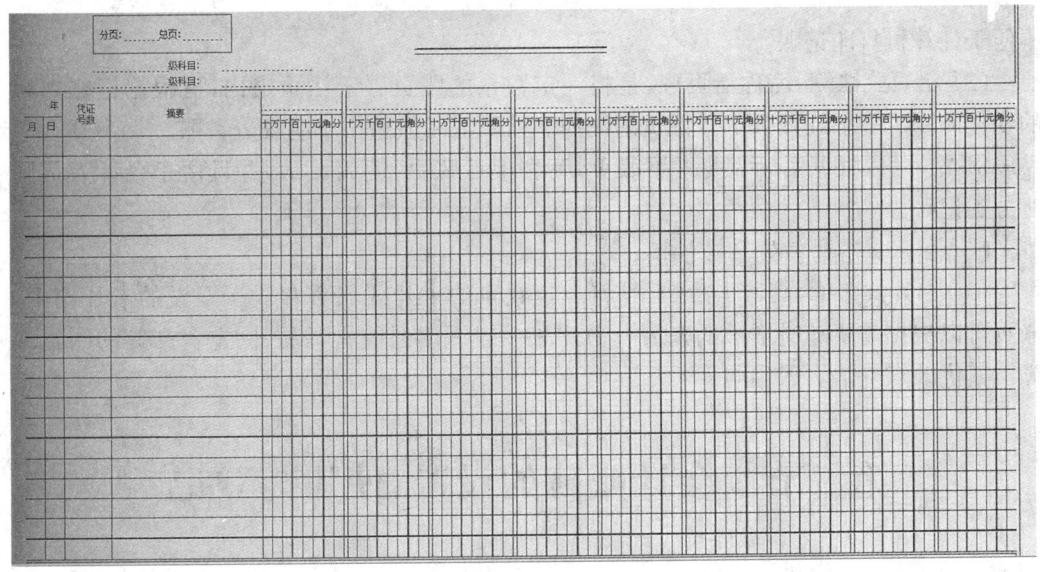

图 8-2 多栏式账簿

（三）按外形特征分类

（1）订本式账簿，简称订本账，是在启用前将编有顺序页码的一定数量账页装订成册的账簿。这种账簿，一般适用于重要的和具有统驭性的总分类账、现金日记账和银行存款日记账。根据《会计基础工作规范》（1996 年 6 月 17 日财政部财会字 19 号发布）第五十七条规定，现金日记账和银行存款日记账必须采用订本式账簿。不得用银行对账单或者其他方法代替日记账。

优点：可以避免账页散失，防止账页被抽换。

缺点：同一账簿在同一时间只能由一人登记，这样不便于会计人员分工协作记账，也

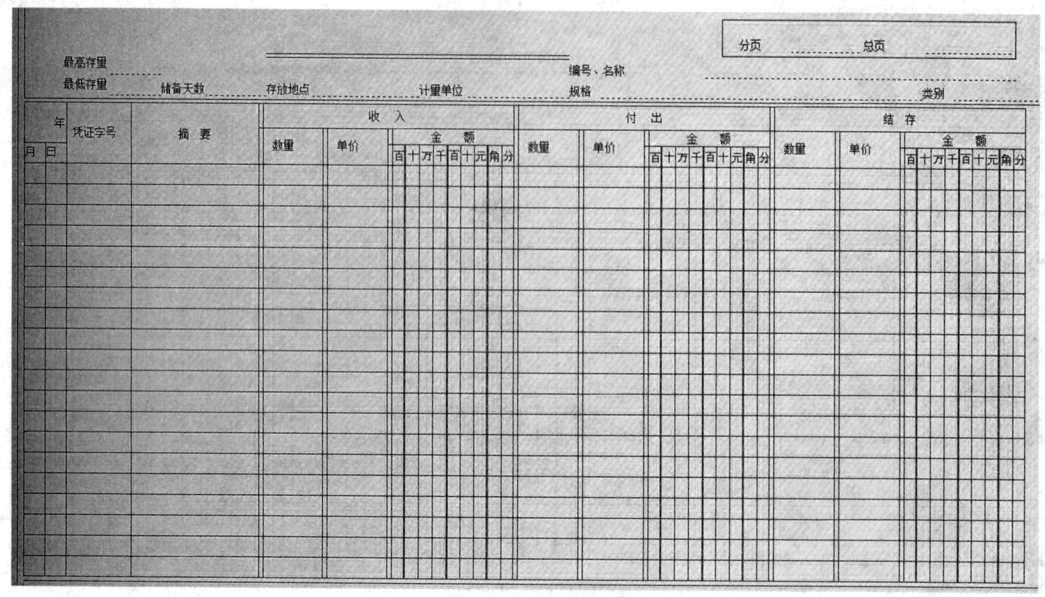

图 8-3　数量金额式账簿

不便于计算机打印记账。

（2）活页式账簿，简称活页账，是将一定数量的账页置于活页夹内，可根据记账内容的变化而随时增加或减少部分账页的账簿。活页账一般适用于明细分类账。

优点：可以根据实际需要增添账页，不会浪费账页，使用灵活，并且便于会计人员同时分工记账。

缺点：账页容易散失和被抽换。

（3）卡片式账簿，简称卡片账，是将一定数量的卡片式账页存放于专设的卡片箱中，账页可以根据需要随时增添的账簿。卡片账一般适用低值易耗品、固定资产等的明细核算。其优缺点与活页账相同。

第二节　会计账簿的设置、使用与登记

一、会计账簿的设置

（一）会计账簿的基本内容

根据《会计基础工作规范》第五十六条规定："各单位应当按照国家统一会计制度的规定和会计业务的需要设置会计账簿。会计账簿包括总账、明细账、日记账和其他辅助性账簿"。各单位均应结合本单位经济业务的特点和经营管理的需要，设置必要的账簿，并认真做好记账工作。各种账簿的形式和格式多种多样，但均应具备下列组成内容。

（1）封面：主要标明账簿的名称，如总分类账、现金日记账和银行存款日记账等。

（2）扉页：标明会计账簿的使用信息，如科目索引、账簿启用和经管人员一览表等。

（3）账页：账簿是用来记录经济业务事项的载体，其格式由反映经济业务内容的不同而有所不同。但其内容应当包括：

（1）账户的名称，以及科目、二级或明细科目。

（2）登记账簿的日期栏。

（3）记账凭证的种类和号数栏。

（4）摘要栏，所记录经济业务内容的简要说明。

（5）金额栏，记录经济业务的增减变动和余额。

（6）总页次和分户页次栏。

（二）会计账簿的启用

根据《会计基础工作规范》第五十八条规定，启用会计账簿时，应当在账簿的有关位置记录以下相关信息。

（1）设置账簿的封面。“启用会计账簿时，应当在账簿封面上写明单位名称和账簿名称”。除订本账不另设封面以外，各种活页账都应设置封面和封底，并登记单位名称、账簿名称和所属会计年度。

（2）登记账簿启用及经管人员一览表。“在账簿扉页上应当附启用表，内容包括：启用日期、账簿页数、记账人员和会计机构负责人、会计主管人员姓名，并加盖名章和单位公章。记账人员或者会计机构负责人、会计主管人员调动工作时，应当注明交接日期、接办人员或者监交人员姓名，并由交接双方人员签名或者盖章”。在启用新会计账簿时，应首先填写在扉页上印制的“账簿启用及交接表”（如图 8-4 所示）中的启用说明，其中包括单位名称、账簿名称、账簿编号、起止日期、单位负责人、主管会计、复核人员和记账人员等项

<table>
<tr><th colspan="13">账簿启用及交接表</th></tr>
<tr><td colspan="2">机构名称</td><td colspan="6"></td><td colspan="5">印鉴</td></tr>
<tr><td colspan="2">账簿名称</td><td colspan="6">（第　　册）</td><td colspan="5" rowspan="4"></td></tr>
<tr><td colspan="2">账簿编号</td><td colspan="6"></td></tr>
<tr><td colspan="2">账簿页数</td><td colspan="6">本账簿共计　　页（本账簿页数
检点人盖章　　）</td></tr>
<tr><td colspan="2">启用日期</td><td colspan="6">公元　　年　　月　　日</td></tr>
<tr><td rowspan="3">经管人员</td><td colspan="2">负责人</td><td colspan="2">主办会计</td><td colspan="4">复核</td><td colspan="4">记账</td></tr>
<tr><td>姓名</td><td>盖章</td><td>姓名</td><td>盖章</td><td colspan="3">姓名</td><td>盖章</td><td colspan="3">姓名</td><td>盖章</td></tr>
<tr><td></td><td></td><td></td><td></td><td colspan="3"></td><td></td><td colspan="3"></td><td></td></tr>
<tr><td rowspan="6">接交记录</td><td colspan="4">经管人员</td><td colspan="4">接管</td><td colspan="4">交出</td></tr>
<tr><td colspan="2">职别</td><td colspan="2">姓名</td><td>年</td><td>月</td><td>日</td><td>盖章</td><td>年</td><td>月</td><td>日</td><td>盖章</td></tr>
<tr><td colspan="2"></td><td colspan="2"></td><td></td><td></td><td></td><td></td><td></td><td></td><td></td><td></td></tr>
<tr><td colspan="2"></td><td colspan="2"></td><td></td><td></td><td></td><td></td><td></td><td></td><td></td><td></td></tr>
<tr><td colspan="2"></td><td colspan="2"></td><td></td><td></td><td></td><td></td><td></td><td></td><td></td><td></td></tr>
<tr><td colspan="2"></td><td colspan="2"></td><td></td><td></td><td></td><td></td><td></td><td></td><td></td><td></td></tr>
<tr><td>备注</td><td colspan="12"></td></tr>
</table>

图 8-4　账簿启用及交接表

目,并加盖单位公章。在会计人员发生变更时,应办理交接手续并填写"账簿启用及交接表"中的交接记录。

(3) 填写账户目录。"启用订本式账簿,应当从第一页到最后一页顺序编定页数,不得跳页、缺号。使用活页式账页,应当按账户顺序编号,并须定期装订成册。装订后再按实际使用的账页顺序编定页码。另加目录,记明每个账户的名称和页次"。总账应按照会计科目的编号顺序填写科目名称及启用页码。

(4) 粘贴印花税票。印花税票应粘贴在账簿的右上角,并且划线注销。在使用缴款书缴纳印花税时,应在右上角注明"印花税已缴"及缴款金额。

二、会计账簿的使用

(一) 登记账簿的依据

为了保证账簿记录的真实、正确,必须根据审核无误的会计凭证登账。各单位每天发生的各种经济业务,都要记账,记账的依据是会计凭证。

(二) 登记账簿的时间

各种账簿应当每隔多长时间登记一次,没有统一规定。但是,一般的原则是:总分类账要按照单位所采用的会计核算形式及时登账;各种明细分类账,要根据原始凭证、原始凭证汇总表和记账凭证每天进行登记,也可以定期(三天或五天)登记。但是现金日记账和银行存款日记账,应当根据办理完毕的收付款凭证,随时逐笔顺序进行登记,最少每天登记一次。

(三) 登记账簿的规范要求

根据《会计基础工作规范》第六十条规定,登记会计账簿的基本要求是:

(1) 准确完整。"登记会计账簿时,应当将会计凭证日期、编号、业务内容摘要、金额和其他有关资料逐项记入账内;做到数字准确、摘要清楚、登记及时、字迹工整。"每一项会计业务,一方面要记入有关的总账,另一方面要记入该总账所属的明细账。账簿记录中的日期,应该填写记账凭证上的日期;以自制的原始凭证,如收料单、领料单等,作为记账依据的,账簿记录中的日期应按有关自制凭证上的日期填列。

(2) 注明记账符号。"登记完毕后,要在记账凭证上签名或者盖章,并注明已经登账的符号,表示已经记账。"在记账凭证上设有专门的栏目供注明记账的符号,以免发生重记或漏记。

(3) 文字和数字必须整洁清晰,准确无误。在登记书写时,不要滥造简化字,不得使用同音异义字,不得写怪字体;摘要文字紧靠左线;数字要写在金额栏内,不得越格错位、参差不齐;文字、数字字体大小适中,紧靠下线书写,上面要留有适当空距,一般应占格宽的1/2,以备按规定的方法改错。记录金额时,如为没有角分的整数,应分别在角分栏内写上"0",不得省略不写,或以"—"号代替。阿拉伯数字一般可自左向右适当倾斜,以使账簿记录整齐、清晰。为防止字迹模糊,墨迹未干时不要翻动账页;夏天记账时,可在手臂下垫一块软质布或纸板等书写,以防汗浸。

(4) 正常记账使用蓝黑墨水。"登记账簿要用蓝黑墨水或者碳素墨水书写,不得使用圆珠笔(银行的复写账簿除外)或者铅笔书写。"在会计的记账书写中,数字的颜色是重要的语素之一,它同数字和文字一起传达出会计信息。如同数字和文字错误会表达错误的信息,书写墨水的颜色用错了,其导致的概念混乱也不亚于数字和文字错误。

（5）特殊记账使用红墨水。"下列情况，可以用红色墨水记账：① 按照红字冲账的记账凭证，冲销错误记录；② 在不设借贷等栏的多栏式账页中，登记减少数；③ 在三栏式账户的余额栏前，如未印明余额方向的，在余额栏内登记负数余额；④ 根据国家统一会计制度的规定可以用红字登记的其他会计记录"。

（6）顺序连续登记。"各种账簿按页次顺序连续登记，不得跳行、隔页。如果发生跳行、隔页，应当将空行、空页划线注销，或者注明'此行空白''此页空白'字样，并由记账人员签名或者盖章"。更不得随便更换账页和撤出账页，作废的账页也要留在账簿中，这对堵塞在账簿登记中可能出现的漏洞，是十分必要的防范措施。

（7）结出余额。"凡需要结出余额的账户，结出余额后，应当在'借或贷'等栏内写明'借'或者'贷'等字样。没有余额的账户，应当在'借或贷'等栏内写'平'字，并在余额栏内用'Ø'表示。现金日记账和银行存款日记账必须逐日结出余额。"一般说来，对于没有余额的账户，在余额栏内标注的"Ø"应当放在"元"位。

（8）过次承前。"每一账页登记完毕结转下页时，应当结出本页合计数及余额，写在本页最后一行和下页第一行有关栏内，并在摘要栏内注明'过次页'和'承前页'字样；也可以将本页合计数及金额只写在下页第一行有关栏内，并在摘要栏内注明'承前页'字样。对需要结计本月发生额的账户，结计'过次页'的本页合计数应当为自本月初起至本页末止的发生额合计数；对需要结计本年累计发生额的账户，结计'过次页'的本页合计数应当为自年初起至本页末止的累计数；对既不需要结计本月发生额也不需要结计本年累计发生额的账户，可以只将每页末的余额结转次页。"也就是说，"过次页"和"承前页"的方法有两种：一是在本页最后一行内结出发生额合计数及余额，然后过次页并在次页第一行承前页；二是只在次页第一行承前页写出发生额合计数及余额，不在上页最后一行结出发生额合计数及余额后过次页。

（9）依据《会计基础工作规范》第六十条规定，"账簿记录发生错误，不准涂改、挖补、刮擦或者用药水消除字迹，不准重新抄写，必须按照下列方法进行更正：① 登记账簿时发生错误，应当将错误的文字或者数字划红线注销，但必须使原有字迹仍可辨认；然后在划线上方填写正确的文字或者数字，并由记账人员在更正处盖章。对于错误的数字，应当全部划红线更正，不得只更正其中的错误数字。对于文字错误，可只划去错误的部分。② 由于记账凭证错误而使账簿记录发生错误，应当按更正的记账凭证登记账簿"。对此，将在"错账更正方法"一节做详细说明。

（10）定期打印。根据《会计基础工作规范》第六十一条规定："实行会计电算化的单位，总账和明细账应当定期打印。发生收款和付款业务的，在输入收款凭证和付款凭证的当天必须打印出现金日记账和银行存款日记账，并与库存现金核对无误"。这是因为在以机器或其他磁性介质储存的状态下，各种资料或数据的直观性不强，而且信息处理的过程不明，不便于进行某些会计操作和进行内部或外部审计，对会计信息的安全和完整也不利。

三、会计账簿的登记

（一）日记账的格式和登记方法

1. 普通日记账的格式和登记方法

普通日记账一般只设借方和贷方两个金额栏，以便分别记入各项经济业务所确定的账户名称及借方和贷方的金额，也称为两栏式日记账，或叫分录簿。

2. 特种日记账的格式和登记方法

1）现金日记账的格式和登记方法。

现金日记账的格式(如图 8-5 所示)。现金日记账是用来核算和监督库存现金每天的收入、支出和结存情况的账簿，其格式有三栏式和多栏式两种。无论采用三栏式还是多栏式现金日记账，都必须使用订本账。

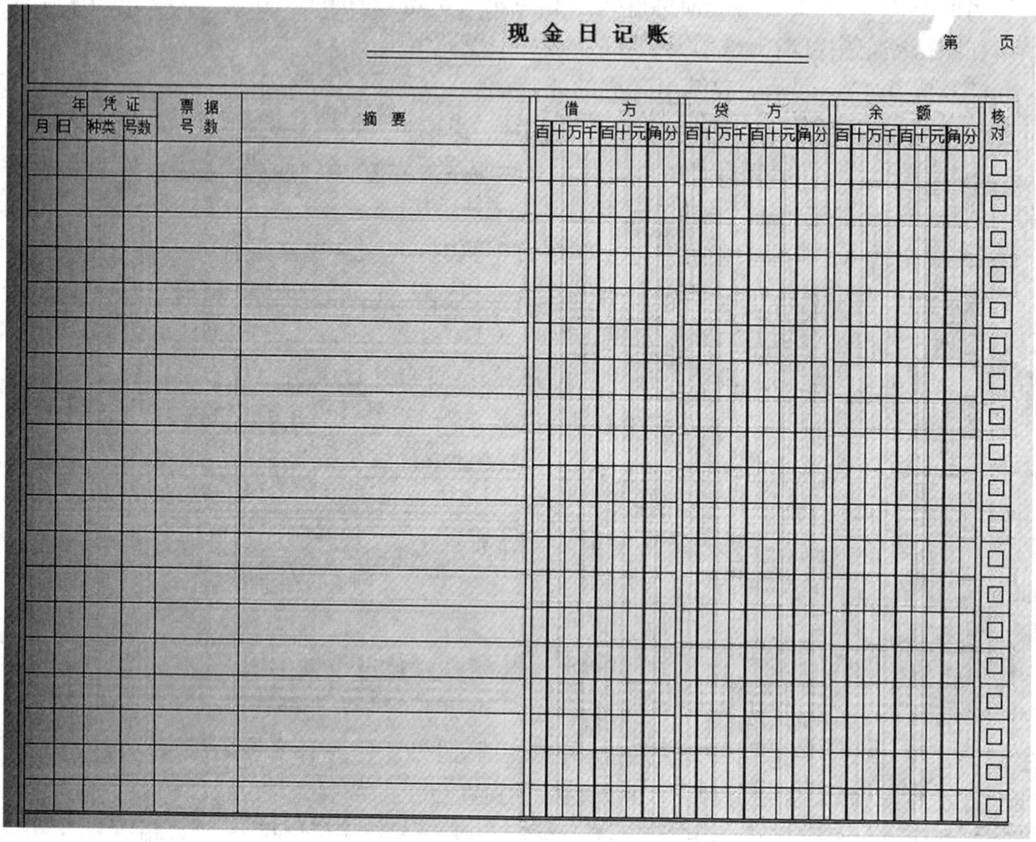
现金日记账　　第　页

年		凭证		票据号数	摘要	借方								贷方								余额								核对
月	日	种类	号数			百	十	万	千	百	十	元	角分	百	十	万	千	百	十	元	角分	百	十	万	千	百	十	元	角分	

图 8-5　现金日记账(三栏式)

现金日记账的登记方法。现金日记账由出纳人员根据同现金收付有关的记账凭证，按时间顺序逐日逐笔进行登记，并根据“上日余额＋本日收入－本日支出＝本日余额”的公式，逐日结出现金余额，与库存现金实存数核对，以检查每日现金收付是否有误。

借、贷方分设的多栏式现金日记账的登记方法是：先根据有关现金收入业务的记账凭证登记现金收入日记账，根据有关现金支出业务的记账凭证登记现金支出日记账，每日营业终了，根据现金支出日记账结计的支出合计数，一笔转入现金收入日记账的“支出合计”栏中，并结出当日余额。

【例 8-1】　甲公司 1 月份发生以下业务(库存现金期初余额：3 000 元，银行存款期初余额：50 000 元)：

(1) 1 日购入电动机一台，价值 50 000 元，增值税 6 500 元，交付车间使用，货款以银行存款支付；

借：固定资产   50 000

  应交税费——应交增值税（进项税额）   6 500

    贷：银行存款   56 500

（2）3日购入乙材料80千克，单价800元，增值税税率13%，材料验收入库，货款用银行存款支付；

借：原材料——乙材料   64 000

  应交税费——应交增值税（进项税额）   8 320

    贷：银行存款   72 320

（3）10日销售A产品30件，单价4 000元，增值税税率13%，货款收到存入银行；

借：银行存款   135 600

    贷：主营业务收入   120 000

      应交税费——应交增值税（销项税额）   15 600

（4）15日用现金900元，支付广告费；

借：销售费用   900

    贷：库存现金   900

（5）18日用银行存款800元支付本季度银行借款利息；

借：财务费用   800

    贷：银行存款   800

（6）28日开出现金支票提现备发工资11 800元；

借：库存现金   11 800

    贷：银行存款   11 800

（7）31日用现金发放本月职工工资11 800元；

借：应付职工薪酬——工资   11 800

    贷：库存现金   11 800

要求：登记现金日记账（见表8-1）。

表8-1

现金日记账（三栏式）

×年		凭证		摘要	借方	贷方	余额	核对
月	日	种类	号数					
1				期初余额			3 000	
	15	（略）	（略）	（略）		900	2 100	
	28				11 800		13 900	
	31					11 800	2 100	

2）银行存款日记账的格式和登记方法。

银行存款日记账（如图8-6所示）是用来核算和监督银行存款每日的收入、支出和结余情况的账簿。银行存款日记账应按企业在银行开立的账户和币种分别设置,每个银行账户设置一本日记账。银行存款日记账的格式和登记方法与现金日记账相同。

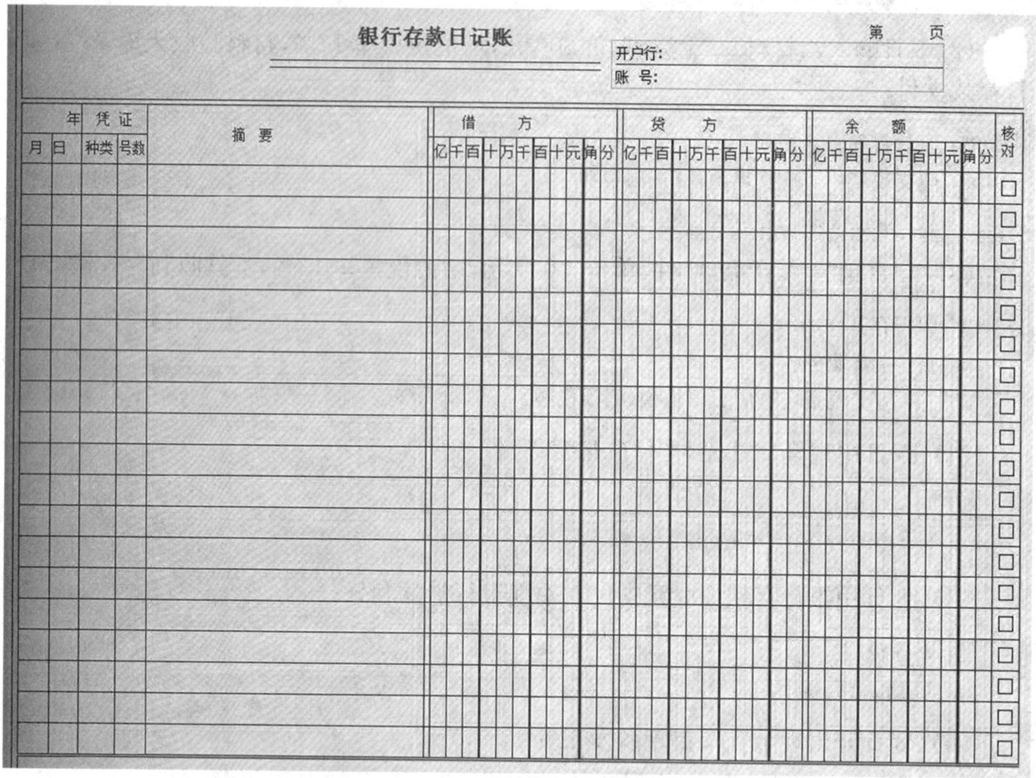

图 8-6　银行存款日记账(三栏式)

【例 8-2】　接[例 8-1],要求:登记银行存款日记账(见表 8-2)。

表 8-2

银行存款日记账(三栏式)

×年		凭证		摘　要	借方	贷方	余额	核对
月	日	种类	号数					
1				期初余额			150 000	
	1	(略)	(略)	(略)		56 500	93 500	
	3					72 320	21 180	
	10				135 600		156 780	
	18					800	155 980	
	28					11 800	144 180	

(二)总分类账的格式和登记方法

1. 总分类账的格式

总分类账(如图 8-7 所示)是按照总分类账户分类登记以提供总括会计信息的账簿。

总分类账最常用的格式为三栏式,设置借方、贷方和余额三个基本金额栏目。

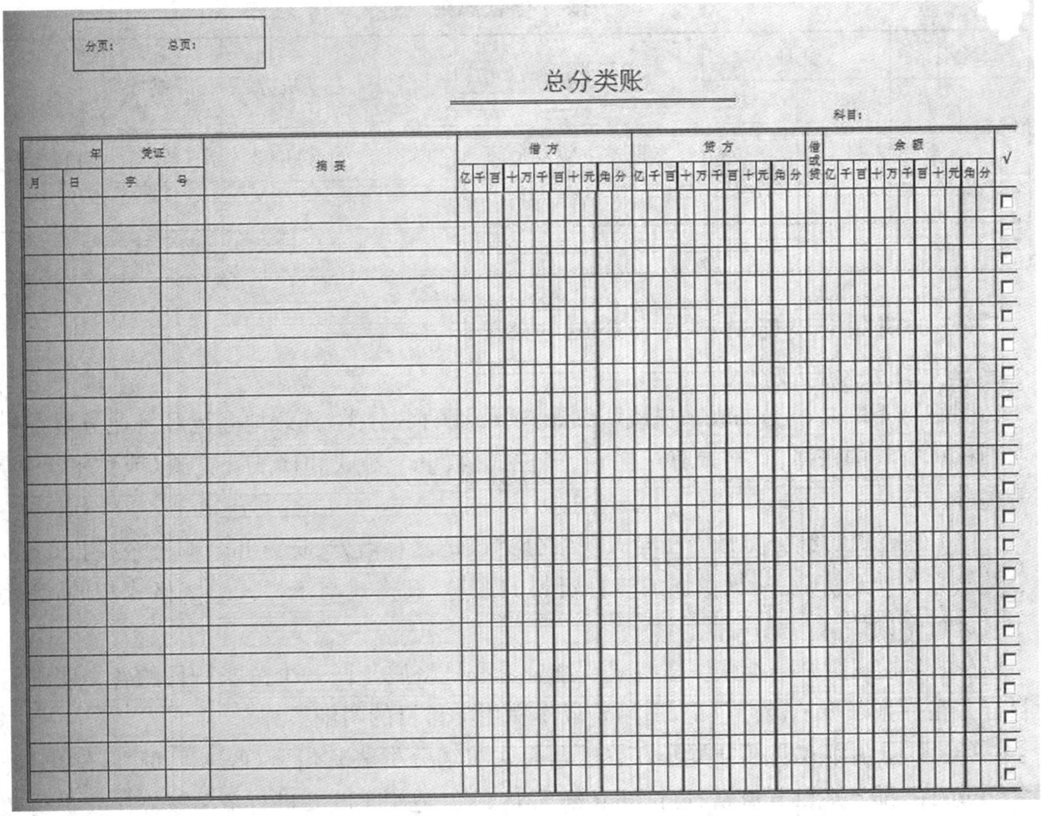

图 8-7 总分类账

2. 总分类账的登记方法

总分类账主要有以下三种方法进行登记。

(1) 记账凭证核算方法:根据记账凭证逐笔登记总账;

(2) 汇总记账凭证方法:根据固定日期(一般为十天),汇总此期间的记账凭证,编制"汇总记账凭证",再根据"汇总记账凭证"登记总账。

(3) 科目汇总表法,即根据所有记账凭证,编制"科目汇总表",再根据"科目汇总表"登记总账,一般总账每月就一笔,即根据"科目汇总表"中的本月发生额(分借、贷方)登记。

【例 8-3】 接[例 8-1],要求:登记现金总账(见表 8-3)、银行存款总账(见表 8-4)。

表 8-3

库存现金总账

×年		凭证		摘要	借方	贷方	借或贷	余额
月	日	字	号					
1	31	科汇		本期发生额及余额	11 800	12 700	借	2 100

表 8-4

银行存款总账

×年		凭证		摘要	借方	贷方	借或贷	余额
月	日	字	号					
1	31	科汇		本期发生额及余额	135 600	141 420	借	144 180

（三）明细分类账的格式和登记方法

1. 明细分类账的格式

明细分类账是根据二级账户或明细账户开设账页,分类、连续地登记经济业务以提供明细核算资料的账簿,其格式有三栏式、多栏式、数量金额式和横线登记式(或称平行式)等多种。

（1）三栏式明细分类账。三栏式明细分类账是设有借方、贷方和余额三个栏目,用以分类核算各项经济业务,提供详细核算资料的账簿,其格式与三栏式总账格式相同,适用于只进行金额核算的账户。

（2）多栏式明细分类账。多栏式明细分类账是将属于同一个总账科目的各个明细科目合并在一张账页上进行登记,适用于成本费用类科目的明细核算。

（3）数量金额式明细分类账。数量金额式明细分类账其借方(收入)、贷方(发出)和余额(结存)都分别设有数量、单价和金额三个专栏,适用于既要进行金额核算又要进行数量核算的账户。

（4）横线登记式明细分类账。横线登记式明细分类账是采用横线登记,即将每一相关的业务登记在一行,从而可依据每一行各个栏目的登记是否齐全来判断该项业务的进展情况。该明细分类账适用于登记材料采购业务、应收票据和一次性备用金业务。

2. 明细分类账的登记方法

不同类型经济业务的明细分类账可根据管理需要,依据记账凭证、原始凭证或汇总原始凭证逐日逐笔或定期汇总登记。固定资产、债权、债务等明细账应逐日逐笔登记;库存商品、原材料、产成品收发明细账以及收入、费用明细账可以逐笔登记,也可定期汇总登记。

第三节　对账与结账

一、对账

根据《会计基础工作规范》第六十三条规定:"各单位应当定期对会计账簿记录的有关数字与库存实物、货币资金、有价证券、往来单位或者个人等进行相互核对,保证账证相符、账账相符、账实相符。对账工作每年至少进行一次"。对账就是指在本期内对账簿记录所进行核对。为了保证各种账簿记录的完整和正确,为编制会计报表提供真实可靠的数据资料,必须做好对账工作。

（一）账证核对

核对会计账簿记录与原始凭证、记账凭证的时间、凭证字号、内容、金额是否一致,记账方向是否相符。

（二）账账核对

核对不同会计账簿之间的账簿记录是否相符,包括：总账有关账户的余额核对,总账与明细账核对,总账与日记账核对,会计部门的财产物资明细账与财产物资保管和使用部门的有关明细账核对等。具体内容包括：

（1）总分类账各账户本月借方发生额合计数与贷方发生额合计数是否相等;期末借方余额合计数与贷方余额合计数是否相等,以检查总分类账户的登记是否正确。

（2）各明细分类账的本期借、贷方发生额合计数及期末余额合计数与总分类账应该分别核对相符,以检查各明细分类账的登记是否正确。

（3）现金日记账和银行存款日记账的本期借、贷方发生额合计数及期末余额合计数与总分类账应该分别核对相符,以检查日记账的登记是否正确。

（4）会计部门有关财产物资的明细分类账结存数,应该与财产物资保管或使用部门的有关保管账的账存数核对相符,以检查双方记录是否正确。

（三）账实核对

核对会计账簿记录与财产等实有数额是否相符。包括：现金日记账账面余额与现金实际库存数相核对;银行存款日记账账面余额定期与银行对账单相核对;各种财物明细账账面余额与财物实存数额相核对;各种应收、应付款明细账账面余额与有关债务、债权单位或者个人核对等。账实核对一般是通过财产清查进行的。对此,将在财产清查一讲中做详细说明。

二、结账

根据《会计基础工作规范》第六十四条规定,各单位应当按照规定定期结账。各个单位的经济活动是连续不断进行的,为了总结每一会计期间(月份、季度、年度)的经济活动情况,考核经营成果,编制会计报表,就必须在每一会计期末进行结账。结账是指在将本期内所发生的经济业务全部登记入账的基础上,于会计期末按照规定的方法结算账目,包括结算出本期发生额和期末余额。

（一）结账的主要程序和内容

（1）结账前,必须将本期内发生的各项经济业务全部登记入账。

（2）实行权责发生制的单位,按照权责发生制的要求,进行账项调整的账务处理,并在此基础上,进行其他有关转账业务的账务处理,以计算确定本期的成本、费用、收入和利润。需要说明的是,不能为了赶编报表而提前结账,也不能将本期发生的经济业务延至下期登账,也不能先编会计报表后结账。

（3）结账时,应结出现金日记账、银行存款日记账以及总分类账和明细分类账各账户的本期发生额和期末余额,并将期末余额结转下期。

（二）结账的方法

计算登记各种账簿本期发生额和期末余额的工作，一般按月进行，称为月结；有的账目还应按季结算，称为季结；年度终了，还应进行年终结账，称为年结。期末结账主要采用划线结账法。也就是期末结出各账户的本期发生额和期末余额后，加以划线标记，将期末余额结转下期。结账时，不同的账户记录应分别采用不同的方法：

（1）月结。每月结账时，应在各账户本月份最后一笔记录下面画一条通栏红线，表示本月结束；然后，在红线下面结出本月发生额和月末余额，如果没有余额，在余额栏内写上"平"或"〇"符号。同时，在摘要栏内注明"本月合计"或"×月份发生额及余额"字样，最后，再在下面画一条通栏红线，表示完成月结工作。

（2）季结。季结的结账方法与月结基本相同，但在摘要栏内注明"本季合计"或"第×季度发生额及余额"字样。

（3）年结。办理年结时，应在12月份月结下面（需办理季结的，应在第四季度的季结下面）结算填列全年12个月的月结发生额和年末余额，如果没有余额，在余额栏内写上"平"或"〇"符号，并在摘要栏内注明"本年合计"或"年度发生额及余额"字样；然后，将年初借（贷）方余额抄列于下一行的借（贷）方栏内，并在摘要栏内注明"年初余额"字样，同时将年末借（贷）方余额再列入下一行的借（贷）方栏内，在摘要栏内注明"结转下年"字样；最后，分别加计借贷方合计数，并在合计数下面划通栏双红线表示封账，完成了年结工作。需要更换新账的，应在新账有关账户的第一行摘要栏内注明"上年结转"或"年初余额"字样，并将上年的年末余额以相同方向记入新账中的余额栏内。

（4）对于不需按月结计发生额的账户，如应收应付、财产物资明细账，每登记一次，就要随时结出余额，每月最后一笔余额就是月末余额，月末结账时，只需在最后一笔业务记录下面画一条通栏红线即可。对于总账账户只需结出月末金额即可，但在年终结账时，为了总括反映企业财务状况和经营成果全貌，核对账目，需将所有总账账户结出全年发生额和年末余额，在摘要栏内注明"本年合计"字样，并在合计栏下画通栏红线。

第四节　错账更正方法

账簿记录应做到整洁，记账应力求正确，根据《会计基础工作规范》第六十四条规定，"账簿记录发生错误，不准涂改、挖补、刮擦或者用药水消除字迹，不准重新抄写，必须按照下列方法进行更正：划线更正法、红字更正法、补充登记法"。

一、划线更正法

在结账以前，如果发现账簿记录有错误，而记账凭证没有错误，仅属于记账时文字或数字上的笔误，应采用划线更正法。更正的方法是：先将错误的文字或数字用一条红色横线划去，表示注销；再在划线的上方用蓝色字迹写上正确的文字或数字，并在划线处加盖更正人图章，以明确责任。但要注意划掉错误数字时，应将整笔数字划掉，不能只划掉其中一个或几个写错的数字，并保持被划去的字迹仍可清晰辨认。

【例8-4】　在过账时，误将12 345.67元写成12 435.67元，则应该采用划线更正法进行差错更正,更正的方法是:先用红线将"12 435.67"整个数字全部划掉(不能只划掉"43"两个数字),然后用蓝字或黑字在其上方写正确的数字"12 345.67",最后由更正人员在上述更正处加盖印章,以明确责任人。

二、红字更正法

红字更正法是指由于记账凭证错误而使账簿记录发生错误,而用红字冲销原记账凭证,以更正账簿记录的一种方法。红字更正法适用于以下两种情况:

第一种情况。记账以后,如果发现账簿记录的错误,是因记账凭证中的应借、应贷会计科目或记账方向有错误而引起的,应用红字更正法进行更正。更正的方法是:先用红字金额填写一张会计科目与原错误记账凭证完全相同的记账凭证,在"摘要"栏中写明"冲销错账"以及错误凭证的号数和日期,并据以用红字登记入账,以冲销原来错误的账簿记录;然后,再用蓝字或黑字填写一张正确的记账凭证,在"摘要"栏中写明"更正错账"以及冲账凭证的号数和日期,并据以用蓝字或黑字登记入账。

【例 8-5】　甲公司计提 3 月份生产车间管理人员工资 25 000.00 元。编制记账凭证时误记为:

借：管理费用　　　　　　　　　　　　　　　　　　　　　25 000
　　贷：应付职工薪酬——工资　　　　　　　　　　　　　　　　25 000

并已登记入账。之后发现更正时:

(1)用红字金额编制一张与上述误记凭证相同的记账凭证,并据以登记入账,以冲销原有的误记记录(框内数字表示红字,后同):

借：管理费用　　　　　　　　　　　　　　　　　　　　　25 000
　　贷：应付职工薪酬——工资　　　　　　　　　　　　　　　　25 000

(2)用蓝字或黑字编制一张正确的记账凭证,并据以登记入账:

借：制造费用　　　　　　　　　　　　　　　　　　　　　25 000
　　贷：应付职工薪酬——工资　　　　　　　　　　　　　　　　25 000

以上错账更正的会计分录在账户中的登记情况如图 8-8 所示。

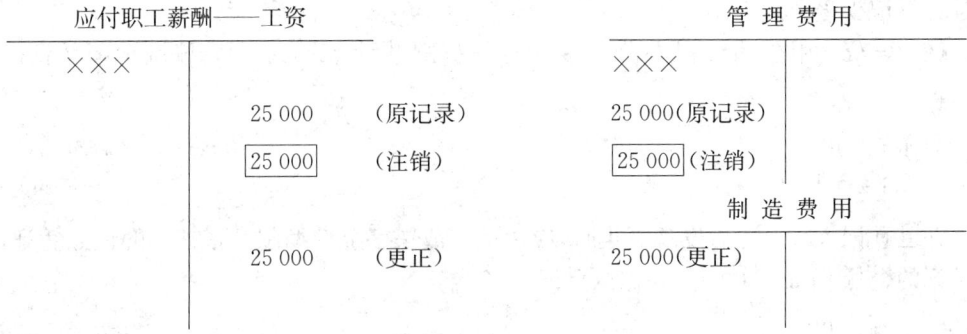

图 8-8　错账更正的会计分录

第二种情况。记账以后，如果发现记账凭证和账簿记录的金额有错误（所记金额大于应记的正确金额），而应借、应贷的会计科目没有错误，应用红字更正法进行更正。更正的方法是：将多记的金额用红字填制一张记账凭证，而应借、应贷会计科目与原错误记账凭证相同，在"摘要"栏写明"冲销多记金额"以及原错误记账凭证的号数和日期，并据以登记入账，以冲销多记的金额。

【例 8-6】　甲公司以银行存款向 A 广告公司支付一笔广告费总计 86 800 元。编制记账凭证时误记为：

借：销售费用　　　　　　　　　　　　　　　　　　　　　　　　　　　　　88 600
　贷：银行存款　　　　　　　　　　　　　　　　　　　　　　　　　　　　　　88 600

并已登记入账。之后发现更正时，应用红字金额编制一张记账凭证，冲减多记金额 1 800.00 元，并据以登记入账：

借：销售费用　　　　　　　　　　　　　　　　　　　　　　　　　　　　　1 800

　贷：银行存款　　　　　　　　　　　　　　　　　　　　　　　　　　　　　　1 800

以上错账更正的会计分录在账户中的登记情况如图 8-9 所示。

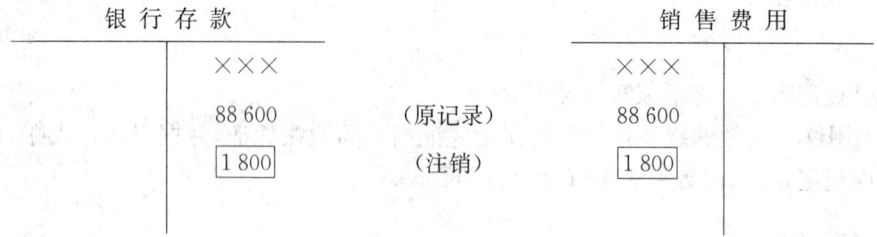

银 行 存 款		销 售 费 用	
×××		×××	
88 600	（原记录）	88 600	
1 800	（注销）	1 800	

图 8-9　错账更正的会计分录

三、补充登记法

记账以后，如果发现记账凭证和账簿记录的金额有错误（所记金额小于应记的正确金额），而应借、应贷的会计科目没有错误，应用补充登记法进行更正。更正的方法是：将少记的金额用蓝字或黑字填制一张应借、应贷会计科目与原错误记账凭证相同的记账凭证，在"摘要"栏中写明"补充少记金额"以及原错误记账凭证的号数和日期，并据以登记入账，以补充登记少记金额。

【例 8-7】　甲公司计提办公大楼 6 月份折旧共计 75 400 元。编制记账凭证时误记为：

借：管理费用　　　　　　　　　　　　　　　　　　　　　　　　　　　　　7 540
　贷：累计折旧——办公大楼　　　　　　　　　　　　　　　　　　　　　　　7 540

并已登记入账。之后发现更正时，应用蓝字或黑字金额编制一张补充的记账凭证，补足少记的金额 67 860.00 元，并据以登记入账：

借：管理费用　　　　　　　　　　　　　　　　　　　　　　　　　　　　　67 860
　贷：累计折旧——办公大楼　　　　　　　　　　　　　　　　　　　　　　　67 860

以上错账更正的会计分录在账户中的登记情况如图8-10所示。

累计折旧—办公大楼			管理费用	
	×××		×××	
	7 540	（原记录）	7 540	
	67 860	（补记）	67 860	

图 8-10　错账更正的会计分录

第五节　会计账簿的更换与保管

一、会计账簿的更换

会计账簿的更换通常在新会计年度建账时进行。总账、日记账和多数明细账应每年更换一次。备查账簿可以连续使用。

二、会计账簿的保管

会计账簿是各单位重要的经济资料,必须建立管理制度,妥善保管。账簿管理分为平时管理和归档保管两部分。

（一）账簿平时管理的具体要求

各种账簿要分工明确,指定专人管理,账簿经管人员既要负责记账、对账、结账等工作,又要负责保证账簿安全。会计账簿未经领导和会计负责人或者有关人员批准,非经管人员不能随意翻阅查看会计账簿。会计账簿除需要与外单位核对外,一般不能携带外出,对携带外出的账簿,一般应由经管人员或会计主管人指定专人负责。会计账簿不能随意交与其他人员管理,以保证账簿安全和防止任意涂改账簿等问题发生。

（二）旧账归档保管

年度终了更换并启用新账后,对更换下来的旧账要整理装订,造册归档。归档前旧账的整理工作包括：检查和补齐应办的手续,如改错盖章、注销空行及空页、结转余额等。活页账应撤出未使用的空白账页,再装订成册,并注明各账页号数。旧账装订时应注意：活页账一般按账户分类装订成册,一个账户装订成一册或数册；某些账户账页较少,也可以合并装订成一册。装订时应检查账簿扉页的内容是否填写齐全。装订后应由经办人员及装订人员、会计主管人员在封口处签名或盖章。旧账装订完毕应编制目录和编写移交清单,然后按期移交档案部门保管。各种账簿同会计凭证和会计报表一样,都是重要的经济档案,必须按照制度统一规定的保存年限妥善保管,不得丢失和任意销毁。根据《会计档案管理办法》的规定,总分类账、明细分类账、辅助账、日记账均应保存15年。其中,现金、银行存款日记账要保存25年,涉外和对私改造账簿应永久保存。保管期满后,应按照规定的审批程序报经批准后才能销毁。

本章小结

　　会计账簿简称账簿,是由具有一定格式、相互联系的若干账页组成,以会计凭证为依据,全面、连续、系统、分类地记录各项经济业务的会计簿籍。设置和登记账簿是会计核算的专门方法之一,是编制会计报表的基础。账簿按其用途可分为分类账簿、序时账簿和备查账簿,按其外表分可分为订本式账簿、活页式账簿和卡片式账簿。

　　账簿一般包括封面、扉页和账页三个部分。总分类账簿是按照总分类账户分类登记全部经济业务的簿记,一般采用订本式账簿。明细分类账簿是按照明细分类账户详细记录某一经济业务的簿记,一般采用活页式或卡片式账簿。总分类账和明细分类账必须进行平行登记。常用的错账更正方法有划线更正法、红字更正法和补充登记法。结账就是把一定会计期间所发生的经济业务,在全部登记入账后,计算出每个账户的本期发生额和期末余额,并将余额结转下期或下年新账的过程。对账是在有关经济业务入账后,进行账簿记录核对的工作,包括账证核对、账账核对、账实核对等。

　　关键概念　　会计账簿　　总分类账簿　　明细分类账簿　　账证核对　　账账核对　　账实核对

一、思 考 题

1. 平行登记的要点有哪些?
2. 什么是序时账簿? 它有哪几种? 其用途是什么?
3. 总分类账有哪些格式?
4. 明细分类账有哪些格式? 它们各自的适用范围是什么?
5. 结账的主要内容是什么? 结账是怎样进行的?

二、练 习 题

(一) 单项选择题

1. 登记账簿的依据是( )。
   A. 经济合同　　　　　　B. 会计分录　　　　　　C. 记账凭证　　　　　　D. 有关文件
2. 一般情况下,不需要根据记账凭证登记的账簿是( )。
   A. 总分类账　　　　　　B. 明细分类账　　　　　C. 日记账　　　　　　D. 备查账
3. 下列账户的明细账采用的账页适用于三栏式账页的是( )。
   A. 原材料　　　　　　　B. 应收账款　　　　　　C. 管理费用　　　　　　D. 销售费用
4. 从银行提取现金,登记现金日记账的依据是( )。
   A. 现金收款凭证　　　　　　　　　　　　　　B. 银行存款付款凭证
   C. 银行存款收款凭证　　　　　　　　　　　　D. 备查账
5. 总分类账簿一般采用( )。
   A. 活页账　　　　　　　B. 数量金额式　　　　　C. 订本账　　　　　　D. 卡片账

6. 现金和银行存款日记账,据有关凭证(　　)。

　　A. 逐日汇总登记　　　　　　　　　　B. 定期汇总登记

　　C. 逐日逐笔登记　　　　　　　　　　D. 一次汇总登记

7. "生产成本"明细账一般采用(　　)明细账。

　　A. 数量金额式　　　B. 多栏式　　　C. 三栏式　　　D. 任意格式

8. "原材料"明细账一般适用(　　)明细账。

　　A. 数量金额式　　　B. 多栏式　　　C. 三栏式　　　D. 任意格式

9. "营业外收入"明细账一般采用(　　)明细账。

　　A. 数量金额式　　　B. 多栏式　　　C. 三栏式　　　D. 任意格式

10. "库存商品"明细账一般采用(　　)明细账。

　　A. 数量金额式　　　B. 多栏式　　　C. 三栏式　　　D. 任意格式

11. "应收账款"明细账一般采用(　　)明细账。

　　A. 数量金额式　　　B. 多栏式　　　C. 三栏式　　　D. 任意格式

12. 总账账簿登记的依据和方法是(　　)。

　　A. 记账凭证逐笔登记　　　　　　　　B. 汇总记账凭证定期登记

　　C. 取决于采用的会计核算组织形式　　D. 科目汇总表定期登记

13. 年度结账时,除结算出本年四个季度的发生额合计数,记入第四季度季结的下一行,在摘要栏注明"本年累计"字样外,还应在该行下画(　　)红线。

　　A. 一道　　　　　B. 双道　　　　　C. 三道　　　　　D. 四道

14. 若记账凭证上的会计科目和应借应贷方向未错,但所记金额大于应记金额,并据以登记入账,应采用的更正方法是(　　)。

　　A. 划线更正法　　　　　　　　　　　B. 红字更正法

　　C. 补充登记法　　　　　　　　　　　D. 编制相反分录冲减

15. 会计人员在结账前发现,根据记账凭证登记入账时误将 600 元写成 6 000 元,而记账凭证无误,应采用的更正方法是(　　)。

　　A. 补充登记法　　　B. 划线更正法　　　C. 红字更正法　　　D. 横线登记法

16. 记账以后,如果发现记账凭证上应借、应贷的会计科目并无错误,只是金额有错误,且所错记的金额小于应记的正确金额,应采用的更正方法是(　　)。

　　A. 划线更正法　　　B. 红字更正法　　　C. 补充登记法　　　D. 横线登记法

17. 在登记账簿时,如果经济业务发生日期为 2019 年 11 月 12 日,编制记账凭证日期为 11 月 16 日,登记账簿日期为 11 月 17 日,则账簿中的"日期"栏登记的时间为(　　)。

　　A. 11 月 12 日　　　　　　　　　　　B. 11 月 16 日

　　C. 11 月 17 日　　　　　　　　　　　D. 11 月 16 日或 11 月 17 日均可

18. 某会计人员在记账时将记入"银行存款"科目借方的 5 100 元误记为 510 元。会计人员在查找该项错账时,应采用的方法是(　　)。

　　A. 除 2 法　　　　　B. 差数法　　　　　C. 尾数法　　　　　D. 除 9 法

19. 下列做法错误的是(　　)。

　　A. 现金日记账采用三栏式账簿

　　B. 库存商品明细账采用数量金额式账簿

　　C. 生产成本明细账采用三栏式账簿

　　D. 制造费用明细账采用多栏式账簿

20. 以下不符合账簿平时管理的具体要求的是(　　　)。

　　A. 各种账簿应分工明确,指定专人管理

　　B. 会计账簿只允许在财务室内随意翻阅查看

　　C. 会计账簿除需要与外单位核对外,一般不能携带外出

　　D. 账簿不能随意交与其他人员管理

(二) 多项选择题

1. 任何会计主体都必须设置的账簿有(　　　)。

　　A. 日记账簿　　　　B. 备查账簿　　　　C. 总分类账簿　　　　D. 明细分类账簿

　　E. 以上都是

2. 明细分类账的账页格式一般有(　　　)。

　　A. 三栏式　　　　B. 数量金额式　　　　C. 多栏式　　　　D. 两栏式

　　E. 以上都不是

3. 在账簿记录中,红笔只能适用(　　　)。

　　A. 错账更正　　　　B. 冲账　　　　C. 结账　　　　D. 登账

　　E. 以上都是

4. 错账更正的方法有(　　　)。

　　A. 红字更正法　　　　B. 划线更正法　　　　C. 补充登记法　　　　D. 挖补法

　　E. 涂改法

5. 普通日记账的缺点有(　　　)。

　　A. 记账时不便于分工合作

　　B. 不便于了解企业一定时期发生的所有经济业务全貌

　　C. 不便于进行试算平衡

　　D. 不便于了解某一特定账户的发生额及余额的变化情况

　　E. 以上都是

6. 账簿按其外表形式分,可以分为(　　　)。

　　A. 三栏式　　　　B. 订本式　　　　C. 卡片式　　　　D. 活页式

　　E. 多栏式

7. 账簿记录发生错误时,应根据错账的具体情况,按规定的方法进行更正,不得(　　　)。

　　A. 涂改　　　　　　　　　　　　B. 挖补

　　C. 用褪色药水消除字迹　　　　　D. 撕去错页重新抄写

　　E. 随意划线更改

8. 会计账簿按其用途的不同,可以分为(　　　)。

　　A. 序时账簿　　　　　　　　　　B. 分类账簿

　　C. 备查账簿　　　　　　　　　　D. 数量金额式账簿

　　E. 联合账簿

9. 会计账簿按账页格式的不同,可以分为(　　　)。

　　A. 两栏式账簿　　　　　　　　　B. 多栏式账簿

C. 三栏式账簿   D. 数量金额式账簿

E. 辅助账簿

10. 会计账簿登记规则包括( )。

  A. 记账必须有依据

  B. 按页次顺序连续记

  C. 账簿记载的内容应与记账凭证一致

  D. 结清余额

  E. 以上都是

11. 必须逐日结出余额的账簿有( )。

  A. 现金总账   B. 银行存款总账

  C. 现金日记账   D. 银行存款日记账

  E. 现金总账

12. 下列明细账中不宜采用数量金额式的有( )。

  A. 库存商品——A产品   B. 原材料——甲材料

  C. 财务费用   D. 应收账款——M公司

  E. 管理费用

13. 以下属于备查账簿的有( )。

  A. 租入固定资产登记簿   B. 代销商品登记簿

  C. 受托加工材料登记簿   D. 材料采购明细账

  E. 以上都是

14. 会计账簿中,下列( )可以用红色墨水记账。

  A. 按照红字冲账的记账凭证,冲销错误记录

  B. 在不设借贷等栏的多栏式账页中,登记减少数

  C. 在三栏式账户的余额栏前,如未印明余额方向的(如借或贷),在余额栏内登记负数余额

  D. 会计制度中规定可以用红字登记的其他会计记录

  E. 结账之前,发现账簿记录有文字错误,而记账凭证无错误

15. 收回货款1 500元存入银行,记账凭证中误将金额填为15 000元,并已入账,错账的更正方法不正确的是( )。

  A. 用划线更正法更正

  B. 用蓝字借记"银行存款"账户1 500元,贷记"应收账款"账户1 500元

  C. 用红字借记"应收账款"账户15 000元,贷记"银行存款"账户15 000元

  D. 用红字借记"银行存款"账户13 500元,贷记"应收账款"账户13 500元

  E. 用补充登记法

三、案 例 题

(一) 日记账的登记方法

资料:甲公司202×年4月"库存现金"借方余额3 200元,"银行存款"借方余额45 000元。

4月份发生以下经济业务：

（1）4月2日，向银行借入为期6个月的借款100 000元，存入银行。

（2）4月3日，向本市红光公司购进甲材料60吨，单价400元，货款24 000元，货款已用支票支付，材料已验收入库。

（3）4月4日，以银行存款14 600元偿还前欠红星公司货款。

（4）4月5日，用现金支付3日所购材料的运杂费400元。

（5）4月6日，职工王放出差借差旅费2 000元，经审核开出现金支票。

（6）4月8日，从银行提取现金15 000元，以备发放职工工资。

（7）4月10日，以现金15 000元发放职工工资。

（8）4月12日，以现金500元支付职工困难补助。

（9）4月15日，销售商品40吨，单价800元，货款已收到。

（10）4月18日，用银行存款支付销售商品所发生的费用600元。

（11）4月25日，收到华夏公司前欠货款18 000元，存入银行。

（12）4月26日，职工王放出差回来报销差旅费1 900元，余额退回。

（13）4月30日，用银行存款28 000元缴纳税金。

要求：

（1）根据资料编制会计分录，并按经济业务的顺序编号（为简化核算，不考虑增值税）；

（2）设置"现金日记账"和"银行存款日记账"，登记并结出发生额和余额。

2. 错账更正方法

资料：乙公司202×年3月发生以下错账：

（1）8日，管理人员张一出差，预借差旅费1 000元，用现金支付，原编记账凭证的会计分录为：

借：管理费用　　　　　　　　　　　　　　　　　　　　　　1 000
　　贷：库存现金　　　　　　　　　　　　　　　　　　　　　　　　1 000

并已登记入账。

（2）18日，用银行存款支付前欠A公司货款11 700元，原编记账凭证会计分录为：

借：应付账款——A公司　　　　　　　　　　　　　　　　　11 700
　　贷：银行存款　　　　　　　　　　　　　　　　　　　　　　　11 700

会计人员在登记"应付账款"账户时，将"11 700"元误写为"1 170"。

（3）30日，企业计算本月应交所得税34 000元，原编记账凭证会计分录为：

借：所得税费用　　　　　　　　　　　　　　　　　　　　　3 400
　　贷：应交税费　　　　　　　　　　　　　　　　　　　　　　　3 400

并已登记入账。

要求：

（1）说明以上错账应采用的更正方法；

（2）对错账进行更正。

第九章 财产清查

学习目的和要求 通过本章的学习,了解财产清查的意义、种类、盘存制度和准备工作,熟悉财产清查的方法;掌握财产清查结果的有关处理。

学习重点和难点 本章学习的重点在于各种财产物资、货币资金的清查方法以及财产清查结果的有关处理方法等内容;学习的难点在于按实地盘存制和永续盘存制确认期末存货成本和本期销售或耗用成本、财产清查结果的有关处理。

第一节 财产清查概述

一、财产清查的概念

财产清查是指企业通过对实物、库存现金进行盘点,对银行存款和债权、债务进行核对,确定各项财产物资的实存数额,并查明实存数额与账存数额是否相符的一种专门的会计核算方法。

经济业务的发生会引起企事业单位各项财产的增减变动,这些变动情况及其结果是通过账簿记录来反映的。但在实际工作中,由于人为和自然因素,其账面数和实存数往往不一致。主要原因有以下几种。

(1) 在收发各项财产时,由于计量不准确,导致其品种、数量或质量上出现差错。

(2) 在财产物资的保管过程中,发生了自然损耗。

(3) 在管理和核算方面,由于手续不健全或制度上的不严密,发生了计算上或登记上的错误。

(4) 由于管理不善或工作人员失职而造成了财产物资的毁损和短缺。

(5) 由于不法分子的贪污盗窃等行为而发生了财产物资的损失。

(6) 在结算过程中,由于未达账项等原因而造成企业和有关单位之间账账不符。

为了查明上述这些自然的或人为的账实不符的现象,为了保证会计账簿记录的真实、正确,就需要企业在编制会计报表以前,对企业的各项财产物资进行清查,以做到账实相符。

二、财产清查的意义

我国《会计法》规定:各单位应当定期将会计账簿记录与实物、款项及有关资料相互核对,保证会计账簿记录与实物及款项的实有数相符。

为了保证会计账簿记录的真实、正确,为经济管理提供可靠的信息,必须定期或不定期地进行财产清查,查明各项财产实存数额与账存数额的差异,以及发生差异的原因和责任,以便于采取措施,寻找防止差错的有效办法,也便于对发生的差异,按照规定的程序和办法调整有关账面记录,从而做到账实相符。因此,运用财产清查手段,对各种财产物资进行定期或不定期的核对或盘点,具有十分重要的意义。

(1)保证各项财产的安全完整。通过财产清查,查明账款、账物是否相符,有无物资的毁损短缺,从而发现财产管理中的问题,以便及时采取措施,堵塞漏洞,建立和健全财产保管的岗位责任制度,保证各项财产的安全完整。

(2)挖掘物资潜力,提高物资使用效率。通过财产清查,可以查明物资的储备情况和利用情况,对超储积压、闲置不用的物资,要采取措施,积极处理,以达到合理储备;对于财产的不合理应用、应及时采取措施,做到物尽其用,从而挖掘企业财产的潜力,减少储备资金占用,加速资金的周转。

(3)保证财经纪律和结算纪律的执行。通过对财产、物资、货币资金及往来账款的清查,可以查明单位有关业务人员是否遵守财经纪律和结算制度,有无贪污盗窃、挪用公款的情况;查明各项资金使用是否合理,是否符合党和国家的方针政策和法规,从而使工作人员更加自觉地遵纪守法,自觉维护和遵守财经纪律。

(4)保证会计资料的真实性。通过财产清查,可以确定各项财产的实存数与账存数进行对比,确定盘盈盘亏,及时调整账簿记录,做到账实相符,以保证账簿记录的真实、正确,为经济管理提供可靠的信息。

三、财产清查前的准备工作

财产清查工作是一项极其复杂的工作,其所涉及的人员较多、工作内容面广,因此,在财产清查之前必须充分地做好组织上和业务上的准备工作。

(一)组织准备

组织准备是指在思想上引起高度重视,成立财产清查领导小组,具体负责财产清查的组织工作。在单位总会计师或有关主管负责人的领导下,建立有各职能部门人员、会计人员、技术人员、实物保管人员参加的财产清查组织,负责财产清查的领导和组织工作。其主要任务是:

(1)制订清查计划。清查计划应包括财产清查的目的和要求、对象和内容、方法和步骤、人员组织和时间安排等。

(2)学习有关文件。清查人员应具有一定的政策水平和专业知识,企业成立财产清查组织后,要组织其成员学习现行有关的财经政策、财会制度以及清查的技术方法,并全面了解所制定的清查计划。

(3)清查过程中的检查、督促工作。在财产清查过程中,要及时掌握工作进度,进行具体组织、检查和督促,研究和解决财产清查中出现的问题。

(4)对财产清查的结果进行处理。财产清查结束后,对财产清查的结果要提出处理意见和建议,并书面报告上级有关部门审批处理。

(二)业务准备

业务准备是指各业务部门特别是会计部门应积极主动配合,做好准备工作。具体应做好以下的业务准备工作。

(1)财会人员在财产清查前,应将所有的经济业务登记入账,在此基础上核对各账户余额;将总分类账中的货币资金、财产和债权、债务的有关账户与其所属的明细分类账核对清楚,做到账证、账账相符。

(2) 实物保管人员必须对准备清查的各种实物,进行整理并码放整齐,挂上标签,标明名称、品种、规格和结存数量。

(3) 准备进行清查所必要的计量器具,以及有关清查需要的各种表册。

(4) 对银行存款、债权、债务等应在清查前取得或编制对账单,以便进行核对。

四、财产清查的盘存制度

(一)永续盘存制

永续盘存制亦称"账面盘存制",是平时对企业单位各项财产物资分别设立明细账,根据会计凭证连续记载其增减变化并随时结出余额的一种管理制度。这种盘存制度,能从账簿资料中及时反映出企业各项财产、物资的结存数额,为及时掌握企业单位财产增减变动情况和余额提供可靠依据,以便加强单位财产物资的管理。

具体做法是:收入或发出某项财产物资时,根据记录收入或发出业务的凭证,逐笔、逐日在该项账簿中作出连续登记,并按原财产物资结存数额加收入数额减发出数额计算出余额。在永续盘存制下,账户各数额之间的等量关系是:

$$期末结存数 = 期初结存数 + 本期增加数 - 本期减少数$$

【例9-1】　某企业的库存商品采用"永续盘存制"。其A商品202×年12月份增减变化在账簿中记录的方法如表9-1所示。

表9-1

库存商品明细分类账

明细科目:A产品　　　　　　　　　　　　　　　　数量单位:千克　金额单位:元

202×年		摘　要	收入			发出			结存		
月	日		数量	单价	金额	数量	单价	金额	数量	单价	金额
12	1	期初余额							200	10	2 000
	6	购入商品	300	10	3 000				500	10	5 000
	8	发出商品				300	10	3 000	200	10	2 000
	17	购入商品	400	10	4 000				600	10	6 000
	26	发出商品				250	10	2 500	350	10	3 500
	31	本期发生及余额	700	10	7 000	550	10	5 500	350	10	3 500

通过上述可以看出,采用永续盘存制,其核算工作量比较大,但其核算严密,能够及时反映各项财产物资的收入、发出和结存情况,有利于加强对财产物资的管理,因此,在一般情况下,企业均采用这种盘存制度。采用永续盘存制仍必须对各项财产物资进行盘点,以保证账实相符。

（二）实地盘存制

实地盘存制是平时根据有关会计凭证，只登记财产物资的增加数，不登记减少数，月末或一定时期可根据期末盘点资料，弄清各种财物的实有数额，然后再根据"期初结存＋本期增加数－本期实存数＝本期减少数"的公式，倒算出本期减少数额，即"以存计耗"，"以存计销"，并记入有关明细账中的一种物资盘存管理制度。采用这种方法工作比较简单，虽然看起来账是平衡的，但手续不够严密，对于管理中存在的问题不易发现。

由于财产物资种类繁多，占用形态各异，对实物、货币资金、结算款项等应采取不同的方式进行清查。

具体做法是：平时只在账簿中对各项财产物资的收入数额进行详细登记，对于发出数额不作登记，期末以实地盘点的数量作为实存数，根据实存数，计算结存余额，根据"本期发出数＝期初结存数＋本期收入数－期末实存数"倒挤出本期发出的财产物资的数额。

【例 9-2】　假设［例 9-1］中，A 商品采用"实地盘存制"，12 月末通过实地盘点，商品实存 215 千克，则本期发出数额计算如下：

$$本期发出数＝期初结存数＋本期收入数－期末实存数$$
$$＝350＋700－215＝835（千克）$$
$$本期发出 A 商品的成本为＝835×10＝8\ 350（元）$$

采用实地盘存制，其日常核算工作比较简单，但不能及时通过账簿记录来反映财产物资的发出和结存情况，并且用倒挤的方法算出的本期减少掩盖了损失浪费甚至贪污盗窃财产物资的情况，不利于发挥会计监督作用。

第二节　财产清查的种类和方法

一、财产清查的种类

（一）按财产清查的范围分类

财产清查按其清查范围的不同，可分为全面清查和局部清查。

1. 全面清查

全面清查是指对企业所有的财产和资金进行全面盘点与核对。其清查对象主要包括：原材料、在产品、自制半成品、库存商品、库存现金、短期存（借）款、有价证券及外币、在途物资、委托加工物资、往来款项、固定资产等。全面清查范围广，工作量大，一般在年终决算或企业撤销、合并或改变隶属关系时进行。

2. 局部清查

局部清查也称重点清查，是指根据需要只对财产中某些重点部分进行的清查。如流动资产中变化较频繁的原材料、库存商品等，除年度全面清查外，还应根据需要随时轮流盘点或重点抽查。各种贵重物资每月至少要清查一次，库存现金要天天核对，银行存（借）款要按银行对账单逐笔核对。

（二）按财产清查的时间分类

按财产清查的时间,可分为定期清查和不定期清查。

1. 定期清查

定期清查是指按预先安排的时间对财产所进行的清查。这种清查一般是在年末、季末、月末结账时进行的。定期清查的范围不定,可以是全面清查也可以是局部清查。

2. 不定期清查

不定期清查是指根据需要进行的临时性清查。如更换出纳员时,对库存现金、银行存款所进行的清查;更换物资保管人员时,对其保管的财产进行的清查;财产发生非常灾害和意外损失时,对受损失的财产进行的清查;上级主管部门、财政、银行、物价、审计等部门对单位进行检查时,按检查要求和范围所进行的清查。不定期清查的范围可以是全面清查,也可以是局部清查。

（三）按财产清查的执行单位分类

按财产清查的执行单位,可分为内部清查和外部清查。

1. 内部清查

内部清查是指由本单位的有关部门和人员组成的清查小组所进行的清查。这种清查可以是定期的,也可以是不定期的;可以是全部的,也可以是局部的。其目的在于及时检查和督促工作,研究和解决财产清查工作中出现的问题,提高经济效益。

2. 外部清查

外部清查是指由外单位的有关部门和人员组成的清查小组所进行的清查。这种清查一般是局部的清查。比如,审计部门或会计师事务所等对企业进行的财产清查。

二、财产清查方法

（一）实物的清查

实物的清查是指对原材料、在产品、库存商品、固定资产等在数量和质量上进行的清查。实物清查方法常用的有实地盘点法、技术推算法、抽样盘点法等。实物清查时,保管人员必须在场,并参加盘点工作。清查程序如下。

（1）清点实物。可采用实地盘点法,对实物进行点数、过秤或度量,来确定其实存数量。对于各种库存材料、库存商品,应注意核对其品名、数量是否与标签标明的内容相一致,有无名不符实或毁损变质的情况;对于在产品、半成品除清点数量外,同时还要注意其配套性和完工程度等;对委托加工的外存实物、在途实物的清查,可采用与外单位核对的方法,查明账实是否相符;对固定资产的清查,应着重检查使用情况、磨损情况,有无毁损和丢失,折旧的提取情况。清查后,要加强实物的管理,防止前清后乱。

（2）登记盘存表。清点实物后,应将清点结果记入事前准备的盘存表中,并由盘点人员和实物保管人员签字、盖章。盘存表是反映清查日实物的实有数量和质量情况,记录实物清查结果的原始凭证。根据此表核对账面结存与实际盘存是否相符。盘存表中各项实物的类别、编号、名称、规格和计量单位等,必须与会计账簿记录中所采用的相一致,以便与账面资料进行核对。实物盘存表的格式见表9-2所示。

表 9-2

实 物 盘 存 表

编制单位：　　　　　盘存地点：　　　　财产类别：　　　　　存放地点：　　　　　编号：

编号	名称	规格型号	计量单位	数量	单价	金额	备注

盘点人签章：　　　　　　　　　　实物保管人签章：

（3）估价。财产清查后，发现实物有毁损变质等情况，使其实际价值与账面价值产生差异，或者不能从账面资料中求取其价值，就需要对其进行估价，以调整账面价值或确定其实有数额。对这些实物，在盘点表中要注明其性能、结构、磨损程度和未入账的原因，并对其估价后，将其价值填入盘存表。

（4）编制实物清查结果报告表。为了核对清查结果与账面余额是否一致，应根据盘存表的资料和账簿余额编制实物清查报告表，此表是确定各种实物实存数与账存数之间差异的依据，是分析清查结果，查找差异原因和调整账簿记录的直接依据，应由财会部门认真填写。实物清查结果报告表的格式见表 9-3 所示。

表 9-3

实物清查结果报告表

编号	类别名称	计量单位	单位	实存		账存		盘盈		盘亏		备注
				数量	金额	数量	金额	数量	金额	数量	金额	

（二）库存现金的清查

为了保证库存现金的安全完整，企业应按规定对库存现金进行定期和不定期的清查。

库存现金清查方法一般采取实地盘点法。通过盘点库存现金的实存数，并与企业现金日记账的账面余额相核对。盘点库存现金时，出纳员必须在场。对于库存现金的盘点结果，要填制库存现金盘点报告单，由盘点人和出纳员共同签字或盖章方能生效。盘点时要注意检查有无挪用，或白条抵库等情况。库存现金盘点单是反映现金实有数的原始凭证，可以作为查找账实产生差异的原因和调整账簿记录的重要依据。其格式见表 9-4 所示。

表 9-4

库存现金盘点报告表

实存金额	账面金额	对比结果		备注
		短缺	溢余	

盘点人签章：　　　　　　　　　　　　　出纳员签章：

（三）银行存款的清查

银行存款的清查,是采取与开户银行核对账目的方法,即将本单位的银行存款日记账与从开户银行取得的对账单逐笔进行核对,发现差错如漏记、错记要及时查清更正。即使双方均无记账错误,银行存款日记账的金额和银行对账单的金额也往往不一致,这种不一致是由于未达账项造成的。

未达账项是指企业和其开户银行一方已经入账,而另一方未接到有关凭证因而还没有入账的事项。未达账项使开户银行的企业银行存款账面余额同本单位的银行存款账面余额之间发生差异。未达账项大体可分为以下四种:① 企业已收款入账,银行尚未收款入账;② 企业已付款入账,银行尚未付款入账;③ 银行已收款入账,企业尚未收款入账;④ 银行已付款入账,企业尚未付款入账。

在①、④两种情况下,会使企业账面的存款余额大于银行对账单的余额;而在②、③两种情况下,又会使企业账面存款余额小于银行对账单的余额。对于未达账项应在查明后编制银行存款余额调节表。下面举例说明银行存款余额调节表的格式和编制方法。

【例 9-3】 某企业 2×20 年 6 月 30 日,银行存款日记账余额为 103 000 元,开户银行开来的对账单余额为 123 000 元,经核对发现以下未达账项:

（1）企业收到转账支票 5 000 元送存银行,企业已记账,作为银行存款增加,但银行尚未记账;

（2）企业开出转账支票 8 000 元购买原材料,企业已记账,作为银行存款数减少,但银行尚未记账;

（3）企业委托银行收到的货款 20 000 元,银行已记账,作为企业存款的增加,但企业未收到通知,因此尚未记账;

（4）银行代企业支付的电话费 3 000 元,银行已记账,作为企业存款的减少,但企业尚未收到通知,因此尚未记账。

根据上述未达账项,编制银行存款余额调节表(见表 9-5),调整双方余额。

表 9-5

银行存款余额调节表

2×20 年 6 月 30 日 金额:元

项　　目	金额	项　　目	金额
企业银行日记账余额 加：银行已记增加企业未记增加的款项	103 000 20 000	银行存款对账单余额 加：企业已记增加银行未记增加的款项	123 000 5 000
减：银行已记减少企业未记减少的款项	3 000	减：企业已记减少银行未记减少的款项	8 000
调节后的存款余额	120 000	调节后的存款余额	120 000

银行存款余额调节表的编制方法,是双方在账面余额基础上各自补记对方已记账、本身未记账的金额(包括增加金额和减少金额),经过调节后双方余额相等,说明双方记账均无错误。

　　银行存款的双方余额的调节,也可以采取另一种方法,即各自把自身已经入账而对方尚未入账的金额从本身账面余额中冲销,然后验证经过调节后的双方余额是否相等,按这种方法计算,根据上述资料,企业银行日记账余额经调节后为:103 000+8 000-5 000=106 000(元),银行对账单余额经调节后为:123 000+3 000-20 000=106 000(元)。

　　银行存款双方余额调节相符后,对未达账项暂不作账务处理,对银行已入账而企业尚未入账的各项款项,待银行转来有关原始凭证后再编制记账凭证并登记入账。在清查过程中,对长期存在的未达账项,应查明原因及时处理。

(四)债权债务的清查

　　对于债权、债务各项目的清查主要是采用“询证核对法”进行清查,即采取和对方单位核对账目的方法。应首先自查,确认本单位的账簿记录准确无误后,再编制“往来款项对账单”,送往对方单位进行核对。该“对账单”一式两联,其中一联作为回单联,对方单位核对相符后,在回单联上加盖公章退回,表示已核对。如发现数额不符,则在回单联上注明不符情况,或另抄对账单退回,以便进一步核对。如有未达账项,需要双方进行调节(调节方法与银行存款余额调节方法相同)。在收到对方回单后,应填制债权债务清查表。其格式如表9-6所示。

表9-6

债权债务清查表

总分类账户名称:　　　　　　　　　　　×年×月×日

明细分类账		清查结果		核对不符原因分析			备注
名称	账面余额	核对相符金额	核对不符金额	未达账项金额	有争议款项金额	其他	

　　通过债权债务的清查,要及时催收该收回的账款,偿还该偿付的账款,对呆账也应及时研究处理。

第三节　财产清查结果的处理

一、财产清查结果处理的要求和步骤

　　对财产清查的结果,应按照国家的有关法规、制度为依据,严肃认真地处理。具体要求如下。

　　(1)查明发生差异的性质和原因。通过财产清查所确定的清查资料和账簿记录之间的差异,比如财产的盘盈、盘亏和多余积压,以及逾期债权、债务等等,都要认真查明其性质和原因,明确经济责任,提出处理意见,按照规定程序经有关部门批准后,予以认真严肃的处理。财产清查人员应以高度的责任心,深入调查研究,实事求是,问题定性要准确,处理方法要得当。

　　(2)积极处理多余物资。在清查过程中发现的多余不需要的物资,应报请批准后积极处理,除努力在企业内部利用外,还应设法对外销售,减少资金占压,加速资金周转。

(3)总结经验教训、建立健全管理制度。通过财产清查,针对所发现的问题和漏洞,总结经验教训,提出改进措施,建立和健全以岗位责任制为中心的财产管理制度,加强财产管理,保护社会主义财产的安全和完整。

(4)调整账簿,做到账实相符。对于财产清查中发现的账实不符的账务处理分两步进行。

报请批准前的账务处理。财产清查中发现的盘盈、盘亏或毁损数,在报经有关领导审批之前,应根据财产盘盈、盘亏或毁损数字,编制会计分录,在账簿上如实反映,使各项财产的账存数同实存数完全一致。如果财产清查在年终前进行,则财产的差异就必须在结账前登记入账,以便财务报表能如实反映各项财产的真实情况。

批准后的账务处理。经批准后应根据差异发生的原因和批准的处理意见,将处理结果编制会计分录,据以登记有关账簿。

二、财产清查结果的账务处理

为了完整地核算和监督企业在财产清查中各种财产物资的盘盈、盘亏和毁损的发生及处理情况,会计上应当设置和运用"待处理财产损溢"账户进行核算。

"待处理财产损溢"是资产类账户,用来核算企业在财产清查过程中查明的各项财产物资的盘盈、盘亏和毁损的账户。该账户的借方登记待处理财产物资的盘亏、毁损金额及批准盘盈的转销金额,贷方登记待处理财产物资的盘盈金额及批准盘亏、毁损的转销金额。企业清查的待处理财产损溢,应在期末结账前处理完毕,期末处理后,"待处理财产损溢"账户应无余额。

(一)库存现金清查结果的处理

库存现金清查中如果账实不符,发现的有待查明原因的现金短缺或溢余,应先通过"待处理财产损溢"科目核算。待查明原应按管理权限报经批准后,分别按以下情况处理:

1. 如为现金溢余,属于应支付给有关人或单位的部分,记入"其他应付款"科目,属于无法查明原因的,记入"营业外收入"科目。

2. 如为现金短缺,属于因由责任人赔偿或保险公司赔偿的部分,记入"其他应收款",属于无法查明原因的部分,计入"管理费用"科目。

【例9-4】　企业在进行库存现金清查时,发现库存现金短缺108元,原因不明待查。会计处理如下:

借:待处理财产损溢　　　　　　　　　　　　　　　　　　　　108
　　贷:库存现金　　　　　　　　　　　　　　　　　　　　　　　　108

【例9-5】　经查明,上述库存现金短缺系出纳人员丁华责任,根据批复意见由责任人员赔偿,赔款尚未收到。会计处理如下:

借:其他应收款——丁华　　　　　　　　　　　　　　　　　　108
　　贷:待处理财产损溢　　　　　　　　　　　　　　　　　　　　108

【例9-6】　企业在进行库存现金清查时,发现库存溢余56元,原因不明待查。会计处理如下:

　　　借：库存现金　　　　　　　　　　　　　　　　　　　　　　　56
　　　　　贷：待处理财产损溢　　　　　　　　　　　　　　　　　　　　　56

　　【例 9-7】　经查明,上述库存现金溢余原因不明,根据批复转作营业外收入。会计处理如下:

　　　借：待处理财产损溢　　　　　　　　　　　　　　　　　　　56
　　　　　贷：营业外收入　　　　　　　　　　　　　　　　　　　　　56

(二)存货清查结果的处理

　　企业的存货收发频繁,在收发过程中可能发生计量错误、自然损耗、计算错误贪污盗窃等情况,造成账实不符。企业为加强存货管理,对存货应进行实地盘点,确定存货的实存数量,并与账面结存数核对,从而确定其账实是否相符。对于存货的盘盈或盘亏,应填写存货盘点报告单,及时查明原因,按规定程序批准处理。

　　存货清查中如果账实不符,有待查明原因的存货亏或盘盈,应先通过“待处理财产损溢”科目核算。按管理权限报经批准后,分别按以下情况处理。

　　(1) 如为存货盘亏,按管理权限报经批准后:对于入库的残料,记入“原材料”科目,对于保险公司和责任人员的赔款,记入“其他应收款”科目,扣除残料价值和应由保险公司、过失人的赔款后,属于企业的一般经营损失记入“管理费用”科目,属于非常损失的部分,记入“营业外支出”科目。

　　(2) 如为存货盘盈,按管理权限报经批准后贷记“管理费用”科目,冲减企业的管理费用。

　　【例 9-8】　企业对甲材料进行清查,盘亏 5 000 元,原因待查。会计处理如下:

　　　借：待处理财产损溢　　　　　　　　　　　　　　　　5 000
　　　　　贷：原材料　　　　　　　　　　　　　　　　　　　　5 000

　　【例 9-9】　经查,上述盘亏甲材料 5 000 元,其中 3 500 元属于非常损失,1 500 元属于自然损耗。根据批准后的处理意见,转销甲材料盘亏金额。会计处理如下:

　　　借：营业外支出　　　　　　　　　　　　　　　　　3 500
　　　　管理费用　　　　　　　　　　　　　　　　　　　1 500
　　　　　贷：待处理财产损溢　　　　　　　　　　　　　　　　5 000

　　【例 9-10】　某企业在财产清查中,发现材料盘盈一批,价值 3 000 元。

　　(1) 在报经批准以前,根据实物清查报告表中所确定的材料盘盈数,编制会计分录如下:

　　　借：原材料　　　　　　　　　　　　　　　　　　3 000
　　　　　贷：待处理财产损溢　　　　　　　　　　　　　　　3 000

　　【例 9-11】　经查明,盘盈的原材料是属于日常收发计量差错导致的。根据批准后的处理意见,转销材料盘盈的会计分录如下:

　　　借：待处理财产损溢　　　　　　　　　　　　　　3 000
　　　　　贷：管理费用　　　　　　　　　　　　　　　　　3 000

　　【例 9-12】　某企业在财产清查中,库存商品盘盈价值 6 000 元。

（1）在报经批准前,根据实物清查结果报告表所确定的库存商品盘盈数,编制会计分录如下:

借:库存商品　　　　　　　　　　　　　　　　　　　　　　　　　　6 000
　　贷:待处理财产损溢　　　　　　　　　　　　　　　　　　　　　　　　　6 000

（2）经查明,盘盈库存商品是日常管理不善造成。根据批准后的处理意见,转销产品盘盈库存商品的会计分录如下:

借:待处理财产损溢　　　　　　　　　　　　　　　　　　　　　　　　6 000
　　贷:管理费用　　　　　　　　　　　　　　　　　　　　　　　　　　　6 000

（四）固定资产的清查结果的处理

企业应加强对固定资产的管理,定期或至少每年年末对固定资产进行实地盘点,确定其实存数,并与账面结存数核对,确定其账实是否相符。对于固定资产的盘盈或盘亏,应填制固定资产盘点报告单。对于固定资产的盘盈盘亏,应及时查明原因,并按规定程序批准处理。

（1）企业盘亏固定资产时,应按固定资产的账面价值借记"待处理财产损溢"科目,贷记"固定资产"科目,借记"累计折旧"科目。企业按管理权限报经批准时,按照可收回的保险赔款或过失人赔偿记入"其他应收款"科目,企业承担的固定资产盘亏损失记入"营业外支出"科目。

（2）固定资产盘盈,按照会计准则的规定,应当作为重要的前期差错处理,通过"以前年度损益调整"科目来核算。

【例9-13】 某企业在财产清查中,发现短缺设备一台,账面原价70 000元,已提折旧20 000元,原因待查。会计处理如下:

借:待处理财产损溢　　　　　　　　　　　　　　　　　　　　　　50 000
　　累计折旧　　　　　　　　　　　　　　　　　　　　　　　　　20 000
　　贷:固定资产　　　　　　　　　　　　　　　　　　　　　　　　　70 000

【例9-14】 在批准后,根据批准的处理意见,转销固定资产盘亏。会计分录如下:

借:营业外支出　　　　　　　　　　　　　　　　　　　　　　　　50 000
　　贷:待处理财产损溢　　　　　　　　　　　　　　　　　　　　　　50 000

本 章 小 结

财产清查是会计核算的一种专门的会计核算方法,通过本章的学习,要求在理解财产清查的意义、种类的基础上,重点掌握财产清查的内容、方法以及财产清查结果的账务处理,需要正确地运用"待处理财产损溢"账户,并且正确地区分各项资产的清查结果账务处理的不同点。本章的难点主要包括如何确认在实际工作中存在的未达账项的四种情况,以及如何编制银行存款余额调节表。同时,按实地盘存制和永续盘存制确认期末存货成本和本期销售或耗用成本也是本章的难点之一,尤其是存货本期销售或耗用成本的计价方法需要掌握。

关键概念　财产清查　全面清查　局部清查　定期清查　不定期清查　未达账项

一、思 考 题

1. 什么是财产清查?
2. 什么是永续盘存制与实地盘存制?
3. 财产清查前应做好哪些准备工作?
4. 何为未达账项? 未达账项有几种?
5. 如何进行债权债务的清查?

二、练 习 题

(一) 单项选择题

1. 清查库存现金是通过(　　)进行的。
   A. 账账核对　　　　B. 实地盘点　　　　C. 证证核对　　　　D. 账表核对
2. 对各项财产的增减变化,根据会计凭证连续记载并随时结出余额的制度是(　　)。
   A. 应收应付制　　　B. 实地盘存制　　　C. 实收实付制　　　D. 永续盘存制
3. 用来核算财产清查中所发现的库存现金的盘盈、盘亏及其批准处理情况的账户是(　　)。
   A. 生产成本　　　　B. 管理费用　　　　C. 待处理财产损溢　D. 营业外支出
4. 清查中发现商品短缺的原因是由于工作中的收发差错,经批准后应计入(　　)。
   A. 管理费用　　　　B. 其他应收款　　　C. 营业外支出　　　D. 生产成本
5. 对原材料、库存商品盘点后应编制(　　)。
   A. 盘点表　　　　　B. 实存账存对比表　C. 余额调节表　　　D. 对账单
6. 企业无法查明原因的现金短缺,经批准后应作(　　)处理。
   A. 营业外支出　　　B. 坏账损失　　　　C. 管理费用　　　　D. 待处理财产损溢
7. 在财产清查中发现库存材料实存数小于账面数,其原因为自然损耗所致,经批准后应列作(　　)处理。
   A. 增加坏账损失　　　　　　　　　　　B. 增加营业外支出
   C. 增加管理费用　　　　　　　　　　　D. 减少管理费用
8. 企业在撤销或合并时,对企业的财产物资应进行(　　)。
   A. 重点清查　　　　B. 定期清查　　　　C. 局部清查　　　　D. 全面清查
9. 清查中财产盘亏是由于保管人员失职所造成,应计入(　　)。
   A. 管理费用　　　　B. 其他应收款　　　C. 其他业务成本　　D. 营业外支出
10. 清查中财产盘亏是由于自然灾害所造成,应计入(　　)。
    A. 管理费用　　　　B. 其他应收款　　　C. 生产成本　　　　D. 营业外支出

(二) 多项选择题

1. 财产清查按时间分可分为(　　)。
   A. 全面清查　　　　B. 局部清查　　　　C. 定期清查　　　　D. 临时清查

E. 实地清查

2. 下列各种财产的清查中,适用于实物盘点法的有(　　)。

A. 存货　　　　　　B. 应收账款　　　　C. 银行存款　　　　D. 库存现金

E. 无形资产

3. 银行存款的清查主要是通过(　　)核对进行的。

A. 现金日记账　　　B. 银行存款日记账　C. 银行对账单　　　D. 临时清查

E. 实地清查

4. 财产清查按清查对象和范围分可分为(　　)。

A. 全面清查　　　　B. 临时清查　　　　C. 定期清查　　　　D. 局部清查

E. 实地清查

5. 下列情况中,属于企业与银行之间的未达账项有(　　)。

A. 银行已收,企业未收款项　　　　　B. 银行已付,企业未付款项

C. 银行已收,企业已收款项　　　　　D. 企业已收,银行未收款项

E. 企业已付,银行未付款项

6. 下列各种财产损溢情况,经批准后在财务处理上可作增减"管理费用"处理的有(　　)。

A. 出纳丢失现金　　　　　　　　　B. 材料盘盈

C. 固定资产丢失　　　　　　　　　D. 材料自然损耗

E. 保管人员多发材料

(三) 判断题

1. 定期财产清查一般在结账以后进行。　　　　　　　　　　　　　　(　　)

2. 企业撤销或兼并时,要对企业的部分财产进行全面清查。　　　　　(　　)

3. 永续盘存制是指对企业各项财产物资的增减变动,平时只登记增加数额,不登记减少数额。　　　　　　　　　　　　　　　　　　　　　　　　　　(　　)

4. 企业撤销或兼并时,要对企业的部分财产进行局部清查。　　　　　(　　)

5. 实地盘存制是指对企业各项财产物资的增减变动,平时只登记增加数额,不登记减少数额。　　　　　　　　　　　　　　　　　　　　　　　　　　(　　)

6. 银行存款的清查应采取银行存款日记账与开户银行核对账目的方法进行。　(　　)

7. 未达账项只在企业与银行之间发生,企业与其他企业之间不会发生未达账项。(　　)

8. 财会部门对清查财产中所发现的差异,应及时进行账簿记录的调整。　(　　)

9. 对在银行存款清查时出现的未达账项,可编制银行存款余额调节表来调整,该表是调节账面余额的原始凭证。　　　　　　　　　　　　　　　　　　　(　　)

10. 盘点实物时,发现账面数额大于实存数,即为盘盈。　　　　　　(　　)

(四) 计算题

资料:假定某企业 2×20 年 6 月 30 日银行存款日记账余额为 32 200 元,银行对账单余额为 31 800 元。

经逐笔核对发现有下列未达账项:

(1) 企业将收到的转账支票 2 500 元送存银行,企业已记账银行尚未记账。

(2) 企业购买材料开出转账支票 1 300 元,企业已记账银行尚未记账。

（3）企业委托银行收取的货款 3 000 元，银行收到已记账企业尚未记账。

（4）银行代企业支付的电费 2 200 元，银行已记账企业尚未记账。

要求：根据上列未达账项编制银行存款余额调节表。

（五）业务题

资料：某企业某月财产清查结果如下：

（1）发现账外设备一台，估计原价 70 000 元，已提折旧 21 000 元。

（2）盘盈材料一批价值 1 500 元，属于日常收发差错造成。

（3）盘亏设备一台，其账面原值为 40 000 元，已提折旧 18 000 元。

（4）盘亏材料一批，价值 3 000 元，其中 2 000 元属于非常损失，600 元属于自然损耗，其余属于仓管员责任造成，由其赔偿。

（5）盘亏现金 600 元，系由出纳员过失造成。

要求：对上述各项业务做报经主管部门批准前后的账务处理。

（六）案例题

【案例 1】　A 公司采购员李××出差回来报销差旅费。旅馆开出发票记载单价为 80 元，人数为 1 人，时间为 10 天，金额为 800 元。而李××却将单价 80 元直接改为 580 元，小写金额改为 5 800 元，将大写金额前加了一个"伍仟"，报销后贪污金额为 5 000 元。

思考与讨论：

（1）出纳员对此应承担什么责任？

（2）对采购员李××应怎样进行处理？

（3）出纳员应如何审核这类虚假业务？

【案例 2】　B 公司的副经理赵××，将公司正在使用的一台设备借给其朋友使用，未办理任何手续。清查人员在年底盘点时发现盘亏了一台设备，原值为 19 万元，已提折旧 3 万元，净值为 16 万元。经查，属赵副经理所为。于是，派人向借方追索，但借方声称，该设备已被人偷走。当问及赵副经理对此的处理意见时，赵××建议按正常报废处理。

思考与讨论：

（1）盘亏的设备按正常报废处理是否符合会计准则要求？

（2）公司应怎样正确处理盘亏的固定资产？

【案例 3】　审计人员在审查 N 企业的 2013 年资产负债表中发现，有一笔待处理流动资产净损失 20 万元，审查其明细账得知是部分库存材料盘亏，但在审查会计凭证时却发现 N 企业 10 月 15 日 23#凭证购买装饰材料时，编制如下的会计分录：

借：原材料		200 000
应交税费——应交增值税（进项税额）		34 000
贷：银行存款		234 000

10 月 15 日 25#记账凭证后未附有原始凭证，但编制的会计分录是：

借：待处理财产损溢——待处理流动资产损溢		280 000
贷：原材料		200 000
其他应付款		80 000

10 月 18 日编制的记账凭证是：

| 借：管理费用 | 280 000 | |
| 贷：待处理财产损溢——待处理流动资产损溢 | | 280 000 |

上述会计分录可疑之处在于，N企业是何原因将8万元的材料损失记入了"其他应付款"账户？审计人员对"其他应付款"的明细账进行了审查，发现有一笔应付给C装饰公司的装饰用工费值得怀疑。审计人员实际查看了N企业的会议室，从外观上看是最近装修的，但从账簿、会计凭证中未发现有任何记录。于是，审计人员找到C装饰公司于经理询问此事。据于经理反映，他们为N企业装饰会议室不仅出了工，而且还购买了装饰材料。

思考与讨论：

(1) 根据这些证据，你认为N企业都有哪些违法行为？

(2) N企业应如何真实地记录该项经济业务？

【案例4】 丙公司出纳员李红收到A单位签发的一张2 168元转账支票后，同时签发了一张金额为2 168元的现金支票，然后一并到银行办理银行存款进账业务和提取现金的业务。

要求分析：

(1) 出纳员的这种做法是否属于正常的经济业务范畴？为什么？

(2) 对这两笔经济业务如何进行账务处理？

【案例5】 甲公司2×20年发生了亏损10万元，经理为了表明其工作业绩，要求会计人员在账面上"扭亏为盈"。于是，会计人员在年底虚报盘盈库存商品100吨，价值20万元，进行的账务处理如下。

发现时：

| 借：库存商品 | 200 000 | |
| 贷：待处理财产损溢 | | 200 000 |

核销时：

| 借：待处理财产损溢 | 200 000 | |
| 贷：营业外收入 | | 200 000 |

要求分析：注册会计师在次年发现了这笔弄虚作假的业务，应如何调整上年利润和库存商品？

第十章 财 务 报 告

学习目的和要求 通过本章学习,了解财务报告的作用;熟悉财务报告的概念和组成内容;理解会计报表的种类;理解财务报告的编制要求;掌握资产负债表的格式、内容及填列方法;掌握利润表的格式、内容及填列方法;学会编制资产负债表和利润表。

学习重点和难点 本章的重点在于财务报告的概念及组成内容、财务报告的编制要求、资产负债表的编制、利润表的编制;难点在于资产负债表的编制。

第一节 财务报告概述

编制财务报告是会计核算基本方法的最后一种。编制财务报告是在一定会计期末进行的,由会计人员根据本期账簿记录所提供的数据资料,按照会计准则的列报要求进行编制。财务报告是对会计工作的定期总结,是向会计信息使用者,特别是企业外部相关信息使用者提供对他们决策有用的会计信息。企业外部相关信息使用者包括投资者、债权人、政府及其有关部门、社会公众等。

一、财务报告的含义和作用

(一)财务报告的含义和内容

财务报告又称财务会计报告,是指企业对外提供的反映企业某一特定日期财务状况和某一会计期间的经营成果和现金流量等会计信息的文件。企业的财务报告由会计报表和其他应当在财务报告中披露的相关信息和资料组成。

会计报表也称财务报表,是会计人员以日常会计核算资料为依据,按照一定内容和格式加工、整理、编制而成的,用以反映企业的财务状况、经营成果和现金流量等会计信息的文件。在财务报告中,会计报表是核心内容。一套完整的财务报表至少包括"四表一注",即资产负债表、利润表、现金流量表、所有者权益变动表(或股东权益变动表)以及会计报表附注。资产负债表是反映企业某一特定日期财务状况的报表。利润表是反映企业一定会计期间经营成果和综合收益的报表。现金流量表是反映企业在一定会计期间现金流入量和流出量的报表。所有者权益变动表是反映企业所有者权益各组成部分当期的增减变动的报表。会计报表附注是对资产负债表、利润表、现金流量表、所有者权益变动表(或股东权益变动表)等报表中列示项目的文字表述或明细资料,以及未能够在报表中列示项目的说明,是对会计报表的编制基础、编制依据编制方法以及主要项目所作的解释。会计报表附注一般包括编制财务报告企业的基本情况、遵循会计准则的申明、重要会计政策和会计估计以及会计政策和会计估计以及差错更正的说明等。会计报表附注是财务报告的重要组成部分,它有助于向会计信息使用者提供更为有用的决策信息,帮助他们作出更加合理的决策。

我国《公司法》规定,公司的年度财务报告要依法经会计师事务所审计。

（二）财务报告的作用

财务报告的目标是向财务报告使用者提供与企业财务状况、经营成果和现金流量等有关的会计信息,反映企业管理层受托责任的履行情况,帮助财务报告使用者作出决策。财务报告的使用者包括投资者、债权人、政府及有关部门、社会公众等,财务报告的作用因使用者不同也会有所不同。主要体现在以下方面。

（1）为投资者和债权人作出投资和贷款等经济决策提供相关信息。在现代企业制度下,投资者将资金投入企业,经营管理者接受投资者的委托对企业进行经营管理。企业提供的财务报告可以使投资者了解和掌握其所投资企业的财务状况和经营成果等方面的信息,并据以考核管理层的受托经营责任履行情况,有助于投资者作出是否进行投资或追加投资,以及是否继续聘任现任管理层等决策;债权人可以利用企业编制的财务报告了解和掌握企业的偿债能力和偿债保证等方面信息,有助于债权人作出是否向企业提供贷款、贷款时间和金额等方面的决策。

（2）为政府管理部门作出宏观调控等经济决策提供相关信息。企业编制的财务报告能为政府的有关经济管理部门提供资源分配和税费征缴基数等方面的信息,便于有关管理部门进行宏观调控,加强经济管理。

（3）为评价企业的经营业绩和改善经营管理提供重要信息。企业内部经营管理者通过财务报告可以了解企业的经营业绩和财务状况,促使其改善经营管理,同时通过不同时期报表数据的比较,可以预测企业的未来发展趋势。

二、会计报表的种类

会计报表是财务报告的主要构成内容,按照不同的标准主要有以下几种分类。

（一）按报表编制的时间不同,分为中期会计报表和年度会计报表

中期财务报表是以短于一个完整会计年度的报告期为基础编制的财务报表,包括月报、季报和半年报等。中期财务报表包括资产负债表、利润表、现金流量表和附注。年度财务报表是指以一个完整会计年度的报告期为基础编制的财务报表,即企业在年度终了时编制的报表。年度财务报表包括资产负债表、利润表、现金流量表、所有者权益变动表和附注。较年度财务报表而言,中期财务报表的附注可适当简略。

（二）按报表反映的内容不同,分为静态的报表和动态的报表

静态报表是指综合反映企业某一特定日期（年末、季末、月末）财务状况指标的报表。静态报表一般是根据各账户的期末余额填列,如资产负债表。动态报表是指反映企业某一特定时期（年度、季度、月份）经营成果、现金流量等指标的报表。动态报表一般根据有关账户的发生额填列,如利润表、现金流量表和所有者权益变动表。

（三）按报表编制的主体不同,分为个别报表和合并报表

个别会计报表是企业在自身交易或事项的会计处理基础上,对账簿记录进行加工和整理编制的,主要反映企业自身的财务状况、经营成果和现金流量的会计报表。合并报表是以母公司和子公司组成的企业集团为会计主体,根据母、子公司的会计报表,由母公司

编制的综合反映企业集团的财务状况、经营成果和现金流量的会计报表。

三、财务报告的编制要求

会计信息使用者通过企业编制的财务报告了解和掌握企业的会计信息，为了保证财务报告提供的信息完整、准确、及时地反映企业的财务状况、经营成果、现金流量，满足报表使用者的需求。企业在编制财务报告时，应严格按照企业会计准则的规定，并遵守以下要求。

（一）真实可靠

企业应当根据实际发生的交易或事项，按照会计准则的规定进行确认和计量，如实地反映企业的财务状况、经营成果和现金流量等，并在此基础上编制财务报告。真实性是财务报告的最基本的要求，编制报告时不能用估计数或计划数代替实际数，更不能弄虚作假，粉饰报告。

（二）内容完整

编制财务报告时，必须按照报告要求的项目逐一填列，不得漏报。无论是表内项目，还是补充资料，都要全部填列，做到内容完整。我国现行会计制度对财务报告的内容、格式等方面均作出了规定，企业应按要求编制财务报告。企业的财务报告应当全面反映企业的财务状况、经营成果、现金流量等信息，满足各方面信息使用者的需求。

（三）编报及时

编制财务报告的目的是满足会计信息使用者的需求，过期的报告所提供信息将失去其应有的作用。只有会计信息及时传递，信息使用者才能据此来进行决策。企业应及时编制和报送财务报告，以满足会计信息使用者对信息的需求。

为保证财务报告的及时性，我国现行会计制度规定：月报应于月份终了后 6 天内对外提供，季报于季度终了后 15 天内对外提供，半年报应于年度中期结束后 60 天内对外提供，年报应于年度终了后的 4 个月内对外提供。

第二节　资产负债表

一、资产负债表的概念和作用

（一）资产负债表的概念

资产负债表是反映企业某一特定日期（如月末、季末、半年末、年末）财务状况的会计报表。资产负债表是一张揭示企业在一定时点上财务状况的静态报表，是根据"资产＝负债＋所有者权益"这一会计等式，按照一定标准和顺序编制的。某一特定日期是指编制资产负债表所涵盖的一定会计期间的某一日，一般是指该会计期间（月份、季度和年度）的最后一天，这一特定日期也称资产负债表日。财务状况即企业的资金状况，包括资金的占用和资金的来源，也就是资产、负债、所有者权益情况。

（二）资产负债表的作用

资产负债表主要提供企业某一特定日期的资产、负债、所有者权益的具体内容，其主要作用有：

（1）提供企业某一特定日期资产总额及其结构信息。资产总额及其结构信息表明企业拥有和控制的经济资源总量及其构成,报表使用者可以通过资产负债表了解企业某一特定日期掌握的经济资源总量和结构,分析企业的经营能力等。

（2）提供企业某一特定日期负债总额及其结构信息。负债总额及其结构信息表明企业未来需要偿还的债务、偿还时间,报表使用者通过这些信息来分析企业的负债结构和债务清偿能力。

（3）提供企业某一特定日期所有者权益总额及其结构信息。所有者权益总额及其结构信息表明投资者投入资本和盈余公积等总额和结构,报表信息使用者可利用其来判断企业资本保值、增值情况等。

（4）提供进行财务分析的有关资料。通过资产负债表提供数据,报表使用者能够利用相关数据计算资产负债率、流动比率和速动比率等财务分析指标,评价企业的偿债能力和资金周转能力。通过不同时期财务指标的分析和比较,预测企业未来的发展趋势和前景。

二、资产负债表的格式和内容

（一）资产负债表的格式

资产负债表由表首、正表两部分组成。表首包括报表名称、编制单位、编制日期、报表编号、货币名称、计量单位,正表是资产负债表的主体,包括资产、负债、所有者权益的各项内容。目前,资产负债表的表格式一般有账户式和报告式两种。

账户式资产负债表是左右结构,左边列示资产,右边列示负债和所有者权益,按"资产＝负债＋所有者权益"的原理排列。账户式资产负债表因其外表与 T 形账户形式相似而得名。表中资产项目按资产的流动性排列,负债和所有者权益项目按清偿时间的长短按顺序排列。我国资产负债表采用账户式排列,具体格式如表 10-1 所示。这种格式能一目了然地反映资产和权益的相等关系。

表 10-1

资产负债表（账户式）

会企 01 表

编制单位：　　　　　　　　　　年　月　日　　　　　　　　　　单位：元

资　　产	期末余额	年初余额	负债及所有者权益	期末余额	年初余额
流动资产：			流动负债：		
货币资金			短期借款		
交易性金融资产			应付票据		
应收票据			应付账款		
应收账款			预收款项		
预付款项			应付职工薪酬		
应收利息			应交税费		

（续表）

资　产	期末余额	年初余额	负债及所有者权益	期末余额	年初余额
应收股利			应付股利		
其他应收款			应付利息		
存货			其他应付款		
一年内到期的非流动资产			一年内到期的非流动负债		
其他流动资产			流动负债合计		
流动资产合计			非流动负债：		
非流动资产：			长期借款		
长期应收款			应付债券		
长期股权投资			非流动负债合计		
固定资产			负债合计		
在建工程			所有者权益：		
固定资产清理			实收资本（或股本）		
无形资产			资本公积		
长期待摊费用			盈余公积		
其他非流动资产			未分配利润		
非流动资产合计			所有者权益合计		
资产总计			负债及所有者权益（或股东权益）总计		

　　报告式的资产负债表是上下结构，上半部分是资产，下半部分是负债和所有者权益，其排列方式有两种：一种是按"资产－负债＝所有者权益"的原理排列，一种是按"资产＝负债＋所有者权益"的原理排列。这种格式不能直观反映资产和权益的相等关系。

　　（二）资产负债表的内容

　　资产负债表主要反映企业的财务状况，按资产、负债、所有者权益分项目反映。

　　左边资产项目反映企业的资产构成，按资产的流动性依次排列，分为流动资产和非流动资产。流动资产包括货币资金、交易性金融资产、应收票据、应收账款、预付款项、应收利息、应收股利、其他应收款、存货等，非流动资产包括长期股权投资、固定资产、在建工程、无形资产、长期待摊费用等。

　　右边的负债和所有者权益项目反映企业的全部负债和所有者权益的内容及构成，按清偿时间先后顺序排列。负债项目按负债的流动性依次排列，分为流动负债和非流动负债，流动负债包括短期借款、应付票据、应付账款、预收款项、应付职工薪酬、应付利息、应付股利、应交税费、其他应付款。非流动负债包括长期借款、应付债券、长期应付款等。所有者权益项目按永久性程度按从小到大排列，主要包括实收资本（股本）、资本公积、盈余公积和未分配利润等。

三、资产负债表的填列

企业会计准则规定：会计报表至少应当反映相关两个期间的比较数据。资产负债表中的各项目分为"年初余额"和"期末余额"。

（一）资产负债表"年初余额"的填列

资产负债表的"年初余额"栏是指上年"年末余额"，各项目应根据上年年末的资产负债表中的"期末余额"栏内所列数字直接填列。如果本年度资产负债表规定的各个项目的名称和内容同上年度不一致，应对上年年末资产负债表中各栏目的名称和数字按照本年度的规定进行调整后填列。

（二）资产负债表"期末余额"的填列

资产负债表的"期末余额"是指某一会计期末的数字，一般根据期末各资产、负债、所有者权益类账户的余额填列。一般通过以下几种方式填列：

（1）根据有关总账账户期末余额直接填列。资产负债表中的大部分项目，可直接根据有关总账账户的期末余额直接填列。如"交易性金融资产""应收股利""短期借款""应付职工薪酬""实收资本""资本公积""盈余公积"等项目。

（2）根据有关总账账户余额计算填列。如"货币资金"项目，需要根据"库存现金""银行存款""其他货币资金"总账账户的期末余额加计填列。

（3）根据有关明细账户余额计算填列。如"应收账款"项目，应根据"应收账款""预收账款"账户的所属明细账的期末借方余额合计，减去"坏账准备"账户的贷方余额后的余额填列，如果是贷方余额，则加计填列在"预收款项"项目。

（4）有根据有关总账和明细账户的余额分析计算填列。如"长期借款"项目，应根据"长期借款"总账期末余额，扣除"长期借款"所属明细账中反映的、将在资产负债表日1年内到期的长期借款后的金额后填列。

（5）根据有关账户的余额减去其备抵调整账户的余额后填列。如"固定资产"项目，应根据"固定资产"账户期末余额减去"累计折旧""固定资产减值准备"账户期末余额后的净额填列。

（6）综合运用上述方法分析填列。如"存货"项目，应根据"原材料""库存商品""委托加工物资""在途物资""生产成本""周转材料"等总账账户期末余额合计，减去"存货跌价准备"账户的期末余额后的净额填列。

（三）资产负债表中主要项目的填列方法

1. 资产项目的填列

（1）"货币资金"项目，反映企业库存现金、银行存款、外埠存款、银行汇票存款、外埠存款、信用证保证金存款的合计数。本项目应根据"库存现金""银行存款""其他货币资金"三个总账账户的期末余额合计数填列。

（2）"交易性金融资产"项目，反映企业购买的能随时变现，并准备随时变现的股票、债券和基金资产等。本项目应根据"交易性金融资产"账户期末余额直接填列。

（3）"应收票据"项目，反映企业因销售商品、提供劳务而收到的商业汇票，包括商业承兑汇票和银行承兑汇票。本项目应根据"应收票据"总账账户的期末余额，扣除"坏账准备"账户余额中有关应收票据计提的坏账准备后的金额填列。

（4）"应收账款"项目，反映企业销售商品、提供劳务应收而尚未收到的款项。本项目应根据"应收账款""预收账款"账户的所属明细账的期末借方余额合计，减去"坏账准备"账户中应收账款计提的坏账准备后的金额填列。如果"应收账款"账户所属明细账期末有贷方余额，则应填在"预收款项"项目。

（5）"预付款项"项目，反映企业按照合同规定预付给供应单位的款项等。本项目应根据"预付账款""应付账款"账户所属明细账的期末借方余额合计数填列。如果"预付账款"账户所属明细账期末有贷方余额，则应填在"应付账款"项目。

（6）"应收利息"项目，反映企业因债券投资应收取的利息。本项目应根据"应收利息"账户的期末余额直接填列。

（7）"应收股利"项目，反映企业因股权投资而应收取的现金股利和其他单位分配的利润。本项目应根据"应收股利"账户的期末余额直接填列。

（8）"其他应收款"项目，反映企业除应收票据、应收账款、应收利息、应收股利、预付账款等其他各种应收、暂付的款项。本项目应根据"其他应收款"账户的期末余额，减去"坏账准备"账户中的其他应收款计提的坏账准备后的金额填列。

（9）"存货"项目，反映企业期末库存、在途、和加工中的存货的价值。本项目根据"原材料""库存商品""委托加工物资""在途物资""生产成本""周转材料"等总账账户期末余额合计，减去"存货跌价准备"账户的期末余额后的金额填列。

（10）"固定资产"项目，反映企业固定资产的账面价值。本项目应根据"固定资产"总账账户期末余额减去"累计折旧""固定资产减值准备"账户期末余额后的金额填列。

（11）"无形资产"项目，反映企业无形资产的账面价值。本项目应根据"无形资产"总账账户期末余额减去"累计摊销""无形资产减值准备"账户期末余额后的金额填列。

2. 负债项目的填列

（1）"短期借款"项目，反映企业向银行或其他金融机构借入的期限在1年内的各种借款。本项目根据"短期借款"总账账户期末余额直接填列。

（2）"应付票据"项目，反映企业购买材料、商品或接受劳务而开出、承兑的未到期付款的商业汇票，包括商业承兑汇票和银行承兑汇票。本项目应根据"应付票据"总账账户期末余额直接填列。

（3）"应付账款"项目，反映企业购买材料、商品或接受劳务而应付给供应单位的款项。本项目应根据"应付账款""预付账款"账户所属明细账的期末贷方余额合计数填列。如果"应付账款"账户所属明细账的期末借方余额，则填列在"预付款项"项目。

（4）"预收款项"项目，反映企业销售商品、提供劳务应收而预收的款项。本项目应根据"应收账款""预收账款"账户所属明细账的期末贷方余额合计数填列。如果"预收账款"账户所属明细账的期末为借方余额，则填列在"应收账款"项目。

（5）"应付职工薪酬"项目，反映企业应付未付的职工薪酬。本项目应根据"应付职工薪酬"总账账户的贷方余额直接填列。如果"应付职工薪酬"账户的期末余额为借方，则以"—"号填列。

（6）"应交税费"项目，反映企业应交而未交的税金和费用，本项目应根据"应交税费"总账账户的期末贷方余额直接填列。如果"应交税费"账户的期末余额为借方，则以"—"

号填列。

（7）"应付股利"项目,反映企业应付而未付的现金股利。本项目应根据"应付股利"总账账户的期末贷方余额直接填列。

（8）"其他应付款"项目,反映企业除应付票据、应付账款、预付账款、应交税费、应付股利、应付利息外的其他应付、暂收的各种款项,本项目应根据"其他应付款"总账账户期末余额填列。

（9）"长期借款"项目,反映企业向银行或其他金融机构借入的期限大于1年的借款。本项目应根据"长期借款"总账期末余额,扣除"长期借款"所属明细账中反映的、将在资产负债表日1年内到期的长期借款后的金额后填列。

（10）"应付债券"项目,反映企业发行的期限超过1年的债券本金和利息。本项目应根据"应付债券"账户的期末余额填列。

3. 所有者权益的项目填列

（1）"实收资本"项目,反映企业投资者投入的资本（或股本）。本项目应根据"实收资本"总账账户的期末余额填列。

（2）"资本公积"项目,反映企业期末资本公积的余额。本项目应根据"资本公积"总账账户的期末余额填列。

（3）"盈余公积"项目,反映企业期末盈余公积的数额。本项目应根据"盈余公积"总账账户的期末余额填列。

（4）"未分配利润"项目,反映企业尚未分配的利润。本项目应根据"利润分配"账户和"本年利润"账户的余额计算填列,未弥补的亏损则用"－"号填列。

四、资产负债表的编制举例

某企业202×年12月31日总分类账户和明细分类账户的余额如表10-2所示（年初余额省略）,根据所给资料编制该企业12月31日的资产负债表。

表10-2

总分类账户和明细分类账户的余额表

金额单位：元

账户名称	借方余额	贷方余额	账户名称	借方余额	贷方余额
库存现金	6 000		短期借款		100 000
银行存款	90 000		应付账款		70 000
交易性金融资产	80 000		——G 企业		100 000
应收账款	150 000		——H 企业	30 000	
——A 企业		10 000	预收账款		10 000
——B 企业	60 000		——V 企业		50 000
——C 企业	100 000		——W 企业	40 000	
预付账款	30 000		应付职工薪酬		28 000
——D 企业	30 000		应交税费		30 000

（续表）

账户名称	借方余额	贷方余额	账户名称	借方余额	贷方余额
其他应收款	5 000		应付股利		
原材料	160 000		其他应付款		2 000
在途物资	5 000		长期借款		200 000
库存商品	51 000		实收资本		2 200 000
生产成本	220 000		资本公积		2 000
固定资产	2 597 000		盈余公积		34 000
累计折旧		800 000	利润分配 ——未分配利润		316 000
无形资产	398 000				

根据上述资料,编制的该企业的资产负债表如 10-3 所示:

表 10-3

资产负债表

编制单位:　　　　　　　　202×年 12 月 31 日　　　　　　　　会企 01 表
单位:元

资　　产	期末余额	年初余额	负债及所有者权益	期末余额	年初余额
流动资产:			流动负债:		
货币资金	96 000		短期借款	100 000	
交易性金融资产	80 000		应付票据		
应收票据			应付账款	100 000	
应收账款	200 000		预收款项	60 000	
预付款项	60 000		应付职工薪酬	28 000	
应收利息			应交税费	30 000	
应收股利			应付股利		
其他应收款	5 000		应付利息		
存货	436 000		其他应付款	2 000	
一年内到期的非流动资产			一年内到期的非流动负债		
其他流动资产			流动负债合计	320 000	
流动资产合计	877 000		非流动负债:		
非流动资产:			长期借款	200 000	
长期应收款			应付债券		

（续表）

资 产	期末余额	年初余额	负债及所有者权益	期末余额	年初余额
长期股权投资			非流动负债合计	200 000	
固定资产	1 797 000		负债合计	520 000	
在建工程			所有者权益：		
固定资产清理			实收资本（或股本）	2 200 000	
无形资产	398 000		资本公积	2 000	
长期待摊费用			盈余公积	34 000	
其他非流动资产			未分配利润	316 000	
非流动资产合计	2 195 000		所有者权益合计	2 552 000	
资产总计	3 072 000		负债及所有者权益（或股东权益）总计	3 072 000	

第三节　利　润　表

一、利润表的概念和作用

（一）利润表的概念

利润表是反映企业在一定会计期间经营成果的报表。利润表是一张反映企业经营成果的动态报表，是根据"收入－费用＝利润"这一等式编制的。利润表中的一定会计期间是指一个时间过程，原因在于利润表上列示的收入费用是在一定会计期间陆续实现或发生的。

（二）利润表的作用

利润表的作用主要体现在以下方面。

（1）提供一定会计期间收入和费用信息。可以了解企业一定会计期间的收入费用的情况以及利润形成过程。

（2）提供分析企业盈利能力的相关数据。通过比较企业前后期实现的利润，分析企业利润发展趋势，评价其经营业绩。

二、利润表的格式和内容

（一）利润表的格式

利润表是根据"收入－费用＝利润"编制的。利润表有表首和正表两部分组成。表首包括报表名称、编制单位、报表所属期间、报表编号、货币名称、计量单位等，正表是利润表的主体，反映形成经营成果的各个项目和计算过程。利润表的格式有单步式和多步式两种。

单步式利润表是将当期所有收入列在一起，然后将所有费用列在一起，两者相减得出当期净利润。收入和费用项目自上而下集中顺序排列：先列示企业当期收入项目的发生额,并计算出合计数,再列示企业当期费用项目的发生额,并计算出合计数,最后收入合计数和费用合计数相抵计算出本期的经营成果。这种利润表编制简单,但收入和费用缺乏配比性。

多步式利润表是通过当期的收入、费用按性质加以归类,按利润形成的主要环节列示一些中间性指标,如营业利润、利润总额,分步计算出净利润。多步式利润表比单步式利润表能提供更为丰富的盈利能力方面的信息,便于不同企业之间的比较。我国利润表的格式为多步式,如表 10-4 所示。

表 10-4

利　润　表

会企 02 表

编制单位：　　　　　　　　　　　年　月　　　　　　　　　　金额单位：元

项　　目	本期金额	上期金额
一、营业收入		
减：营业成本		
税金及附加		
销售费用		
管理费用		
财务费用		
加：投资收益(损失以"－"号填列)		
公允价值变动收益(损失以"－"号填列)		
其中:对联营企业和合营企业的投资收益		
资产处置收益(损失以"－"号填列)		
二、营业利润(亏损以"－"号填列)		
加:营业外收入		
减:营业外支出		
三、利润总额(亏损总额以"－"号填列)		
减:所得税费用		
四、净利润(净亏损以"－"号填列)		
五、其他综合收益的税后净额		
(一)不能重分类进损益的其他综合收益		
(二)将重分类进损益的其他综合收益		
六、综合收益总额		
七、每股收益		
(一)基本股每股收益		
(二)稀释股每股收益		

（二）利润表的内容

利润表主要反映以下三个内容。

（1）构成营业利润的各个要素。营业利润是营业收入减去营业成本、营业税金及附加、销售费用、管理费用、财务费用等项目后最终计算出来的。

（2）构成利润总额的各个要素。利润总额是在营业利润的基础上加上营业外收入、减去营业外支出项目后得出。

（3）构成净利润的各个要素。净利润是在利润总额的基础上减所得税费用后的净额。

三、利润表的编制

（一）利润表中的"上期金额"和"本期金额"

企业会计准则规定：会计报表至少应当反映相关两个期间的比较数据。利润表中的各项目为"上期金额"和"本期金额"。

"上期金额"是指上年的同一月份的金额。本项目根据上年同期编制的利润表中的"本期金额"栏内所列金额填列。如果是年度的利润表，"上期金额"就是指上一年度。如果上年利润表中各个项目的名称和内容与本期不一致，则应将上年利润表中各项目和数字按本期规定进行调整，填入本期利润表的"上期金额"。

"本期金额"是指各项目的本期实际发生额。

（二）利润表中各项目的填列方法

利润表中各项目的金额，一般根据有关损益类账户的本期发生额分析填列：

（1）"营业收入"项目，反映企业的主要业务收入和其他业务收入总额。本项目应根据"主营业务收入"和"其他业务收入"账户的发生额分析填列。

（2）"营业成本"项目，反映企业的主营业成本和其他业务成本总额。本项目应根据"主营业务成本"和"其他业务成本"账户的发生额分析填列。

（3）"税金及附加"项目，反映企业经营业务应负担的消费税、城市维护建设税、资源税、土地增值税、房产税、车船税、城镇土地使用税和教育费附加等。本项目应根据"税金及附加"账户发生额分析填列。

（4）"销售费用"项目，反映企业销售产品发生的广告费、包装费以及专设销售机构的职工薪酬、业务经费等。本项目根据"销售费用"账户的发生额分析填列。

（5）"管理费用"项目，反映企业为组织和管理本企业的生产经营发生的费用。本项目根据"管理费用"账户的发生额分析填列。

（6）"财务费用"项目，反映企业筹集资金发生的借款利息等筹资费用。本项目根据"财务费用"账户的发生额分析填列。

（7）"投资收益"项目，反映企业对外投资所取得的收益。本项目应根据"投资收益"账户的发生额分析填列。如果为投资损失，本项目以"－"号填列。

（8）"公允价值变动损益"项目，反映企业应公允价值变动而发生的损益。本项目应根据"公允价值变动损益"账户的发生额分析填列。如果为净损失，本项目以"－"号填列。

（9）"资产处置损益"项目，反映企业出售划分为持有待售的非流动资产（金融工具、长期股权投资和投资性房地产除外）或处置时确认的利得或损失，以及处置未划分为持有待售的固定资产、在建工程、生产性生物资产及无形资产而形成的利得或损失。债务重组中应处置非流动资产而产生的利得或损失、非货币资产交换中处置非流动资产而产生的利得或损失也包括在本项目中。本项目应根据"资产处置损益"账户的发生额分析填列。如果处置净损失，本项目以"－"号填列。

（10）"营业利润"项目，反映企业实现的利润。如为亏损，本项目以"－"号填列。

（11）"营业外收入"项目，反映企业发生的与其经营活动无直接关系的各项收入。本项目应根据"营业外收入"账户的发生额析填列。

（12）"营业外支出"项目，反映企业发生的与其经营活动无直接关系的各项支出。本项目应根据"营业外支出"账户的发生额析填列。

（13）"利润总额"项目，反映企业实现的净利润，如为亏损，本项目以"－"号填列。

（14）"所得税费用"项目，反映企业从当期利润总额中扣除的所得税费用。本项目应根据"所得税费用"账户的发生额分析填列。

（15）"净利润"项目，反映企业实现的净利润，如为亏损，本项目以"－"号填列。

（16）"其他综合收益的税后净额"项目，反映企业根据会计准则规定未在损益中确认的各项利得和损失扣除所得税后的金额。

（17）"综合收益总额"项目。放映企业净利润与其他综合收益的合计金额。

四、利润表的编制

某企业202×年的有关损益类账户的发生额资料如表10-5所示（上期金额省略）。

表10-5

资　料　表

单位：元

账户名称	借方发生额	贷方发生额
主营业务收入		1 250 000
其他业务收入		50 000
投资收益		30 000
主营业务成本	750 000	
其他业务成本	20 000	
税金及附加	2 500	
销售费用	25 000	
管理费用	160 000	
财务费用	41 500	
所得税费用	112 560	
营业外收入		51 000
营业外支出	18 000	

要求：根据上述资料编制该企业的202×年的年度利润表。

根据表 10-5,编制 202×年某企业年度利润表如表 10-6 所示。

表 10-6

利 润 表

会企 02 表

编制单位:　　　　　　　　　　　　202×年　　　　　　　　　　　金额单位:元

项　　　目	本期金额	上期金额
一、营业收入	1 300 000	
减:营业成本	770 000	
税金及附加	2 500	
销售费用	25 000	
管理费用	160 000	
财务费用	41 500	
加:公允价值变动收益(损失以"—"号填列)		
投资收益(损失以"—"号填列)	30 000	
其中:对联营企业和合营企业的投资收益		
加:资产处置收益(减:损失)		
二、营业利润(亏损以"—"号填列)	331 000	
加:营业外收入	51 000	
减:营业外支出	18 000	
三、利润总额(亏损总额以"—"号填列)	364 000	
减:所得税费用	112 560	
四、净利润(净亏损以"—"号填列)	251 440	
五、其他综合收益的税后净额		
(一)不能重分类进损益的其他综合收益		
(二)将重分类进损益的其他综合收益		
六、综合收益总额	251 440	
七、每股收益		
(一)基本股每股收益		
(二)稀释股每股收益		

本 章 小 结

　　财务报告是会计核算的最终结果,财务报告能为报告使用者提供相关会计信息。财务报告包括会计报表、会计报表附注以及其他应在财务报告中披露的相关信息和资料等。会计报表包括资产负债表、利润表、现金流量表、所有者权益变动表。

　　编制财务报告应做到内容完整、数字真实、计算准确、编报及时。

　　资产负债表反映企业某一特定日期财务状况的静态报表。资产负债表是根据"资产

＝负债＋所有者权益"等式编制的,其结构有账户式和报告式两种,我国采用账户式。资产负债表提供企业资产、负债及所有者权益的各项内容,资产负债表主要根据资产类账户、负债类账户、所有者权益类账户的期末余额编制。

利润表是反映企业在一定会计期间经营成果的动态报表。利润表是根据"收入一费用＝利润"等式编制的,其结构有单步式和多步式,我国一般采用多步式。利润表反映企业利润的形成情况,利润表一般主要根据损益类账户的发生额分析填列。

关键概念　财务报告　资产负债表　利润表　中期财务报表　年度财务报表

一、思考题

1. 我国的财务报告由哪些部分组成?
2. 编制财务报告的要求有哪些?
3. 资产负债表的概念及作用是什么?
4. 资产负债表的内容有哪些?
5. 资产负债表的填列方法有哪几种?
6. 利润表的概念及作用是什么?
7. 利润表的内容有哪些?
8. 多步式利润表由哪几个步骤构成,如何编制?

二、练习题

(一) 单项选择题

1. 在下列表中,不属于会计报表组成内容的是(　　)。
   　A. 资产负债表　　　B. 利润表　　　　C. 现金流量表　　　D. 利润分配表
2. 下列各项中,属于企业以短于一个完整会计年度的报告期间为基础编制的财务报表的是(　　)。
   　A. 个别财务报表　　B. 合并财务报表　　C. 中期财务报表　　D. 年度财务报表
3. 资产负债表是反映企业某一特定日期(　　)的报表。
   　A. 财务状况　　　　　　　　　　　B. 经营结果
   　C. 现金流量　　　　　　　　　　　D. 所有者权益变动表
4. 利润表是反映企业某一会计期间(　　)的报表。
   　A. 财务状况　　　　　　　　　　　B. 经营成果
   　C. 现金流量　　　　　　　　　　　D. 所有者权益变动
5. 资产负债表中资产项目是按资产的(　　)顺序排列的。
   　A. 流动性　　　　B. 重要性　　　　C. 盈利性　　　　D. 变动性
6. 资产负债表一般是根据(　　)填列的。
   　A. 各总账账户余额　　　　　　　　B. 各总账账户的本期发生额
   　C. 各明细账账户的余额　　　　　　D. 各总账账户余额和某些明细账账户余额
7. 如果"应付账款"账户所属明细账的期末余额在借方,应填入资产负债表的(　　)项目中。

　　A. 应付账款　　　　　B. 应收账款　　　　　C. 预付款项　　　　　D. 预收账款

8. 下列各项中,不属于企业利润表反映的内容的是(　　)。

　　A. 主营业务利润　　　B. 营业利润　　　　　C. 利润总额　　　　　D. 净利润

9. 下列项目中,计算净利润所扣除的项目是(　　)。

　　A. 营业利润　　　　　B. 营业外收入　　　　C. 营业外支出　　　　D. 所得税费用

10. 在资产负债表中的下列项目中,根据总分类账户的余额直接填列的是(　　)。

　　A. 货币资金　　　　　B. 应收账款　　　　　C. 短期借款　　　　　D. 预付账款

11. 编制资产负债表中"应付账款"项目时,应考虑(　　)的期末余额。

　　A. "应付账款"总账账户

　　B. "应付账款"各明细账户"预付账款"各明细账户

　　C. "应付账款"各明细账户

　　D. "应付账款"与"预付账款"总账账户

12. 编制利润表主要是根据(　　)。

　　A. 资产、负债及所有者权益各账户的本期发生额

　　B. 资产、负债及所有者权益各账户的期末余额

　　C. 损益类各账户的本期发生额

　　D. 损益类各账户的期末余额

13. 资产负债表中"货币资金"项目根据(　　)总账账户的期末余额填列。

　　A. 库存现金

　　B. 库存现金、银行存款

　　C. 库存现金、银行存款、其他货币资金

　　D. 库存现金、银行存款、应收票据、其他货币资金、应收账款

14. 下列项目中,属于资产负债表中的流动负债项目的是(　　)。

　　A. 预付款项　　　　　B. 预收款项　　　　　C. 长期借款　　　　　D. 应付债券

15. 下列各项中,不应在利润表的"营业收入"项目反映的是(　　)。

　　A. 销售产品收入　　　　　　　　　　B. 销售材料收入

　　C. 销售固定资产净收益　　　　　　　D. 出租固定资产收入

(二) 多项选择题

1. 按现行会计制度规定,一套完整的财务报告包括(　　)。

　　A. 资产负债表　　　　　　　　　　　B. 利润表

　　C. 现金流量表　　　　　　　　　　　D. 所有者权益变动表

　　E. 会计报表附注

2. 资产负债表反映的会计要素内容包括(　　)。

　　A. 资产　　　　　B. 负债　　　　　C. 所有者权益　　　　D. 收入和费用

　　E. 利润

3. 利润表反映的会计要素内容包括(　　)。

　　A. 资产　　　　　B. 负债　　　　　C. 所有者权益　　　　D. 收入和费用

　　E. 利润

4. 资产负债表的格式一般有( )。

    A. 多步式　　　　　　B. 单步式　　　　　　C. 账户式　　　　　　D. 报告式

    E. 多栏式

5. 资产负债表中的"货币资金"项目,应根据以下( )账户填列。

    A. 库存现金　　　　　　　　　　　　　　B. 银行存款

    C. 应收票据　　　　　　　　　　　　　　D. 其他货币资金

    E. 应收账款

6. 资产负债表的下列项目中,可根据总账账户余额直接填列的有( )。

    A. 应付账款　　　　　　　　　　　　　　B. 应付利息

    C. 交易性金融资产　　　　　　　　　　　D. 固定资产

    E. 应付职工薪酬

7. 下列项目中,应计入资产负债表中"存货"项目的有( )。

    A. 原材料　　　　B. 库存商品　　　　C. 生产成本　　　　D. 在途物资

    E. 固定资产

8. 企业利润表中"营业收入"项目反映的有( )。

    A. 主营业务收入　　　　　　　　　　　　B. 其他业务收入

    C. 营业外收入　　　　　　　　　　　　　D. 投资收益

    E. 税金及附加

9. 下列项目中,影响利润表中"营业利润"项目有( )。

    A. 主营业务收入　　　B. 其他业务收入　　　C. 制造费用　　　D. 管理费用

    E. 销售费用

10. 下列项目中,应列入资产负债表的"应付账款"项目的有( )。

    A. 应付账款账户所属明细账的借方余额

    B. 应付账款账户所属明细账的贷方余额

    C. 预付账款账户所属明细账的借方余额

    D. 预付账款账户所属明细账的贷方余额

    E. 预收账款账户所属明细账的贷方余额

(三) 判断题

1. 资产负债表是反映企业某一特定时期的财务状况的会计报表,是一张动态报表。( )

2. 编制资产负债表主要是根据资产、负债及所有者权益各账户的期末余额填列。( )

3. "在途物资"不会影响资产负债表中的"存货"项目。( )

4. 中期财务报表是指企业于半年度终了编制的会计报表。( )

5. 资产负债表采取资产和负债与所有者权益总额相平衡的对照的结构,其格式有单步式
和多步式两种。( )

6. 利润表是反映企业一定时期的经营成果的会计报表,是一张动态报表。( )

7. 我国企业会计准则规定的利润表格式为多步式。( )

8. 资产负债表中的负债项目是按负债的流动性排列的。( )

9. 资产负债表的编制依据为"资产＝负债＋所有者权益"。( )

10. "所得税费用"会影响利润表中的"利润总额"项目。( )

(四) 计算题

1. 某企业 202×年 3 月 31 日部分总账账户和明细账户余额如表 10-7 所示。(金额单位：元)

表 10-7

某企业 202×年 3 月 31 日部分总账账户和明细账户余额

总账科目	明细科目	借方金额	贷方金额
库存现金		6 000	
银行存款		100 000	
交易性金融资产		50 000	
在途物资		2 200	
原材料		62 000	
生产成本		15 000	
库存商品		100 000	
应收票据		30 000	
应收账款		13 000	
	A 公司	30 000	
	B 公司	18 000	
	C 公司		35 000
预收账款			1 000
	D 公司	3 500	
	E 公司		4 500
固定资产		750 000	
累计折旧			250 000

要求：列式计算资产负债表中的货币资金、交易性金融资产、存货、应收票据、应收账款、预收款项、固定资产项目金额。

2. 某企业 202×年 1 月 31 日部分总账账户和明细账户余额如表 10-8 所示。

表 10-8

某企业 202×年 1 月 31 日部分总账账户和明细账户余额

单位：元

总账账户	明细账户	借方金额	贷方金额
库存现金		2 500	
银行存款		46 500	
其他货币资金		25 300	
在途物资		35 000	
原材料		200 000	
生产成本		15 000	

（续表）

总账账户	明细账户	借方金额	贷方金额
库存商品		600 000	
短期借款			50 000
应付账款			32 000
	A公司		20 000
	B公司	18 000	
	C公司		30 000
预付账款		1 000	
	D公司	3 500	
	E公司		2 500
实收资本			500 000

要求：列式计算资产负债表中的货币资金、应付账款、预付账款、存货、短期借款、实收资本项目金额。

3. 某企业202×年11月份损益类账户结账前的有关资料如下：

主营业务收入	550 000 元
其他业务收入	50 000 元
营业外收入	10 000 元
主营业务成本	350 000 元
其他业务成本	31 000 元
税金及附加	5 000 元
管理费用	18 000 元
财务费用	3 500 元
销售费用	25 000 元
营业外支出	1 500 元

企业所得税税率为25%，假定无纳税调整项目。

要求：根据以上资料列式计算本月的营业利润、利润总额、所得税费用、净利润。

（五）业务题

1. 某企业202×年12月31日所有的总账账户和明细账户余额如表10-9所示。

表10-9

某企业202×年12月31日所有的总账账户和明细账户余额

单位：元

总账账户	明细账户	借方金额	贷方金额	总账账户	明细账户	借方金额	贷方金额
库存现金		3 000		短期借款			350 000
银行存款		90 000		应付账款			70 000
交易性金融资产		84 000			A企业		45 000
在途物资		2 000			B企业	25 000	

（续表）

总账账户	明细账户	借方金额	贷方金额	总账账户	明细账户	借方金额	贷方金额
原材料		98 000			C企业		50 000
生产成本		48 000		预收账款			5 000
库存商品		100 000			E企业	18 000	
应收票据		30 000			F企业		23 000
应收账款		15 000		应付利息			4 000
	甲公司	20 000		其他应付款			32 000
	乙公司	15 000		应付职工薪酬			30 500
	丙公司		20 000	应交税费			30 000
预付账款		20 000		应付股利			120 000
	丁公司	20 000		长期借款			384 000
长期股权投资		300 000		实收资本			1 680 000
固定资产		2 750 000		盈余公积			32 400
累计折旧			360 000	利润分配			625 600
无形资产		183 500					

要求：根据上述资料编制202×年12月31日该企业的资产负债表。

2. 某企业202×年1月有关损益类账户的发生额如表10-10所示。

表10-10

某企业202×年1月的有关损益类账户的发生额

单位：元

账户名称	借方发生额	贷方发生额
主营业务收入		300 000
其他业务收入		31 000
投资收益		10 000
主营业务成本	160 000	
其他业务成本	10 000	
营业税金及附加	2 000	
销售费用	5 000	
管理费用	50 000	
财务费用	10 000	
所得税费用	30 000	
营业外收入		500
营业外支出	2 000	

要求：根据上述资料编制该企业的202×年1月的利润表，上期金额省略。

第十一章　账务处理程序

学习目的和要求　通过本章学习,了解账务处理程序的作用;熟悉账务处理程序种类及分类标志;理解账务处理程序的概念;掌握记账凭证账务处理程序的步骤、优缺点和适用范围;掌握科目汇总表账务处理程序的步骤、优缺点和适用范围;掌握记账凭证账务处理程序和科目汇总表账务处理程序的区别;学会运用记账凭证账务处理程序和科目汇总表账务处理程序。

学习重点和难点　本章的学习重点在于账务处理程序的概念及种类、不同账务处理程序的区别、记账凭证账务处理程序、科目汇总表账务处理程序;学习难点在于科目汇总表账务处理程序。

第一节　账务处理程序的意义和种类

一、账务处理程序的概念及作用

(一)账务处理程序的概念

账务处理程序,也称会计核算形式、会计核算组织程序,是指会计主体采用的会计凭证、会计账簿、会计报表的种类和格式与记账程序有机结合的方法与步骤。

在实际工作中,企业能选择的会计凭证、会计账簿和会计报表的种类较多,格式也不尽相同。企业应结合自身的实际情况,如业务的繁简、会计机构和人员的设置等选择恰当的会计凭证、会计账簿和会计报表,并使它们构成一个既独立又紧密联系的整体。

(二)账务处理程序的作用

科学、合理的账务处理程序对企业的会计核算工作有着重要的作用,主要体现在:

(1)有利于规范会计核算组织工作。企业的会计核算工作需要企业内部的各个部门之间、会计机构的会计人员间密切配合,只有建立科学合理的账务处理程序,才能使会计机构、会计人员和有关经办人员在进行会计核算的过程中做到有序可循,规范操作,按照不同的责任分工,有条不紊地及时处理各个环节的会计核算工作。

(2)有利于保证会计核算的工作质量。企业在对有关交易或事项处理时,保证会计核算的工作质量是对会计工作的基本要求。建立科学合理的账务处理程序,能够保证会计核算处于严密的系统控制下,有利于保证会计核算的工作质量。

(3)有利于提高会计核算工作的效率。企业在对有关交易或事项按照既定的处理程序进行处理时,各环节分工明确,责任清楚,这样将会大大提高会计处理工作的效率。会计处理工作的效率高低将影响到会计信息的时效性。提高了会计核算工作的效率,也就能保证及时提高会计信息。

(4) 有利于降低会计核算工作成本。企业账务处理程序是一个消费人力、物力和财力的过程,科学合理的账务处理程序在一定程度上可为企业节约成本,降低消耗。

二、账务处理程序的种类

不同种类格式的会计凭证、会计账簿、会计报表与一定记账程序相结合,就形成了有一定区别的账务处理程序。在会计核算中,常见的账务处理程序有以下几种:记账凭证账务处理程序、科目汇总表账务处理程序、汇总记账凭证账务处理程序、日记总账账务处理程序等。

记账凭证账务处理程序是指根据交易或事项发生后编制的记账凭证直接逐笔登记总分类账,并定期编制会计报表的一种账务处理程序;科目汇总表账务处理程序是指根据各种记账凭证先汇总编制科目汇总表,再根据科目汇总表登记总分类账,并定期编制会计报表的一种账务处理程序;汇总记账凭证账务处理程序是定期先将记账凭证分类汇总编制汇总记账凭证,然后再根据汇总记账凭证登记总分类账的一种账务处理程序;日记总账账务处理程序是指设置日记总账,根据记账凭证直接逐笔登记日记总账,并定期编制会计报表的账务处理程序。本章只介绍记账凭证账务处理程序和科目汇总表账务处理程序。

各种账务处理程序都是围绕取得和编制会计凭证、登记账簿、编制会计报表三个环节而进行的。它们之间的主要区别在于:登记总账的依据不同。总账登记的不同依据体现了账务处理程序的显著特点,也是区分各种账务处理程序的主要标志。

三、账务处理程序的设置原则

(1) 结合企业实际情况的原则。企业在选择账务处理程序时,应充分考虑会计主体规模的大小、生产经营管理的特点、经济业务的多少、会计机构和人员的特点等因素,账务处理程序要和本单位的实际情况相符。

(2) 保证企业会计核算质量的原则。会计主要目标之一是为信息使用者提供相关信息,因此会计核算的账务处理程序要能够为会计信息使用者提供高质量的会计信息。

(3) 降低会计核算成本的原则。在保证会计信息质量,提高会计核算效率的同时,要力求简化会计核算手续,节省会计核算时间,降低会计核算成本。

第二节　记账凭证账务处理程序

一、记账凭证账务处理程序的基本内容

(一) 记账凭证账务处理程序的概念及特点

记账凭证账务处理程序是指根据编制的记账凭证直接逐笔登记总分类账和有关明细账、日记账,并定期编制会计报表的一种账务处理程序。

记账凭证账务处理程序是会计核算中最基本的一种处理程序。它的特点是直接根据记账凭证登记总分类账。

（二）记账凭证账务处理程序下的记账凭证、会计账簿和会计报表的种类与格式

在记账凭证账务处理程序下：

记账凭证可以采用通用记账凭证，也可采用收款凭证、付款凭证、转账凭证。

会计账簿一般设置日记账、总分类账和明细分类账。日记账一般为借、贷、余（或收、付、余）三栏式的现金日记账和银行存款日记账；各总账均采用借、贷、余三栏式；明细分类账可根据核算需要，采用三栏式、多栏式或数量金额式。

会计报表主要有资产负债表、利润表和现金流量表等。报表的内容不同，格式也不同。由于我国会计准则对会计报表的格式已做了统一规定，因此无论在哪种账务处理程序下，会计报表的格式和种类变动都不大。有关记账凭证、会计账簿和会计报表的内容与格式如图 11-1 所示。

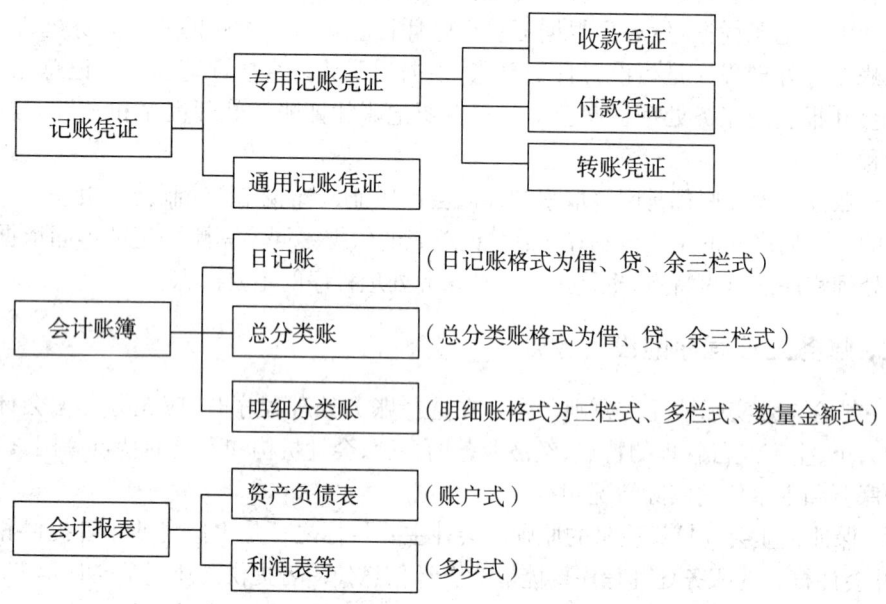

图 11-1　记账凭证账务处理程序下的记账凭证、会计账簿和会计报表

二、记账凭证账务处理程序的基本步骤

记账凭证账务处理程序的基本步骤如下：

（1）交易或事项发生后，根据有关原始凭证或原始凭证汇总表填制记账凭证。

（2）根据记账凭证登记现金日记账和银行存款日记账。

（3）根据记账凭证和原始凭证（原始凭证汇总表）登记各种明细分类账。

（4）根据记账凭证逐笔登记总分类账。

（5）月末，将日记账、明细分类账与总分类账进行核对。

（6）月末，根据总分类账和明细分类账编制会计报表。

记账凭证的账务处理程序步骤如图 11-2 所示。

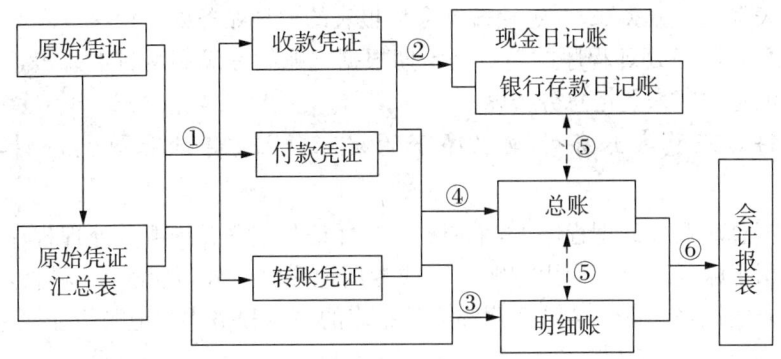

图 11-2　记账凭证账务处理程序基本步骤

三、记账凭证账务处理程序的优缺点

（一）优点

（1）凭证上能够清晰反映账户的对应关系。在记账凭证账务处理程序下，交易或事项发生后，通过编制记账凭证反映，因此每笔交易或事项涉及的账户间的对应关系清楚。

（2）在总分类账上能详细反映交易或事项的发生情况。在记账凭证账务处理程序下，不仅对日记账和明细分类账采用根据记账凭证逐笔登记，而且总分类账户也如此。因此，总分类账上能详细反映交易或事项的发生情况。

（3）总分类账的登记方法简单，易于掌握。在记账凭证账务处理程序下，总分类账户的登记方法和日记账、明细分类账的登记方法一样，直接根据记账凭证登记，比较容易掌握。

（二）缺点

（1）总分类账登账工作量大。在记账凭证账务处理程序下，对于发生的每笔交易或事项都要根据记账凭证在总账中登记，和明细分类账、日记账的做法一样，重复记录，增加登记总分类账的工作量。

（2）账页耗用多，预留账页多少难以把握，易造成浪费。由于每笔交易和事项都要在总分类账、日记账、明细分类账中重复登记，势必会造成账页的浪费，对于订本式的总分类账，预留多少空白部分也不便掌握。

四、记账凭证账务处理程序的适用范围

记账凭证账务处理程序一般适用于规模较小、交易或事项的数量较少，需要编制记账凭证不多的企业。

第三节　科目汇总表账务处理程序

一、科目汇总表账务处理程序的基本内容

（一）科目汇总表账务处理程序的概念及特点

科目汇总表账务处理程序是指根据各种记账凭证先定期汇总编制科目汇总表，再根

据科目汇总表登记总分类账,并定期编制会计报表的一种账务处理程序。

科目汇总表账务处理程序的特点是定期根据记账凭证编制科目汇总表,再根据科目汇总表上的汇总数字来登记总分类账

（二）科目汇总表账务处理程序下的记账凭证、会计账簿和会计报表的种类与格式

在科目汇总表账务处理程序下,采用的记账凭证与记账凭证账务处理程序相比,有较大差别。采用记账凭证除了通用记账凭证或专用记账凭证外,还设置了科目汇总表这种具有汇总性质的记账凭证。会计账簿和会计报表的内容和格式和记账凭证账务处理程序下基本相同。

有关记账凭证、会计账簿和会计报表的内容和格式如图 11-3 所示。

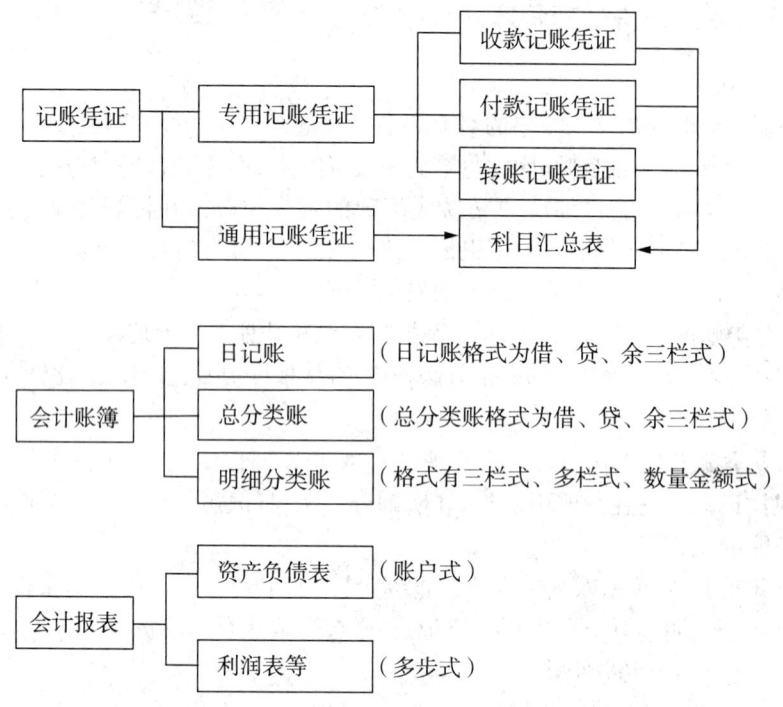

图 11-3　科目汇总表账务处理程序下的记账凭证、会计账簿和会计报表

二、科目汇总表账务处理程序的基本步骤

科目汇总表账务处理程序的基本步骤如下:

（1）交易或事项发生后,根据有关原始凭证或原始凭证汇总表填制记账凭证;

（2）根据记账凭证登记现金日记账和银行存款日记账;

（3）根据记账凭证和原始凭证(原始凭证汇总表)登记各种明细分类账;

（4）定期根据记账凭证编制科目汇总表;

（5）根据科目汇总表登记总分类账;

（6）月末,将日记账、明细分类账与总分类账进行核对;

（7）月末,根据总分类账和明细分类账编制会计报表。

科目汇总表的账务处理程序步骤如图11-4所示：

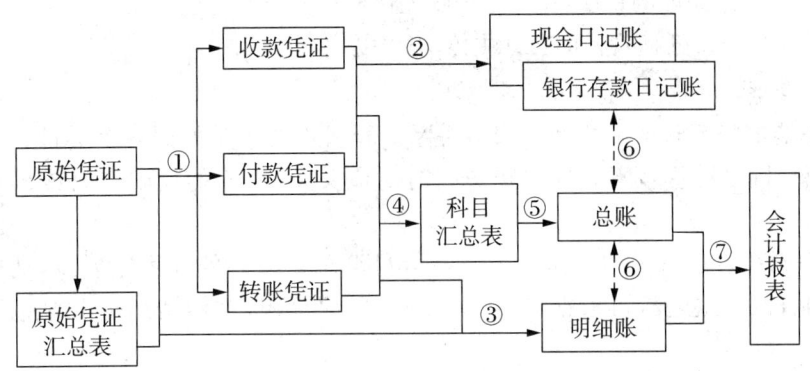

图 11-4　科目汇总表账务处理程序基本步骤

三、科目汇总表的编制

编制科目汇总表是科目汇总表账务处理程序的关键。科目汇总表是定期根据记账凭证汇总编制的。具体编制方法为：定期(5 天、10 天或 15 天)将该期间的记账凭证按同一会计科目归类,汇总每一会计科目的本期借方发生额和贷方发生额,并填写在科目汇总表的对应栏目下。科目汇总表的时间根据会计主体交易或事项的数量多少来确定,可以按天数汇总,也可以按旬汇总。如果企业业务较少,也可以每月汇总一次。科目汇总表是登记总分类账的依据。科目汇总表的格式见表11-1所示。

表 11-1

科 目 汇 总 表
年　月　日至　日

会计科目	本期发生额	
	借方	贷方

四、科目汇总表账务处理程序的优缺点

（一）优点

（1）可大大减少登记总账的工作量。在科目汇总表账务处理程序下,根据定期编制的科目汇总表登记总账,登记总账的次数大大减少,从而大大减少工作量。

（2）可以进行账户发生额的试算平衡。科目汇总表一定会计期间所有账户借方发生额之和等于贷方发生额之和。利用账户间存在的这种平衡关系,对所有总账账户发生额进行试算平衡。

（3）保证总分类账户登记的准确性。科目汇总表是根据记账凭证编制的,通过科目

汇总表的合计结果可以检验所填记账凭证是否正确,等于在记账前进行的试算平衡。这样能及时发现记账凭证的错误,在一定程度上保证总分类账的正确性。

(4) 适用性强。任何规模的会计主体均适用。

(二) 缺点

(1) 不能清晰反映账户之间的对应关系。科目汇总表是按照各个会计科目归类汇总其发生额,科目汇总表不能反映账户间的对应关系,也不能反映交易或事项的来龙去脉。

(2) 编制科目汇总表的工作量大。在科目汇总表账务处理程序下,定期根据记账凭证来编制科目汇总表,再根据科目汇总表来登记总账,这样增加了汇总记账凭证工作量。

五、科目汇总表账务处理程序的适用范围

科目汇总表账务处理程序能进行账户发生额的试算平衡,也能减少登记总账的工作量,因而其适用范围广泛,不论会计主体规模大小、交易或事项繁简,都可以采用。

本 章 小 结

每一个会计主体为了使会计核算工作有序地进行,需要设置不同种类格式的会计凭证、会计账簿、会计报表,并与一定记账程序相结合。这种会计凭证、会计账簿、会计报表和记账程序结合方式称为会计账务处理程序。会计账务处理程序,也称会计核算形式,是指会计主体采用的会计凭证、会计账簿、会计报表的种类和格式与记账程序有机结合的方法与步骤。会计主体因规模大小、业务繁简等因素不同,会计账务处理程序也不相同。

记账凭证账务处理程序是指根据编制的记账凭证直接逐笔登记总分类账,并定期编制会计报表的一种账务处理程序。记账凭证账务处理程序是会计核算中最基本的一种处理程序。科目汇总表账务处理程序是根据各种记账凭证先定期汇总编制科目汇总表,再根据科目汇总表登记总分类账,并定期编制会计报表的一种账务处理程序。各种账务处理程序之间最大的区别在于登记总账的依据不同。

关键概念　账务处理程序　记账凭证账务处理程序　科目汇总表账务处理程序　科目汇总表

一、思 考 题

1. 什么是账务处理程序? 账务处理程序的意义是什么?
2. 设置账务处理程序应遵照哪些原则?
3. 简述记账凭证账务处理程序的基本步骤。
4. 简述科目汇总表账务处理程序的基本步骤。
5. 简述记账凭证账务处理程序的优缺点及适用范围。
6. 简述科目汇总表账务处理程序的优缺点及适用范围。

二、练习题

(一) 单项选择题

1. 下列账务处理程序中,最基本的是( )。
   A. 记账凭证账务处理程序
   B. 科目汇总表账务处理程序
   C. 汇总记账凭证账务处理程序
   D. 日记总账账务处理程序

2. 在记账凭证账务处理程序中,登记总分类账的依据是( )。
   A. 原始凭证
   B. 记账凭证
   C. 科目汇总表
   D. 日记账

3. 在科目汇总表账务处理程序中,登记总分类账的依据是( )。
   A. 原始凭证
   B. 记账凭证
   C. 科目汇总表
   D. 日记账

4. 在各种账务处理程序中,主要的区别是( )。
   A. 总账的格式不同
   B. 会计凭证的种类不同
   C. 明细账的格式不同
   D. 登记总账的依据不同

5. 下列属于科目汇总表的缺点的是( )。
   A. 不能提供账户的发生额
   B. 不能反映账户的对应关系
   C. 各账户的借方发生额合计
   D. 各账户的贷方发生额合计

6. 记账凭证账务处理程序适用的企业为( )。
   A. 规模较大、业务较多的单位
   B. 规模较小、业务较少的单位
   C. 各种企业
   D. 规模较大、业务较少的单位

7. 科目汇总表的基本编制方法是( )。
   A. 按照不同会计科目进行归类定期汇总
   B. 按照相同会计科目进行归类定期汇总
   C. 按照借方会计科目进行归类定期汇总
   D. 按照贷方会计科目进行归类定期汇总

8. 所有账务处理程序在处理上的相同点是( )。
   A. 根据各种记账凭证直接逐笔登记总分类账户
   B. 根据各种记账凭证直接逐笔登记明细分类账户
   C. 根据各种记账凭证直接逐笔登记日记总账
   D. 根据各种记账凭证直接编制会计报表

9. 在日记总账账务处理程序中,登记总分类账的依据是( )。
   A. 原始凭证
   B. 记账凭证
   C. 科目汇总表
   D. 日记总账

10. 下列不属于科目汇总表账务处理程序优点的是( )。
    A. 科目汇总表的编制和使用较为简便
    B. 可以清晰反映各科目间的对应关系
    C. 可以大大减少登记总账的工作量
    D. 可以起到试算平衡的作用,保证总账登记的准确性

（二）多项选择题

1. 下列账务处理程序中,我国企业单位采用的有(　　)。

　　A. 记账凭证账务处理程序　　　　　　B. 科目汇总表账务处理程序

　　C. 汇总记账凭证账务处理程序　　　　D. 日记总账账务处理程序

　　E. 分散核算程序

2. 在记账凭证账务处理程序下,可作为登记总分类账的依据有(　　)。

　　A. 原始凭证　　　　B. 转账凭证　　　　C. 通用记账凭证　　　D. 收款凭证

　　E. 付款凭证

3. 记账凭证账务处理程序的优点有(　　)。

　　A. 方法简单,易于掌握　　　　　　　　B. 登记总分类账的工作量小

　　C. 凭证上能够清晰反映账户的对应关系　D. 能反映交易或事项的发生情况

　　E. 容易造成账页的浪费

4. 科目汇总表账务处理程序的优点有(　　)。

　　A. 能清晰反映账户的对应关系　　　　　B. 登记总分类账的工作量小

　　C. 能进行账户发生额的试算平衡　　　　D. 保证登记总分类账户的准确性

　　E. 编制科目汇总表的工作量小

5. 记账凭证账务处理程序的缺点有(　　)。

　　A. 方法简单,易于掌握　　　　　　　　B. 登记总分类账的工作量大

　　C. 凭证上能够清晰反映账户的对应关系　D. 能反映交易或事项的发生情况

　　E. 容易造成账页的浪费

6. 记账凭证账务处理程序和科目汇总表账务处理程序都应具有的内容有(　　)。

　　A. 交易或事项发生后,根据有关审核无误的原始凭证编制记账凭证

　　B. 根据记账凭证逐笔登记现金日记账和银行存款日记账

　　C. 根据记账凭证及原始凭证逐笔登记各明细账

　　D. 根据记账凭证登记总分类账

　　E. 期末,根据有关账簿编制财务报告

7. 下列各项中,属于记账凭证账务处理程序所适用企业应具备特点的有(　　)。

　　A. 规模比较大　　　　　　　　　　　　B. 规模比较小

　　C. 交易或事项比较多　　　　　　　　　D. 交易或事项比较少

　　E. 所需记账凭证较多

8. 下列各项中,属于科目汇总表账务处理程序所适用企业应具备特点的有(　　)。

　　A. 规模比较大　　　　　　　　　　　　B. 规模比较小

　　C. 交易或事项比较多　　　　　　　　　D. 交易或事项比较少

　　E. 所需记账凭证较多

9. 在实务中,企业在选择账务处理程序时应考虑因素有(　　)。

　　A. 企业经营活动的特点　　　　　　　　B. 交易或事项的繁简

　　C. 保证会计核算质量　　　　　　　　　D. 会计机构的设置

　　E. 降低会计核算成本

10. 下列属于科目汇总表账务处理程序内容的有(　　)。

A. 交易或事项发生后,根据有关审核无误的原始凭证编制记账凭证

B. 根据记账凭证逐笔登记现金日记账和银行存款日记账

C. 根据记账凭证及原始凭证逐笔登记各明细账

D. 定期根据记账凭证编制科目汇总表

E. 根据科目汇总表登记总分类账

(三) 判断题

1. 记账凭证账务处理程序的特点是直接根据记账凭证逐笔登记总分类账户。　　　(　　)

2. 会计主体采用哪种账务处理程序,应根据各会计主体的规模大小、业务繁简等因素来决定。　　　(　　)

3. 记账凭证账务处理程序是账务处理程序中最基本的一种。　　　(　　)

4. 在科目汇总表账务处理程序下,科目汇总表必须按月编制。　　　(　　)

5. 在科目汇总表的账务处理程序下,有关明细账根据科目汇总表编制。　　　(　　)

6. 在记账凭证账务处理程序下,总账登记方法简单但登账工作量较大。　　　(　　)

7. 各种账务处理程序的最大区别在于登记明细账的依据不一样。　　　(　　)

8. 区分各种账务处理程序的主要标志在于登记总账的依据不同。　　　(　　)

9. 在任何账务处理程序下,第一步均为根据审核无误原始凭证编制记账凭证。　　　(　　)

10. 科目汇总表账务处理程序能科学反映账户间的对应关系,便于核对账目,而且还能进行试算平衡。　　　(　　)

(四) 计算题

某企业采用科目汇总表账务处理程序,按旬编制科目汇总表,存货采用实际成本核算,202×年1月1日至10日发生如下业务,有关资料如下:

(1) 购入甲材料200千克,每千克10元,增值税为260元,运输费100元,材料验收入库,款项以银行存款支付。

(2) 收到托收货款100 000元,存入银行。

(3) 购入一台不需要安装的生产用设备,买价100 000元,增值税13 000元,款项以银行存款支付。

(4) 从银行取得1年期借款150 000元,存入银行。

(5) 以现金支付车间用固定资产修理费500元。

(6) 领用原材料15 000元,其中生产产品耗用10 000元,车间一般耗用2 000元,行政管理部门耗用3 000元。

(7) 销售产品300件,每件售价200元,增值税税率13%,款项尚未收到。

(8) 以银行存款归还前欠材料款80 000元。

要求:

(1) 根据上述业务编制该企业有关记账凭证(用会计分录代替)。

(2) 开设 T 形账户,根据上旬的记账凭证进行登记。

(3) 编制该企业202×年1月上旬的科目汇总表。

(五) 业务题

(一) 某企业采用记账凭证账务处理程序,有关资料如下。

1. 202×年3月末的总分类账户及有关明细账户余额如表11-2、表11-3所示。

表 11-2

总分类账户余额表

金额单位：元

账户名称	金额	账户名称	金额
库存现金	14 000	累计折旧	59 400
银行存款	54 600	短期借款	60 000
应收账款	15 000	应付账款	15 000
生产成本	15 000	应付职工薪酬	10 500
原材料	4 000	应交税费	15 600
库存商品	75 000	实收资本	330 000
固定资产	315 000	盈余公积	3 500

表 11-3

明细账户余额表

总账账户	明细账户	金额
应收账款	宏利公司	10 000
	红星公司	5 000
生产成本	甲产品	25 000
库存商品	甲产品	75 000
原材料	A 材料	4 000 （数量 500，单价 8 元）

2. 该企业 202×年 4 月发生如下经济业务：

（1）4 月 1 日，购入 A 材料 2 500 千克，单价 8 元，价款 20 000 元，增值税税率 13%，材料验收入库，价款以银行存款支付。

（2）4 月 5 日，收到应收货款 15 000 元，其中宏利公司 10 000 元，红星公司 5 000 元，存入银行。

（3）4 月 7 日，王某出差预借差旅费 1 000 元，以现金支付。

（4）4 月 10 日，领用 A 材料 1 250 千克，单价 8 元，其中生产产品 1 000 千克，车间一般耗用 150 千克，行政管理部门耗用 100 千克。

（5）4 月 12 日，销售产品 2 000 件，单价 50 元，价款 100 000 元，增值税税率 13%，价款收到存入银行，商品发出。

（6）4 月 15 日，王某出差回来报销差旅费 1 200 元，以现金补付 200 元。

（7）4 月 20 日，以银行存款支付广告费 1 500 元。

（8）4 月 30 日，结算本月职工工资 38 000 元，其中生产工人工资 28 000 元，车间管理人员工资 3 000 元，行政管理人员工资 7 000 元。

(9) 4 月 30 日,计提本月固定资产折旧 5 000 元,其中车间 3 500 元,行政管理部门 1 500 元。

(10) 4 月 30 日,结转本月制造费用 7 700 元。

(11) 4 月 30 日,以银行存款支付本月借款利息 1 800 元。

(12) 4 月 30 日,结转本月产品销售成本 60 000 元。

(13) 4 月 30 日,计提本月应交城市维护建设税 1 000 元,应交教育费附加 500 元。

(14) 4 月 30 日,将本月主营业务收入 100 000 元转入本年利润账户。

(15) 4 月 30 日,将本月主营业务成本 60 000 元、营业税金及附加 1 500 元、销售费用 1 500 元、管理费用 10 500 元,财务费用 1 800 元转入本年利润账户。

(16) 计提本月应交所得税 6 175 元。

(17) 结转"所得税费"用账户。

要求:

(1) 根据以上业务编制记账凭证(以会计分录代替)。

(2) 根据记账凭证登记现金日记账和银行存款日记账。

(3) 根据原始凭证及记账凭证登记"应收账款"(三栏式)和"原材料"明细账(数量金额式),其他账户不登记。

(4) 根据记账凭证登记总分类账户(登记"库存现金""银行存款""应收账款""原材料"账户,其他账户不登记)。

(二) 某企业采用科目汇总表账务处理程序,有关资料见上述(一)题。

要求:

(1) 根据以上业务编制记账凭证(以会计分录代替)。

(2) 根据记账凭证登记现金日记账和银行存款日记账。

(3) 根据原始凭证及记账凭证登记"应收账款"明细账(三栏式)和"原材料"明细账(数量金额式),其他账户不登记。

(4) 根据记账凭证编制科目汇总表。

(5) 根据科目汇总表登记总分类账户(登记"库存现金""银行存款""应收账款""原材料"账户,其他账户不登记)。

第十二章　会计基础工作

学习目的和要求　通过本章的学习,了解会计机构设置、会计人员的从业资格;熟悉会计职业道德、会计档案管理;掌握会计核算、会计监督、内部会计管理的内容。

学习重点和难点　本章学习的重点在于会计监督、内部会计管理、会计职业道德等内容。学习的难点在于会计监督的内容。

第一节　会计机构与会计人员

建立健全各单位的会计机构,配备与工作要求相适应的、具有一定素质和数量的会计人员,是保证会计工作正常进行,充分发挥会计管理职能作用的重要条件。我国《会计法》《会计基础工作规范》等会计规范对会计机构设置和会计人员配备的相关要求作了具体的规定。

一、会计机构

(一) 会计机构的设置

会计机构是各单位内部直接从事和组织领导会计工作的职能部门。设置独立的会计机构,对于明确会计工作的范围、内容以及责任,确定会计的任务并保证其完成,完善会计核算体系,强化会计监督,充分发挥会计在经营管理中的作用等都具有十分重要的意义。

《会计法》第七条规定:"国务院财政部门主管全国的会计工作。县级以上地方各级人民政府的财政部门管理本行政区域内的会计工作。为此,国家财政部设立会计司,主管全国的会计工作。其主要职责是在财政部领导下,拟定全国性的会计法令,研究、制定改进会计工作的措施和总体规划,颁布会计工作的各项规章制度,管理报批外国会计公司在我国设立的常驻代表机构,会同有关部门制定并实施全国会计人员专业技术职称考评制度等。"

地方财政部门、企业主管部门一般设财务会计局、处等,主管本地区或本系统所属企业的会计工作。其主要职责是:根据财政部的统一规定,制定适合本地区、本系统的会计规章制度;负责组织、领导和监督所属企业的会计工作;审核、分析、批复所属企业的财务会计报告,并编制本地区、本系统的汇总会计报表;了解和检查所属企业的会计工作情况;负责本地区、本系统会计人员的业务培训,以及会同有关部门评聘会计人员技术职称等。同时,基层企事业单位的主管部门在会计业务上受同级财政部门的指导和监督。

《会计法》第三十六条规定:"各单位应当根据会计业务的需要设置会计机构,或者在有关机构中设置会计人员并指定会计主管人员;不具备设置条件的,应当委托批准设立从事会计代理记账业务的中介机构代理记账。"这就是说,凡实行独立核算的大、中型企业(包括集团公司、股份有限公司、有限责任公司等),应当设置会计机构。对于实行企业化管理的事业单位、业务较多的行政单位、社会团体和其他组织也应设置会计机构。各级主管部门一般设置会计(财务)司、局、处、科。主管部门的会计机构主要负责组织、领导和监督所属单位的会计工作。基层单位的会计机构,一般称为会计(财务)部、处、科、股、组等。基层单位的会计机构,在单位行政领导人或总会计师的领导下开展会计工作。对于规模小、会计业务量较少的单位,可以不设置独立的会计机构,但也应当配备专职的会计人员,并指定会计主管人员,负责管理单位会计事务、行使会计机构负责人的职权。对于不具备设置会计机构和会计人员条件的单位,应当委托经批准设立从事会计代理记账业务的中介机构代理记账。

根据《代理记账管理办法》(2019年修订)的规定,在我国从事代理记账业务的机构,应为依法设立的企业;专职从业人员不少于3名;主管代理记账业务的负责人应具有会计师以上专业技术职务资格或者从事会计工作不少于3年,且为专职从业人员;有健全的代理记账业务内部规范。代理记账机构从业人员应当具有会计类专业基础知识和业务技能,能够独立处理基本会计业务,并由代理记账机构自主评价认定。代理记账业务的机构,除会计师事务所外,必须申请代理记账资格并经过县级以上财政部门审查批准,领取由财政部统一规定样式的代理记账许可证书,才能从事代理记账业务。具体业务范围一般包括:根据委托人提供的原始凭证和其他资料进行会计核算;对外提供财务报告;向税务机关提供税务资料以及委托人委托的其他事项。

为了科学合理地组织会计工作,保证本单位正常的经济核算,各单位应根据其规模大小、业务繁简和管理体制的要求设置会计机构。设置会计机构涉及的内容有:会计机构的内部组织、会计人员的内部分工、会计机构和会计人员的职责、在单位中的地位以及同其他职能部门的关系等。由于各单位的经营特点、管理要求等各不相同,会计机构的设置也不可能完全一致。但任何单位,设置的会计机构都必须与其他各职能部门相互协调。在此前提下,将会计工作的全部内容合理划分,并落实到每个小组或每个会计人员,建立健全会计工作的岗位职责制。做到各小组之间,各有关工作人员之间,既有明确的分工,有效地防止相互推诿、工作扯皮现象,又有默契的配合,能有力地强化内部控制制度。

（二）会计机构的组织形式

为了科学地组织会计工作,应根据企业规模的大小、业务的繁简以及企业会计机构的设置层次、会计核算资料整理和提供的方式、方法,确定企业会计机构的组织形式。在实际工作中,企业会计机构组织形式一般分为集中核算和非集中核算两种类型。

（1）集中核算形式。集中核算是指企业一般只设一个厂级会计机构,把整个企业的主要会计核算工作,包括总分类核算、明细分类核算、会计报表的编制和各有关项目的考核分析等,都集中在企业财会部门进行。其他职能部门(如车间、仓库)配备专职或兼职核算人员,对本部门发生的经济业务,只负责填制或取得原始凭证,并对原始凭证进行适当的汇总,定期将其送交企业会计部门,为企业会计部门进行会计核算提供资料。采用集中核算形式,可根据会计部门的记录随时了解企业内部各部门的生产经营活动情况;便于会计人员运用现代化手段进行合理的分工,简化和加速核算工作;采用科学的凭证整理程序,提高核算效率、节约核算费用。

（2）非集中核算形式。非集中核算又称分散核算，是指由企业内部各部门核算本身发生的经济业务，包括凭证的整理、明细账的登记、成本的核算、有关会计报表特别是内部报表的编制和分析等工作，而会计部门只是根据企业内部各部门报来的资料进行总分类核算、编报整个企业的综合性会计报表，并负责指导、检查和监督企业内部各部门的核算工作。采用非集中核算形式，可以使企业内部各部门随时利用有关核算资料检查本部门工作，及时发现问题，解决问题。

对于一个企业单位而言，是采用集中核算组织形式还是非集中核算组织形式并不是绝对的，可以单一地选用集中核算或非集中核算形式，也可以两者兼而有之，即对某些业务采用集中核算而对另外的业务采用非集中核算形式。但是，无论是采取哪一种核算组织形式，企业采购材料物资、销售商品、结算债权债务、现金往来等对外业务都应由厂部会计部门办理。总之，企业在确定应采用何种会计工作组织形式时，既要考虑能准确、及时地反映整个企业的经济活动情况，又要注意简化核算手续，提高工作效率。

二、会计人员

会计人员是指从事会计工作、处理会计业务、完成会计任务的专业技术人员。合理地配备会计人员，提高会计人员的综合素质是每个单位做好会计工作的决定性因素，对会计核算管理系统的运行起着关键的作用。

《会计法》第三十八条规定："会计人员应当具备从事会计工作所需要的专业能力。担任会计机构负责人的，除取得会计从业资格证书外，还应当具备会计师以上专业技术职务资格或者从事会计工作三年以上经历。"《会计基础工作规范》第十四条规定："会计人员应当具备必要的专业知识和专业技能，熟悉国家有关法律、法规、规章和国家统一会计制度，遵守职业道德。"这些都是对会计人员任职资格的具体规定。

为了充分发挥会计人员在企业管理中的积极性，提高会计信息的质量，使会计人员在工作时有明确的方向和办事准则，就应当明确会计人员的职责、权限和任免的各项规定，以便更好地完成会计的各项工作任务。

（一）会计人员的主要职责

（1）进行会计核算。会计人员要按照会计制度的规定，以实际发生的经济业务为依据，认真进行会计核算工作。在会计业务处理过程中，要认真填制、审核会计凭证，登记各种账簿，正确地计算各项收入、支出、成本、费用、财务成果；按期对账、结账，进行财产清查，编制和报送会计报表，保证会计数字真实、准确、完整；对外对内如实反映经济活动情况。这是会计人员的最基本职责。

（2）实行会计监督。会计人员依法对本单位经济业务、财务收支的合法性和合理性进行监督。对于不真实、不合法的原始凭证有权不予受理，并向单位负责人报告，请求查明原因，追究有关当事人的责任；对记载不准确、不完整的原始凭证予以退回，并要求经办人员按照国家统一的会计制度规定进行更正、补充。会计人员如果发现账簿记录的实物、款项不符，应当按照有关规定进行处理；无权进行处理的，应当及时报请单位负责人作出处理。会计人员还必须如实向审计机关、财政机关和税务机关提供会计凭证、账簿、报表以及其他有关资料和情况，不得拒绝、隐匿、谎报。

（3）拟订本单位办理会计事务的具体办法。会计人员应根据国家的统一法规，结合本单位的特点和需要,选择本单位办理具体会计事项的会计政策,建立健全本单位办理会计事务的具体办法、规章制度及核算程序。如会计人员的岗位责任制度、内部控制制度、内部稽核制度、分级核算办法以及成本计算和成本管理制度等。

（4）参与制定经济计划、业务计划、考核和分析各项预算、计划的执行情况。会计人员应参与本单位的经济计划、业务计划和财务计划的制定,并根据会计资料,结合计划、统计等资料,负责编制费用预算,在增收节支、杜绝浪费等方面发挥重要作用。

（5）办理其他会计事项。随着社会经济的发展,会计事务也日趋丰富多样。会计人员应依法办理其他会计事项。

（二）会计人员的主要权限

（1）会计人员有权要求本单位有关部门、人员认真执行本单位制定的计划和预算;有权督促本单位负责人和内部各有关部门、人员严格遵守国家财经法规和财务会计制度。

（2）会计人员有权参与本单位编制计划、制定定额、对外签订经济合作,有权参加有关的生产、经营管理会议和业务会议,了解企业的生产经营情况和计划、预算及定额的执行情况,并有权提出自己的建议。

（3）会计人员有权对本单位所有会计事项进行会计监督,对本单位各业务部门和业务人员经办的业务进行监督和检查,各业务部门应大力支持和协助会计人员履行其监督职责,以确保会计工作的顺利进行和会计信息质量的提高。

为了保障会计人员顺利地依法履行工作职责和正确行使权限,《会计法》为会计人员提供了法律保障,明确规定：单位负责人为第一会计责任主体,单位负责人授意、指使、强令会计人员及其他人员编造、变造会计凭证、会计账簿、编制虚假会计报表,构成犯罪的,依法追究刑事责任;单位负责人对依法履行职责、抵制违反《会计法》规定行为的会计人员实行打击、报复,构成犯罪的,依法追究其刑事责任,尚不构成犯罪的,由其所在单位或有关单位依法给予行政处分。

（三）会计人员的岗位责任制

会计人员的岗位责任制是指在会计机构内部按照会计工作的内容和会计人员的配备情况,将会计机构的工作划分为若干个岗位,并按每个岗位规定职责和要求进行考核的一种责任制度。

会计人员岗位责任制的建立,应当从本单位的实际情况出发,考虑会计业务量和会计人员的配备情况,依照效益和精简相结合的原则划分工作岗位。会计人员的工作岗位,因采用的会计核算手段不同而不同。会计人员的工作岗位,在手工记账方式下,一般可分为：会计机构负责或会计主管、出纳、财产物资核算、工资核算、成本费用核算、财务成果核算、资金核算、往来核算、总账核算、稽核和档案管理等岗位;开展会计电算化和管理会计的单位,应设置电算主管、软件操作、审核记账、电算维护、电算审查和数据分析等岗位。这些岗位,可以一人一岗、一人多岗或者一岗多人。但需要注意的是出纳人员不得兼管稽核、会计档案保管和收入、费用、债权债务账目的登记工作。

不同岗位的会计人员在完成本职工作的同时,应互相配合,共同做好本单位的会计工作。会计人员的工作岗位应有计划地实行轮换,这样,既有利于会计人员全面了解和熟悉各项会计工作,培养多面手,提高会计人员的综合素质,并能够有效地防止或杜绝舞弊行为的发生。

（四）会计专业技术职务

为了充分发挥会计人员在经济建设中的积极性和创造性,会计人员必须通过专业技术职务考试,取得相应的专业技术职称,然后根据从事财务会计工作的年限、学历、工作成绩和业务水平聘任一定的专业技术职务。我国的会计专业技术职务分为会计员、助理会计师、会计师、高级会计师。其中会计员、助理会计师为初级职称,会计师为中级职称,高级会计师为高级职称。其基本任职条件如下。

（1）会计员。能初步掌握财务会计知识和技能,一般的计算技术,熟悉并能正确执行有关的财务会计法规、制度,能担任和完成一般的财务会计工作,负责办理财务收支,填制记账凭证、登记会计账簿、编制会计报表和其他会计事项,并通过会计专业技术职称资格考试。

（2）助理会计师。能掌握一般的财务会计基础理论和专业知识,熟悉并能正确执行有关的财经方针、政策和财务会计法规、制度,负责解释财务会计法规、制度中的重要问题,担负一个方面或某个重要岗位工作,并取得硕士学位、第二学士学位或取得研究生班结业证书,具备履行助理会计师的能力;大学财经本科毕业,在财务会计工作岗位上见习1年期满;大学专科毕业并担任会计职务2年以上;中等专业学校毕业,担任会计员职务4年以上并通过助理会计师专业技术职务资格考试。

（3）会计师。能较系统地掌握财务会计基础理论和专业知识,掌握并能正确贯彻执行有关的财经方针、政策和财务会计法规、制度,具有一定的财务会计工作经验,负责分析检查财务收支和预算的执行情况,担负一个单位或管理一个地区、一个部门、一个系统某个方面的财务会计工作;取得博士学位,具有履行会计师职责的能力;取得硕士学位、担任助理会计师职务2至3年;大学本科或大学专科毕业、担任助理会计师职务4年以上,并通过会计师专业技术资格考试。

（4）高级会计师。能系统地掌握经济、财务会计基础理论和专业知识,具有较高的政策水平和丰富的财务会计工作经验,对财务会计专业某个领域有较深的研究和造诣,并取得较大成果,能负责草拟和解答一个地区、一个部门、一个系统或在全国实施的财务会计法规、制度、办法,组织和领导一个地区、一个部门或一个大型单位的财务会计工作,解决业务中的重大问题;取得博士学位,担任会计师职务2至3年;取得硕士学位、第二学位或研究生班结业证书,担任会计师职务2至3年;或大学本科毕业并担任会计师职务5年以上,较熟练地掌握一门外语并通过高级会计师专业技术资格考试。

第二节　会计核算和会计监督

一、会计核算

（一）会计核算的概念

会计核算是以货币为主要计量单位,对企业、事业等单位的经济活动进行真实、准确、完整的记录、计算和报告。

会计核算以货币为主要计量单位。企业单位对经济活动的记录,一般有实物计量单位、劳动计量单位和货币计量单位。由于实物计量单位存在差异性,劳动计量单位存在复杂性,不能用其综合表明企业单位的工作总成果,所以会计要以货币为主要计量单位,进行记账、算账和报账,克服实物计量单位的差异性和劳动计量单位的复杂性,以便真实、准确和完整地反映经济活动情况。

（二）会计核算的基本要求

（1）依法建立会计账册。国家机关、社会团体、公司、企业、事业单位和其他组织都应当依照《会计法》的规定设置会计账本,进行会计核算,及时提供合法、真实、准确、完整的会计信息。会计账簿的种类和具体要求,应符合《会计法》和国家统一会计制度的规定。

（2）保证会计资料的真实、完整。《会计法》第十三条规定,会计凭证、会计账簿、会计报表和其他会计资料的内容和要求必须符合国家统一会计制度的规定,不得伪造、编造会计凭证和会计账簿,不得设置账外账;不得提供虚假财务报告。如果以不真实或虚假的经济业务事项或资料为前提进行会计核算,会造成依此填制的会计凭证、登记的会计账簿、编制的财务报告的失真、失实,影响会计资料的有效使用,扰乱社会秩序,这是法律禁止的违法行为。

（3）会计核算必须以各单位实际发生的经济业务事项为依据。实际发生的经济业务事项是指单位在生产经营或预算执行过程中发生的包括引起或未引起资金增减变化的经济活动。各单位在不影响会计核算要求、会计报表指标汇总和对外统一会计报表的前提下,可以根据实际情况自行设置和使用会计科目,按照规定的会计处理方法进行,保证会计指标的口径一致、相互可比和会计处理方法的前后各期相一致。

（4）正确使用会计记录文字。根据《会计法》第二十二条的规定,会计记录的文字,应当使用中文;在民族自治地方会计记录可以同时使用当地通用的一种民族文字;在中国境内的外商投资企业、外国企业和其他外国组织的会计记录可以同时使用一种外国文字。

（5）会计电算化应符合国家相关法律规范。《会计基础工作规范》明确规定,实行会计电算化的单位,所使用的会计软件和电子计算机生成的会计凭证、会计账簿、会计报表资料应当符合财政部发布的《会计电算化管理办法》《会计电算化工作规范》等规章中的具体规定。

（三）会计核算的内容

《会计法》第十条规定:"下列经济业务事项,应当办理会计手续,进行会计核算: ① 款项和有价证券的收付;② 财物的收发、增减和使用;③ 债权债务的发生和结算;④ 资本、基金的增减;⑤ 收入、支出、费用、成本的计算;⑥ 财务成果的计算和处理;⑦ 需要办理会计手续,其他会计核算的其他事项。"

（1）款项和有价证券的收付。款项作为支付手段的货币资金,主要包括现金、银行存款以及其他视同现金和银行存款使用的外埠存款、银行汇票存款、银行本票存款、在途货币资金、信用证存款、各种备用金等。有价证券是指表示一定财产拥有权或支配权的证券,如国库券、股票、企业债券和其他债券等。款项和有价证券是单位的一项资产,也是一项流动性最强的资产。从会计核算角度看,款项和有价证券的核算并不复杂,但由于其所具有的高度的流动性,加强对款项和有价证券的管理和控制显得十分重要,各单位必须高度重视。如果款项和有价证券收付环节出现问题,不仅使单位款项和有价证券受损,更直接影响到单位货币资金的供应,从而影响单位生产经营活动。因此,各单位必须按照国家统一的会计制度的规定,及时、如实地核算款项和有价证券,加强监督管理,保证单位货币资金的流通性、安全性,提高货币资金的使用效率。

(2) 财物的收发、增减和使用。财物是单位财产物资的简称,是反映一个单位进行或维持经营管理活动的具有实物形态的经济资源,一般包括原材料、燃料、包装物、低值易耗品、在产品、商品等流动资产和房屋、建筑物、机器、设备、设施、运输工具等固定资产。从单位经营管理来讲,这些物资大都价值较大,在单位资产总额中占有很大比重。财物的收发、增减和使用,是会计核算中的经常性业务,也是发挥会计在控制和降低生产成本、保证财物安全完整、防止资产流失等职能作用的重要内容。因此,各单位必须加强对单位财物收发、增减和使用环节的管理,严格按照国家统一的会计制度的规定进行核算,维护单位正常的生产经营秩序和会计秩序。

(3) 债权债务的发生和结算。债权是单位收取款项的权利,一般包括各种应收和预付款项等。债务则是指单位承担的、能以货币计量的、需要以资产或劳务偿付的义务,一般包括各项借款、应付和预收款项以及应交款项等。债权和债务都是单位日常生产经营和业务活动中大量发生的经济业务事项,必须进行会计核算。由于债权债务的发生和结算,涉及单位与其他单位有关方面的经济利益,关系到单位自身的资金周转,影响着单位的生产经营活动和业务活动。因此,各单位必须加强对债权债务的核算,及时、真实、完整地核算和反映单位的债权债务,防范非法行为在债权债务环节的发生。

(4) 资本、基金的增减。资本是投资者为开展生产经营活动而投入的本钱。会计上的资本,专指所有者权益中的投入资本。基金是各单位按照法律、法规的规定而设置或筹集的具有某些特定用途的专项资金,如政府基金、社会保险基金、教育基金等。资本、基金的利益关系人比较明确,用途也基本定向。但是,由于办理资本、基金增减的会计核算,政策性强,一般都应以具有法律效力的合同、协议、董事会决议或政府部门的有关文件等为依据。因此,各单位必须按照国家统一的会计制度的规定和具有法律效力的文书进行核算。

(5) 收入、支出、费用、成本的计算。收入是指公司、企业在销售商品、提供劳务及让渡资产使用权等日常活动中所形成的经济利益的总流入。这种总流人表现为资产的增加或债务的清偿。支出是行政事业单位和社会团体在履行法定职能、发挥特定功能时所发生的各项开支以及企业在正常生产经营活动以外的支出和损失。费用是指企业在销售商品、提供劳务等日常活动中所发生的经济利益流出。费用通常包括生产成本和期间费用。生产成本由直接材料、直接人工和制造费用组成;期间费用是指本期发生的直接计入损益的费用,一般包括管理费用、销售费用和财务费用。成本是指公司、企业为生产某种产品而发生的费用,它与一定种类和数量的产品相联系,是对象化了的费用。收入、支出、费用、成本都是计算和判断单位经营成果及其盈亏状况的主要依据。各单位应当重视收入、支出、成本、费用环节的管理,按照国家统一的会计制度的规定,正确核算收入、支出、费用、成本。

(6) 财务成果的计算和处理。财务成果是指企业和企业化管理的事业单位在一定时期内通过从事经营活动而在财务上所取得的结果,具体表现为盈利或亏损。财务成果的计算和处理一般包括利润的计算、所得税的计算和缴纳、利润分配或亏损弥补等。财务成果的计算和处理,涉及所有者、国家等方面的利益,因此,各单位必须按照国家统一的会计制度和其他财税经济法规制度的规定,正确计算处理财务成果。

（7）其他事项。其他事项是指除上述六项经济业务事项以外的、按照国家统一的会计制度规定应办理会计手续和进行会计核算的其他经济业务事项。随着我国经济的不断发展,新的会计业务不断出现,对此都应及时办理有关会计手续,进行会计核算和反映。《会计法》将有可能出现的新的会计业务事项归入"其他"类,主要考虑经济发展对会计核算工作的要求,保证新出现的经济业务事项能依法及时得以核算和反映,以增加《会计法》的适应性。

二、会计监督

（一）会计监督的概念

会计监督是指会计监督主体按经济管理的要求,依据监督标准,通过会计的专门方法,对企业、事业等单位的经济活动（或资金运动）进行指导、控制和监督检查,包括内部监督、国家监督和社会监督。

（二）会计监督的基本要求

《会计法》第二十七条规定,各单位应当建立、健全本单位内部会计监督制度。单位内部会计监督制度应当符合下列要求：

（1）记账人员与经济业务事项和会计事项的审批人员、经办人员、财物保管人员权限应当明确,并相互分离、相互制约；

（2）重大对外投资、资产处置、资金调度和其他重要经济业务事项的决策和执行的相互监督、相互制约程序应当明确；

（3）财产清查的范围、期限和组织程序应当明确；

（4）对会计资料定期进行内部审计的办法和程序应当明确。

（三）会计监督的内容

（1）内部监督。内部监督是指各单位的会计机构、会计人员对本单位的经济活动进行的会计监督。如采购材料、支付工资、开支费用、销售产品、缴纳税金等,是否是真实的。真实的经济业务,才是会计核算的基础。对于不真实的经济业务,会计人员不予办理,并向单位负责人报告。具体包括三个方面：第一,对原始凭证的监督；对财产清理中账簿记录与实物款项关系的监督；对违法财政、财务收支的监督；第二,会计监督的方法包括不予受理、不予办理、不予退回,或要求更正、补充,或向领导报告、反映、请求处理等。第三,单位负责人负责单位内部会计监督制度的组织实施,对单位内部会计监督制度的建立及有效实施承担最终责任。

（2）国家监督。国家监督是指国家财政、审计、税收、银行、证监、保险等部门的监督,是由上述部门代表国家实施的外部监督。监督企业、事业等单位发生经济业务而引起的现金和银行存款的收入和支出,应收款和应付款等,是否符合国家财政、税务、银行等部门和企业主管部门等的财政制度和财务制度的规定。符合规定的收入和支出,是合法的,会计人员予以办理；对审批手续不全的财务收支,应当退回,要求补充、更正；对违反规定不纳入单位统一会计核算的财务收支,应当制止和纠正；对违反国家统一的财政、财务、会计制度规定的财务收支,不予办理；对认为是违反国家统一的财政、财务、会计制度规定的财务收支,应当制止和纠正；制止和纠正无效的,应当向单位领导人提出书面意见请求处理；对严重违反国家利益和社会公众利益的财务收支,应当向主管单位或者财政、审计、税务机关报告。

（3）社会监督。社会监督主要是指由社会中介,如会计师事务所的注册会计师,依法对受托单位经济活动进行的审计、鉴证,并据实客观评价的社会监督制度,其特点是中介性、公正性、权威性,得到法律认可。企业、事业等单位的财产,包括固定资产、材料、产成品、在产品、现金、银行存款和应收款等,会计人员要监督财产是否得到很好的保管或正确的记录,在会计账簿上的结存数与实际数是否相符。严格执行财产清查制度,发现财产有损坏或短少应查明原因及时处理。如实提供会计资料和有关情况,是委托人的法定义务。《会计法》第三十一条规定:"任何单位或者个人不得以任何方式要求或者示意注册会计师及其所在的会计师事务所出具不实或者不当的审计报告。"

第三节　内部会计管理

一、内部会计管理的意义

内部会计管理是指各单位依据国家的有关法律、法规、规章的规定,结合本单位生产经营活动的特点和管理的要求而制定的,规范单位内部会计管理活动的制度和方法。

为充分发挥会计的职能作用,提高经济效益,各单位应当建立健全单位内部会计管理。单位的各项内部会计管理要体现其生产经营和业务管理的特点及要求,要全面规范本单位的各项会计工作,保证会计工作的有序进行;要定期检查内部会计管理制度的执行情况;要根据管理需要和执行的问题不断完善内部会计管理。

二、内部会计管理的基本内容

内部会计管理的基本内容应包括:内部会计管理体系制度、会计人员岗位责任制度、账务处理程序制度、内部牵制制度、稽核制度、原始记录制度、定额管理制度、计量验收制度、财产清查制度、财务收支审批制度、成本核算制度、财务会计分析制度、预算管理制度。

（1）内部会计管理体系制度。该制度应当明确单位负责人、总会计师(财务总监)对会计工作的领导职责;会计部门及其会计机构负责人、会计管理人员的职责与权限;会计部门与其他职能部门的关系;会计核算的组织形式等。

（2）会计人员岗位责任制度。该制度应明确会计人员的工作岗位设置;各会计工作岗位的职责和标准;各会计工作岗位的人员和具体分工;会计工作岗位的轮换办法;各会计工作岗位的考核办法等。

（3）账务处理程序制度。该制度应当明确单位会计科目及其明细科目的设置和使用;会计凭证的格式、审核要求和传递程序;会计核算方法;会计账簿的设置;编制会计报表的种类和要求;单位会计指标体系等。

（4）内部牵制制度。该制度应当明确内部牵制制度的原则和组织分工;出纳岗位的职责和限制条件;有关岗位的职责和权限等。

（5）稽核制度。该制度应当明确稽核工作的组织形式和具体分工;稽核工作的职责、权限;审核会计凭证和复核会计账簿、会计报表的方法等。

（6）原始记录管理制度。该制度应当明确原始记录的内容和填制方法；原始记录的格式；原始记录的审核；原始记录填制人的责任；原始记录签署、传递、汇集要求等。

（7）定额管理制度。该制度应当明确定额管理的范围；制定和修订定额的依据、程序和方法；定额的执行；定额考核和奖惩办法等。

（8）计量验收制度。该制度应当明确计量检测手段和方法；计量验收管理的要求；计量验收人员的责任和奖惩办法等。

（9）财产清查制度。该制度应当明确财产清查的范围；财产清查的组织；财产清查的期限和方法；对财产清查中发现问题的处理办法；对财产清查管理人员的奖惩办法等。

（10）财务收支审批制度。该制度应当明确财务收支审批人员和审批权限；财务收支审批程序；财务收支审批人员的责任等。

（11）成本核算制度。该制度应当明确成本核算的对象；成本核算的方法和程序；成本分析等。

（12）财务会计分析制度。该制度应当明确财务会计分析的主要内容；财务会计分析的基本要求和组织程序；财务会计分析的具体方法；财务会计分析报告的编写要求等。

（13）预算管理制度。该制度应当明确预算委员会的职责和权限；预算编制的方法和程序；预算的审批权限和要求；预算执行结果的考核与分析等。

第四节　会计职业道德

一、会计职业道德的含义

会计职业道德是指会计职业活动中应当遵循的、体现会计职业特征的、调整会计职业关系的职业行为准则和规范。它既是调整会计职业活动利益关系的手段，又具有相对稳定性和广泛的社会性。会计职业道德是通过调整会计工作中的人际关系，激发会计人员的工作热情，把提高会计职业水平作为自身的道德责任，达到为单位、为国家更好地聚财、理财、用财、生财的目的，其对会计人员的约束作用主要是依靠社会舆论和会计从业人员的自觉性，具有很强的自律性。

会计职业作为社会经济活动中的一种特殊职业，其职业道德与其他职业道德相比具有自身的特征：一是具有一定的强制性。如为了强化会计职业道德的调整职能，我国会计职业道德中的许多内容都直接纳入了会计法律制度之中；二是较多关注公众利益。会计职业的社会公众利益性，要求会计人员客观公正，在会计职业活动中，发生道德冲突时要坚持准则，把社会公众利益放在第一位。

二、会计职业道德的基本内容

会计职业道德规范是指在一定社会经济条件下，对会计职业行为及职业活动的系统要求或明文规定，是会计人员处理职业活动中各种关系的行为准则，是职业道德在会计职业行为和会计职业活动中的具体体现。

会计职业道德规范是会计工作规范的重要组成部分，是对会计人员强化道德约束，防止和杜绝会计人员在工作中出现违背职业道德行为的有效措施。会计职业道德规范主要包括以下内容。

（一）爱岗敬业

爱岗就是热爱自己的工作岗位,热爱本职工作。爱岗实质上就是要求会计人员在工作中做到一个"忠"字,忠于国家、忠于职守。敬业就是用一种严肃的态度对待自己的工作,勤勤恳恳、兢兢业业,忠于职守,尽职尽责。敬业精神要求会计人员在工作中要做到"勤学""勤练""勤思"。爱岗敬业是会计人员干好本职工作的基础和条件,是其应具备的基本道德素质。爱岗敬业需要有具体的行动来体现,即要有安心会计工作、献身会计事业的工作热情、严肃认真的工作态度、勤学苦练的钻研精神、忠于职守的工作作风。

爱岗敬业的基本要求是:在会计职业中,会计人员应热爱会计工作,安心本职岗位,忠于职守,尽心尽力,尽职尽责。

（二）诚实守信

诚实就是实事求是,不弄虚作假,不欺上瞒下。守信就是遵守自己所做出的承诺,讲信用,信守诺言,保守秘密。诚实守信是为人处世的一种美德;是做人的基本准则;是人类交往中产生出的最根本的道德规范;也是职业道德的精髓。

诚实守信的基本要求是:在会计职业中,会计人员应做老实人、说老实话、办老实事、不弄虚作假;执业谨慎、信誉至上;保密守信,不为利益所诱惑。

（三）廉洁自律

廉洁是指廉洁奉公、坚持原则,不利用职权损公肥私。保持廉洁主要靠会计人员的觉悟、良知和道德水准,而不是受制于外在的力量。自律是指行为主体能够自我约束、自我控制、自我规范,使具体的行为或言论达到至善至美的过程。廉洁自律是会计人员在工作中,要经得起金钱、权力、美色的考验,不贪污、挪用公款,不监守自盗,核心就是用道德观念自觉地抵制自己的不良欲望,依靠科学的价值观和人生观来实现。廉洁自律是中华民族的一种传统美德,也是会计职业道德规范的重要内容之一。

廉洁自律的基本要求是:在会计职业中,会计人员应公私分明,不贪不占;遵纪守法,抵制行业不正之风;重视会计职业声望。

（四）客观公正

客观是指按事物的本来面目去反映,不掺杂个人的主观意愿,也不为他人意见所左右,既不夸大,也不缩小。公正就是公平正直,没有偏失,但不是中庸。客观公正是会计人员在工作中,要实事求是,客观公正,不弄虚作假。这是会计人员必须具备的行为品德,是会计职业道德规范的灵魂。

客观公正的基本要求是:在会计职业中,会计人员应依法办事,实事求是,不偏不倚,保持应有的独立性。客观公正是会计职业道德所追求的理想目标。客观是公正的基础,公正是客观的反映。是否公正、合理,既取决于客观的选择标准,也取决于选择者的道德品质和职业态度。

（五）坚持准则

坚持准则,就是指会计人员在处理业务过程中,要严格按照会计法律制度办事,不为主观或他人意志左右。以会计准则作为自己的行动指南,熟悉和掌握准则的具体内容,并在会计核算中认真执行,对经济业务事项进行确认、计量、记录和报告的全过程应符合会计准则的要求,为政府、企业、单位和其他相关当事人提供真实、完整的会计信息。通过树立会计准则的权威性来维护会计行业的信誉和会计人员的地位,保证经济活动正常进行。

坚持准则的基本要求是:在会计职业中,会计人员应熟悉准则、坚持准则。会计人员坚持准则,不仅是对法律负责,对国家、社会公众负责,也是对单位负责人负责。

(六)提高技能

提高技能是指会计人员通过学习、培训等途径,以达到和维护足够的专业胜任能力的活动。会计职业技能是指一切从事会计工作的人员必须具备的专业知识和经验,以及用这些知识和经验处理会计具体问题的能力。会计职业技能的内容主要包括:一是会计专业基础知识;二是会计理论、专业操作的创新能力;三是组织协调能力;四是主动更新知识的能力;五是提供会计信息能力等。

提高技能的基本要求是:在会计职业中,会计人员应增强提高专业技能的自觉性和紧迫感;要有勤学苦练的精神和科学的学习方法。会计是一门不断发展变化、专业性很强的学科,它与经济发展有密切的联系。

(七)参与管理

参与管理,就是为管理者当参谋,为管理活动服务。会计人员与管理决策者在管理活动中分别扮演着参谋人员和决策者的角色,承担着不同的职责和义务。会计人员要树立参与管理的意识,在做好本职工作的同时,积极主动地向企业的经营管理者提供建议,协助他们做好经营决策,而不能只是消极被动地记账、算账和报账。

参与管理的基本要求是:在会计职业中,会计人员应做好本职工作,努力钻研相关业务;全面熟悉本单位经营管理和业务流程,主动提出合理化建议,协助领导决策,积极参与管理。

(八)强化服务

在社会的各行各业中每个职业劳动者既是服务者又是被服务者。因此对于会计人员来说在会计工作,强化服务意识,摆正服务的位置,建立人与人之间的融洽关系,对于做好会计工作就尤其重要。

强化服务的基本要求是:在会计职业中,会计人员应树立服务意识;提高服务质量;努力维护和提升会计职业的良好社会形象。

以上八项,是每一个会计从业者在工作中应具备的基础职业道德,会计从业者应在实践中自觉遵循、不断充实和发扬光大。

第五节　会 计 档 案

一、会计档案的概念

会计档案是指会计凭证、会计账簿和财务报告等会计核算专业资料,是记录和反映单位经济业务的重要史料和证据。会计档案是企业单位日常发生的各项经济活动的历史记录和进行决策所需的主要资料,也是检查各种责任事故的重要依据。各单位的会计部门对会计档案应建立严密的保管制度,妥善管理,不得丢失、损坏、抽换或任意销毁。大中型企业应建立会计档案室,小型企业应有会计档案柜并指定专人负责。会计档案对于总结经济工作,加强经济管理,查验经济业务,防止贪污舞弊具有重要的作用。

二、会计档案的分类

(1) 会计凭证:包括原始凭证、记账凭证、汇总凭证和其他会计凭证。

(2) 会计账簿:包括总账、明细账、日记账、固定资产卡片、辅助账簿和其他会计账簿。

(3) 财务会计报告:包括月度、季度和年度会计报表、附表、附注及文字说明等。

(4) 其他会计核算资料:包括银行存款余额调节表、银行对账单、纳税申报表、会计档案移交清册、会计档案保管清册、会计档案销毁清册、会计档案鉴定意见书及其他具有保存价值的会计资料。

三、会计档案的管理原则

(一)保密性原则

会计档案反映和记录单位经济活动的全部信息,经济活动的性质决定了会计档案的保密性。会计档案中记载的许多经济信息属于单位的商业机密,其保密要求随着市场经济的发展和市场竞争的加剧不断提高。因此,在会计档案的保管、交接、查阅和销毁的各个环节,都应防止档案的失密。

(二)完整性原则

在会计核算工作中,一切经济活动的发生都需要通过会计凭证、会计账簿、财务报告等记录和反映。因此,通过会计档案,可以了解单位每一项经济活动的来龙去脉,前因后果。如果不能完整地保存会计档案,对经济活动过程和结果的了解就会片面,甚至出现错误的判断。所以,会计档案的保管必须具备完整性。

四、会计档案管理的基本内容

(一)会计档案的立卷与归档

各单位每年形成的会计档案,应由财会部门按照归档要求,整理立卷,装订成册,编造会计档案保管清册。当年形成的会计档案,在会计年度终了后,可由单位会计管理机构临时保管 1 年,再移交单位档案管理机构保管。因工作需要确需推迟移交的应当经单位档案管理机构同意。单位会计管理机构临时保管会计档案最长不超过 3 年。临时保管期间,会计档案的保管应符合国家档案管理的有关规定,且出纳人员不得兼管会计档案。

会计档案归档保管之后,需要调阅会计档案的,应办理档案调阅手续方可调阅,应设置"会计档案调阅登记簿",详细登记调阅日期、调阅人、调阅理由、归还日期等内容。本单位人员调阅会计档案,需经会计主管人员同意,外单位人员调阅本单位会计档案,要有正式的介绍信,经单位领导批准。对借出的会计档案要及时督促归还。未经批准,调阅人员不得将会计档案携带外出,不得擅自摘录有关数据。遇特殊情况需要影印复制会计档案的,必须经过本单位领导批准,并在"会计档案调阅登记簿"内详细记录会计档案影印复制的情况。

为使会计档案逐步达到统一化、规范化，单位应根据实际情况，制作统一的案卷目录和案卷封面，对那些规格不统一的凭证、账簿、财务报告等可装入统一制作的盒、袋存放。凭证、账簿、财务报告等组成案卷后，应分别将封面和卷脊上的项目写清楚。对于破损、残缺和装订不牢的案卷，应修补并装订牢固。

（二）会计档案的保管期限

会计档案的保管期限分为永久和定期两类。其中，年度财务报告、会计档案保管清册、会计档案销毁清册为永久保管的会计档案，其他为定期保管会计档案。定期保管期限一般分为 10 年和 30 年。例如，企业和其他组织的会计档案中月、季度、半年度财务报告的保管期为 10 年；总账、明细和日记账的保管期限为 30 年、固定资产卡片的保管期限为固定资产报废清后保管 5 年、原始凭证和记账凭证的保管期限为 30 年。各种会计档案的保管期限均从会计年度终了后的第一天算起。

各单位的会计档案必须进行科学管理，要建立会计档案专门保管库和专门档案箱。严格执行保密制度，定期进行检查，发现问题，纠正和处理，严防损毁、散失和泄密，保证会计档案完整无缺。

（三）会计档案的交接

单位会计机构保管的会计档案在保管期满后，应当由本单位档案部门保管。建设单位在建设期间形成的会计档案，应当自建设项目完工后移交给建设项目的接收单位。移交会计档案的单位，应当编制会计档案移交清册，列明应当移交的会计档案名称、卷号、册数、起止年月和档案编号、应保管期限、已保管期限等内容。交接会计档案时，交接双方应当按照会计档案移交清册所列内容逐项交接，并由交接双方的单位领导人负责监督，交接完毕后，交接双方经办人和监督人应当在会计档案移交清册上签名或者盖章。

（四）会计档案的销毁

单位应当定期对已经到保管期限的会计档案进行鉴定并形成会计档案鉴定意见书。经鉴定仍需继续保存的会计档案应当重新划定保管期限，对保管期满、确无保存价值的会计档案，可以按以下程序进行销毁。

（1）单位档案管理机构编制会计档案销毁清册，列明拟销毁会计档案的名称、卷号、册数、起止年度、档案编号、应保管期限、已保管期限和销毁时间等内容。

（2）单位负责人、档案管理机构负责人、会计管理机构负责人、档案管理机构经办人、会计管理机构经办人在会计档案销毁清册上签署意见。

（3）单位档案管理机构负责组织会计档案销毁工作，并与会计管理机构共同派员监销。监销人在会计档案销毁前，应当按照会计档案销毁清册所列内容进行清点核对；在会计档案销毁后，应当在会计档案销毁清册上签名或盖章。

电子会计档案的销毁还应当符合国家有关电子档案的规定，并由单位档案管理机构、会计管理机构和信息系统管理机构共同派员监销。

本章小结

会计机构是各单位具体组织和进行会计工作的职能部门。会计机构的组织形式，在实务中,可分为集中核算与非集中核算。具体核算形式的选择,应根据单位特点和管理要求,以有利于加强经济管理、加强经济核算为标准。会计人员的任职资格是会计人员业务素质的基本规定。会计人员应贯彻"诚信为本,操守为重,遵循准则,不做假账"的准则。

　　会计核算是会计工作的重要组成部分,是以货币为主要计量单位,对企业、事业等单位的经济活动进行真实、准确、完整的记录、计算和报告。会计监督是依据监督标准,通过会计的专门方法,对企业、事业等单位的经济活动(或资金运动)进行指导、控制和检查。

　　内部会计管理是指各单位依据国家的有关法律法规,结合单位的具体情况和内部管理的需要而制定的各种会计规章制度。

　　会计职业道德是会计职业活动中应当遵循的、体现会计职业特征的调整会计职业关系的职业行为准则和规范。会计人员职业道德是从业务、能力、道德品质三方面要求的。

　　会计档案管理是会计工作的一项基本内容,也是实现会计基础工作规范化的重要环节。

　　关键概念　会计机构　会计人员的岗位责任制　会计职业道德　内部会计管理　会计档案

一、思　考　题

1. 会计机构的组织形式有哪几种?
2. 会计人员的主要职责权限有哪些?
3. 会计岗位如何确定? 一般有哪些会计岗位?
4. 会计核算的基本要求是什么?
5. 会计监督包括哪些内容?
6. 内部会计管理包括哪些内容?
7. 会计职业道德规范的内容是什么?

二、练　习　题

(一) 单项选择题

1. 根据我国《会计法》规定,担任会计机构负责人应具备(　　)以上专业技术职务资格或从事会计工作三年以上经历。

　　A. 高级会计师　　　　B. 会计师　　　　　C. 注册会计师　　　　D. 总会计师

2. 管理全国会计工作的部门是(　　)。

　　A. 国务院　　　　　　　　　　　　B. 国务院财政部门

　　C. 各地区财政厅、局　　　　　　　D. 各级政府

3. 进行会计核算,实行会计监督,属于会计人员的(　　)。

　　A. 权限　　　　　　B. 职责　　　　　　C. 职业道德　　　　D. 任务

4. 在我国从事代理记账业务的机构,应为依法设立的企业;专职从业人员不少于(　　)。

　　A. 1名　　　　　　B. 2名　　　　　　C. 3名　　　　　　　D. 4名

5. 能担任一个单位或管理一个地区、一个部门、一个系统某个方面的财务会计工作,

是对(　　)。
　　A. 会计员职务的要求之一　　　　　　　B. 助理会计师职务的要求之一
　　C. 会计师职务的要求之一　　　　　　　D. 高级会计师职务的要求之一

6. 会计机构组织的形式有(　　)。
　　A. 独立核算　　　　　　　　　　　　　B. 集中核算与非集中核算
　　C. 独立核算与集中核算　　　　　　　　D. 独立核算与非独立核算

7. 会计人员违反职业道德的,由所在单位进行处罚;情节严重的(　　)。
　　A. 由会计证发证机关吊销其会计证　　　B. 由主管会计工作的领导吊销其会计证
　　C. 由会计机构负责人吊销其会计证　　　D. 由所在单位的领导吊销其会计证

8. 各单位应当(　　)本单位内部会计监督制度。
　　A. 建立　　　　　　B. 健全　　　　　　C. 根据需要建立　　　D. 建立健全

9. 下列不属于会计专业技术职务的是(　　)。
　　A. 会计师　　　　　B. 注册会计师　　　C. 总会计师　　　　　D. 会计员

10. 各单位按规定销毁会计档案时应当由(　　)。
　　A. 单位内的财务会计部门销毁
　　B. 单位内的档案保管部门销毁
　　C. 单位内的档案保管部门和财务会计部门共同派员监销
　　D. 单位内的档案部门、会计部门、同级财政部门、审计部门共同派员监销

(二) 多项选择题

1. 会计机构、会计人员必须对原始凭证进行审核,主要审核原始凭证的(　　)。
　　A. 真实性　　　　　B. 合法性　　　　　C. 健全性　　　　　　D. 准确性
　　E. 完整性

2. 根据《会计基础工作规范》的规定,会计工作岗位可以一人一岗、一人多岗或者一岗多人。但出纳人员不可以兼任的工作是(　　)。
　　A. 稽核
　　B. 会计档案保管
　　C. 现金和银行存款日记账的登记
　　D. 收入、支出、费用、债权债务账目的登记
　　E. 固定资产账簿的登记

3. 会计监督包括(　　)。
　　A. 国家监督　　　　B. 内部监督　　　　C. 舆论监督　　　　　D. 社会监督
　　E. 媒体监督

4. 会计专业技术职务包括(　　)。
　　A. 高级会计师　　　B. 注册会计师　　　C. 助理会计师　　　　D. 会计员
　　E. 会计师

5. 会计档案的保管期限分为永久保管和定期保管两种,以下属于定期保管会计档案的期限有(　　)年。
　　A. 5　　　　　　　　B. 10　　　　　　　C. 15　　　　　　　　D. 25
　　E. 30

(三) 判断题

1. 会计人员有权对所有账实不符情况作出处理。　　　　　　　　　　　　(　　)
2. 助理会计师为中级会计专业技术职称。　　　　　　　　　　　　　　　(　　)
3. 实际工作中,企业可以对某些业务采用集中核算,而对另外一些业务采用非集中核算。
　　　　　　　　　　　　　　　　　　　　　　　　　　　　　　　　(　　)
4. 企业会计工作的组织形式是统一领导,分级管理。　　　　　　　　　　(　　)
5. 不具备设置会计机构和会计人员条件的,可以委托私人代理记账。　　　(　　)
6. 会计档案的保管期限分为永久保管和定期保管两种,其中定期保管又分为 3 年、5 年、10 年、15 年和 25 年。　　　　　　　　　　　　　　　　　　　　　　　(　　)
7. 企业单位采用非集中核算,财会部门掌握的资料比较完整、详细。　　　(　　)
8. 稽核岗位可以不需要取得会计从业资格证书。　　　　　　　　　　　　(　　)
9. 会计人员的职责包括决定经营方针。　　　　　　　　　　　　　　　　(　　)
10. 确定会计年度是会计核算的持续经营假设的要求。　　　　　　　　　(　　)

(四) 案例题

【案例 1】 某公司为获得一项工程合同,拟向工程发包方有关人员支付好处费 6 万元。公司市场部持公司董事长的指示到财会部申领该笔款项。财会部经理王某认为,该项支出不符合有关规定,但考虑到公司主要领导已作了指示,即同意拨付该笔款项。

要求: 请根据上述案例思考并讨论下面的问题:

(1) 会计职业道德规范的主要内容包括哪些?

(2) 王某的行为违背了哪些会计职业道德要求?

【案例 2】 2002 年 11 月 19 日,朱镕基同志在第 16 届世界会计师大会闭幕式上的演讲中指出,"在现代市场经济中,会计师的执业准则和职业道德极为重要。诚信是市场经济的基石,也是会计执业机构和会计人员安身立命之本"。

要求: 请结合近年来国内外出现的会计造假事件,谈谈你对这段话的理解。

【案例 3】 李某,22 岁,大学毕业后分配到某市一国债服务部,担任柜台出纳兼任金库保管员。2009 年 5 月 11 日,李某偷偷从金库中取出 2007 年国库券 30 万元,4 个月后,李某见无人知晓,胆子开始大了起来,又取出 50 万元,通过证券公司融资回购方法,拆借人民币 89.91 万元,用来炒股,没想到赔了钱。李某在无力返还单位债券的情况下,索性于 2009 年 12 月 14 日、15 日,将金库里剩余的 14.03 万元国库券和股市上所有的 73.7 万元人民币全部取出后潜逃,用化名在该市一处民房租住隐匿。至此,李某共贪污 2007 年国库券 94.03 万元,折合人民币 118.51 万元。案发后,当地人民检察院立案侦查,李某迫于各种压力,于 2010 年 1 月 8 日投案自首,检察院依法提起公诉。

要求: 请根据上述案例思考并讨论下面的问题:

(1) 上述案例中犯罪嫌疑人李某年轻、有学历,在比较重要岗位工作,但胆大妄为,从学校刚刚走上工作岗位就犯罪。这说明什么?

(2) 会计职业道德教育的意义是什么?

【案例 4】 2019 年 11 月,某公司因产品销售不畅,新产品研发受阻。公司财会部预测公司本年度将发生 900 万元亏损。刚刚上任的公司总经理责成总会计师赵某千方百计实现当年盈利目标,并说:"实在不行,可以对会计报表做一些会计技术处理。"总会计师很清楚公司本年度亏损已成定局,要落实总经理的盈利目标,只能在财务报告上做手脚。总会计师感到左右为难:如果不按总经理的意见去办,自己以后在公司不好待下去;如果照总经理意见办,对自己也有风险。为此,总会计师思想负担很重,不知如何是好。

要求:请根据上述案例思考并讨论下面的问题

根据《会计法》和会计职业道德规范的要求,分析总会计师赵某应如何处理,并简要说明理由。

【案例5】 2019年3月,某市财政局派出检查组对市区属某国有企业的会计工作进行检查。检查中了解到以下情况:

(1) 2018年10月,公司领导调换,新的负责人林总上任后,将其儿子调入该企业会计科担任出纳,兼任会计档案保管工作。

(2) 2018年11月,会计张某申请调离该企业,企业人事部门在其没有办清会计工作交接手续的情况下,即为其办理了调动手续。

(3) 2018年1月6日,该企业档案科会同会计科编制会计档案销毁清册,经厂长签字后,按规定程序进行了监销。经核实,销毁的会计档案中有一些是保管期满但未结清债务的原始凭证。

要求:请根据上述案例思考并讨论下面的问题

该企业的上述做法是否符合会计法律规范的规定,并说明理由。

第十三章　会计基本技能实训

实训目的和要求　通过本章的学习,使学生能了解票证与印章管理办法;熟悉会计文字、数字、日期的书写,发票与人民币的真伪识别的方法;掌握点钞的基本技能,学会正确填制原始票据,并完备相关手续。

实训重点和难点　本章实训的重点在于会计文字、数字、日期的书写,发票真伪辨别方法,第五套人民币真伪辨别方法,票证与印章管理办法;支票、银行承兑汇票、结算业务申请书、增值税专用发票的正确填写;本章实训的难点在于熟练、准确书写会计文字、数字和日期;掌握点钞基本技能(单指单张点钞法、单指多张点钞法、多指多张点钞法等);熟练、准确地完成相关原始凭证的填写。

第一节　会计技能基础

一、会计书写与点钞技能

(一)文字、数字、日期书写

会计书写规范是对企业会计业务事项书写时采用书写工具、文字或数字、书写要求、书写方法及格式等方面进行的规范。会计文字和数字书写规范是会计的基础工作标准,直接关系到会计工作质量的优劣,会计管理水平的高低,以及会计数据资料的准确性、及时性和完整性。

1. 会计文字书写

所谓会计文字书写是指汉字书写,会计人员不仅要书写文字,而且要书写数字,两者是相辅相成的。书写数字离不开文字的表述,书写文字也离不开数字的说明,只有文字、数字并用,才能正确反映经济业务。

文字书写在财务会计书写中具有重要作用,如会计人员在填制会计凭证时要写明经济业务内容,接受凭证单位名称,商品类别,计量单位,会计科目(总账科目和明细科目)及金额大写等;登记会计账簿时,要用汉字书写"摘要"栏,即会计事项和据以登账的凭证种类,如"收字""付字""转字"或"现收""现付""银收""银付"等;编制会计报表时,撰写会计报告说明、会计分析报告及其他应用文字等,都需要书写汉字。

会计工作对书写的基本要求是:简明扼要,字体规范,字迹清晰,排列整齐,书写流利,字迹美观。会计文字的书写需要注意以下几点。

(1)用文字对所发生的经济业务简明扼要地叙述清楚,文字不能超过各书写栏。书写会计科目时,要按照会计制度的有关规定写出全称,不能简化、缩写,并且二级科目、明细科目也要准确、规范。

(2) 书写字迹清晰、工整。书写文字时，可用正楷或行书，但不能用草书，要掌握每个字的重心，字体规范，文字大小应一致，汉字间适当留间距。

(3) 中文大写数字笔画多，书写时要准确、清晰、工整、美观。中文大写数字主要用于填写需要防止涂改的销货发票、银行结算凭证等信用凭证，如果写错，需要标明凭证作废，并重新填写凭证。

2. 会计数字书写

1) 中文大写数字写法

中文分为数字（壹、贰、叁、肆、伍、陆、柒、捌、玖）和数位［拾、佰、仟、万、亿、元、角、分、零、整（正）］两个部分。中文书写通常采用正楷、行书两种。

2) 中文大写数字的基本要求

(1) 大写金额由数字和数位组成。数位主要包括：元、角、分和拾、佰、仟、万、亿以及数量单位等。

(2) 大写金额前若没有印制"人民币"字样的，书写时，在大写金额前要冠以"人民币"字样。"人民币"与金额首位数字之间不得留有空格，数字之间更不能留存空格，数字书写与阅读数字顺序要一致。

(3) 人民币以元为单位时，只要人民币元后分位没有金额（即无角无分时，或有角无分），应在大写金额后加上"整"字结尾；如果分位有金额，在"分"后不必写"整"字。例如，58.69 元，写为人民币伍拾捌元陆角玖分。因其分位有金额，在"分"后不必写"整"字。又如，58.60 元，写为：人民币伍拾捌元陆角整。因其分位没有金额，应在大写金额后加上"整"字结尾。

(4) 如果金额数字中间有两个或两个以上"0"字时，可只写一个"零"字。如金额为800.10 元，应写为：人民币捌佰元零壹角整。

(5) 表示数字为拾几、拾几万时，大写文字前必须有数字"壹"字，因为"拾"字代表位数，而不是数字。例如，10 元应写为：壹拾元整。又如 18 元，应写为：壹拾捌元整。

(6) 中文大写数字不能用中文小写数字代替，更不能与中文小写数字混合使用。

3) 中文大写数字错误的更正方法

中文大写数字写错或发现漏记，不能涂改，也不能用"划线更正法"，必须重新填写凭证。

4) 大写金额写法举例

会计人员进行会计事项处理书写大小写金额时，必须做到大小写金额内容完全一致，准确完成会计核算工作。下面列举在书写大写金额时，容易出现的问题并进行解析。

(1) 小写金额为 6 600.00 元

正确写法：人民币陆仟陆佰元整

(2) 小写金额为 3 170.50 元

正确写法：人民币叁仟壹佰柒拾元零伍角整

(3) 小写金额为 105 000.00 元

正确写法：人民币壹拾万零伍仟元整

(4) 小写金额 80 036 000.00 元

正确写法：人民币捌仟零叁万陆仟元整

（5）小写金额 35 000.96 元

正确写法：人民币叁万伍仟元零玖角陆分

（6）小写金额 150 001.00 元

正确写法：人民币壹拾伍万零壹元整

5）阿拉伯数字的书写规范

（1）每个数字要大小匀称，笔画流畅，每个数字独立有形，不能连笔书写，要让使用者一目了然。

（2）每个数字要紧贴底线书写，但上端不可顶格，其高度约占全格的 1/2 的位置，要为更正错误数字留有余地。除 6、7、9 外，其他数字高低要一致。书写数字"6"时，上端比其他数字高出 1/4，书写数字"7"和"9"时，下端比其他数字伸出 1/4，具体写法见图 13-1。

图 13-1　阿拉伯数字的写法

（3）书写每个数字排列有序，并且数字要有一定倾斜度。各数字的倾斜度要一致，一般要求上端一律向右倾斜 45 度到 60 度。

（4）书写数字时，各数字从左至右，笔画顺序是自上而下，先左后右，并且每个数字大小一致，数字排列的空隙应保持同等距离，每个字上下左右要对齐，在印有数位线的凭证、账簿、报表上，每一格只能写一个数字，不得几个字挤在一个格里，更不能在数字中间留有空格。

（5）会计数字的书写必须采用规范的手写体书写，这样才能使会计数字规范、清晰、符合会计工作的要求。

（6）会计工作人员要保持个人的独特字体和书写特色，以防止别人模仿或涂改。会计数字书写时，除"4"和"5"以外的数字，必须一笔写成，不能人为地增加数字的笔画。

（7）不要把"0"和"6""1"和"7""3"和"8""7"和"9"书写混淆。在写阿拉伯数字的整数部分，可以从小数点向左按照"三位一节"用分位点"，"分开或加 1/4 空分开。如 7,841,630 和 9 541 630。

（8）阿拉伯数字表示的金额为小写金额，书写时，应采用人民币符号"￥"。小写金额前填写人民币符号"￥"以后，数字后面可不写"元"字。需要注意的是："￥"与数字之间不能留有空格。书写人民币符号时，要注意"￥"与阿拉伯数字的明显区别，不可混淆。在填写会计凭证、登记会计账簿、编制会计报表时，数字必须要按数位填入，金额要采用"0"占位到"分"为止不能采用划线等方法代替。

3. 会计日期的填写

填写月、日时，月为壹、贰和壹拾的，日为壹至玖、壹拾、贰拾和叁拾的，应在其前加"零"。日为拾壹至拾玖的，应在其前面加"壹"。如 2 月 12 日，应写成零贰月壹拾贰日；10 月 10 日，应写成零壹拾月零壹拾日。

票据的出票日期必须使用中文大写。为防止变造票据的出票日期，在填写月、日时，月为壹、贰和壹拾的，日为壹至玖、壹拾、贰拾和叁拾的，应在其前加"零"；日为拾壹至拾玖的,应在其前加"壹"字。如 1 月 15 日,应写成零壹月壹拾伍日。票据出票日期使用小写填写的,银行不予受理。大写日期未按要求规范填写的,银行可予受理,但由此造成损失的,由出票人自行承担。结算凭证上的日期可以使用小写填写。

（二）发票与人民币的真伪识别

1. 发票的真伪识别

1）发票定义

发票是指一切单位和个人在购销商品、提供劳务或接受劳务、服务以及从事其他经营活动,所提供给对方的收付款的书面证明;发票不仅是财务收支的法定凭证,也是会计核算的原始凭证,同时还是审计与税务审查的重要依据。

2）发票真伪的识别

（1）增值税专用发票真伪的识别需要注意以下要点:一是发票联和抵扣联印有防伪水印图案,即有两组各四个标准的税徽图案组成的环形,中间有正反"税"字的拼音字母"shui"。二是将专用发票的发票联和抵扣联背面对光检查,可以看到水印防伪图案。有红色荧光防伪标记。发票联和抵扣联中票头套印的全国统一发票监制章,采用红色荧光油墨印制,在紫外线灯发票鉴别仪照射下呈红色反应。三是有无色荧光防伪标志。即在发票联和抵扣联的中间采用无色荧光油墨套印"国家税务总局监制"字样和左右两边各印有花纹图案,上述字样和图案肉眼看不到,用紫外线灯发票鉴别仪照射下呈红色荧光反应。

（2）普通发票的真伪识别需要注意以下几点:一是发票监制章形状为椭圆形,上环刻制"全国统一发票监制章"字样,下环刻制"国家税务局监制"或"地方税务局监制"字样,中间刻制监制税务机关所在地的全称或简称,字体为正楷,套印在发票联的票头中央。二是普通发票的发票联采用专用水印纸印制,在对光的情况下,肉眼能清晰地看到发票联水印纸上的水印图案为菱形,中间标有"SW"汉语拼音字母,发票联不加印底纹。三是新版普通发票的发票监制章和发票字轨号码采用有色荧光（安全防伪）油墨套印,印色为大红色,用紫外线灯照射呈现桔红色反应。

（3）地方税务发票具有以下防伪标志:一是发票联不加印底纹,用水印纸印制,水印图案为菱形,中间标有"SW"字样。二是发票监制章和发票号码用有色荧光（安全防伪）油墨套印,印色为大红色,在紫外线灯光下呈现桔红色反应。

3）鉴别真假发票的具体操作方法。

（1）真假对照法。将可疑发票与真发票进行对照,仔细观察两种发票在纸张、字体、油墨等方面的差异。真发票用纸采用全国统一规定的发票专用纸（特殊防伪纸）,使用专用有色荧光油墨套印"全国统一发票监制章",其纸质坚韧、手感应比较柔韧,油墨色泽柔和明亮、内含的菱形水印从正反两面看,其线条均没有外力压制痕迹,透过光线可见比较通透、线条圆润、字迹清晰、字间距适当、印制精细。假发票纸张较为光滑、硬、脆,绵软发脆、菱形水印透过光线好像用实线描画成,无通透感,从纸张背面看,菱形标志的线条有外力压制痕迹。油墨色泽暗淡偏差较大。字迹模糊不清、字间距不成比例、粗制滥造。

（2）真发票是由棕色油墨印制,监制章是由红色防伪油墨印制,在紫外线灯照射下呈桔红色,而假发票油墨偏黄色或棕褐色。

（3）看三联:普通发票的基本联次为三联。第一联为存根联,开票方留存备查;第二联为发票联,收执方作为付款或收款原始凭证;第三联为记账联,开票方作为记账原始凭证。普通发票中的定额发票的联次一般为单张三联,第一联为存根联;第二联为发票联;第三联为记账联。普通发票各联字色为:第一联为白纸黑字;第二联为发票专用纸,字棕色;第三联为白纸,字淡红色。其他根据需要增减联次的,各联字色可任定,但不得与第一、第二、第三联字色相同。有些发票没有代码,有的发票专用章印迹模糊不清无法辨认或与店名不一致,非定额发票防伪标记过于明显等,这些都有可能是假发票,取得这样的发票可到税务机关鉴定。另外,经营者通常不在假发票上盖有与其经营名称相符的财务章,盖章相当模糊,故意让人辨认不清。

（4）其他途径。通过登录税务网站,访问普通发票查询栏目,根据网站的提示输入普通发票的发票代码和发票号码就可以迅速查询出手中普通发票的真伪以及此发票的开具单位;携带需要辨别真伪的普通发票前往当地税务机关发票管理部门,由工作人员予以鉴别;有的地方可拨打税局电话12366(区号＋12366)。

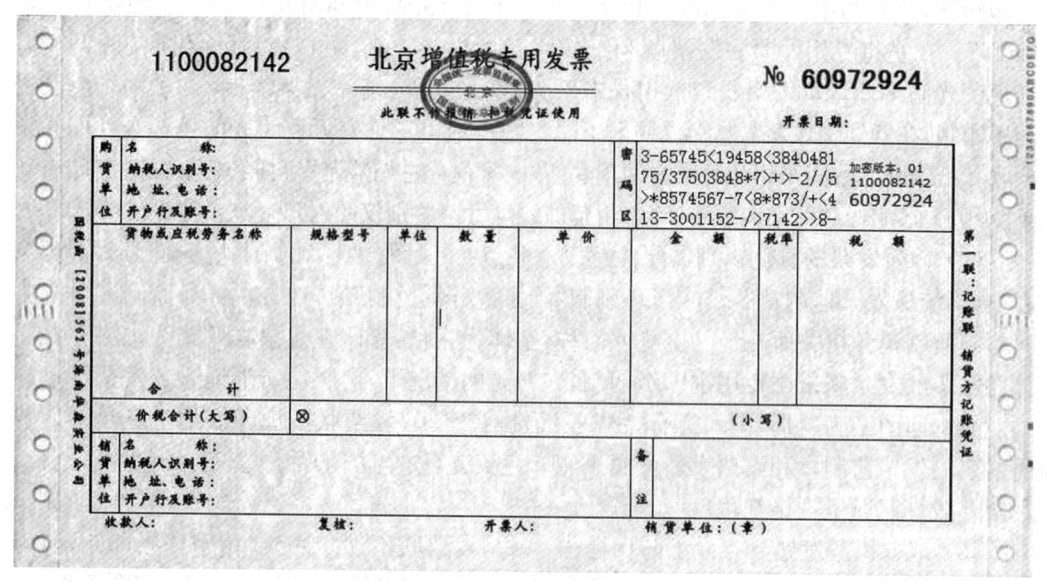

图 13-2　增值税专用发票

2. 人民币真伪识别

1）人民币真伪识别方法

在鉴别人民币过程中,掌握了正确的鉴别方法,就能够使假币显现原形,"有比较才能够有鉴别"是我们及时准确鉴别真假人民币的关键。鉴别真假人民币纸币的基本方法有:直观比较法、仪器鉴别法和综合分析法等,其中,传统的直观比较法是最常用的方法,也是最基本的方法。直观比较法主要是指在熟悉和掌握人民币防伪特征的基础上,凭我们掌握和积累的经验对发现的可疑币进行比较比对,从而达到鉴别真伪的方法。直观比较法分为眼观法、手摸法和耳听法,也就是"一看、二摸、三听"的基本方法。

（1）眼观法。

眼观法就是通过视觉仔细地观察票面的颜色、图案、花纹、水印、安全线等票面外观情况,主要从以下几个方面来观察:

看图案色彩。人民币票面的图案色彩较为协调,色调柔和而且明亮。人物图像表情传神,层次清晰,具有立体感。而假币票面图案颜色偏差较大,色彩单调,颜色过渡不自然。人物图像表情呆板,模糊不清,没有立体感。

看水印。人民币的水印通过造纸时的预置水印模,使纸浆的纤维不均匀堆积而形成的水印图案。在第五套人民币票面正面左侧空白处,通过迎光透视,可以看到立体感强、灰度清晰、层次分明的水印图案。而假币受条件的局限,纸张上没有水印,为了以假乱真,假币在水印的部位,采用浅色或无色油墨印刷上的假水印。全部假水印的平面颜色深浅度基本是一样的,印刷上的假水印与人民币水印图案效果差别较大,没有立体感效果。这些假币水印,由于采用油墨印刷的缘由,有些不需要迎光透视,平视就能看到印刷在纸张表面的假水印。

看对印图案。人民币票面上采用了对印技术,第五套人民币 1999 年版,在人民币票面正面左下方和背面右下方有一个圆形局部图案,通过迎光观察正背面图案重合并组成一个完整的古钱币图案,又称“阴阳互补对印图案”(2005 年版对印图案调整到正面左侧中间处,2015 年版对印图案由古钱币图案改为面额数字“100”,并由票面左侧中间位置调整至左下角)。对印技术要求精确度非常高,是通过精确印刷工艺而成。而假币受条件局限,是通过分次套印的方法模仿对印技术,所以相比之下,迎光观察时,假币的对印图案,明显出现错位、对印不准问题。

看安全线。人民币安全线是在抄造纸时采用专门工艺,使有形的安全线条与纸张结合为一体。第五套人民币 1999 年版通过迎光观察时,在人民币票面约中间位置可以清晰看到一条有形的安全线条垂直于钞票中间,并且安全线条上印有缩微文字“RMB100”。第五套人民币 2005 年版发行时,为了能够让社会公众直观看到有形的安全线条,采用了“开窗式”,又称“全息磁性开窗安全线”,在人民币票面背面约中间位置,可以看到开窗部位裸露的有形安全线条,由“￥100”组成的全息图案,转变观察角度,全息图案颜色变化较自然。2015 年版票面右侧增加了光变镂空开窗安全线,垂直票面观察,安全线呈品红色,与票面呈一定角度观察,安全线呈绿色,透光观察可见安全线中正反交替排列的镂空文字“100”。而假币受条件局限,一般都是在安全线相应的部位,使用浅黑色油墨印刷上的灰黑线条,开窗部位使用银色油墨印刷或烫金方法模仿的全息图案,全息图案不清晰,附着力不牢。通过迎光观察时,明显看出是印刷上的无形线条。目前已发现假人民币纸张中间加入了有形线条所谓的安全线,主要采取把人民币安全线条抽出来或采用近似安全线条的替代物,然后将假币纸张一揭为二,夹在假币纸张里面再粘贴上,迎光仔细观察会发现线条不垂直,因粘贴的缘故仔细观察纸张表面会出现皱褶,手触摸纸张较厚。

看光变油墨面额数字。在第五套人民币票面正面左下方印刷有“光变油墨面额数字”的防伪措施,随角度变化能够改变颜色。如:100 元随角度变化从绿色变为蓝色,50 元随角度变化从金色变为绿色。而假币受条件局限,一般是模仿使用较接近的颜色印刷上的,不能够随角度变化改变颜色。有些假币为了以假乱真使用珠光油墨印刷等技术,利用珠光油墨的反光效果,使人产生变色的错觉,但仔细观察就能看出破绽。

看隐形面额数字。第五套人民币在票面正面右上角的椭圆形图案里,运用了特殊制版工艺,将钞票置于与眼睛接近平行的位置,面对光源作平面倾斜晃动可以看到与票面面额相同的“隐形面额数字”的防伪特征。第五套人民币各券别都采用了“隐形面额数字”防伪措施。而假币受条件局限,一般是使用无色油墨印刷上的,不需要采用特殊观察方法,平视就能看到印刷上的面额数字。

看冠字号码。人民币的冠字号码由前面 2 位字母和后面 8 位数字组成。人民币的冠字号码是专门特别制作,用于印刷人民币的,其字型一般市场上是买不到的。人民币的冠字号码采用凸版印刷技术,字母和数字油墨较饱满,从背面仔细观察可以看到冠字号码部位凸起痕迹。有些假币的冠字号码是从市场上购买的较接近人民币冠字号码的字型,采用平胶版印刷方法,通过仔细观察,可以看出从字型和排列上以及印刷油墨颜色饱满度上都有较大差别。

（2）手摸法。

手摸法是指依靠手指触摸钞票的感觉来分辨真假人民币。主要从以下两个方面着手。

摸纸质。人民币纸张的原料为棉短绒和少量木浆,通过先进的抄造工艺而成。用手触摸纸张时,坚挺有韧性,光洁较实的感觉。而假币一般采用胶印纸,有薄有厚,松软不实,挺度较差。我们在实际工作中,如果经常练习用手触摸人民币和假币纸张的感觉并进行比较,"熟能生巧"从纸张方面很快就能分辨出真与伪。

摸凹版印刷效果。用手反复触摸人民币凹版印刷的部位,如主景图案、盲文点、中国人民银行行名、凹印手感线、人民币人像部位等处,明显有凹凸感觉。而假币采用的是平胶版印刷,用手触摸票面时较平滑没有凹凸感。目前假币为了以假乱真,模仿凹版印刷效果,采用锯齿状物人为摁压的方法,模仿凹版印刷效果,借助放大镜观察,明显可以看出人为摁压的痕迹。

（3）耳听法。

耳听法就是指通过人为外部力量使钞票发出声响,根据声音来判别真伪人民币的一种方法。人民币由于纸的原料和抄造纸工艺的缘由,生产出的人民币专用纸张,具有坚挺的特点。手持钞票用力抖动,手指轻弹票面,对称拉动钞票,均能发出清脆响亮的声音。而假币由于条件的限制,纸张原料和造纸技术的差异,假币纸张发出的声音较发闷。但是人民币纸质较旧时,就不适合使用这种鉴别方法。

除直观比较法外,仪器辨别法和综合分析法也是较为常用的方法。仪器辨别法是指借助一些简单的工具和专用的仪器来分辨人民币真伪。如借助放大镜可以观察票面线条清晰度、胶、凹印缩微文字等;用紫外灯光照射票面,可以观察钞票纸张和油墨的荧光反映;用磁性检测仪可以检测黑色横号码的磁性。

另外,在钞票真伪识别的过程中,不能仅凭一点或几点可疑就草率判别真伪,还要考虑到钞票流通中受到诸多因素的影响进行综合分析。

2）人民币真伪辨别方法的具体使用（第五套人民币）

（1）第五套人民币的基本概况。

1999 年 10 月 1 日,在中华人民共和国建国 50 周年之际,根据中华人民共和国国务院第 268 号令,中国人民银行陆续发行第五套人民币。第五套人民币共八种面额:100 元、50 元、20 元、10 元、5 元、1 元、5 角、1 角。第五套人民币根据市场流通中低面额主币实际起大量承担找零角色的状况,增加了 20 元面额,取消了 2 元面额,使面额结构更加合理。第五套人民币采取"一次公布,分次发行"的方式。1999 年 10 月 1 日,首先发行了 100 元纸币;2000 年 10 月 16 日发行了 20 元纸币、1 元和 1 角硬币;2001 年 9 月 1 日,发行了 50 元、10 元纸币;2002 年 11 月 18 日,发行了 5 元纸币、5 角硬币;2004 年 7 月 30 日,发行了 1 元纸币。

为提高第五套人民币的印刷工艺和防伪技术水平,经国务院批准,中国人民银行于2005 年 8 月 31 日发行了第五套人民币 2005 年版 100 元、50 元、20 元、10 元、5 元纸币和不锈钢材质 1 角硬币。2015 年 11 月 12 日发行了第五套人民币 2015 年版 100 元纸币。2019 年 8 月 30 日发行了第五套人民币 2019 年版 50 元、20 元、10 元、1 元纸币和不锈钢材质 1 元、5 角、1 角硬币。

第五套人民币继承了我国印制技术的传统经验,借鉴了国外钞票设计的先进技术。在原材料工艺方面做了改进,提高了纸张的综合质量和防伪性。固定水印立体感强、形象逼真。磁性微文字安全线、彩色纤维、无色荧光纤维等在纸张中有机运用,并且采用了电脑辅助设计手工雕刻、电子雕刻和晒版腐蚀相结合的综合制版技术。特别是在二线和三线防伪方面采用了国际通用的防伪措施,为专业人员和研究人员鉴别真伪,提供了条件。与第四套人民币相比,第五套人民币的防伪技能由十几种增加到二十多种,主景人像、水印、面额数字均较以前放大,便于群众识别。第五套人民币应用了先进的科学技术,在防伪性能和适应货币处理现代化方面有了较大提高。

第五套人民币各面额正面均采用毛泽东同志建国初期的头像,底衬采用了我国著名花卉图案,背面主景图案分别选用了人民大会堂、布达拉宫、桂林山水、长江三峡、泰山、杭州西湖。通过选用有代表性的寓有民族特色的图案,充分表现了我们伟大祖国悠久的历史和壮丽的山河,弘扬了伟大的民族文化。中国人民银行于 2015 年 11 月 12 日起发行 2015 年版第五套人民币 100 元纸币,2015 年版第五套人民币 100 元纸币在保持 2005 年版第五套人民币规格、正背面主图案、主色调、"中国人民银行"行名、国徽、盲文和汉语拼音行名、民族文字等不变的前提下,对部分图案做了调整,对整体防伪性能进行了提升。2019 年 8 月 30 日起,中国人民银行又发行了 2019 年版第五套人民币 50 元、20 元、10 元、1 元纸币和 1 元、5 角、1 角硬币,纸币同样是在保持 2005 年版第五套人民币主图案、主色调、规格等相关要素不变的前提下,提高了票面色彩鲜亮度,优化了票面结构层次与效果,提升了整体防伪性能,硬币则分别在保持 1999 年版第五套人民币 1 元、5 角硬币和 2005 年版第五套人民币 1 角硬币外形、外缘特征、"中国人民银行"行名、汉语拼音面额、人民币单位、花卉图案、汉语拼音行名等要素不变的前提下,调整了正面面额数字的造型,并对背面花卉图案适当收缩。2015 年版第五套人民币 100 元纸币以及 2019 年版第五套人民币 50 元、20 元、10 元、1 元纸币和 1 元、5 角、1 角硬币发行后,与同面额流通人民币等值流通。第五套人民币种类见表 13-1。

表 13-1

第五套人民币纸币一览表

券别	图案		主色调	发行时间
	正面	背面		
100 元纸币	毛泽东头像	人民大会堂	红色	1999.10.1
100 元纸币	毛泽东头像	人民大会堂	红色	2005.8.31
100 元纸币	毛泽东头像	人民大会堂	红色	2015.11.12
50 元纸币	毛泽东头像	布达拉宫	绿色	2001.9.1
50 元纸币	毛泽东头像	布达拉宫	绿色	2005.8.31
50 元纸币	毛泽东头像	布达拉宫	绿色	2019.8.30
20 元纸币	毛泽东头像	桂林山水	棕色	2000.10.16

（续表）

券别	图案		主色调	发行时间
	正面	背面		
20元纸币	毛泽东头像	桂林山水	棕色	2005.8.31
20元纸币	毛泽东头像	桂林山水	棕色	2019.8.30
10元纸币	毛泽东头像	长江三峡	蓝黑色	2001.9.1
10元纸币	毛泽东头像	长江三峡	蓝黑色	2005.8.31
10元纸币	毛泽东头像	长江三峡	蓝黑色	2019.8.30
5元纸币	毛泽东头像	泰山	紫色	2002.11.18
5元纸币	毛泽东头像	泰山	紫色	2005.8.31
1元纸币	毛泽东头像	西湖	橄榄绿	2004.7.30
1元纸币	毛泽东头像	西湖	橄榄绿	2019.8.30

（2）第五套人民币纸币真伪辨别。

看水印。第五套人民币各券别纸币的固定水印位于各券别纸币票面正面左侧的空白处，迎光透视，可以看到立体感很强的水印。100元、50元纸币的固定水印为毛泽东头像图案。20元、10元、5元纸币的固定水印为花卉图案。

图 13-3a　第五套人民币 100 元、50 元人像

图 13-3b　第五套人民币 20 元花卉水印

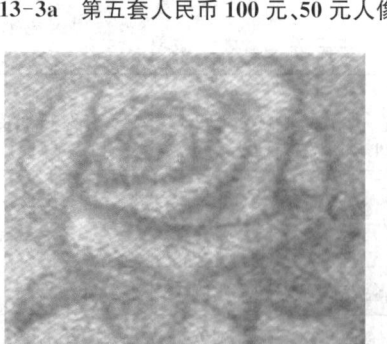

图 13-3c　第五套人民币 10 元花卉水印

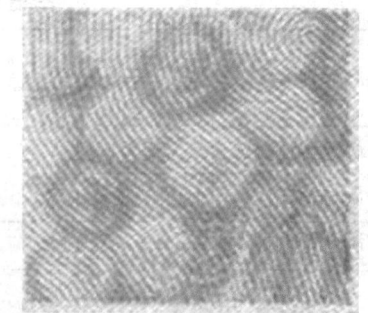

图 13-3d　第五套人民币 5 元花卉水印

看安全线。第五套人民币纸币在各券别票面正面中间偏左，均有一条安全线。100元、50元纸币的安全线，迎光透视，分别可以看到缩微文字"RMB100""RMB50"的微小文

字,仪器检测均有磁性;20 元纸币,迎光透视,是一条明暗相间的安全线,10 元、5 元纸币安全线为全息磁性开窗式安全线,即安全线局部埋入纸张中,局部裸露在纸面上,开窗部分分别可以看到由微缩字符"￥10""￥5"组成的全息图案,仪器检测有磁性。

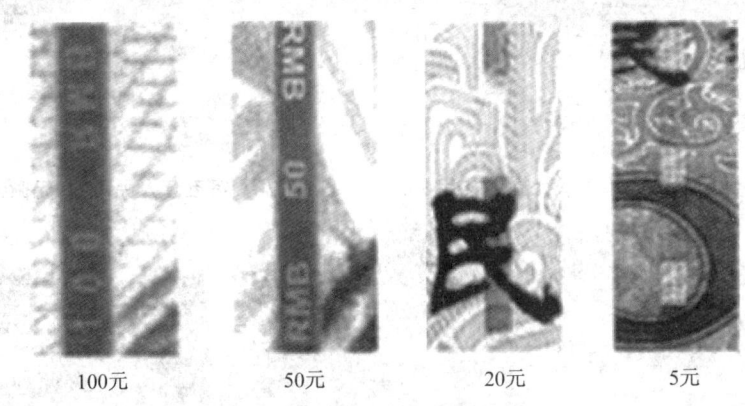

| 100元 | 50元 | 20元 | 5元 |

图 13-4　不同面值人民币安全线

看光变油墨。第五套人民币 100 元券和 50 元券正面左下方的面额数字采用光变墨印刷。将垂直观察的票面倾斜到一定角度时,100 元券的面额数字会由绿变为蓝色;50 元券的面额数字则会由金色变为绿色。

图 13-5a　100 元光变油墨

图 13-5b　50 元光变油墨

看票面图案是否清晰,色彩是否鲜艳,对接图案是否可以对接上。第五套人民币纸币的阴阳互补对印图案应用于 100 元、50 元和 10 元券中。这三种券别的正面左下方和背面右下方都印有一个圆形局部图案。迎光透视,两幅图案准确对接,组合成一个完整的古钱币图案。2015 年版和 2019 年版对印图案由古钱币图案改为面额数字"100/50/20/10",并由票面左侧中间位置调整至左下角。

图 13-6　人民币对接图案

用 5 倍以上放大镜观察票面,看图案线条、缩微文字是否清晰干净。第五套人民币纸币各券别正面胶印图案中,多处均印有微缩文字,20 元纸币背面也有该防伪措施。100 元微缩文字为"RMB"和"RMB100";50 元为"50"和"RMB50";20 元为"RMB20";10 元为"RMB10"5 元为"RMB5"和"5"字样。

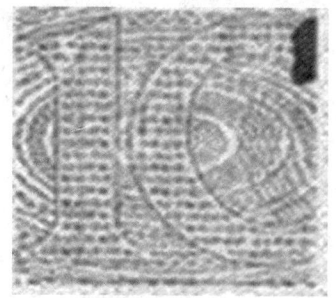

图 13-7a　第五套人民币 100 元微缩文字

图 13-7b　第五套人民币 50 元微缩文字

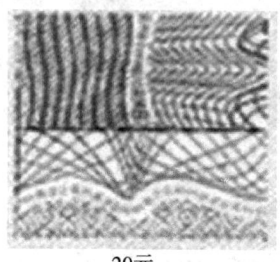

20元

10元

5元

图 13-7c　第五套人民币 20 元、10 元、5 元微缩文字

摸人像、盲文点、中国人民银行行名等处是否有凹凸感。第五套人民币纸币各券别正面主景均为毛泽东头像，采用手工雕刻凹版印刷工艺，形象逼真、传神，凹凸感强，易于识别。摸纸币是否薄厚适中，挺括度好。

图 13-8　人民币上"中国人民银行"字样

另外通过抖动钞票使其发出声响，根据声音来分辨人民币真伪。人民币的纸张，具有挺括、耐折、不易撕裂的特点。手持钞票用力抖动、手指轻弹或两手一张一弛轻轻对称拉动，能听到清脆响亮的声音。同时也可以借助一些简单的工具和专用的仪器来分辨人民币真伪。如借助放大镜可以观察票面线条清晰度、胶、凹印缩微文字等；用紫外灯光照射票面，可以观察钞票纸张和油墨的荧光反映；用磁性检测仪可以检测黑色横号码的磁性。

图 13-9　手工雕刻头像

（3）2015 年版第五套人民币 100 元纸币特征介绍和真伪识别。

2015 年版第五套人民币 100 元纸币，在保持规格、正背面主图案、主色调等不变的情况下，对票面图案、防伪特征及其布局进行了调整，提高了机读性能，采用了先进的公众防伪技术，使公众更易于识别真伪。

正面图案取消了票面右侧的凹印手感线、隐形面额数字和左下角的光变油墨面额数；票面中部增加了光彩光变数字，票面右侧增加了光变镂空开窗安全线和竖号码；票面右上角面额数字由横排改为竖排，并对数字样式做了调整；中央团花图案中心花卉色彩由桔红色调整为紫色,取消花卉外淡蓝色花环,并对团花图案、接线形式做了调整;胶印对印图案由古钱币图案改为面额数字"100",并由票面左侧中间位置调整至左下角。

背面图主要调整有:取消了全息磁性开窗安全线和右下角的防复印标记;减少了票面左右两侧边部胶印图纹,适当留白;胶印对印图案由古钱币图案改为面额数字"100",并由票面右侧中间位置调整至右下角;面额数字"100"上半部颜色由深紫色调整为浅紫色,下半部由大红色调整为桔红色,并对线纹结构进行了调整;票面局部装饰图案色彩由蓝、红相间调整为紫、红相间;左上角、右上角面额数字样式均做了调整;年号调整为"2015 年"。

2015 版人民币真伪辨别汇总如图 13-10 所示。

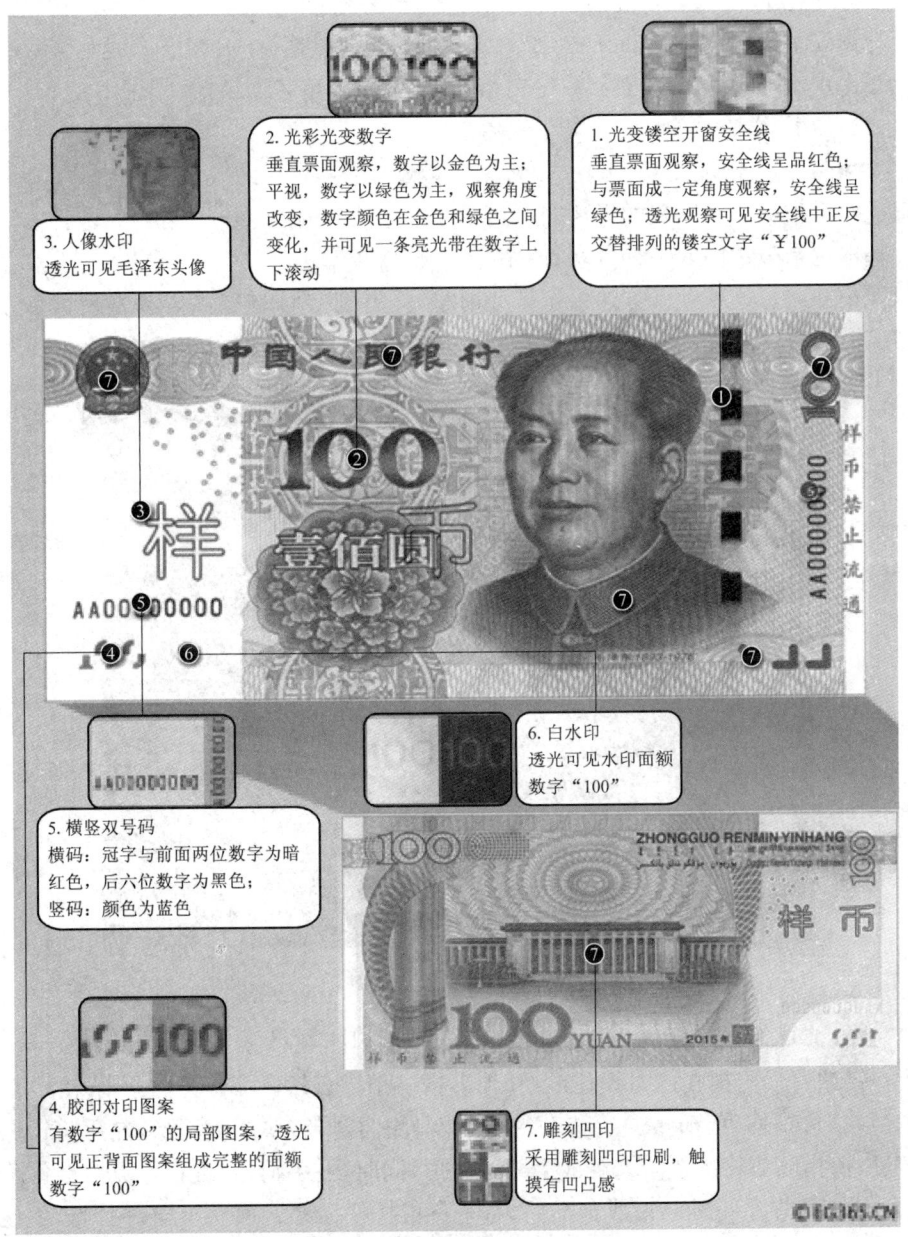

图 13-10　2015 年新版百元人民币纸币特征与真伪辨别汇总

（4）2019年新版人民币纸币特征介绍与真伪识别。

2019年版第五套人民币50元、20元、10元、1元纸币分别保持2005年版第五套人民币50元、20元、10元纸币和1999年版第五套人民币1元纸币规格、主图案、主色调、"中国人民银行"行名、国徽、盲文面额标记、汉语拼音行名、民族文字等要素不变，提高了票面色彩鲜亮度，优化了票面结构层次与效果，提升了整体防伪性能。

50元纸币，正面中部面额数字调整为光彩光变面额数字"50"，左下角光变油墨面额数字调整为胶印对印图案，右侧增加动感光变镂空开窗安全线和竖号码。背面取消全息磁性开窗安全线。

20元、10元纸币，正面中部面额数字分别调整为光彩光变面额数字"20""10"，取消全息磁性开窗安全线，调整左侧胶印对印图案，右侧增加光变镂空开窗安全线和竖号码。

1元纸币，正面左侧增加面额数字白水印，取消左下角装饰纹样。

（三）点钞技能实训

1. 单指单张点钞法

用一个手指一次点一张的方法叫单指单张点钞法（动作见图13-11）。这种方法是点钞中最基本也是最常用的一种方法，使用范围较广，频率较高，适用于收款、付款和整点各种新旧大小钞票。这种点钞方法由于持票面小，能看到票面的3/4，容易发现假钞票及残破票，其缺点是点一张记一个数，比较费力。具体操作步骤如下。

图13-11　单指单张点钞法

（1）持票。左手横执钞票，下面朝向身体，左手拇指在钞票正面左端约1/4处，食指与中指在钞票背面与拇指同时捏住钞票，无名指与小指自然弯曲并伸向票前左下方，与中指夹紧钞票，食指伸直，拇指向上移动，按住钞票侧面，将钞票压成瓦形，左手将钞票从桌面上擦过，拇指顺势将钞票向上翻成微开的扇形，同时，右手拇指、食指作点钞准备。

（2）清点。左手持钞并形成瓦形后，右手食指托住钞票背面右上角，用拇指尖逐张向下捻动钞票右上角，捻动幅度要小，不要抬得过高。要轻捻，食指在钞票背面的右端配合拇指捻动,左手拇指按捏钞票不要过紧,要配合右手起自然助推的作用。右手的无名指将捻起的钞票向怀里弹,要注意轻点快弹。

（3）记数。与清点同时进行,在点数速度快的情况下,往往由于记数迟缓而影响点钞的效率,因此记数应该采用分组记数法。把10作1记,即1.2.3.4.5.6.7.8.9.1（即10）,1.2.3.4.5.6.7.8.9.2（即20）,以此类推,数到1.2.3.4.5.6.7.8.9.10（即100）。采用这种记数法记数既简单又快捷,省力又好记。但记数时要默记,不要念出声,做到脑、眼、手密切配合,既准又快。

2. 单指多张点钞法

点钞时,一指同时点两张或两张以上的方法叫单指多张点钞法（见图13-12）。它适用于收款、付款和各种券别的整点工作。点钞时记数简单省力,效率高。但也有缺点,就是在一指捻几张时,由于不能看到中间几张的全部票面,所以假钞和残破票不易发现。这种点钞法除了记数和清点外,其他均与单指单张点钞法相同。具体操作步骤如下。

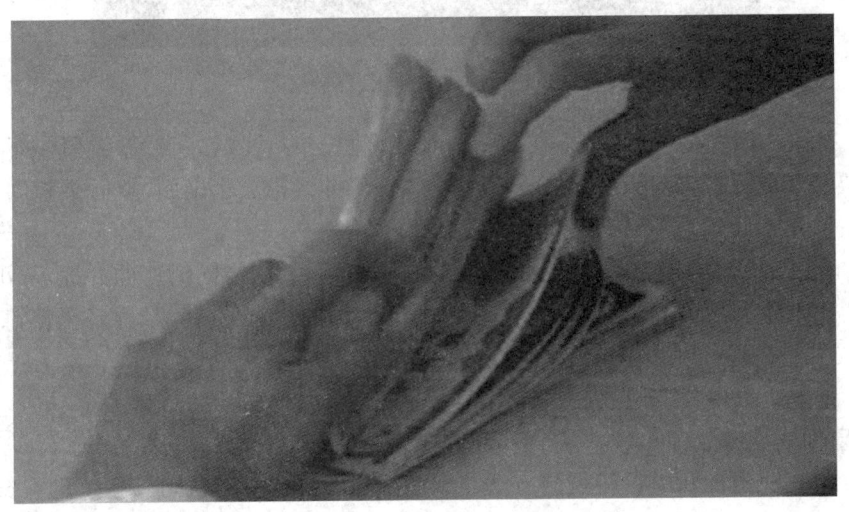

图13-12　单指多张点钞法

（1）持票（同单指单张）。

（2）清点。清点时,右手食指放在钞票背面右上角,拇指肚放在正面右上角,拇指尖超出票面,用拇指肚先捻钞。单指双张点钞法,拇指肚先捻第一张,拇指尖捻第二张。单指多张点钞法,拇指用力要均衡,捻的幅度不要太大,食指、中指在票后面配合捻动,拇指捻张,无名指向怀里弹。在右手拇指往下捻动的同时,左手拇指稍抬,使票面拱起,从侧边分层错开,便于看清张数,左手拇指往下拨钞票,右手拇指抬起让钞票下落,左手拇指在拨钞的同时下按其余钞票,左右两手拇指一起一落协调动作,如此循环,直至点完。

（3）记数。采用分组记数法。如：点双数,两张为一组记一个数,50组就是100张。

3. 多指多张点钞法

多指多张点钞法是指：点钞时用小指、无名指、中指、食指依次捻下一张钞票,一次清点四张钞票的方法,也叫四指四张点钞法（见图13-13）。这种点钞法适用于收款、付款和券别整点工作,这种点钞方法不仅省力、省脑,而且效率高。能够逐张识别假钞票和挑剔残破钞票。具体操作步骤如下。

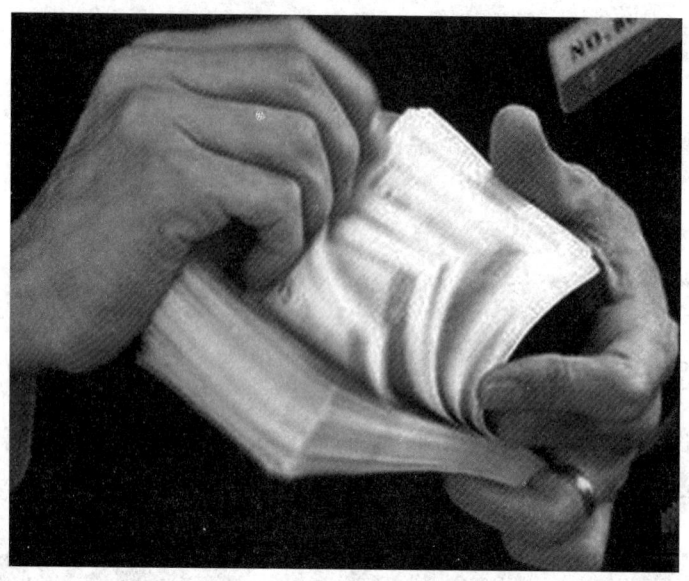

图 13-13　多指多张点钞法

（1）持票。用左手持钞，中指在前，食指、无名指、小指在后，将钞票夹紧，四指同时弯曲将钞票轻压成瓦形，拇指在钞票的右上角外面，将钞票推成小扇面，然后手腕向里转，使钞票的右里角抬起，右手五指准备清点。

（2）清点。右手腕抬起，拇指贴在钞票的右里角，其余四指同时弯曲并拢，从小指开始每指捻动一张钞票，依次下滑四个手指，每一次下滑动作捻下四张钞票，循环操作，直至点完100张。

（3）记数。采用分组记数法，每次点四张为一组，记满 25 组为 100 张。

4. 扇面式点钞法

把钞票捻成扇面状进行清点的方法叫扇面式点钞法（见图 13-14）。这种点钞方法速度快，是手工点钞中效率最高的一种。但它只适合清点新票币，不适于清点新、旧、破混合钞票。具体操作步骤如下。

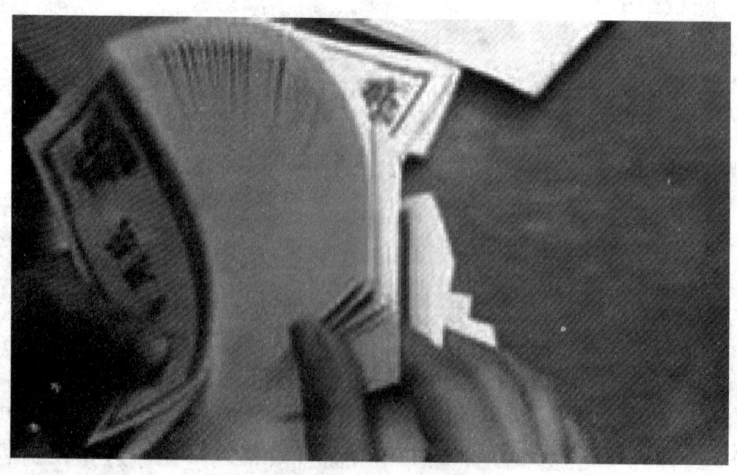

图 13-14　扇面式点钞法

（1）持钞。钞票竖拿，左手拇指在票前下部中间票面约 1/4 处。食指、中指在票后同拇指一起捏住钞票，无名指和小指拳向手心。右手拇指在左手拇指的上端，用虎口从右侧卡住钞票成瓦形，食指、中指、无名指、小指均横在钞票背面，做开扇准备。

（2）开扇。开扇是扇面点钞的一个重要环节，扇面要开的均匀，为点数打好基础，做好准备。其方法为：以左手为轴，右手食指将钞票向胸前左下方压弯，然后再猛向右方闪动，同时右手拇指在票前向左上方推动钞票，食指、中指在票后面用力向右捻动，左手指在钞票原位置向逆时针方向画弧捻动，食指、中指在票后面用力向左上方捻动，右手手指逐步向下移动，至右下角时即可将钞票推成扇面形。如有不均匀地方，可双手持钞抖动，使其均匀。打扇面时，左右两手一定要配合协调，不要将钞票捏得过紧，如果点钞时采取一按十张的方法，扇面要开小些，便于点清。

（3）点数。左手持扇面，右手中指、无名指、小指托住钞票背面，拇指在钞票右上角 1 cm 处，一次按下 5 张或 10 张；按下后用食指压住，拇指继续向前按第二次，以此类推，同时左手应随右手点数速度向内转动扇面，以迎合右手按动，直到点完 100 张为止。

（4）记数。采用分组记数法。一次按 5 张为一组，记满 20 组为 100 张；一次按 10 张为一组，记满 10 组为 100 张。

（5）合扇。清点完毕合扇时，将左手向右倒，右手托住钞票右侧向左合拢，左右手指向中间一起用力，使钞票竖立在桌面上，两手松拢轻墩，把钞票墩齐，准备扎把。

点钞完毕后需要对所点钞票进行扎把，通常是 100 张捆扎成一把，分为缠绕式和扭结式两种方法。

1. 缠绕式

临柜收款采用缠绕式方法，需使用牛皮纸腰条，其具体操作方法介绍如下：

（1）将点过的钞票 100 张墩齐。

（2）左手从长的方向拦腰握着钞票，使之成为瓦状（瓦状的幅度影响扎钞的松紧，在捆扎中幅度不能变）。

（3）右手握着腰条头将其从钞票的长的方向夹入钞票的中间（离一端 1/3～1/4 处）从凹面开始绕钞票两圈。

（4）在翻到钞票原度转角处将腰条向右折叠 90 度，将捆钞条头绕捆在钞票的捆钞条转两圈打结。

（5）整理钞票。

2. 扭结式

其具体操作方法介绍如下：

（1）将点过的钞票 100 张墩齐。

（2）左手握钞，使之成为瓦状。

（3）右手将捆钞条从钞票凸面放置，将两捆钞条头绕到凹面，左手食指、拇指分别按住腰条与钞票厚度交界处。

（4）右手拇指、食指夹住其中一端腰条头，中指、无名指夹住另一端腰条头，并合在一起，右手顺时针转 180 度，左手逆时针转 180 度，将拇指和食指夹住的那一头从腰条与钞票之间绕过、打结。

二、票证与印章管理

1. 票证管理

票证是财务收支的法定凭证,是会计核算的原始依据。票证管理是会计管理工作中的重要部分,它直接涉及企业资产的安全性,也是正确进行会计核算的基础工作。

1) 支票管理

单位的支票由出纳员负责保管和开具。支票使用方法和要求应符合银行的相关规定。

(1) 采用支票汇款前,一般应由收款单位先开具收款发票。不能提前开具发票的应向财务提供付款合同或协议。

(2) 申领支票前,经办人要将对方开具的收款发票或付款合同按企业财务收支审批制度的相关规定进行审批。

(3) 支票使用时需填写"支票领用单",并经财务部经理签字后才能交由出纳开出支票。

(4) 出纳开具支票时,要将支票按批准金额封头,加盖印章、填写日期、用途、登记号码,要求领用人在支票领用簿上签字备查。

(5) 支票付款后,凭支票存根、发票由经手人签字,会计核对(购置物品由保管员签字)。

(6) 对于开出的转账支票,出纳员要统一编制凭证号,按规定登记银行账号。

(7) 对于退回的支票,出纳员要作废票处理。将原支票领用人在"支票领用单"及登记簿上注销。

2) 发票和收据管理

(1) 发票和收据必须由财务部指定专人负责购买、保管。保管的方式视同现金保管,即应存放在保险箱内。

(2) 领用发票和收据,必须按序号登记,一般情况,每次只能领用一本。

(3) 在使用发票和收据时,应在开具发票或收据之后,再加盖发票专用章,严禁预先整本加盖发票专用章。发票和收据与财务专用章由财务部指定专人保管,但需分开放。

(4) 发票和收据的记账联入账后,按领用的序号进行销号(必须是非开发票人),如有缺号,应查明原因,如是作废,应在销号簿上说明。

(5) 发票和收据禁止外借、代开、拆本外带和出售。

(6) 发票和收据每月必须清查一次,必须做到账实相符。

(7) 收到外来发票应辨别其真伪,如果是电脑开具的增值税发票并需作抵扣之用的,应首先到税务部门进行验票,验票通过后,方可入账,以保证发票真实可靠。

(8) 属于采购材料、货物、商品而取得的增值税发票,应保证发票、供货方和收款方三者一致;或者能提供具有法律效力的书面资料足以证明发票、供货、付款三者之间的内在关系后,方可入账。

(9) 凡开出发票和收据又被退回的,应由经办人写明原因,经部门负责人签字认可后,交财务部进行账务处理。

3）证券管理

（1）企业购买的有价证券由出纳员管理。在保管上应把证券视同现金存入保险柜，对金额较大的证券也可以存放在银行或国债保管部门。

（2）出纳员对自己负责保管的各种有价证券，要专设出纳账进行详细核算，并由总账会计的总分类账进行控制。出纳部门的有价证券明细账要按证券种类分设户头，所记金额应与总账会计相一致，当账面的金额与证券面值不一致时，应在摘要栏内注明证券的批次、面值和张数。必要时，还可以设置辅助登记簿进行补充登记。年度终了应将有价证券登记簿视同会计档案一同存档保存。

（3）业务人员提取有价证券外出办理有关事项时，应办理类似于现金借据的正规手续交给出纳人员作为支付凭证，交还有价证券时再由出纳人员在借据上加盖注销章后退还出据人。

（4）在总账科目的控制下，出纳员进行登记，并定期出具收、付、存报告单。

（5）出纳员要及时掌握各种证券的到期时间。对到期的各种有价证券，应做到及时兑付，确保取得的利息收入（投资收益）及时入账。

（6）出纳员对自己保管的各种有价证券的面额和号码应保守秘密。

2. 印章管理

1）印章的管理与使用部门

（1）企业的印章一般由企业董事长授权向相关部门核发或核销。

（2）企业印章由董事长授权以下部门分别管理和使用：企业行政章、法定代表人印章由企业办公室负责管理和使用；财务专用章、发票专用章由财务部负责管理和使用；合同专用章由企业法务部负责管理和使用。

（3）凡因工作需要配置印章或更换印章需向企业办公室上报书面申请，经董事长批准同意后配置或更换印章。

（4）印章刻制由企业办公室负责，经公安机关核准，到指定的单位刻制；印章的规格、样式由企业办公室按有关规定办理。

2）印章的使用

（1）企业的所有印章，均由企业办公室负责登记、留样并确定印章保管及使用责任人（以下简称为印章专管员）。印章启用时由企业办公室下发《关于企业启用_____专用章的通知》，注明启用日期、发放单位和使用范围和启用印模。

（2）办公室向印章专管员移交印章时，应填写"企业印章留样备案表"等。

（3）由于印章磨损而更换印章，仍需在企业办公室登记、留样。

（4）企业部门撤销或重组，原部门有关印章交回企业办公室，由企业办公室负责销毁。

（5）严禁印章专管员将印章转借他人。

（6）印章丢失时，印章专管员应当及时向企业办公室书面报告，企业办公室应及时采取相关补救措施，包括但不限于追查印章下落、公告印章作废、对责任人进行处罚等。

（7）企业决定需要停用印章的，由董事长签字同意后由企业办公室下发《关于企业停用有关专用章的通知》将停用原因、时间通知企业各有关部门，并收回停用的印章切角封存或销毁。

（8）各部门不得擅自刻制印章,违反本项规定致企业造成的全部经济损失由当事人向企业承担全额赔偿责任。

第二节　常见原始票据及其填制

一、原始凭证填制的基本要求

（一）记录的真实性

原始凭证所填列的经济业务内容和数字,必须真实可靠,符合实际情况。

（二）内容的完整性

原始凭证所要求填列的项目必须逐项填列齐全,不得遗漏和省略。

（三）手续的完备性

一张合理的原始凭证,不仅仅要保证所填写内容的完整性,还要保证相关填制手续的完备性。

（四）书写的规范性

1. 使用文字要求。不得使用未经国务院公布的简化汉字。

2. 金额书写要求。

3. 编号要求。

4. 错误更正要求。

5. 书写用墨颜色要求。

二、常见原始票据的填制

（一）支票

1. 支票的介绍

支票是出票人签发的,委托办理支票存款业务的银行在见票时无条件支付确定的金额给收款人或者持票人的票据。支票由银行统一印制,支票有现金支票、转账支票和普通支票三种。支票上印有"现金"字样的为现金支票,现金支票只能用于支取现金。支票上印有"转账"字样的为转账支票,转账支票只能用于转账。支票上未印有"现金"或"转账"字样的为普通支票,普通支票可以用于支取现金,也可以用于转账。单位和个人在同一票据交换区域的各种款项结算,均可以使用支票。

签发支票的金额不得超过付款时在付款人处实有的存款金额,禁止签发空头支票。支票的出票人预留银行签章是银行审核支票付款的依据,银行也可以与出票人约定使用支付密码,作为银行审核支付支票金额的条件。

签发现金支票必须符合国家现金管理的规定。支票的提示付款期限自出票日起10日。

2. 支票的规范示例

支票的规范填制如图 13-15 所示。

图 13-15　转账支票规范示例

3. 支票的填制说明（以现金支票为例）

支票的填制说明如图 13-16、图 13-17 所示。

正面：

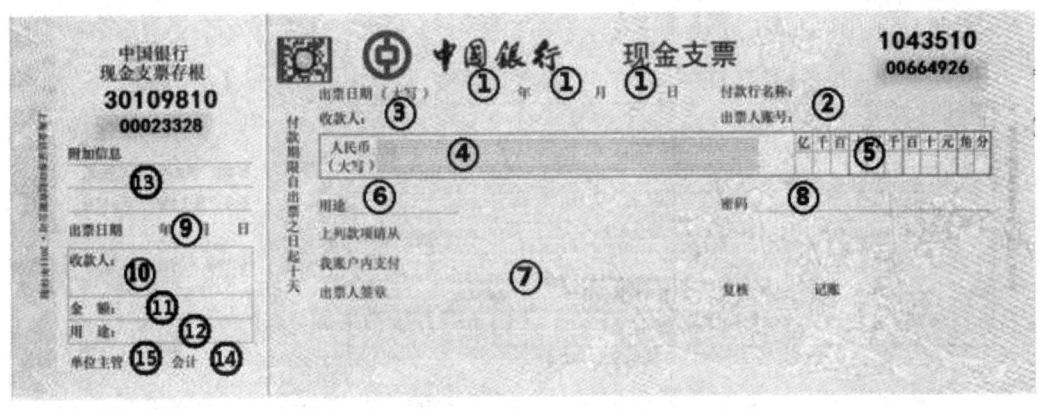

①填写出票日期，出票日期必须使用中文大写，不得更改。月为壹、贰和壹拾的，应在其前加"零"。日为壹至玖和壹拾、贰拾和叁拾的，应在其前加"零"；日为拾壹至拾玖的，应在其前加"壹"；②填写付款行名称和出票人账号，即出票人的开户银行名称及存款账户的账号；③填写收款人全称，不得更改；④填写人民币大写金额，不得更改，大写金额数字应紧接"人民币"字样填写，不得留有空白；⑤填写小写金额，不得更改，大小写必须一致，前面加人民币符号"￥"；⑥填写款项的用途，必须符合国家现金管理的规定；⑦出票人签章，即出票人预留银行的签章；⑧需要使用支付密码时，填写 16 位支付密码；⑨存根联的出票日期，与正联一致，可用小写；⑩存根联的收款人，与正联一致；⑪存根联的金额，与正联一致，可用小写；⑫存根联的用途，与正联一致；⑬需要时填写附加信息，如：预算单位办理支付结算业务填写"附加信息代码"，与背面一致；⑭会计人员签章；⑮单位主管审批签章。

图 13-16　现金支票正面

背面：

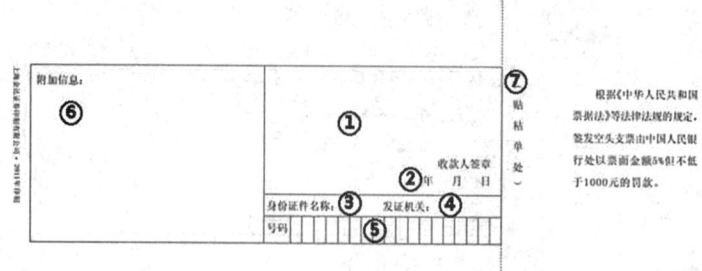

①收款人签章，若收款人为本公司则加盖预留银行的签章，收款人为个人则为个人的签名或盖章；②填写提示付款日期；③若收款人为个人，需填写提交的身份证件名称；④若收款人为个人，需填写提交的身份证件的发证机关；⑤若收款人为个人，需填写身份证件号码；⑥附加信息，如：预算单位办理支付结算业务填写"附加信息代码"，非必要记载事项；⑦票据凭证不能满足背书人记载事项的需要，可以加附粘单，粘附于票据凭证上。粘单上的第一记载人，应当在汇票和粘单的粘接处签章。

图 13-17　现金支票背面

4. 实训练习

实训资料：

单位名称：北京鑫圣机械有限公司　　　　地址：北京市科发路 88 号

电话：010-68765421　　　　　　　　　纳税人识别号：100102100120084

开户行及账号：交通银行北京和平路支行　110007609048708091012

（1）2019 年 01 月 01 日，北京鑫圣机械有限公司开出 10 000.00 元的现金支票一张，从银行提取现金以备零用，请填写现金支票。支付密码：4872962510711685

（2）2019 年 04 月 13 日，向上海申奥有限公司采购原材料一批，以银行存款支付，签发转账支票一张，金额 105 005.8 元。支付密码：4372662510622685

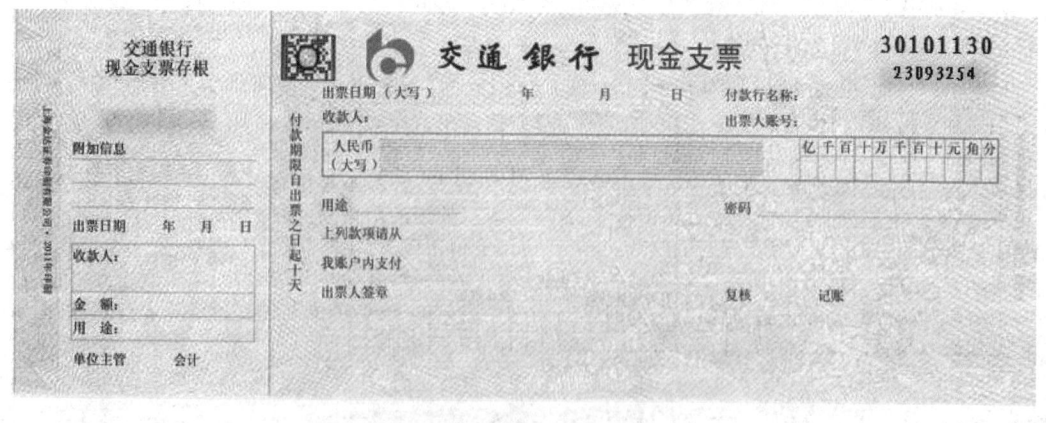

图 13-18　现金支票练习 1

实训要求：请根据实训资料填写如图 13-18、图 13-19 所示的空白支票。

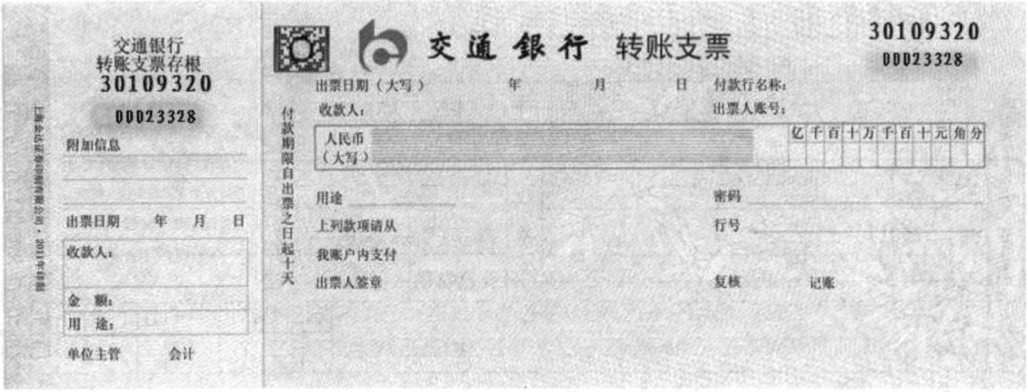

图 13-19　转账支票练习 2

（二）进账单

1. 进账单的介绍

进账单是持票人或收款人将票据款项存入收款人在银行账户的凭证，也是银行将票据款项记入收款人账户的凭证。

持票人填写银行进账单时，必须清楚地填写票据种类、票据张数、收款人名称、收款人开户银行及账号、付款人名称、付款人开户银行及账号、票据金额等栏目，并连同相关票据一并交给银行经办人员。进账单与支票配套使用，可以一张支票填制一份进账单，也可以多张支票（不超过四笔），汇总金额后填制一份进账单，即允许办理一收多付（一贷多借）。

进账单一式三联，第一联回单联交给持票人，作为受理票据的依据，第二联银行作借方凭证，第三联收款通知交给收款人。

2. 进账单的规范示例

进账单的规范填制如图 13-20 所示。

交通银行　进账单　（回　单）　1

2019 年　03月　24日

出票人	全　称	抚顺西露天矿	收款人	全　称	抚顺光明机械有限公司
	账　号	0712369874587896315		账　号	7010001293000146８072
	开户银行	交通银行露天支行		开户银行	交通银行北台支行
金额	人民币（大写）	壹拾伍万贰仟壹佰元整		亿 千 百 十 万 千 百 十 元 角 分	¥ 1 5 2 1 0 0 0 0
票据种类	转账支票	票据张数	壹		
票据号码	01105101			交通银行抚顺北台支行 业务受理章（02）	
	复核　记账			开户银行签章	

此联是开户银行交给持票人的回单

图 13-20　进账单规范示例

3. 进账单的填制说明

进账单的填制说明如图 13-21 所示。

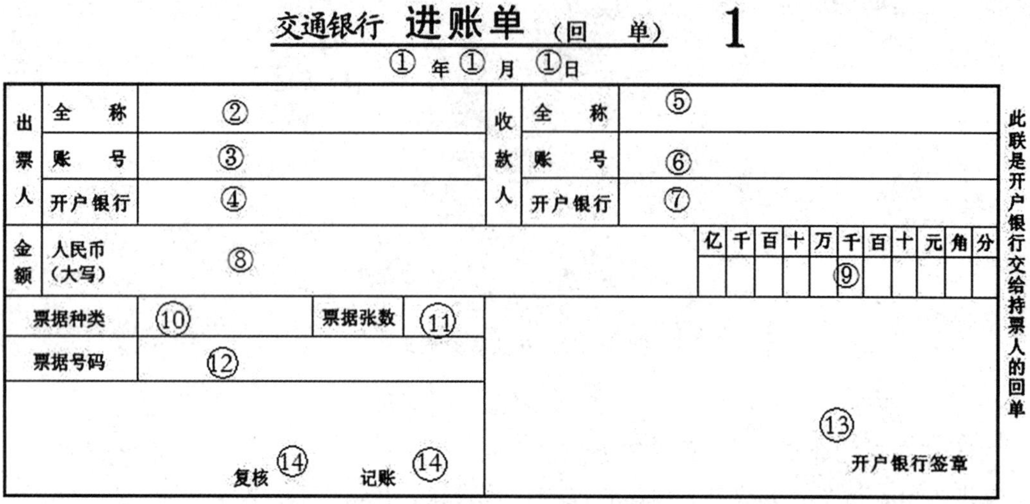

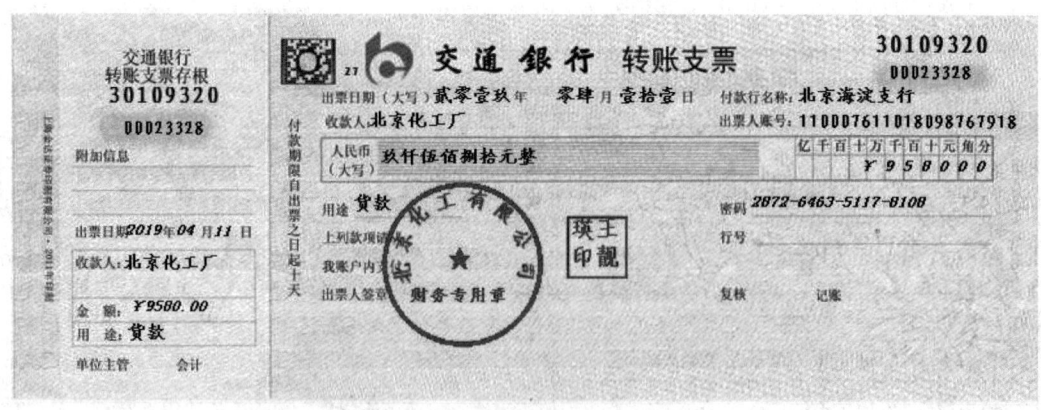

①填写办理业务的日期；②填写付款人的全称，与票据内容一致；③填写付款人的账号，与票据内容一致；④填写付款人开户银行的信息，与票据内容一致；⑤填写收款人全称，与票据内容一致；⑥填写收款人的账号，与票据内容一致；⑦填写收款人开户银行的信息，与票据内容一致；⑧填写人民币大写金额，不得更改；⑨填写小写金额，不得更改，大小写必须一致，前面加人民币符号"￥"；⑩填写票据的种类，如转账支票、银行汇票等；⑪填写提交的票据的张数；⑫填写提交的票据的号码；⑬银行受理后加盖相关印章；⑭相关经办人员的签章。

图 13-21　进账单

4. 实训练习

根据图 13-22、图 13-23、图 13-24 所示的转账支票填写进账单。进账单如图 13-25、图 13-26、图 13-27 所示。

图 13-22　转账支票

图 13-23 转账支票

图 13-24 转账支票

交通银行 进账单 （回 单） 1

年 月 日

出票人	全 称		收款人	全 称												此联是开户银行交给持票人的回单
	账 号			账 号												
	开户银行			开户银行												
金额	人民币（大写）				亿	千	百	十	万	千	百	十	元	角	分	
票据种类		票据张数														
票据号码																
		复核		记账						开户银行签章						

图 13-25 进账单练习 1

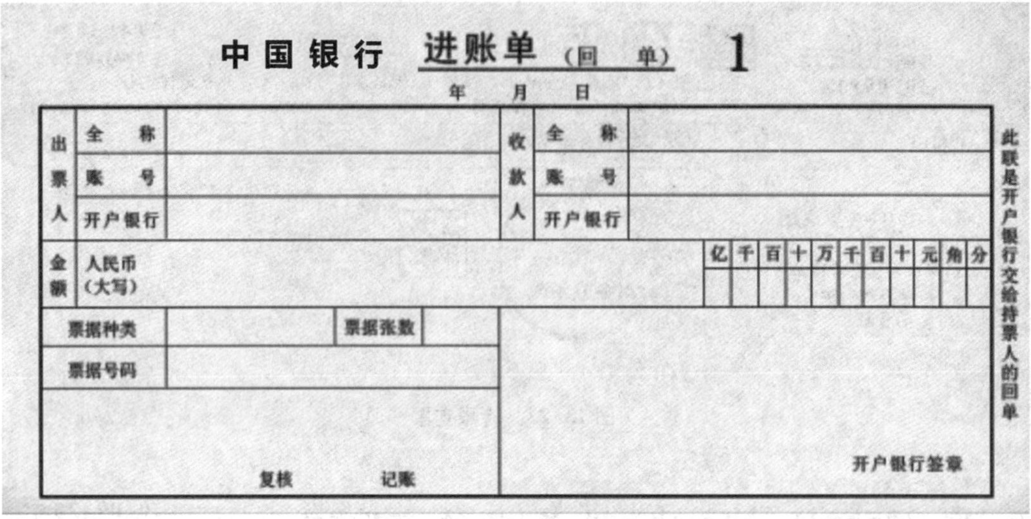

图 13-26　进账单练习 2

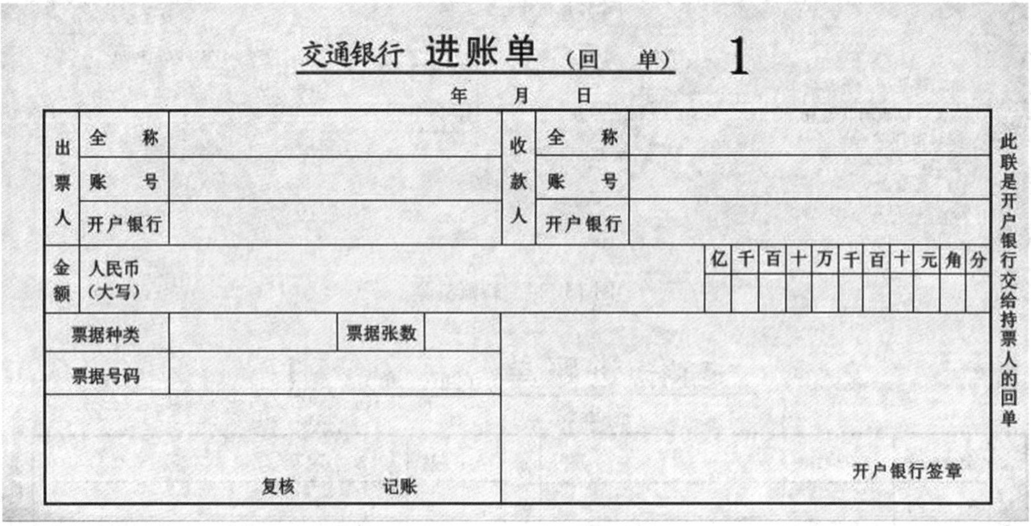

图 13-27　进账单练习 3

（三）结算业务申请书

1. 结算业务申请书的介绍

结算业务申请书就是到银行办理结算业务时所填的书面申请,银行结算业务即转账结算业务,简称结算,也叫支付结算,是以信用收付代替现金收付的业务。支付结算是单位、个人在社会经济活动中使用票据、信用卡和汇兑、托收承付、委托收款等结算方式进行货币给付及资金清算的行为。银行是支付结算和资金清算的中介机构。目前的结算办法主要有银行汇票、商业汇票、银行本票、支票、汇兑、委托收款和异地托收承付以及信用卡等方式。结算业务申请书一式三联,第一联银行作记账凭证,第二联收款银行作记账凭证,第三联银行盖好印章退给付款人的回单。

2. 结算业务申请书的规范示例

结算业务申请书的填制规范如图 13-28 所示。

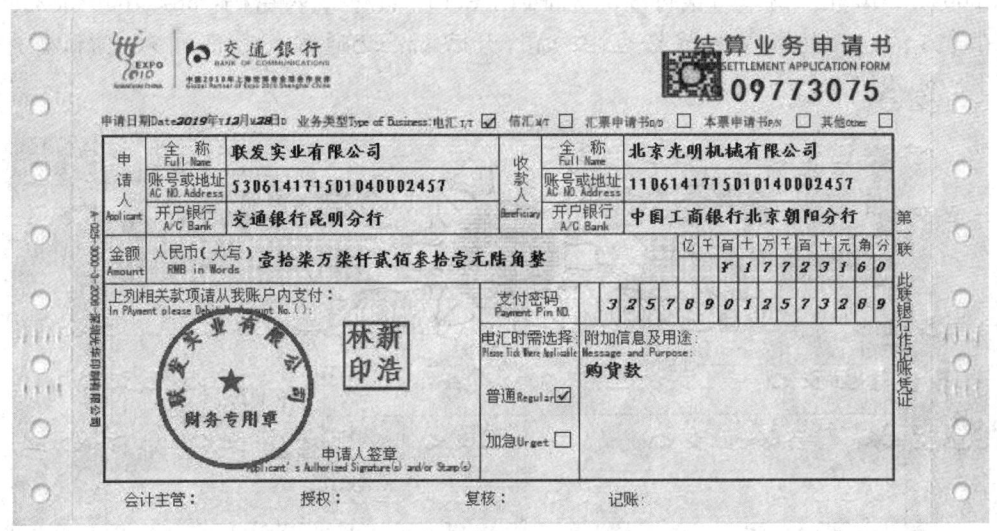

图 13-28 结算业务申请书规范示例

3. 结算业务申请书的填制说明（以电汇为例）

结算业务申请书的填制说明如图 13-29 所示。

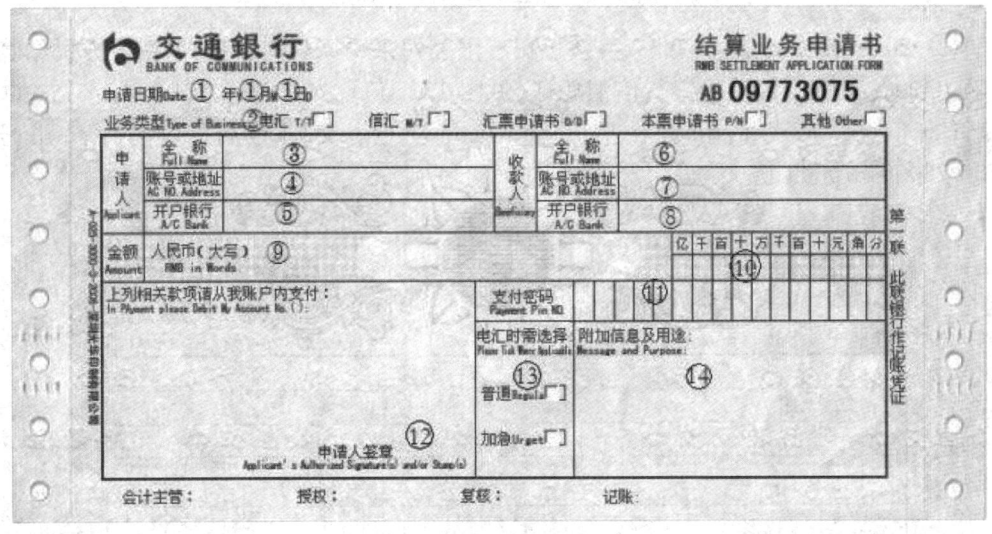

①填写去银行办理业务的日期；②根据需要选择业务类型，如电汇、信汇、汇票、本票；③填写业务申请人的全称；④填写申请人的银行账号，若付款人是个人则填写地址；⑤填写申请人开户银行；⑥填写收款人全称；⑦填写收款人的银行账号，若收款人是个人则填写地址；⑧填写收款人开户银行名称；⑨填写人民币大写金额，数字应紧接"人民币"字样填写，不得留有空白；⑩填写小写金额，大小写必须一致，前面加人民币符号"￥"；⑪办理业务提交银行时填写申请付款人银行支付密码，若没办理支付密码的可不填；⑫申请人盖预留印鉴；⑬办理电汇业务时，选择普通或加急（加急的速度快，但要加收手续费）；⑭注明汇款用途，可不填写。

图 13-29 结算业务申请书

4. 实训练习

（1）2019 年 01 月 06 日，北京鑫圣机械有限公司采购商品一批，以电汇方式结算，金额 508 542.10 元。请填写银行电汇凭证（见图 13-30）。支付密码：5872162510622685（销货方信息：上海森达贸易有限公司，开户行：交通银行上海浦东支行，账号：20170760904870809101012）

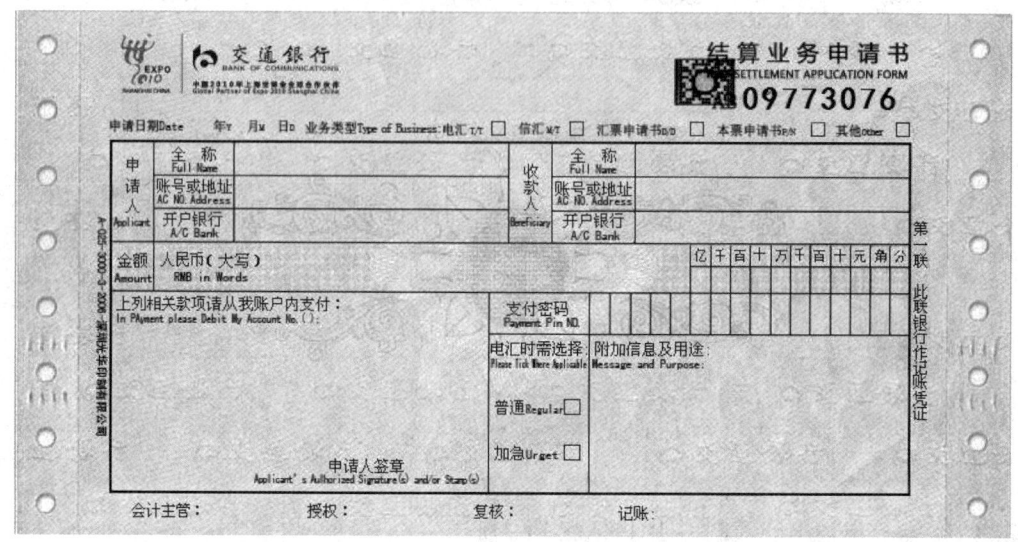

图 13-30　结算业务申请书练习 1

（2）2019 年 10 月 20 日，北京鑫圣机械有限公司采购原材料一批，以信汇方式结算，金额 40 000.00 元。请填写银行信汇凭证（见图 13-31）。支付密码：5474217751600009（销货方信息：广州信和机械有限公司，开户行：交通银行广州分行，账号：12060760904870809101066）

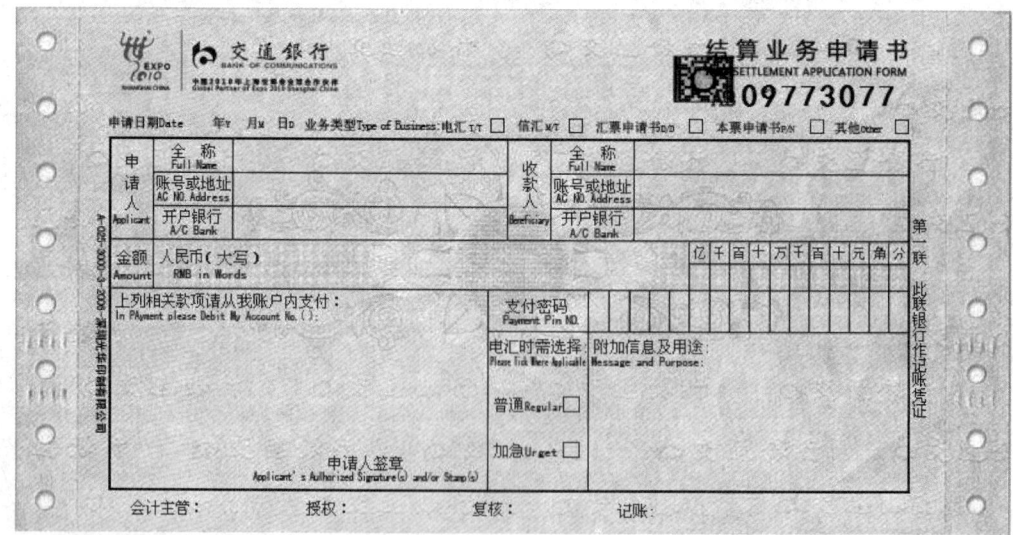

图 13-31　结算业务申请书练习 2

（四）银行承兑汇票

1. 银行承兑汇票的介绍

银行承兑汇票是商业汇票的一种，是由在承兑银行开立存款账户的存款人出票，向开户银行申请并经银行审查同意承兑的，保证在指定日期无条件支付确定的金额给收款人或持票人的票据。对出票人签发的商业汇票进行承兑是银行基于对出票人资信的认可而给予的信用支持。

银行承兑汇票按票面金额向承兑申请人收取 5‰的手续费，不足 10 元的按 10 元计。承兑期限最长不超过 6 个月。承兑申请人在银行承兑汇票到期未付款的，按规定计收逾期罚息。

银行承兑汇票一式三联，第一联为卡片联，由承兑人留存，第二联为汇票联，由收款人开户银行随结算凭证寄付款人开户银行作付出传票附件，第三联为存根联，由出票人留存。

2. 银行承兑汇票的规范示例

银行承总汇票的填制规范如图 13-32 所示。

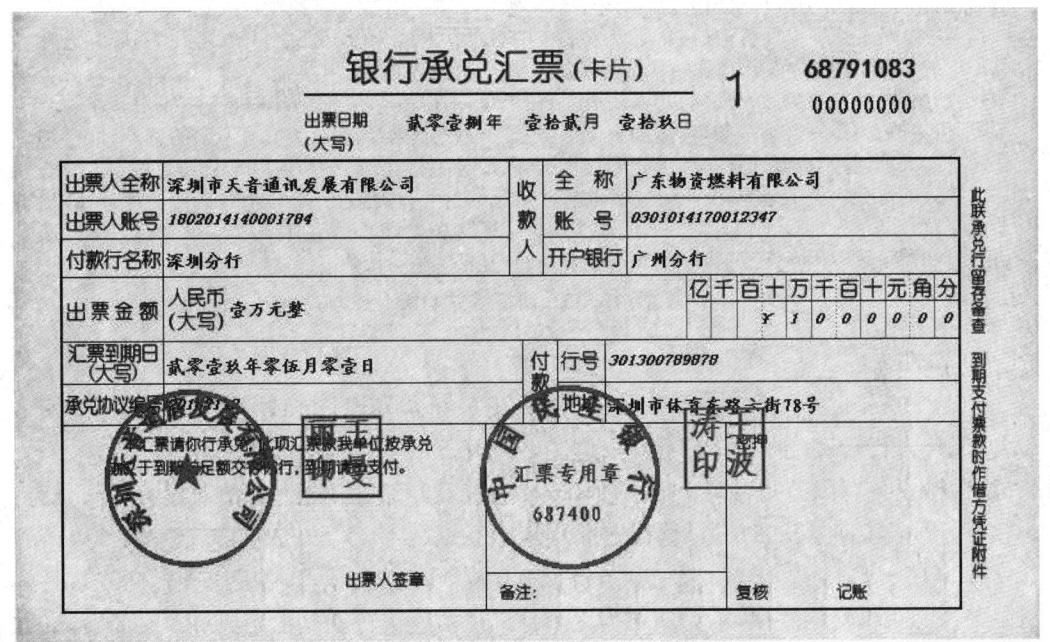

图 13-32　银行承兑汇票规范示例

3. 银行承兑汇票的填制说明

银行承兑汇票的填制说明如图 13-33 所示。

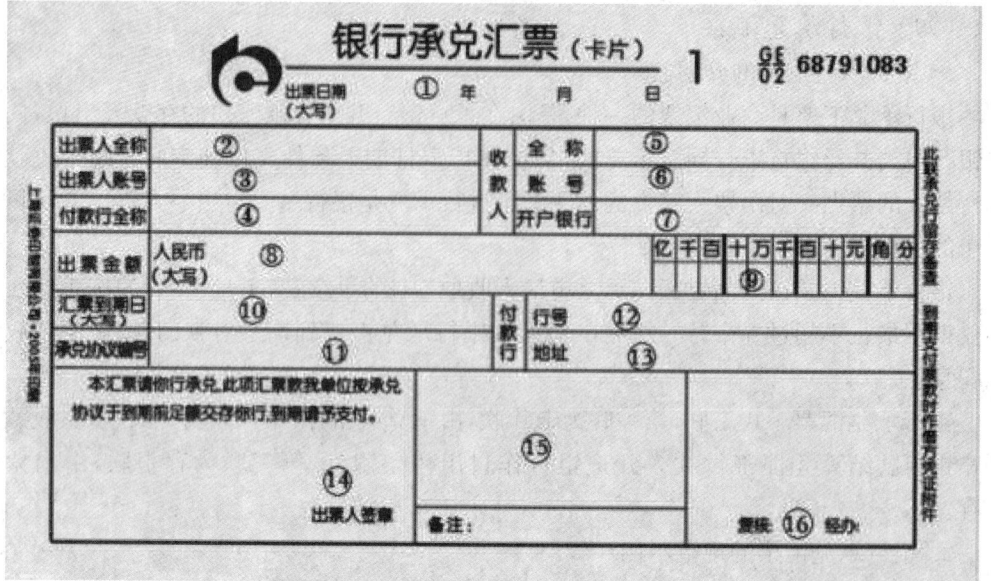

①出票日期：填写出票日期，出票日期必须使用中文大写，不得更改。月为壹、贰和壹拾的，应在其前加"零"。日为壹至玖和壹拾、贰拾和叁拾的，应在其前加"零"；日为拾壹至拾玖的，应在其前加"壹"；②出票人全称：填写出票人全称；③出票人账号：填写出票人存款账户的账号；④付款行全称：填写出票人开户银行名称；⑤收款人全称：填写收款人的全称；⑥收款人账号：填写收款人存款账户的账号；⑦收款人开户银行：填写收款人开户银行名称；⑧出票金额：填写人民币大写金额，不得更改，大写金额数字应紧接"人民币"字样填写，不得留有空白；⑨小写金额栏：填写小写金额，不得更改，大小写必须一致，前面加人民币符号"￥"；⑩汇票到期日：填写汇票的到期日，必须使用中文大写，与出票日期填写要求相同，付款期限最长不得超过6个月；⑪承兑协议编号：填写双方签订的承兑协议的号码；⑫行号：填写承兑银行的行号；⑬地址：填写承兑银行的地址；⑭出票人签章：出票人加盖预留印鉴，一般为财务专用章与法人章；⑮承兑行签章：承兑行在第二联（正联）加盖汇票专用章、经办人私章及承兑日期；⑯复核等栏：承兑银行复核等。

图 13-33　银行承兑汇票

4. 实训练习

（1）2019 年 04 月 12 日，北京鑫圣机械有限公司签发银行承兑汇票支付向江海机械设备有限公司购买设备的款项，承兑期限为 2 个月。请填写银行承兑汇票（见图 13-34）。（江海机械设备有限公司账号：410872000400078522232；开户银行：交通银行广州分行；付款行行号：101300789875；付款行地址：海淀区人民路 178 号；承兑协议编号：1101）

（2）2019 年 11 月 12 日，北京鑫圣机械有限公司签发银行承兑汇票支付向北京意祥有限公司购买材料的款项，承兑期限为 1 个月。请填写银行承兑汇票（见图 13-35）。（北京意祥有限公司账号：110872567400078522232；开户银行：中国银行朝阳区支行；付款行行号：101300789875；付款行地址：朝阳区和平 220 号；承兑协议编号：1102）

（五）商业承兑汇票

1. 商业承兑汇票的介绍

商业汇票是出票人签发的，委托付款人在指定日期无条件支付确定的金额给收款人或者持票人的票据。商业承兑汇票是由银行以外的付款人承兑。商业承兑汇票按交易双方约定，由销货企业或购货企业签发，但由购货企业承兑。

图 13-34　银行承兑汇票练习 1

图 13-35　银行承兑汇票练习 2

商业承兑汇票可以由付款人签发并承兑，也可以由收款人签发交由付款人承兑。可以再出票时向付款人提示承兑后使用，也可以再出票后先使用再向付款人提示承兑。

商业承兑汇票的付款期限最长不得超过 6 个月。商业承兑汇票的提示付款期限，自汇票到期日 10 日。

商业承兑汇票一式三联，第一联为卡片联，由承兑人留存，第二联为汇票联，由收款人开户银行随结算凭证寄付款人开户银行作付出传票附件，第三联为存根联，由出票人留存。

2. 商业承兑汇票的规范示例

商业承兑汇票的填制规范如图 13-36 所示。

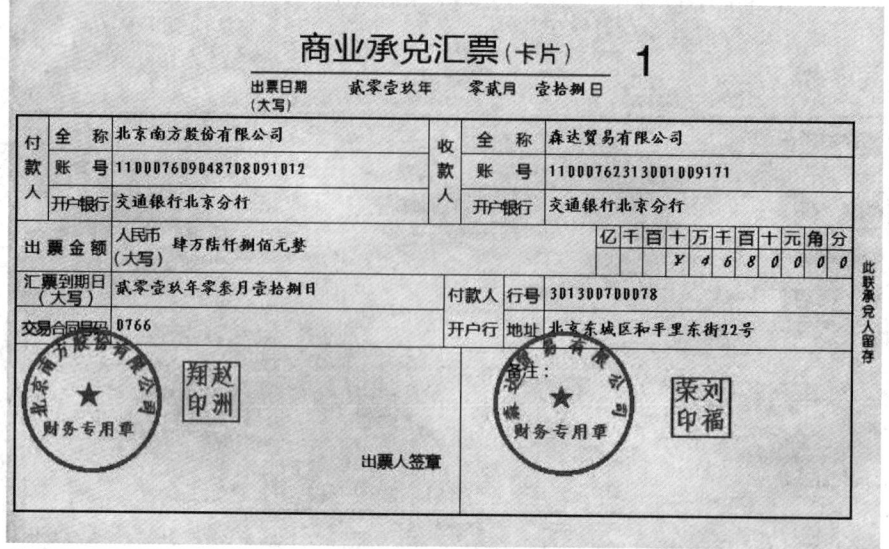

图 13-36　商业承兑汇票规范示例

3. 商业承兑汇票的填制说明

商业承兑汇票的填制说明如图 13-37 所示。

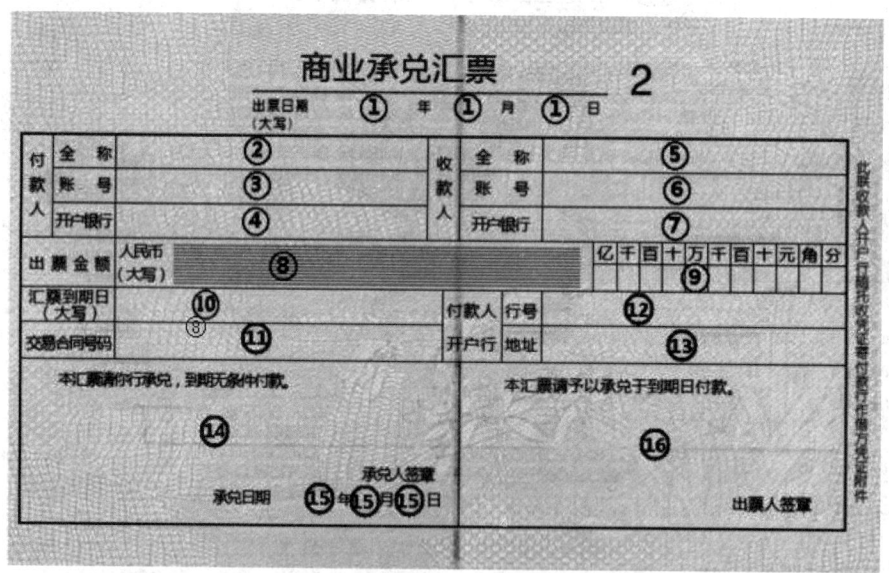

①出票日期：填写出票日期，出票日期必须使用中文大写，不得更改。月为壹、贰和壹拾的，应在其前加"零"。日为壹至玖和壹拾、贰拾和叁拾的，应在其前加"零"；日为拾壹至拾玖的，应在其前加"壹"；②填写付款人的全称；③填写付款人存款账户账号；④填写付款人开户银行名称；⑤填写收款人全称；⑥填写收款人存款账户的账号；⑦填写收款人开户银行名称；⑧填写人民币大写金额，不得更改，大写金额数字应紧接"人民币"字样填写，不得留有空白；⑨填写小写金额，不得更改，大小写必须一致，前面加人民币符号"¥"；⑩填写汇票的到期日，必须使用中文大写，与出票日期填写要求相同，付款期限最长不得超过 6 个月；⑪填写双方签订的交易合同号码；⑫填写付款人开户银行的行号；⑬填写付款人开户银行的地址；⑭承兑人签章，为其预留银行的签章；⑮填写承兑日期；⑯出票人签章，为该单位的财务专用章或公章加其法定代表人或者其授权的代理人的签名或盖章。

图 13-37　商业承兑汇票

4. 实训练习

（1）2019 年 02 月 13 日，北京鑫圣机械有限公司销售一批材料给北京实业股份有限公司（开户行：交通银行北京分行，行号：301300700078，开户行地址：北京西城区和平里东街22 号，账号：110007609048708091012），金额 46 800.00 元，交易合同号码为 0666，北京实业股份有限公司签发商业承兑汇票一张，汇票期限为 1 个月。请填写商业承兑汇票。（见图 13-38）

（2）2019 年 06 月 18 日，上海化工有限公司（开户行：交通银行上海分行；账号：2020000100901445710121，开户行行号：301300709008，开户行地址：上海浦东新区西苑三里08 号）从北京鑫圣机械有限公司购入一台设备，金额 34 000.00 元，交易合同号码为 093118。北京鑫圣机械有限公司签发商业承兑汇票一张，汇票期限为 2 个月。请填写商业承兑汇票。（见图 13-39）

（六）银行本票

1. 银行本票的介绍

银行本票是申请人将款项交存银行，由银行签发的承诺自己在见票时无条件支付确定的金额给收款人或者持票人的票据。银行本票按照其金额是否固定可分为不定额和定额两种。不定额银行本票是指凭证上金额栏是空白的，签发时根据实际需要填写金额（起点金额为 5 000 元），并用压数机压印金额的银行本票；定额银行本票是指凭证上预先印有定固定面额的银行本票。定额银行本票面额为 1 000 元，5 000 元，10 000 元和 50 000元，其提示付款期限自出票日起最长不得超过 2 个月。银行本票，见票即付，不予挂失，当场抵用，付款保证程度高。

2. 本票的规范示例

本票的填制规范如图 13-40 所示。

3. 本票的填制说明

本票的填制说明如图 13-41 所示。

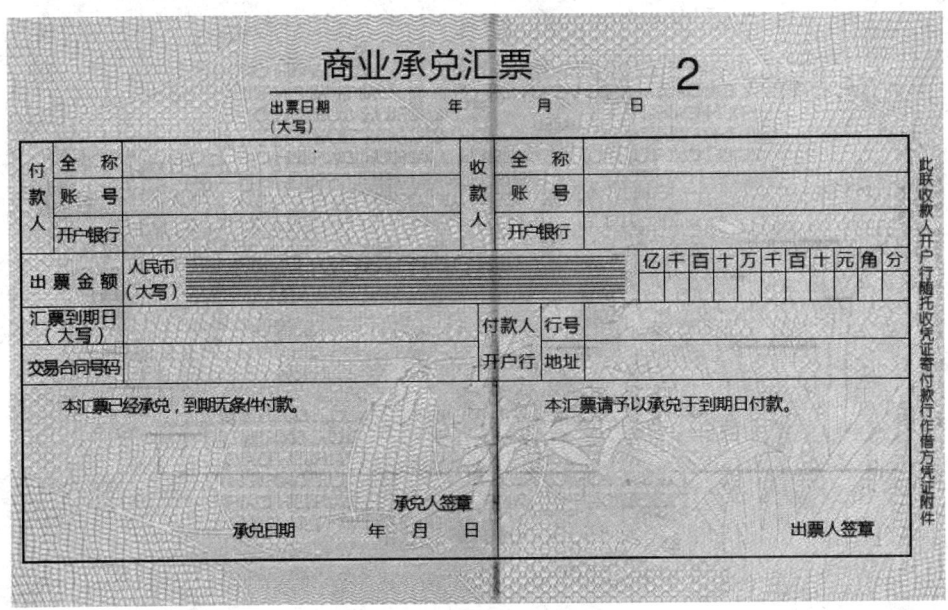

图 13-38　商业承兑汇票练习 1

商业承兑汇票 2

出票日期（大写） 年 月 日

付款人	全称		收款人	全称	
	账号			账号	
	开户银行			开户银行	
出票金额	人民币（大写）		亿 千 百 十 万 千 百 十 元 角 分		
汇票到期日（大写）			付款人开户行	行号	
交易合同号码				地址	
本汇票已经承兑，到期无条件付款。 承兑人签章 承兑日期 年 月 日			本汇票请予以承兑于到期日付款。 出票人签章		

此联收款人开户行随托收凭证寄付款行作借方凭证附件

图 13-39 商业承兑汇票练习 2

交通银行本票 2 30106070 9087938

提示付款期限自出票之日起贰个月

出票日期（大写）贰零壹玖年 零壹拾月 零壹拾日

收款人：北京红星商贸公司 申请人：黎明实业有限公司

凭票即付	人民币（大写）伍仟壹佰元整	亿	千	百	十	万	千	百	十	元	角	分
						¥	5	1	0	0	0	0

☑转账 □现金 帆高印一 密押

交通银行北京海淀支行 301100000099 本票专用章 行号

备注 出票行签章 出纳 复核 经办

图 13-40 本票规范示例

交通银行本　票　2　30106070　9087938
出票日期（大写）　①　年　①　月　①　日
收款人：②　申请人：③
凭票即付　人民币（大写）　④　亿千百十万千百十元角分　④
□转账⑤□现金　密押　④
行号　④
备注　⑥　出票行签章　⑩　出纳　⑨　复核　⑧　经办　⑦
提示付款期限自出票之日起贰个月

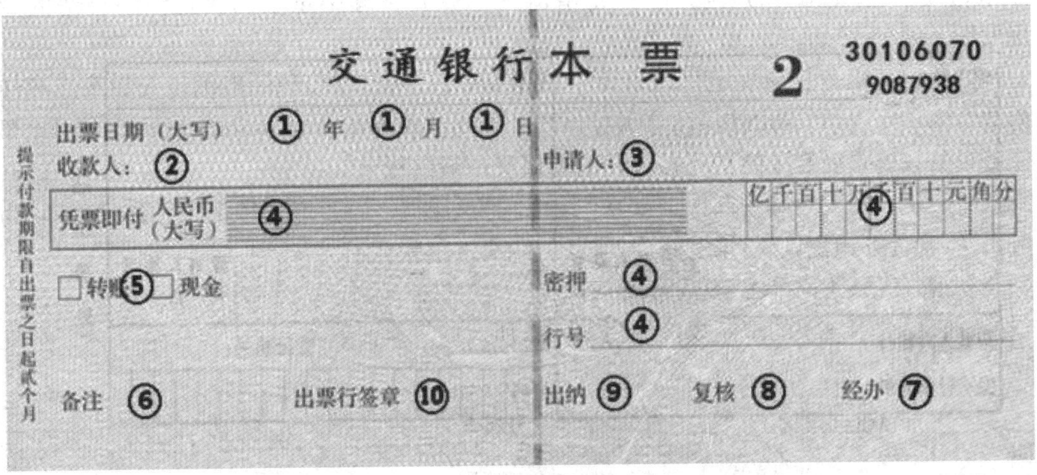

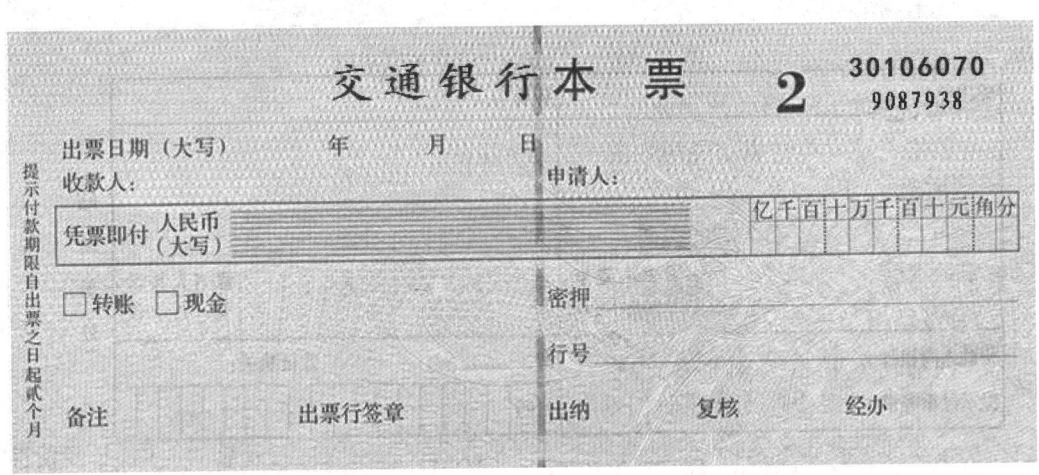

①填写银行本票的出票日期；银行本票的提示付款期限自出票日起最长不得超过2个月；②填写收款人的名称；③填写申请银行本票的单位或个人；④银行见票时需支付给持票人的金额，用大写填写；压数机压印出票小写金额；⑤银行本票可以用于转账，填明“现金”字样的银行本票，也可以用于支取现金，现金银行本票的申请人和收款人均为个人；银行本票可以背书转让，填明“现金”字样的银行本票不能背书转让；⑥与该业务有关的其他补充资料；⑦经办人员签章；⑧复核人员签章；⑨出纳签章；⑩出票行签章。

图 13-41　本票规范示例

4. 实训练习

2019 年 10 月 13 日，黎明实业有限公司向北京鑫圣机械有限公司购买机器一台，货款 56 970.00 元，以银行本票结算（转账），签发期限为 1 个月的银行本票，根据资料填写本票（见图 13-42）。

交通银行本　票　2　30106070　9087938
出票日期（大写）　年　月　日
收款人：　申请人：
凭票即付　人民币（大写）　亿千百十万千百十元角分
□转账　□现金　密押
行号
备注　出票行签章　出纳　复核　经办
提示付款期限自出票之日起贰个月

图 13-42　本票练习

（七）增值税专用发票

1. 增值税专用发票的介绍

增值税专用发票是由国家税务总局监制设计印制的，只限于增值税一般纳税人领购使用的，既作为纳税人反映经济活动中的重要会计凭证又是兼记销货方纳税义务和购货方进项税额的合法证明;是增值税计算和管理中重要的决定性的合法的专用发票。

按照国家税务总局规定,从 2003 年 8 月 1 日起,所有增值税一般纳税人如果需要使用增值税专用发票,必须使用防伪税控系统开具增值税专用发票。因此,增值税专用发票使用对象只能是安装了防伪税控系统的增值税一般纳税人。

增值税专用发票基本联次为三联:第一联为记账联,销售方用作记账凭证;第二联为抵扣联,购货方扣税凭证;第三联为发票联,购货方记账凭证。

2. 增值税专用发票的规范示例

增值税专用发票的填制规范如图 13-43 所示。

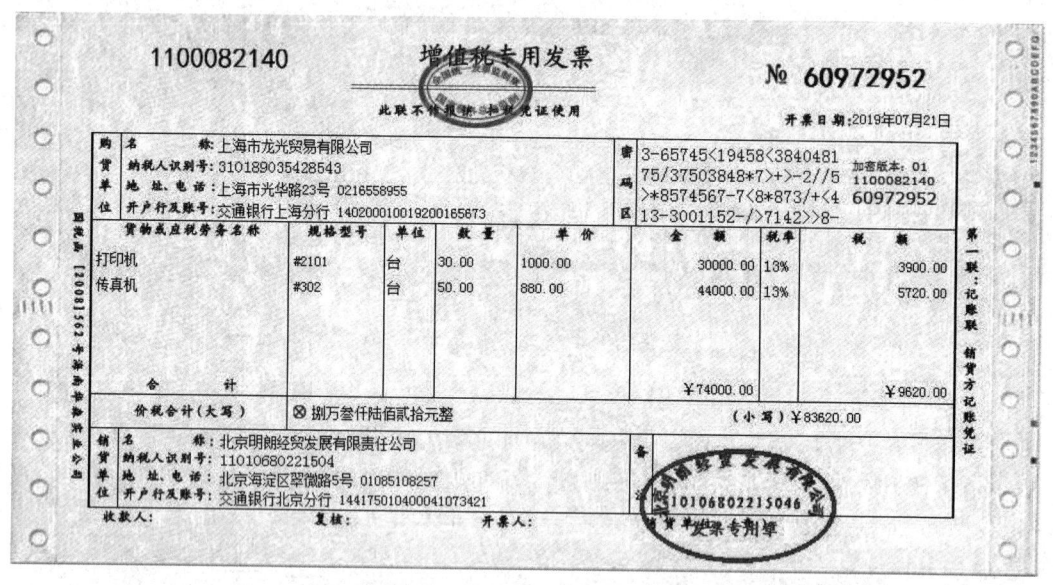

图 13-43　增值税专用发票规范示例

3. 增值税专用发票的填制说明

增值税专用发票的填制说明如图 13-44 所示。

4. 实训练习

2019 年 07 月 21 日,北京鑫圣机械有限公司销售给上海市虹桥贸易公司机床一台,规格型号 XD537,金额 20 000.00 元,请开具增值税专用发票(见图 13-45)。(销售单中为不含税价格,税率 13%,开票人:张三)

(八)非经营性资金往来统一收据

1. 非经营性资金往来统一收据的介绍

非经营性资金往来收据,指的是企业发生非经营性款项收付时开具的凭据,非经营性款项收付包括企业内部收付款往来及企业与企业之间的非经营性资金往来。

非经营性资金往来统一收据由企业向税务机关购买,一式三联,手工填写。

2. 非经营性资金往来统一收据规范示例

非经营性资金往来统一收据填制规范如图 13-46 所示。

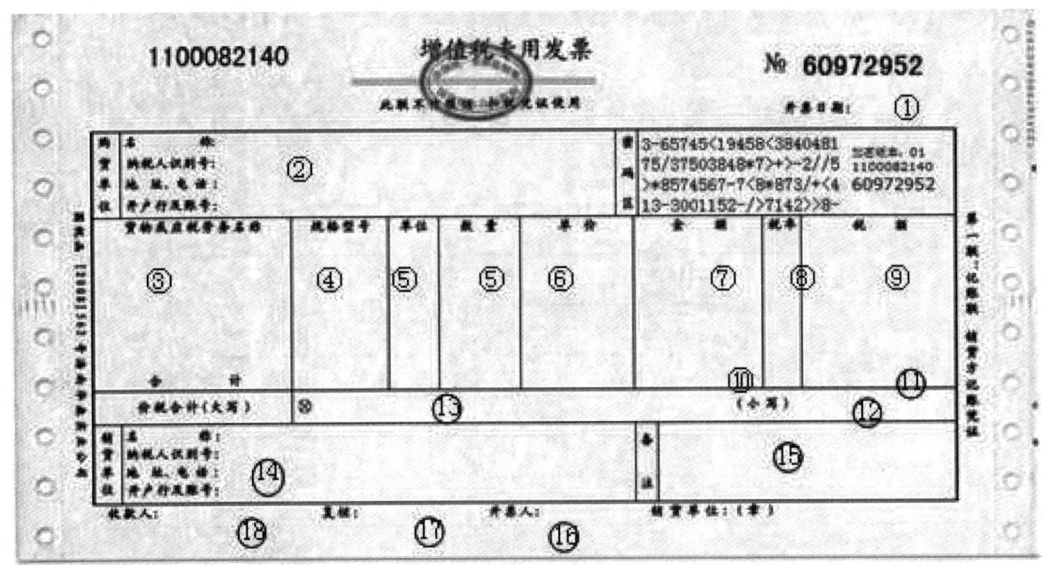

①填写此笔经济业务事项制证的日期；②填写购货单位的名称、纳税人识别号、地址及电话、开户行及账号；③填写货物名称；④填写规格型号；⑤填写单位、数量；⑥填写单价，如400.00；⑦填写金额；⑧填写税率，如17%；⑨填写税额；⑩填写合计税金额在合计数字前加"￥"；⑪在合计数字前加"￥"；⑫填写小写合计金额；⑬填写大写价税合计，大写金额与小写金额必须一致；⑭填写购货单位的名称、纳税人识别号、地址及电话、开户行及账号；⑮有备注的内容要填写；⑯开票人姓名；⑰复核人姓名；⑱收款人姓名。⑦～⑱项（除⑮项）和密码区在税控开票时，购货单位和销货单位第一次在系统里设置好，开票时，从税控盘中取得。不需要操作人员输入，不用人工填写。全部填写完后，抵扣联、发票联要盖企业的发票专用章。

图 13-44　增值税专用发票

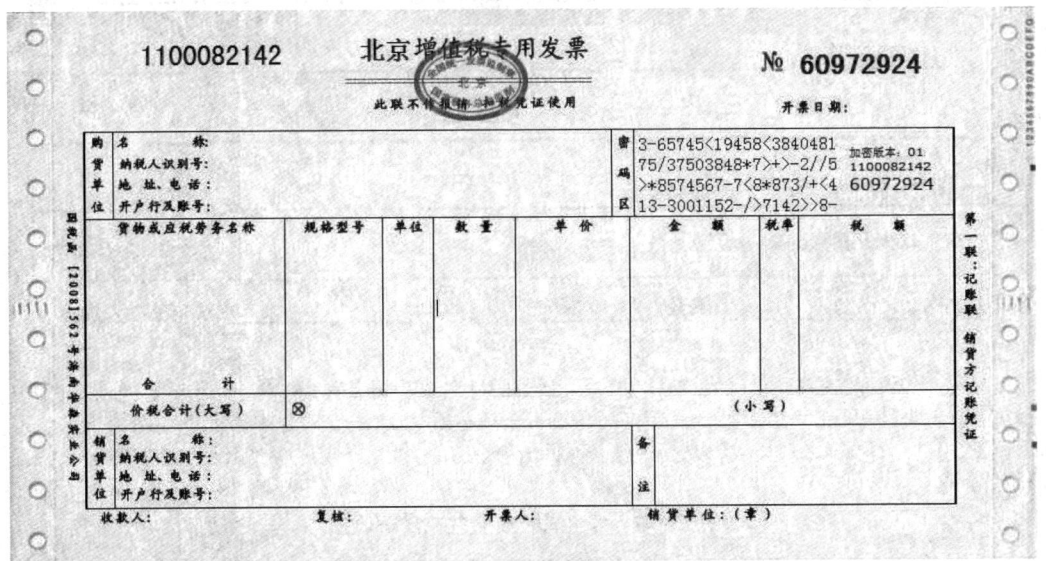

图 13-45　增值税专用发票

图 13-46　非经营性资金往来统一收据规范示例

3. 非经营性资金往来统一收据填制说明

非经营性资金往来统一收据填制说明如图 13-47 所示。

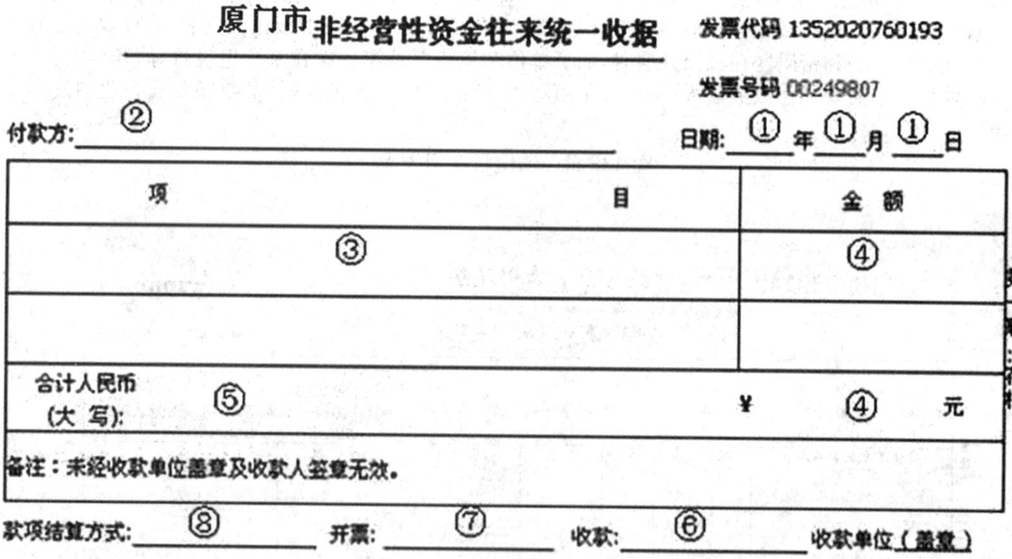

①填写此笔经济业务事项制证的日期；②填写付款方的姓名或公司名称；③填写具体项目的内容；④填写实际收款金额；⑤填写大写金额，大写金额与小写金额必须一致；⑥收款人签名盖章；⑦开票人签名盖章；⑧款项的结算方式：现金或支票等。以上项目全部填写完，付款方收据联要由收款单位盖企业的发票专用章。

图 13-47　非经营性资金往来统一收据

4. 实训练习

2019 年 12 月 03 日，北京鑫圣机械有限公司收到东方化工有限公司投入投资款，金额 150 000.00 元,请填写收据(由张三开票见图 13-48)。

北京市非经营性资金往来统一收据

发票代码 **123309742568**

发票号码 **10275492**

付款方:　　　　　　　　　　　　　　日期:　　年　月　日

项　　　　　　　　　　　目		金　　额
合计人民币 （大　写）:		¥

备注: 未经收款单位盖章及收款人签章无效。

款项结算方式:　　　　开票:　　　　收款:　　　　收款单位〔盖章〕

第一联:存根

图 13-48　非经营性资金往来统一收据练习

(九)差旅费报销单

1. 差旅费报销单的介绍

差旅费报销单是出差人员回来后进行费用报销的一种固定表格式单据,除了包含姓名、部门、人数、事由、时间、地点之外,还包含了报销单据、项目、张数、金额、合计(大小写)等内容。当然,其他的原始票据需要附加之上,作为报销凭证。差旅费报销单主要用途如下:

(1)作为出差任务的出差凭证;

(2)记载出差的任务、路线、地点,时间、费用等情况;

(3)作为出差后公司给予补助的单据;

(4)作为出差期间各种费用票据的汇总表。

差旅费报销表应按出差次数填写,每出差一次填写一张差旅费报销表,连续在外出差多日也在同一张差旅费报销表中填写。

2. 差旅费报销单的规范示例

差旅费报销单的填制规范如图 13-49 所示。

3. 差旅费报销单的填制说明

差旅费报销单的填制说明如图 13-50 所示。

(十)借款单

1. 借款单的介绍

借款单属于企业内部自制原始凭证,是借款人借款的凭证。借用公款时,由借款人填写借款单,由经办部门负责人、法人签字批准,方可办理借款手续,领取现金。借款单一式三联,需经借款人、部门负责人及领导审核签字。

差旅费报销单
2019 年 12 月 20 日

所属部门		销售部		姓名	张明		出差天数		自 *12* 月 *11* 日至 *12* 月 *16* 日共 *5* 天		
出差事由		销售商品				借旅支费		日期	*2019年12月11日*	金额¥ *500.00*	
								结算金额：¥ *500.00*			

出发		到达		起 止 地 点	交 通 费	住 宿 费	伙 食 费	其 他
月	日	月	日					
12	*11*	*12*	*11*	北京—福州	*80.00*	*240.00*		
12	*13*	*12*	*14*	福州—福州	*100.00*			
12	*14*	*12*	*16*	福州—北京	*80.00*			
合 计				零拾 零万 零仟 伍佰 零拾 零元 零角 零分　¥ *500.00*				

总经理：*兰明青*　财务经理：*李大同*　部门经理：*张利*　会计：*王琳*　出纳：*高翔*　报销人：*张明*

图 13-49　差旅费报销单规范示例

差旅费报销单
① 年 ① 月 ① 日

所属部门		②		姓名	③		出差天数		自 ① 月 ① 日至 ① 月 ① 日共 ④ 天		
出差事由		⑤				借旅支费		日期	⑥	金额¥ ⑦	
								结算金额：¥ ⑧			

出发		到达		起 止 地 点	交 通 费	住 宿 费	伙 食 费	其 他
月	日	月	日					
⑨	⑨	⑨	⑨	⑩	⑪	⑫	⑬	
合 计				⑭拾 ⑭万 ⑭仟 ⑭佰 ⑭拾 ⑭元 ⑭角 ⑭分　¥⑭				

总经理：　财务经理：　部门经理：　会计：　出纳：　报销人：

①填写差旅费报销表的时间；②部门栏目填写出差人员所在的部门；③出差人员姓名；④出差天数，从×月×日至×月×日；⑤出差目的和内容；⑥出差前在财务部借支差旅费的日期；⑦出差前在财务部借支差旅费的金额；⑧本次报销差旅费应多退少补的金额；⑨出差时的出发和到达日期；⑩本次出差从什么地方到什么地方；⑪从起讫地点所发生的车船费，包括出差途中的过路费，汽油费；⑫出差期间的住宿费，按公司的住宿费标准和住宿费发票金额两者数额取小的数额填报；⑬填写出差时早、中、晚餐补贴，按公司的补贴标准填报；⑭报销金额大写和小写，填写出差人员所计算的报销金额大写数额和小写数额。

图 13-50　差旅费报销单

2. 借款单的规范示例

借款单的填制规范如图 13-51 所示。

3. 借款单的填制说明

借款单的填制说明如图 13-52 所示。

借 款 单

2019 年 07 月 23 日

第 *00109* 号

借款部门	行政部	姓名	唐文芳	事由	支付部门日常费用
借款金额（大写）	零万 壹仟 零佰 零拾 零元 零角 零分			￥ 1000.00	
部门负责人签署	周民杰	借款人签章	唐文芳 现金付讫	注意事项	一、凡借用公款必须使用本单 二、出差返回后三天内结算
单位领导批示	王丽	财务经理审核意见	钱光照		

图 13-51　借款单规范示例

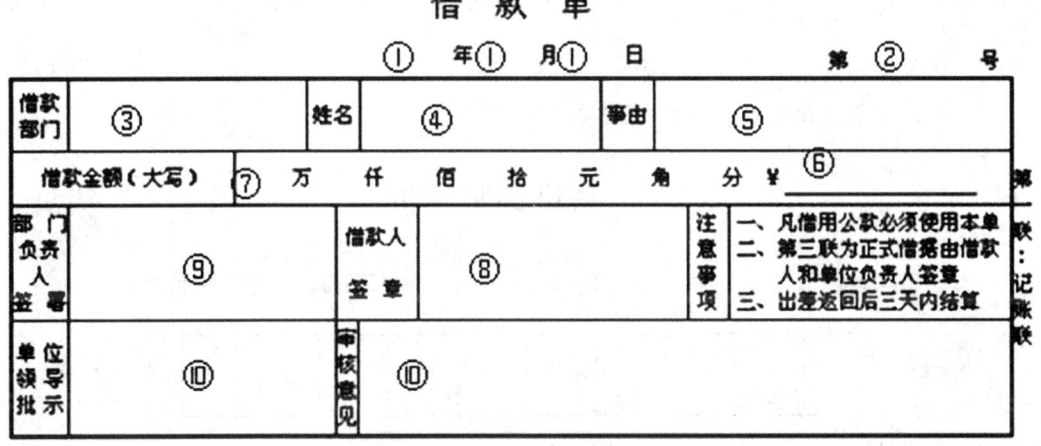

图 13-52　借款单

①此笔经济业务事项制证的日期；②借款单的序列号；③借款人所在的部门；④借款人的姓名；⑤借款事由；⑥借款的小写金额；⑦借款大写的人民币金额，与小写金额一致；⑧借款人签名或盖章；⑨部门负责人签名或盖章；⑩单位领导批示签名及签署审核意见。

本 章 小 结

　　会计书写规范是对企业会计业务事项书写时采用的书写工具、文字或数字、书写要求、书写方法及格式等方面进行的规范。会计工作对书写的基本要求是：简明扼要，字体规范，字迹清晰，排列整齐，书写流利，字迹美观。

　　发票的真伪辨别方法主要有真假对照法、印油对照法、三联对照法和其他方法等；第五套人民币的真伪辨别方法主要有眼观法、手摸法、耳听法和精密仪器检测法等；人民币点钞的基本方法主要有单指单张点钞法、单指多张点钞法、多指多张点钞法等；票证是财务收支的法定凭证,是会计核算的原始依据。票证管理是会计管理工作中的重要部分,它直接涉及企业资产的安全性,也是正确进行会计核算的基础工作。企业的印章一般由企业董事长授权向相关部门核发或核销。企业印章由董事长授权以下部门分别管理和使用:企业行政章、法定代表人印章由企业办公室负责管理和使用;财务专用章、发票专用章由财务部负责管理和使用;合同专用章由企业法务部负责管理和使用。

原始凭证填写的基本要求是记录的真实性、内容的完整性、手续的完备性和书写的规范性。常见的原始票据主要有支票、进账单、银行承兑汇票、商业承兑汇票、银行本票、增值税专用发票、差旅费报销单、结算业务申请书、非经营性资金往来统一收据等。

一、思考与实践题

1. 请通过网络资源,观看中国达人秀"点钞达人"大赛视屏,总结本节所学的点钞的方法,同时每日练习点钞半小时。

2. 利用课余时间到银行办理一次和现金相关的业务,观察银行工作人员的点钞方法,询问银行工作人员关于第五套人民币真伪鉴别的方法,并总结本节所学的人民币真伪辨别方法。

3. 发票真伪辨别的方法有哪些?

4. 单位印章的使用具体有哪些相关规定?

二、凭证填写实训

1. 按照本节所讲授的阿拉伯数字的书写方法,正确书写 0～9 的阿拉伯数字。

2. 请将以下小写金额书写成大写金额:

(1) 小写金额:￥6 800.00 元　　　　　　大写金额:

(2) 小写金额:￥2 185.50 元　　　　　　大写金额:

(3) 小写金额:￥118 000.00 元　　　　　大写金额:

(4) 小写金额:￥90 058 000.00 元　　　　大写金额:

(5) 小写金额:￥45 000.96 元　　　　　　大写金额:

(6) 小写金额:￥190 003.00 元　　　　　大写金额:

3. 实训资料:

单位名称:北京兴盛达贸易有限公司　　　　地址:北京市环湖路 108 号

电话:010-88965420　　　　　　　　　　纳税人识别号:100106145120000

开户行及账号:交通银行北京和平路支行　　110008609948708091179

实训中发生的经济业务均以"北京兴盛达贸易有限公司"为会计主体。

(1) 2019 年 03 月 22 日,北京兴盛达贸易有限公司开出 85 000.00 元的现金支票一张,从银行提取现金以备零用,请填写现金支票(见图 13-53)。支付密码:

6872962510227169

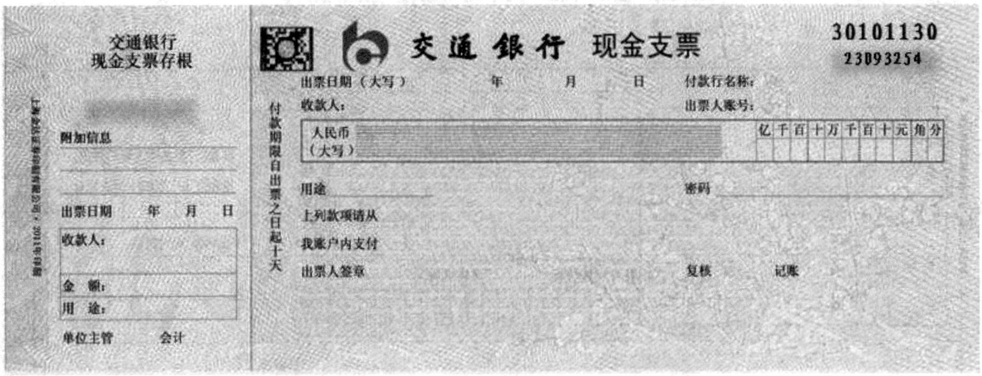

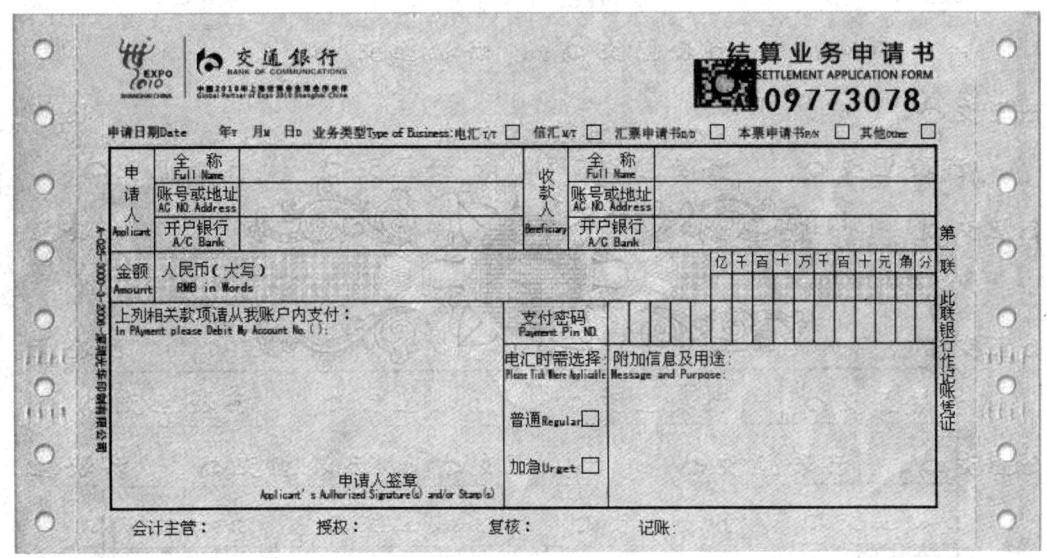

图 13-53 转账支票

（2）2019 年 05 月 20 日，北京兴盛达贸易有限公司采购原材料一批，以电汇方式结算，金额 678 124.30 元。请填写银行电汇凭证（见图 13-54）。支付密码：5474217751622669（购货方信息：吉林长远集团，开户行：中国建设银行和平路支行，账号：22560760102270809l022）

图 13-54 结算业务申请书

（3）2019 年 06 月 12 日，北京兴盛达贸易有限公司签发银行承兑汇票支付向云南机械设备有限公司购买设备的款项，金额 10 020 873.60 元，承兑期限为 3 个月。请填写银行承兑汇票（见图 13-55）。（云南机械设备有限公司账号：5167720004000785222z78；开户银行：交通银行昆明分行；付款行行号：101300789875；付款地址：五华区人民东路 209 号；承兑协议编号：1114）

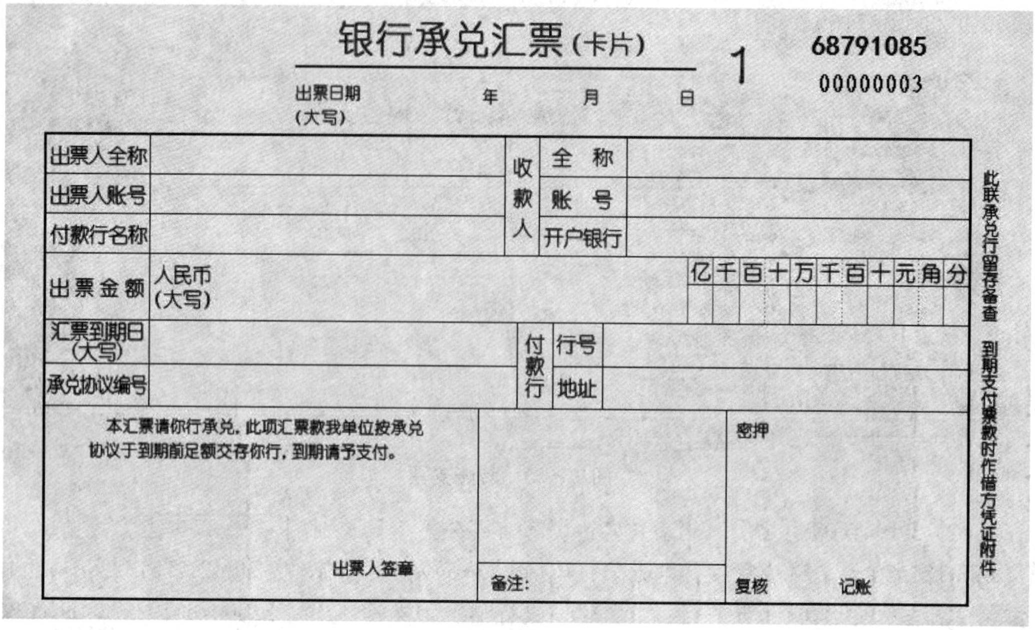

银行承兑汇票(卡片) **1** 68791085

00000003

出票日期 年 月 日
(大写)

出票人全称		收款人	全 称	
出票人账号			账 号	
付款行名称			开户银行	
出票金额	人民币(大写)			亿千百十万千百十元角分
汇票到期日(大写)		付款行	行号	
承兑协议编号			地址	

本汇票请你行承兑。此项汇票款我单位按承兑协议于到期前足额交存你行,到期请予支付。

出票人签章

备注: 复核 记账

密押

此联承兑行留存备查 到期支付票款的作借方凭证附件

图 13-55 银行承兑汇票

(4) 2019 年 10 月 03 日,北京兴盛达贸易有限公司收到西南药业集团投入的追加投资款,金额 100 000.00 元,请填写收款收据(见图 13-56 由李雷开票)。

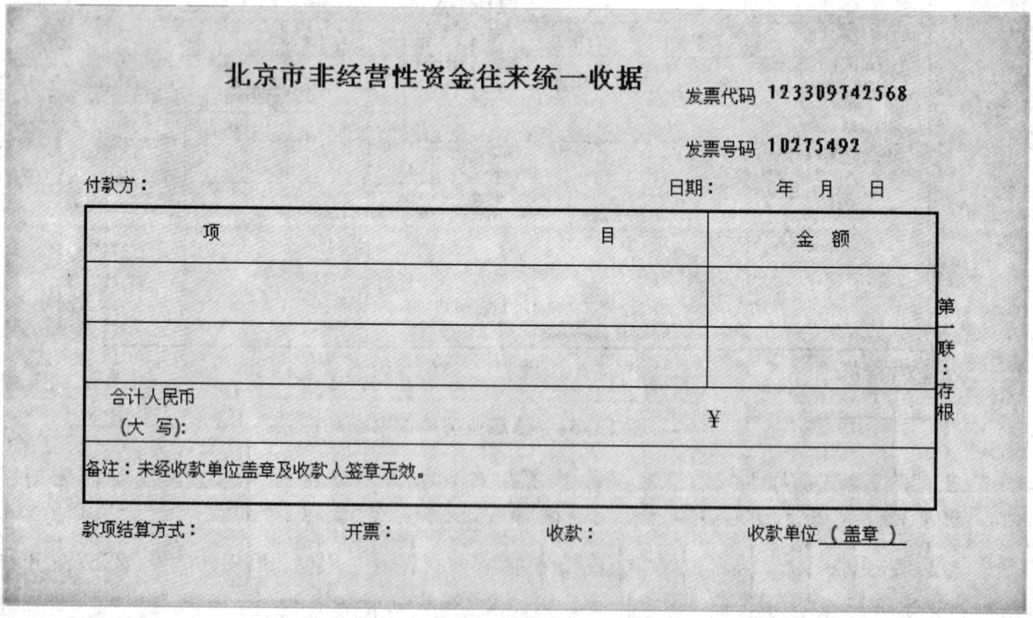

北京市非经营性资金往来统一收据

发票代码 123309742568

发票号码 10275492

付款方:　　　　　　　　　　　　　　　　　日期: 年 月 日

项	目	金 额
合计人民币(大写):		¥

备注: 未经收款单位盖章及收款人签章无效。

款项结算方式: 开票: 收款: 收款单位(盖章)

第一联: 存根

图 13-56 非经营性资金往来统一收据

(5) 2019 年 11 月 13 日,北京兴盛达贸易有限公司采购部业务员王磊到广州出差,向财务部借支款项 5 000.00 元整,请填制借款单(见图 13-57)。

(6) 根据图 13-58 所示支票填写进账单(见图 13-59)。

借 款 单

年 月 日　　　　　　第　　号

借款部门		姓名		事由	
借款金额（大写）	万　仟　佰　拾　元　角　分　¥_____				
部门负责人签署		借款人签章		注意事项	一、凡借用公款必须使用本单 二、第三联为正式借据由借款人和单位负责人签章 三、出差返回后三天内结算
单位领导批示		财务经理审核意见			

第一联付款凭证

图 13-57　借款单

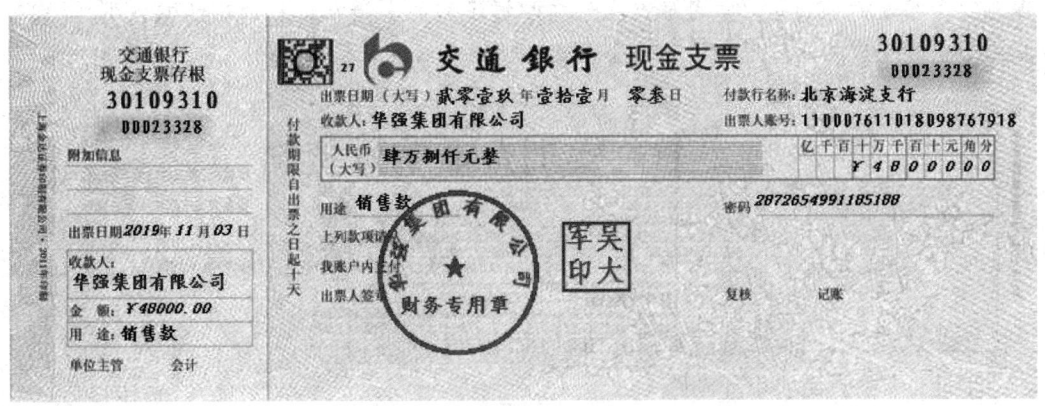

交通银行
现金支票存根
30109310
DDD23328

附加信息

出票日期2019年 11 月 03 日

收款人：
华强集团有限公司

金 额：¥48000.00

用 途：销售款

单位主管　会计

交 通 银 行　现金支票　30109310　DDD23328

出票日期（大写）贰零壹玖 年壹拾壹月　零叁日　　付款行名称：北京海淀支行

收款人：华强集团有限公司　　　出票人账号：110007611018D98767918

人民币（大写）肆万捌仟元整　　亿千百十万千百十元角分　¥4800000

用途：销售款

上列款项请从
我账户内支付
出票人签章

密码：2872654991185188

复核　　记账

图 13-58　现金支票

交通银行 进账单 （回　单）　1

年　　月　　日

出票人	全　称		收款人	全　称		此联是开户银行交给持票人的回单
	账　号			账　号		
	开户银行			开户银行		
金额	人民币（大写）			亿千百十万千百十元角分		
票据种类		票据张数				
票据号码						
	复核　　记账			开户银行签章		

图 13-59　进账单

第十四章　会计基础业务处理模拟实训

学习目的和要求　通过本章的学习,熟悉会计业务处理基本方法及流程;熟练掌握原始凭证的填制及审核方法、记账凭证的填制及审核方法;掌握企业的建账、登账、结账及错账更正;掌握基本财务报表的编制方法。

本章融实训与学习于一体,模拟了工业企业 1 个月的会计基本业务,对学生进行会计技能综合训练。本章的实训学习要求学生在"学中做、做中学",着力培养学生的实践能力,是对学生学习基础会计后实践操作能力的一次全面检验和巩固,为培养和提高学生会计职业的综合能力打基础。

教学重点和难点　本章的学习重点在于模拟实训工业企业一个会计期间的账务处理流程,其中包括原始凭证及记账凭证的填制及审核;账簿的建账、登账、结账及错账更正;基本财务报表的编制等。学习难点在于在掌握了相关会计知识和理论的基础上,将理论运用于实践完成相对较完整的工业企业会计模拟实训练习。

第一节　实训企业基本资料

一、模拟实训企业概况

企业名称:云南大华制造有限公司

地址:云南省昆明市环湖路 168 号

联系电话:0871-65827163

法定代表人:王华明

注册资金:人民币壹仟伍佰万元整

纳税人类型:增值税一般纳税人

企业类型:工业企业

经营范围:电脑配件

纳税人登记号:673208271600261

企业代码:2138262810

开户银行:中国交通银行昆明市环湖路支行

账户:9551177287281788760

二、模拟实训企业生产流程简介

云南大华制造有限公司是一家专业制造电脑配件的生产企业。生产配件按订单当月投料,当月完工并销售,一般月末无在产品。生产材料按实际成本核算。本企业是增值税一般纳税人,实训中假设购进货物取得的均为增值税发票。由于产品较单一,故库存商品和主营业务成本按总账科目核算。

三、模拟实训企业财务部门人员及会计制度简介

云南大华制造有限公司财务部有 3 名员工,出纳李萍,会计张楠,财务经理肖钢。

（一）流动资产

（1）库存现金限额为 50 000 元。

（2）开户行及账号：中国交通银行昆明市环湖路支行 9551177287281788760。

（3）坏账准备,假设企业对应收账款、其他应收款均计提坏账准备。期末计提坏账采用余额百分比法,计提比例为 0.5%。

（二）固定资产和无形资产

固定资产提取折旧采用直线法,详细资料见实训习题。无形资产采用直线法计提摊销。

（三）产品成本核算

产品成本核算采用逐步结转分步法。

（四）资产减值准备

企业在资产负债表日提取各项资产减值准备。

（五）税费

（1）增值税。该企业为一般纳税人,增值税税率为 13%。

（2）城市维护建设税。以企业实际缴纳的增值税、消费税的税额为计征依据,税率为 7%。

（3）教育费附加。以企业实际缴纳的增值税、消费税的税额为计征依据,税率为 3%。

（4）企业所负担的房产税、车船税、城镇土地使用税、印花税、关税等依据国家税法规定计提缴纳。

（5）所得税。所得税税率为 25%。按照税法规定,不符合国务院财政、税务主管部门规定的各项资产减值准备不允许税前扣除。假设企业年初递延所得税资产、负债余额为零。企业预计在未来期间有足够的应纳税所得额用于抵扣可抵扣的暂时性差异。

（六）应付职工薪酬

企业所计提的职工养老保险金、职工工伤保险金、职工失业保险金、职工住院医疗保险金和职工住房公积金分别按企业核准的全员工资总额的 20%、1%、2%、10% 和 10% 计算。

（七）利润分配

（1）法定盈余公积提取比例为 10%。

（2）应付给投资者的利润,按可供分配利润的 50% 计算。

（八）企业核算形式

采用科目汇总表形式核算。每月最后一日编制科目汇总表,并登记总账。

四、模拟实训企业会计资料

（一）期初账户余额

企业期初账户余额如表 14-1 所示。

表 14-1

云南大华制造有限公司各账户余额明细汇总表

2019 年 12 月 1 日　　　　　　　　　　　　　　单位：元

科目编号	科目名称	期初余额	
		借方	贷方
1001	库存现金	35 481.00	
1002	银行存款	2 083 000.00	
100201	交通银行	2 083 000.00	
1121	应收票据	70 000.00	
1122	应收账款	1 220 000.00	
112201	昆明俊发有限公司	800 000.00	
112202	顺达金属制品有限责任公司	420 000.00	
1123	预付账款	900 000.00	
112301	云南红星轻合金有限责任公司	900 000.00	
1221	其他应收款	250 000.00	
122102	旺旺有限公司	250 000.00	
1231	坏账准备		95 000.00
1403	原材料	512 000.00	
140301	A 材料	242 000.00	
140302	B 材料	270 000.00	
1601	固定资产	20 000 000.00	
1602	累计折旧		4 833 083.33
1701	无形资产	3 840 000.00	
1702	累计摊销		933 000.00
2001	短期借款		6 000 000.00
2201	应付票据		1 000 000.00
2202	应付账款		1 010 000.00
220201	云南风云广告有限公司		690 000.00

（续表）

科目编号	科目名称	期初余额	
		借方	贷方
220202	云南红星轻合金有限责任公司		200 000.00
220203	永发实业有限公司		120 000.00
2211	应付职工薪酬		828 235.40
221101	应付职工工资		357 360.27
221102	应付奖金、津贴和补贴		179 877.75
221104	应付社会保险费		142 619.82
221106	应付工会经费		46 760.00
221107	应付教育经费		101 617.56
2221	应交税费		349 554.16
222101	应交增值税		66 978.15
22210101	进项税额	54 009.00	
22210106	销项税额		120 987.15
222106	应交所得税		265 331.79
222107	应交土地增值税		419.88
222108	应交城市维护建设税		449.98
222112	应交个人所得税		16 064.49
222113	教育费附加		309.87
2231	应付利息		39 899.11
4001	实收资本		8 000 000.00
4002	资本公积		4 100 000.00
4101	盈余公积		506 567.00
410101	法定盈余公积		394 821.00
410102	任意盈余公积		111 746.00
4103	本年利润		678 900.00
4104	利润分配		536 242.00
410406	未分配利润		536 242.00
	合计	28 964 490.00	28 964 490.00

（二）2019 年 12 月发生的经济业务

（1）12 月 2 日，开出现金支票，从银行提取现金 2000 元备用金。

实训要求：填制现金支票（见表 14-2-1）并编制相应的记账凭证，记账凭证编号 001。

（2）4 日，采购员王杨出差到成都购买材料，预借差旅费 3 000 元，以现金支付。

实训要求：练习填制借款单（见表 14-2-2），并根据原始凭证填制相应的记账凭证，凭证编号记 002。

（3）4 日，向大理运通有限公司销售产品一批（见表 14-2-3），价款 200 000 万元，增值税为 26 000 万元，价款尚未支付。

实训要求：根据原始凭证编制相关记账凭证，凭证编号记 003。

（4）12 月 5 日，用银行存款支付上月员工工资 357 360.20 元（见表 14-2-4）。

实训要求：根据原始凭证编制相关记账凭证，凭证编号记 004。

（5）12 月 6 日，公司偿还前欠永发实业有限公司的材料款（见表 14-2-5），请根据背景单据填写凭证。

实训要求：根据原始凭证编制相关记账凭证，凭证编号记 005。

（6）12 月 6 日，上月应收俊发有限责任公司货款 80 000 元，经协商改用银行承兑汇票结算。已收到俊发有限责任公司交来的一张 2019 年 12 月 1 日签发的，2020 年 5 月 1 日到期的为期 6 个月的银行承兑汇票，票面价值为 80 000 元。

实训要求：练习填制银行承兑汇票（见表 14-2-6）；根据相关原始凭证编制记账凭证，凭证编号记 006。

（7）12 月 07 日，公司用银行存款向昆明市信通有限公司购买原材料主板零件，材料已入库，请根据背景单据填写凭证。

实训要求：填制入库单（表 14-2-7-1/2）；根据原始凭证（表 14-2-7-2/2）编制相关记账凭证，凭证编号记 007。

（8）2019 年 12 月 8 日，以银行存款 30 万元向昆明机械工业大学机械研究所购入一项高科技专利，专利号 888888，该项发明专利受法律保护时间还剩 15 年，预计可使用年限为 10 年。公司采用直线法摊销。

实训要求：根据原始凭证（表 14-2-8-1/2）编制相关记账凭证，凭证编号记 008。

（9）12 月 9 日，用电汇方式支付前欠云南红星轻合金有限责任公司 200 000 元货款。

实训要求：练习填制电汇票据（表 14-2-9）。根据原始凭证编制相关记账凭证，凭证编号记 009。

（10）2019 年 12 月 10 日，支付当月银行借款利息 39 899.11 元。

实训要求：练习填制转账支票（表 14-2-10）；根据原始凭证编制相关记账凭证，凭证编号记 010。

（11）12 月 12 日，招待客户用餐，共报销现金 1 888.50 元。

实训要求：根据原始凭证（表 14-2-11）编制相关记账凭证，凭证编号记 011。

（12）2019 年 12 月 15 日，购入 5 台联想电脑，用于行政部门办公所有。

实训要求：将固定资产验收单（表 14-2-12-2/2）填制完成；根据原始凭证（表 14-2-12-1/2）编制相关记账凭证，凭证编号记 012。

（13）16 日，向顺达金属制品有限责任公司采购 B 材料 5 000 件，单价 8.00 元，开出转账支票一张,预付材料款 20 000 元。

实训要求:根据原始凭证(表 14-2-13)编制相关记账凭证,凭证编号记 013。

(14) 12 月 17 日,发生轿车修理费 1 619.29 元,用现金支付。

实训要求:根据原始凭证(表 14-2-14)编制相关记账凭证,凭证编号记 014。

(15) 12 月 20 日,向云南红星有限责任公司购入一批 A 材料,增值税专用发票上注明的价款为 450 000 元,增值税税率为 13%,款项尚未支付。

实训要求:根据原始凭证(表 14-2-15)编制相关记账凭证,凭证编号记 015。

(16) 12 月 21 日,向云南红星轻合金有限责任公司又购入一批 A 材料,发票金额共 280 000 元,货款已通过银行支付。

实训要求:根据原始凭证(表 14-2-16)编制相关记账凭证,凭证编号记 016。

(17) 12 月 21 日,将 12 月 20 日、21 日购入的 A 材料验收入库。

实训要求:填制 A 材料入库单(表 14-2-17);根据原始凭证编制相关记账凭证,凭证编号记 017。

(18) 24 日,发生广告销售费用 20 000 元,以银行存款支付给云南风云广告有限公司。

实训要求:练习填制转账支票(14-2-18);根据原始凭证编制相关记账凭证,凭证编号记 018。

(19) 26 日,采购员王杨报销差旅费 660 元,余款退回。

实训要求:根据差旅费报销单填制还款凭证(表 14-2-19-2/2);并根据原始凭证编制相关记账凭证,凭证编号记 019。

(20) 12 月 30 日,分配当月职工薪酬费用共 317 579.84 元,其中生产工人 87 307.18 元,车间管理人员 23 412.08,其余均为管理人员薪酬。

实训要求:根据原始凭证(表 14-2-20)编制相关记账凭证,凭证编号记 020。

(21) 12 月 30 日,计提本月固定资产折旧固定资产明细见表 14-2-21。

实训要求:填制表 14-2-21 中本月计提折旧栏,并根据原始凭证(表 14-2-21)编制相关记账凭证,凭证编号记 021。

(22) 12 月 31 日,年末计提存货跌价准备 122 800 元。

实训要求:根据原始凭证(表 14-2-22)编制相关记账凭证,凭证编号记 022。

(23) 31 日,根据公司坏账准备计提政策计提坏账准备。

实训要求:计算并填写坏账准备计提表(表 14-2-23);根据原始凭证编制相关记账凭证,凭证编号记 023。

(24) 12 月 31 日,归集并结转当月产品制造费用。

实训要求:填制表 14-2-24 根据原始凭证(表 14-2-24)编制相关记账凭证,凭证编号记 024。

(25) 12 月 31 日,结转当月产品生产成本。每生产一个主板配件产品需耗用一个 A 材料一个 B 材料,材料出库采用先进先出法。

实训要求:填写产品生产成本计算表,并根据原始凭证(表 14-2-25-1/2,表 14-2-25-2/2)编制记账凭证,凭证编号记 025、026、027。

(26) 12 月 31 日,无形资产摊销。

实训要求：计算无形资产摊销计算表（表 14-2-26）；根据原始凭证编制相关记账凭证，凭证编号记 028。

（27）31 日，将损益类科目结转至"本年利润"科目

实训要求：填制结转本年利润的记账凭证，凭证编号 029。

（28）31 日，按利润的 10％比例计提法定盈余公积，按当年可供分配利润的 50％向投资者分配股利。

实训要求：填制盈余公积计算表（表 14-2-27-1/2）及股利计算表（表 14-2-27-2/2）根据原始凭证编制相关记账凭证，凭证编号记 030。

（29）31 日，将"利润分配"账户其余各明细账户的余额，转入"利润分配——未分配利润"账户。

实训要求：填制利润分配计算表（表 14-2-28）；根据原始凭证编制相关记账凭证，凭证编号记 031。

（30）2019 年 12 月 31 日，云南大华制造有限公司根据上述有关分录编制本月的科目汇总表（表 14-2-29）。

（31）2019 年 12 月 31 日，云南大华制造有限公司根据上述有关分录编制本月的资产负债表（表 14-2-30）。

（32）2019 年 12 月 31 日，云南大华制造有限公司根据上述有关分录编制本月的利润表（表 14-2-31）。

第二节 实训原始凭证

表 14-2-1

表 14-2-2

借 款 单

借款单位(姓名):	
借款理由:	
借款数额: 人民币(大写):	
部门负责人意见	借款人(签章)
付款记录: 2019 年 12 月 4 日现金付给 　　　　　　　　　　出纳:	

背面

附加信息:		（贴粘单处）
	收款人签章 年　月　日	
	身份证件名称：　　发证机关：	
	号码	

根据《中华人民共和国票据法》等法律法规的规定，签发空头支票由中国人民银行处以票面金额5%但不低于1000元的罚款。

表 14-2-3

增值税专用发票

1100082140 云南华增值税专用发票 № 60972952
此联不作报销、扣税凭证使用 开票日期：

购买方	名　称：大理运通有限公司 纳税人识别号：55000202415674000 地　址、电话：大理市云江路158号，0872 2872912 开户行及账号：大理市中国银行云江路支行，267192012938271628	密码区	02+408-7*85-13/⟨5/47-5-500- 8+5⟩16⟩**89980*-8-9+33434/ 53

货物或应税劳务、服务名称	规格型号	单位	数量	单价	金额	税率	税额
销售主板配件	2005		2000	100.00	200000.00	13%	26000.00
合　计							
价税合计（大写）	人民币贰拾贰万陆仟元整				（小写）￥226000.00		

销售方	名　称：云南大华制造有限公司 纳税人识别号：673208271600261 地　址、电话：云南省昆明市环湖路168号 0871-65827163 开户行及账号：中国交通银行昆明市环湖路支行 9551177287281788760	73208271600261 发票专用章

收款人：	复核：	开票人：	销售方：（章）

第一联：记账联 销售方记账凭证

表 14-2-4

转账支票存根

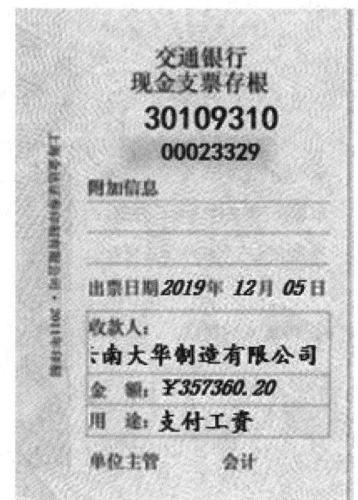

交通银行
现金支票存根
30109310
00023329

附加信息

出票日期 2019 年 12 月 05 日
收款人：云南大华制造有限公司
金　额：￥357360.20
用　途：支付工资

单位主管　　会计

表 14-2-5

交通银行 进账单 （回 单） 1

2019 年 12 月 06 日

出票人	全 称	云南大华制造有限公司	收款人	全 称	永发实业有限公司
	账 号	9551177287281788760		账 号	6222022123242500114
	开户银行	中国交通银行昆明市环湖路支行		开户银行	中国交通银行昆明市东城区支行

金额	人民币 （大写）	贰拾万元整	亿	千	百	十	万	千	百	十	元	角	分
						¥	2	0	0	0	0	0	0

票据种类	转账支票	票据张数	1
票据号码	007		

复核　　记账

开户银行签章

此联是开户银行交给持票人的回单

表 14-2-6

银行承兑汇票 （卡片） 1

出票日期　　年　　月　　日
（大写）

出票人全称		收款人	全 称	
出票人账号			账 号	
付款行名称			开户银行	

出票金额	人民币 （大写）		亿	千	百	十	万	千	百	十	元	角	分

汇票到期日 （大写）		付款行	行号	
承兑协议编号			地址	

本汇票请你行承兑。此项汇票款我单位按承兑协议于到期前足额交存你行，到期请予支付。		密押	
出票人签章	备注：	复核　　记账	

此联承兑行留存备查 到期支付票款时作借方凭证附件

表 14-2-7-1/2

入　库　单

年　月　日　　　　　　　　　单号_____

交来单位及部门				发票号码或生产单号码			验收仓库		入库日期			（1）存根联
编号	名称及规格		单位	数　量		实际价格		计划价格		价格差异		
				交库	实收	单价	金额	单价	金额			
合　　　计												

财务部门　　　记帐　　　保管部门　　　验收　　　单位部门　　　缴库
主　管　　　　　　　　主　管　　　　　　　　主　管

表 14-2-7-2/2

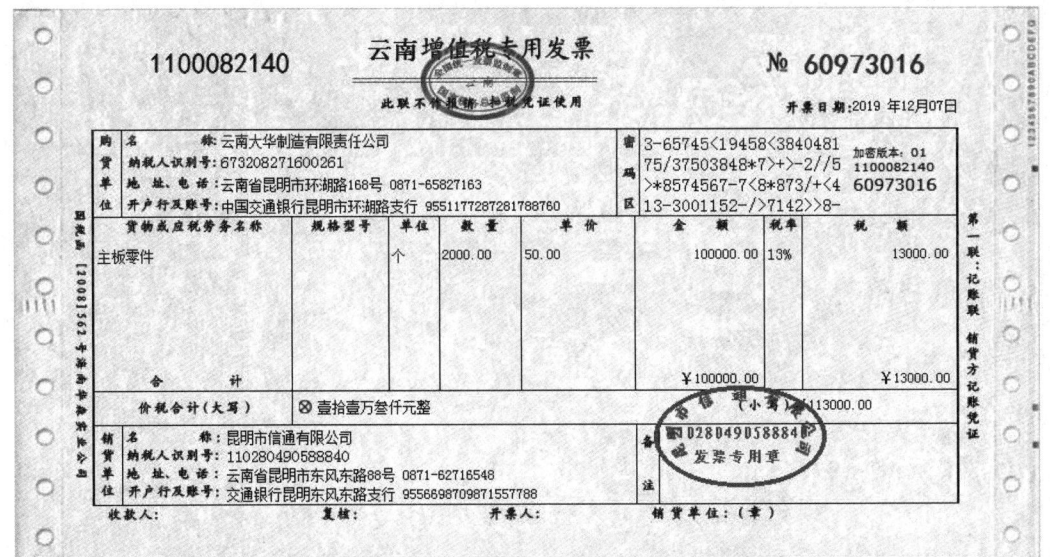

表 14-2-8-1/2

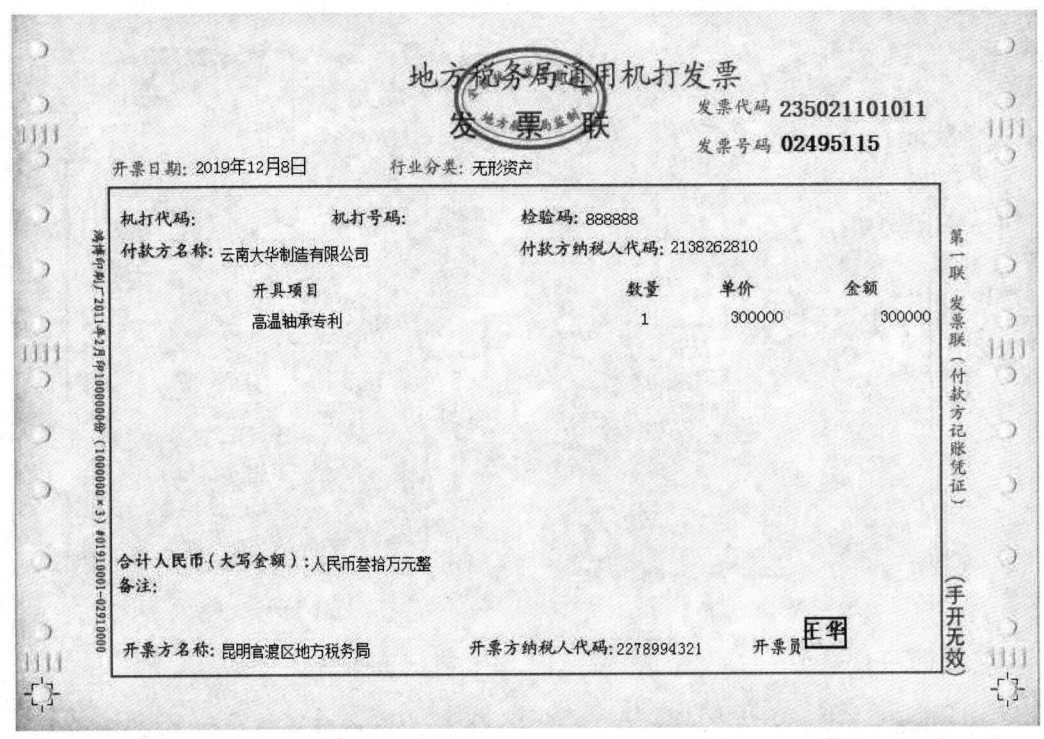

表 14-2-8-2/2

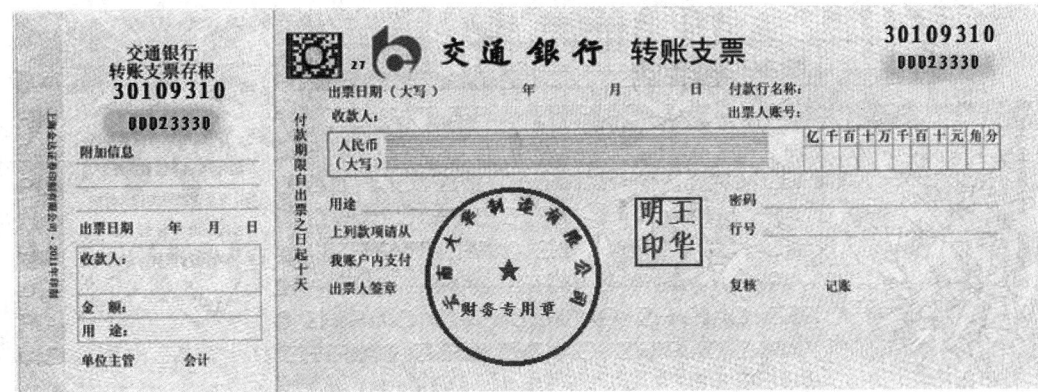

表14-2-9

电汇凭证（回单）　　1

□普通	□加急	委托日期	年	月	日		

汇款人	全称				收款人	全称	
	账号					账号	
	汇出地点	省 市/县				汇入地点	省 市/县
	汇出行名称	中国交通银行昆明环湖路支行				汇入行名称	

金额（大写）人民币　2019.12.09　亿千百十万千百十元角分

支付密码

附加信息及用途：

汇出行签章　　复核：　　记账：

此联汇出行给汇款人的回单

表14-2-10

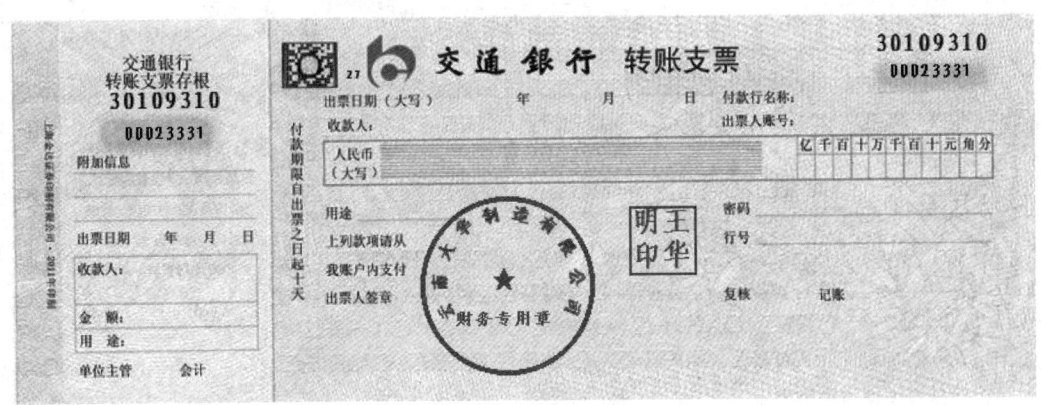

表 14-2-11

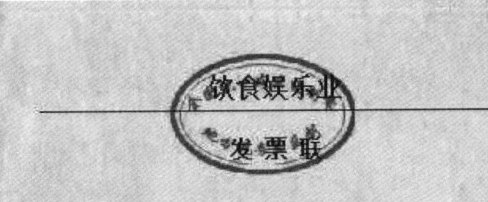

发票代码: 110101774739183000
INVOICE CODE

发票号码: 62994185
INVOICE NO

密码:
PASSWORD

信息码 2012070204
INP NUMBER

税务登记号: 673208271600261
TAXTEGISTRY NO

收款单位: 云南顶呱呱餐饮有限公司
PAYEE

付款单位: 云南大华制造有限公司
PAYER

经 营 项 目 SERVICE ITEM	金 额 AMOUNT CHARGED
餐费	¥1888.50

金额合计:
（人民币大写）
TOTALIN CAPITAL

机打票号: 000100010008709
PRINTING NO

表 14-2-12-1/2

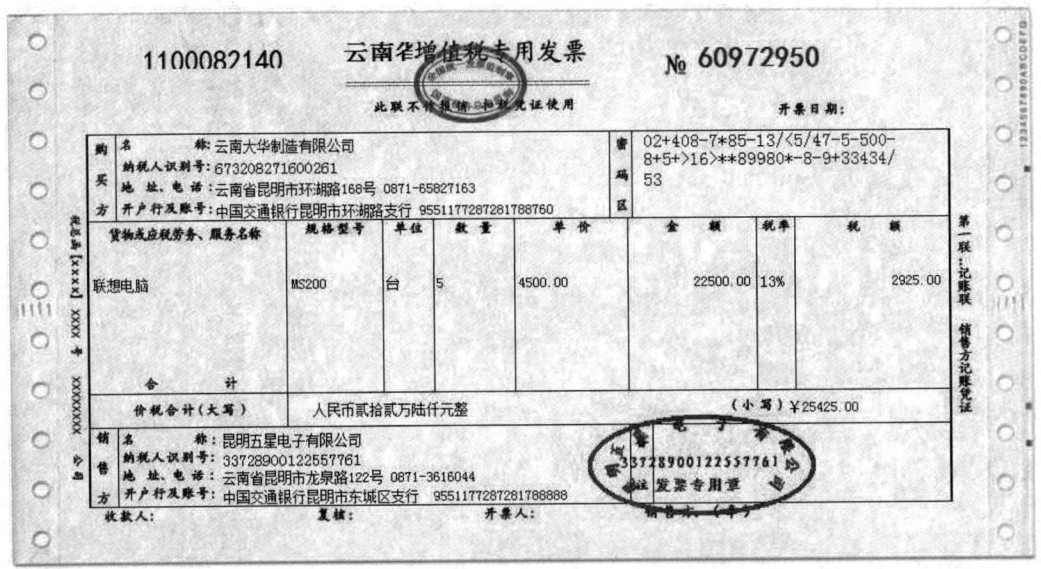

表 14-2-12-2/2

固定资产验收单

年 月 日   编号:

名 称	规格型号	来 源	数 量	购(造)价	使用年限	预计残值
联想电脑	M5200		5	22500		
安装费			建造单位			附件
					年 月 日	
验收部门		验收人员	吴宝亮	管理部门		管理人员	李萍
备注						

审核: 制单:

表 14-2-13

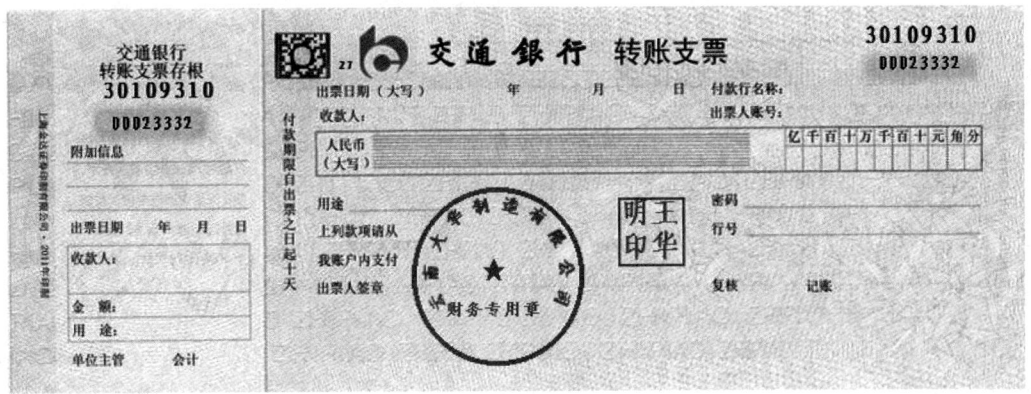

表 14-2-14

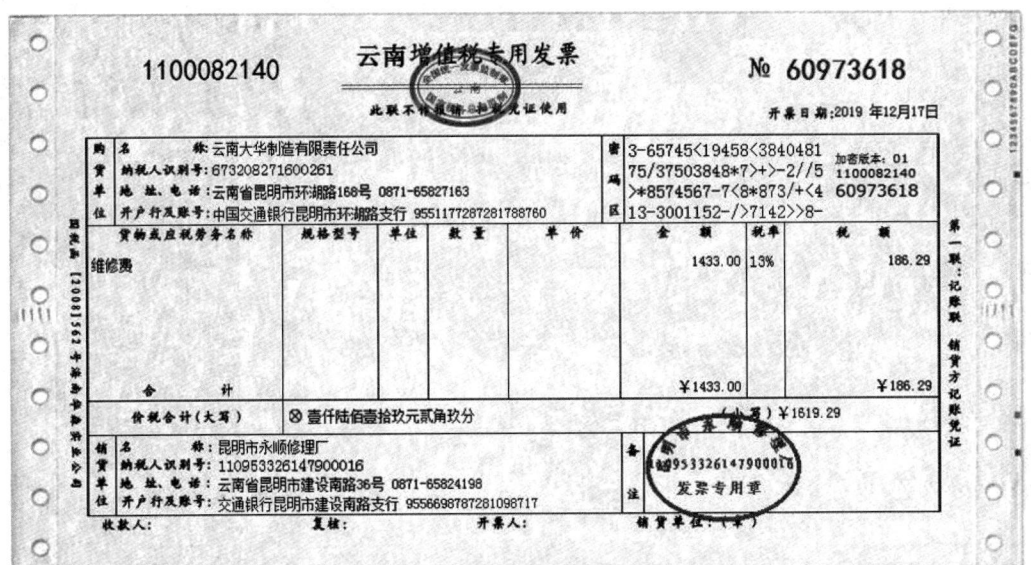

表 14-2-15

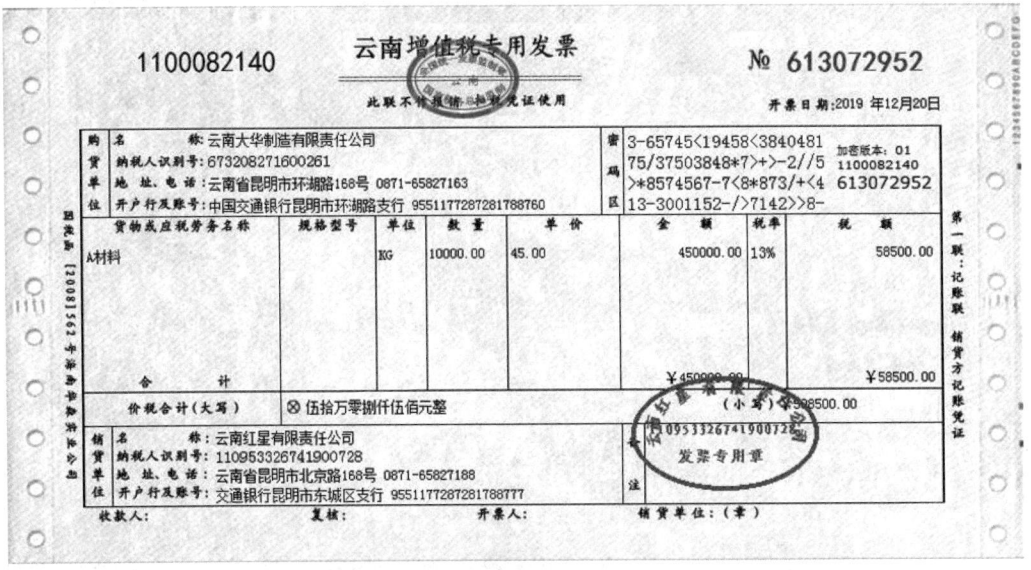

表 14-2-16

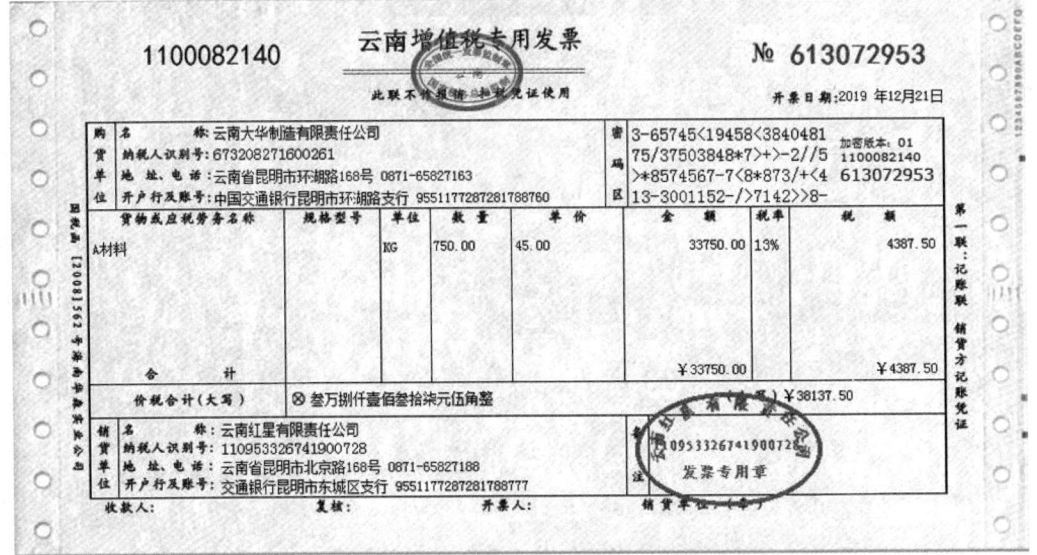

表 14-2-17

入 库 单

年 月 日　　　　　　　　单号 _____

交来单位及部门		发票号码或生产单号码				验收仓库		入库日期	
编号	名 称 及 规 格	单 位	数　　量		单 价	金 额	备注		
			交库	实收					
合　　　计									

部门经理：　　　　　会计：　　　　　仓库：　　　　　经办人：

表 14-2-18

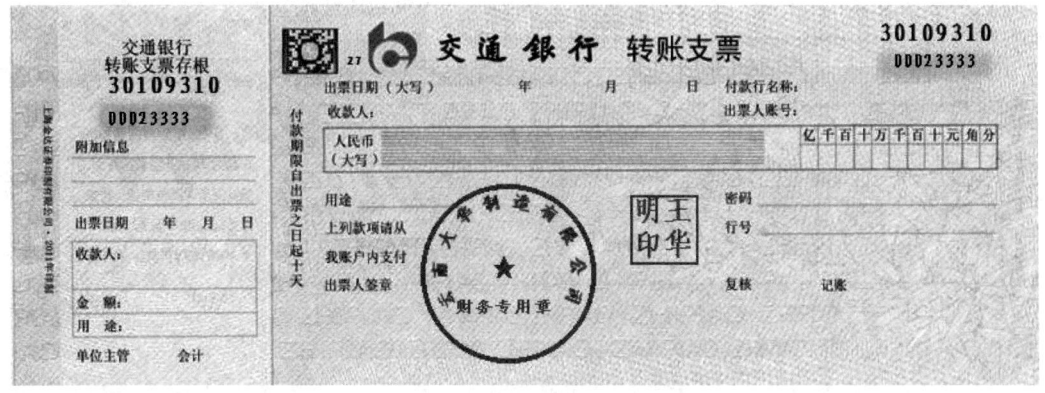

表 14-2-19-1/2

差旅费报销单

2019 年 12 月 26 日

所属部门	销售部		姓名	王明		出差天数	自 12 月 11 日至 12 月 13 日共 3 天	
出差事由	销售商品				借旅支费	日期 2019年12月10日	金额¥ 2000.00	
						结算金额:¥ 2000.00		

出发		到达		起 止 地 点	交 通 费	住 宿 费	伙 食 费	其 他
月	日	月	日					
12	11	12	11	北京西城区—北京崇文区	80.00	300.00 现金付讫	200.00	
12	13	12	13	北京崇文区—北京西城区	80.00			
合 计				零 拾 零 万 零 仟 陆 佰 陆 拾 零 元 零 角 零 分　¥ 660.00				

总经理：段文蓉　　财务经理：肖钢　　部门经理：张利　　会计：张楠　　出纳：李萍　　报销人：王明

- ✂ - - -

表 14-2-19-2/2

还款凭证

收款日期　　年　月　日　　　　　序号：

还款人		贷款人	
存款账号		贷款账号	
本息合计 币种（大写）		亿 千 百 十 万 千 百 十 元 角 分	

收回 ____ 年 ___ 月 ___ 日发放，_____ 年 ___ 月 ___ 日到期的贷款

本金：_____ 利息：_____

该笔贷款尚欠本金：_____ 利息：_____ 现金收讫

上述还贷款项我行已收妥

（银行业务公章）

制票：　　　　　　　　复核：

表 14-2-20

应付职工薪酬费用分配表

2019 年 12 月　　　　　　　　　　　　　单位：元

应借账户		合计
生产成本	生产工人	87 307.18
制造费用	车间耗用	23 412.08
管理费用	管理部门	206 860.58
合计		317 579.84

表 14-2-21

固定资产折旧分配表

2019 年 12 月

资产名称	购买日期	原值	年限	本月折旧	
生产线 （生产用）	2010-04	6 000 000.00	20	20	
厂房 （生产用）	2010-01	10 000 000.00	50	10	
办公楼 （管理费用）	2010-02	3 000 000.00	50	10	
电脑 （管理费用）	2015-10	200 000.00	10	5	
管理设施 （管理用）	2015-06	800 000.00	20	5	

表 14-2-22

存货跌价准备计提表

2019 年 12 月 　　　　　　　　　　　　　　　　　单位：元

项目	金额
存货账面余额	
存货可变现净值	
存货跌价准备金额	
减：期初余额	
存货跌价准备本期计提	122 800

- ✂

表 14-2-23

坏账准备计提表

2019 年 12 月 31 日 　　　　　　　　　　　　　　　　单位：元

项目	期末余额	计提比例	已提金额	本期计提金额
应收账款				
其他应收款				

会计：　　　　　　　　　复核：　　　　　　　　　制表：

- ✂

表 14-2-24

制造费用归集表

单位：元

贷方科目	金额	借方科目	金额
职工薪酬	34 752.72	生产成本——制造费用	93 038.46
累计折旧	39 925.13		
水电费	18 360.61		
合计	93 038.46		93 038.46

财务主管：　　　　　　　　审核：　　　　　　　　　制表：

表 14-2-25-1/2

本月原材料出库汇总

材料	数量	单价	金额
A 材料	1 000.00	55.00	55 000.00
B 材料	1 000.00	9.00	9 000.00
合计			64 000.00

表 14-2-25-2/2

产品生产成本计算表

2019 年 12 月　　　　　　　　　　　　　单位：元

成本项目　　　　　　产品品种	合计
直接材料	
直接人工	
制造费用	
总成本	

表 14-2-26

无形资产摊销计算表

2019 年 12 月 31 日

项目	使用部门	原值	购置时间	预计可使用年限	月摊销额
制造专利	生产部门	60 万元	2015 年 11 月	10 年	
土地使用权	生产部门	300 万元	2009 年 11 月	50 年	
高科技专利	生产部门	30 万元	2019 年 12 月	10 年	
商标使用权	管理部门	18 万元	2014 年 5 月	10 年	
财务软件	管理部门	6 万元	2018 年 11 月	5 年	
合计					

表 14-2-27-1/2

盈余公积计算表

单位：元

盈余公积计算表			
2019 年 12 月 31 日			
全年税后净利润		法定盈余公积 10％	合计

表 14-2-27-2/2

股利计算表

企业名称：　　　　　　　　　年　月　　　　　　　　　单位：元

项目	金额
净利润	
减：弥补企业以前年度亏损	
提取法定盈余公积	
加：年初未分配利润	
盈余公积补亏	
可供投资者分配的利润	
应付给投资者的利润	

财务主管：　　　　　　　　审核：　　　　　　　　制表：

表 14-2-28

利润分配计算表

年　月　　　　　　　　　　单位：元

项目	金额
利润总额	
所得税费用	
净利润	
提取盈余公积	
对外分配	
未分配利润	

财务主管：　　　　　　　　审核：　　　　　　　　制单：

表 14-2-29

科目汇总表

年　月　日至　月　日

编号：	附件共　　张		
凭证号数	第　号至　号共　张		
	第　号至　号共　张		
	第　号至　号共　张		

会计科目	总计	借方金额											贷方金额											会计科目	总计	借方金额											贷方金额										
		十	亿	千	百	十	万	千	百	十	元	角	分	十	亿	千	百	十	万	千	百	十	元	角	分			十	亿	千	百	十	万	千	百	十	元	角	分	十	亿	千	百	十	万	千	百	十	元	角	分
合计																										合计																										

账务主管　　　　　　记账　　　　　　复核　　　　　　制表

表 14-2-30

资产负债表

制表单位：　　　　　　　　　　　　年　月　日　　　　　　　　　　单位：元

资　产	年初数	期末数	负债及所有者权益	年初数	期末数
流动资产：			流动负债：		
货币资金			短期借款		
交易性金融资产			交易性金融负债		
应收票据			应付票据		
应收账款			应付账款		
预付款项			预收款项		
应收利息			其他应付款		
其他应收款			应付职工薪酬		
存货			应付利息		
一年内到期的非流动性资产			应交税费		
其他流动资产			应付利润		
流动资产合计			一年内到期的非流动负债		
非流动资产：			其他流动负债		
可供出售金融资产			流动负债合计		
持有至到期投资			非流动负债：		
长期股权投资			长期借款		
固定资产			应付债券		
在建工程			非流动负债合计		
工程物资			负债合计		
固定资产清理			所有者权益：		
无形资产			实收资本		
开发支出			资本公积		
长期待摊费用			盈余公积		
其他长期资产			未分配利润		
非流动资产合计			所有者权益合计		
资产总计			负债及所有者权益总计		

表 14-2-31

利 润 表

编制单位：　　　　　　　　　　　年　月　　　　　　　　　　单位：元

项　　目	本期金额	上期金额
一、营业收入		
减：营业成本		
税金及附加		
销售费用		
管理费用		
财务费用		
资产减值损失		
加：公允价值变动收益（损失以"－"号填列）		
投资收益（损失以"－"号填列）		
其中：对联营企业和合营企业的投资收益		
二、营业利润（损失以"－"号填列）		
加：营业外收入		
减：营业外支出		
其中：非流动资产处置损失		
三、利润总额（亏损总额以"－"号填列）		
减：所得税费用		
四、净利润（净亏损以"－"号填列）		
五、每股净收益：		
（一）基本每股收益		
（二）稀释每股收益		

本 章 小 结

　　本章模拟了工业企业 1 个月的会计基本业务,可用作基础会计实训的手工实训练习,这是在全书已完成基础会计相关理论学习基础上的业务基本操作实训。本章实训着力培养学生的实践能力,让学生在"做中学、学中做",既巩固了基础会计的理论知识,又用实训的方式加深了学生对实际工作的认识,理论与实践相结合,为学生未来的专业学习奠定基础。

参 考 文 献

［1］ 中华人民共和国财政部. 企业会计准则（2006）[M]. 北京：经济科学出版社, 2006.

［2］ 中华人民共和国财政部. 企业会计准则（2020 年版）[M]. 上海：立信会计出版社. 2020.

［3］ 法律出版社法规中心. 2015 最新公司法及司法解释汇编[M]. 北京：法律出版社. 2015.

［4］ 陈红, 姚荣辉. 会计学[M]. 2 版. 北京：清华大学出版社. 2018.

［5］ 陈红, 姚荣辉. 基础会计[M]. 1 版. 北京：清华大学出版社, 2020.

［6］ 周晓苏. 会计学[M]. 2 版. 北京：清华大学出版社. 2014.

［7］ 李海波. 新编会计学原理——基础会计[M]. 20 版. 上海：立信会计出版社, 2019.

［8］ 夏冬林, 秦玉熙. 会计学——原理与方法[M]. 北京：中国人民大学出版社. 2013.

［9］ 陈文铭. 基础会计[M]. 6 版, 大连：东北经财大学出版社, 2018(4).

［10］ 葛家澍. 会计学原理出版 50 年回顾. 财会学习. 2012(2).

［11］ 王立彦, 伍利娜, 罗正英. 会计学原理[M]. 北京：北京大学出版社, 2012.

［12］ 雷光勇, 李书锋, 刘亚莉. 基础会计学[M]. 大连：东北财经大学出版社, 2012.

［13］ 李维清. 会计的历史演进与发展[M]. 北京：中国社会科学出版社, 2011.